PHILOSOPHIE ORGANIQUE

L'HOMME ET LA NATURE

AUTEURS CITÉS DANS CE VOLUME

Bacon, V. — Bain, 114. — Berkeley, 81. — Bernard (Claude), 118, 123, 262, 266, 312. — Bert (Paul), 121, 125. — Berthelot, 304. — La Bible, 315, 317. — Bichat, 266, 267. — Blainville, 237. — Bovee-Dodds, 132. — Brown-Séquard, 410. — Comte (Auguste), 356, 386. — Copernic, 82. — Cousin, 350. — Crokes, 270. — Cuvier, 237. — Darwin, 288, 383. — Descartes, 150. — Démocrite, 81. — Durand de Gros, 113, 200. — Euclide, 344. — Faraday, 258, 268. — Gall, 50. — Hobbes, 114. — Hume, 114. — Hunter, 280. — Huxley, 217, 220, 237, 262, 286. — Evangile de saint Jean, 213. — De Jussieu, 230. — Kant, 81. — La Place, 100, 158. — Lewes (G.-H.), 38. — Locke, 114. — Leibnitz, 81, 352. — Luther, 350. — Mervoyer, 113. — Mill, 114. — Newton, 158, 194, 350. — Owen (Rob), 350. — Pasteur, 288. — Saint Paul, 205, 211, 415. — Perrier (Edmond), 105, 408. — Platon, 175, 350. — Pouchet, 288. — Protagoras, 87. — Roberty, 167. — Ruysch, 121. — Robin, 151, 383. — Schwann, 4. — Shakespeare, 213. — Spencer, 114, 350. — Spinoza, 350. — Stevenson, 373. — Thompson, 243. — Watt, 273. — Webster, 185. — Zurcher et Margollé, 280.

PHILOSOPHIE ORGANIQUE

L'HOMME ET LA NATURE

IMMORTALITÉ DE L'AME
CIRCULATION DE LA VIE
MONDES NATURELS ET SURNATURELS
MATIÈRE ET FORCES INDESTRUCTIBLES
VARIABILITÉ DES PHÉNOMÈNES DE LA NATURE
INVARIABILITÉ DES LOIS
SCIENCES ET RELIGION

PAR

Le Dr Hugh DOHERTY

DEUXIÈME ÉDITION

PARIS

LIBRAIRIE ACADÉMIQUE DIDIER
EMILE PERRIN, LIBRAIRE-ÉDITEUR
35, QUAI DES AUGUSTINS, 35

TRUBNER ET C^o — LONDRES

Paris, 10 *Mars* 1882.

Cher Monsieur,

Voilà plus de deux mois que je possède votre excellent livre *l'Homme et la Nature*.

Et je me reproche de ne vous avoir pas encore adressé mes bien vives félicitations.

Divers contre-temps ont retardé la visite que, de jour en jour, je me proposais de vous faire, et qui sera très prochaine.

Combien j'admire, cher Monsieur, votre puissance d'analyse, de synthèse et de classification ! Quel bonheur d'expression et même quelquefois de néologique, pour formuler vos déductions et conclusions ! Il y a, dans votre style, un relief et une précision, qu'envieraient nos meilleurs écrivains.

Quant à la science profonde, résultat de longues études et méditations, vous en présentez les traits principaux et les caractères généraux d'une manière la plus instructive et dont j'aurai fait mon profit, en regrettant toutefois, pour bien des notions, mon peu de compétence scientifique.

Veuillez, cher Monsieur, recevoir encore une fois mes compliments, avec l'expression sympathique de sentiments les plus distingués et d'un affectueux dévouement.

Bailleul,
73, rue des Petits-Champs.

AVANT-PROPOS

> « Un peu de science éloigne de la religion : beaucoup de science y ramène. »
> BACON.

La société a besoin d'industrie, d'arts, de sciences et de religion. L'humanité possède déjà toutes sortes d'industries avec diverses catégories d'arts, de sciences et de religions. Nous nous occupons de ces questions au point de vue de l'évolution sociale et de la perfectibilité de l'âme humaine dans ce monde et dans l'autre. On devient déiste par l'étude de la nature ; chrétien par l'étude de l'Évangile qui doit finalement transformer les églises politiques et mondaines en institutions sociales et religieuses, comme l'âme qui anime le fœtus individuel doit finalement lui donner la forme humaine.

La question religieuse est surtout intéressante aujourd'hui, parce que les matérialistes font tout ce qu'ils peuvent par des sophismes *soi-disant scientifiques* pour détourner la jeunesse de l'étude de l'Évangile et des principes de la science vitale.

Nous répétons les mots « soi-disant scientifique », parce que les expérimentalistes confondent la *connaissance* des *phénomènes* physiologiques avec la *science* des *lois* qui régissent les modes de mouvement des forces indestructibles, dans les phénomènes transitoires de la vie en ce monde. Ils paraissent n'avoir aucune perception de cette bévue, bien qu'ils admettent le principe « de la conservation de l'énergie ». Où est *conservée* l'énergie vitale qui n'est plus dans le cadavre?

Les expérimentalistes et les observateurs de phénomènes n'ont aucune bonne raison pour donner à leurs méthodes empiriques le nom de *scientifique*. Quand les phénomènes observés par des astronomes sont expliqués par les mathématiques, l'astronomie devient une science; quand les phénomènes observés par les biologistes seront expliqués par la science biotechnique, les connaissances physiologiques deviendront les bases d'une science : la science des lois de la vie.

Nous voulons prouver que la raison humaine peut découvrir les lois invariables de la science et de la conscience dans la nature humaine et dans la nature universelle, les bases de la religion naturelle et de la religion spirituelle. Nous faisons observer en même temps qu'il n'est pas strictement nécessaire de pratiquer la dévotion dans les églises pour avoir une conscience religieuse bien développée.

Personne ne peut douter de l'origine divine de la création, ni de l'autorité des lois invariables de l'ordre universel; tandis qu'on peut douter de l'autorité des révélations de la Bible. Les générations successives naissent dans les ténèbres de l'oubli d'une vie antérieure, mais les phénomènes de la nature sont toujours là pour révéler les lois de la création.

Nous avons dû nous occuper des sciences biologiques développées par de nouvelles analyses, comme bases de nos principes solidement établis, tandis que les descriptions microscopiques n'ont de l'intérêt que pour des spécialistes.

La biologie descriptive donne d'utiles connaissances des phénomènes de la vie, sans donner la science des lois de l'existence universelle. Pour découvrir ces lois, il faut avoir des yeux de l'esprit capables de voir les idées du Créateur dans les œuvres de la création. Cette découverte donnera la paix aux esprits troublés par le doute. Pour cela il n'est aucunement nécessaire de mettre les faux dogmatismes du passé à la place des sophismes philosophiques de la demi-science aujourd'hui. Le choc des idées nouvelles avec les préjugés de l'époque suscitera naturellement un peu d'irritation pendant quelque temps, mais cela passera. En réalité, « il n'y a rien de nouveau sous le soleil ».

C'est à l'époque du plus grand développement de la philosophie grecque et du triomphe militaire de Rome que l'humanité céleste a envoyé le Messie pour abolir l'esclavage et proclamer la fraternité humaine sur la terre; en peu de siècles, l'Évangile du Christ a remplacé l'empire romain dans le monde; c'est à l'époque du plus grand développement de l'économie politique et de l'individualisme égoïste dans la société que le souffle du Saint-Esprit est venu inspirer aux socialistes les idées du *travail attrayant* en sociétés coopératives, pour remplacer le travail monotone des bagnes de l'industrie moderne dans toute l'Europe. Le socialisme moral et religieux n'est, au fond, que le développement du christianisme.

Il a fallu des siècles pour le premier triomphe de l'Évangile; il en faudra autant peut-être pour le second.

Le matérialiste n'a que les sciences mathématiques pour expliquer les phénomènes de la matière et les modes de mouvement de la gravitation, de la lumière, de la chaleur et de l'électricité. Le spiritualiste a maintenant à sa disposition la découverte de la science biotechnique pour expliquer les phénomènes de la vie et les modes de mouvement de l'amour spirituel, de la raison scientifique, de l'instinct artistique, et de la vitalité physiologique.

L'étude de la physiologie n'est pas absolument nécessaire pour comprendre les principes de la philosophie évolutive et organique. On peut même se dispenser de lire le premier livre sur l'analyse du corps et de l'âme, dans ce volume; mais le lecteur instruit qui n'a pas étudié l'anatomie et la physiologie descriptive et qui voudrait lire ce premier livre, devra se procurer le dictionnaire de médecine, par MM. Littré et Ch. Robin, avant de commencer cette étude, et consulter, en même temps, des planches d'anatomie comparée pour voir les détails des organes et des tissus du corps d'un organisme quelconque, animal ou plante. Ceux qui ne veulent pas passer par là pourront commencer par le deuxième livre sur l'*humanité*, et terminer la lecture du volume par le premier livre sur l'*homme*.

Un glossaire, à la fin, explique le sens des nouvelles définitions philosophiques dérivées de l'analyse biotechnique de l'homme et de la nature.

H. DOHERTY.

Paris, 15, rue Racine, le 5 juin 1884.

P. S. — Analyse de forces.

Energie universelle.
- 1° Pondérable, moléculaire ;
- 2° Impondérable, intermoléculaire.

1° *Eléments* simples et systèmes solaires ;
2° *Ether* interplanétaire et intermoléculaire.

Energie pondérable, purement physique ;
Energies impondérables, physiques et vitales.

A. Énergies physiques impondérables.
- 1° Chaleur ;
- 2° Lumière ;
- 3° Electricité.

B. Énergies vitales impondérables.
- 1° Physiologiques ;
- 2° Instinctuelles ;
- 3° Scientifiques ;
- 4° Morales.

Ce qui est impondérable est invisible, car dans le vide artificiel l'énergie photologique est invisible ; l'âme avec le corps éthéré intermoléculaire est invisible aux yeux du corps matériel.

On ne peut donc pas dire que ce qui est invisible et impondérable n'existe pas, même pour les matérialistes.

H. D.

PHILOSOPHIE ORGANIQUE

deuxième édition. 1884)

L'HOMME ET LA NATURE

Etudes dédiées à MON AMI BESOZZI.
H. D.

L'unité cosmique de l'univers, l'unité individuelle de l'homme et l'unité collective des règnes sur notre globe sont des synthèses de la création, dont on peut faire l'analyse pour en découvrir la nature des forces indestructibles, les modes de mouvement de ces forces, les lois invariables de ces modes de mouvement.

C'est dans ces unités distinctes que nous devons chercher les *Principes architectoniques* de la création ; c'est l'homme lui-même qui est le plus haut type de l'unité organique de la force et de la matière en ce monde.

L'étude microscopique des éléments organiques est utile sous beaucoup de rapports, mais ne pourra jamais révéler les conceptions architectoniques de la création des règnes à la surface de notre planète.

L'étude des molécules de l'eau, du charbon, et du fer qu'on trouve dans une machine à vapeur ne pourrait pas nous révéler l'idée de l'inventeur, ni son but dans la construction. L'analyse de la machine et l'étude de son fonctionnement pourraient seuls nous faire découvrir le principe du mécanisme et le but de l'inventeur.

La nature a doué tous les êtres de facultés adéquates à leurs vocations respectives et prédestinées dans le mécanisme de la création.

PRINCIPES

On ne connaît pas l'essence de la lumière, mais on connaît les lois mathématiques de ses modes de mouvement.

On ne connaît pas l'essence de la force vitale dans l'âme humaine, ni l'essence de la matière dans le corps, mais on connaît les parties constituantes de l'organisme et les modes de mouvement des organes.

On peut analyser de même les facultés de l'âme et leurs modes de mouvement; d'où la science des facultés et des fonctions de la vie.

La matière et la force purement physiques se trouvent dans le corps, après la mort, ainsi que la forme et la structure matérielle des organes; mais on n'y trouve pas de *force vitale*, ni de mouvements physiologiques. Ce n'est donc pas dans les organes du cadavre qu'on peut trouver les principes qui animent le corps pendant la vie; ce n'est pas la chaleur qui est le principe vital, car en chauffant le cadavre dans une étuve on ne lui rendrait pas la vie; en le galvanisant par une machine électrique, on ne ramène pas le principe de la vitalité.

L'analyse de l'âme est donc autre chose que l'analyse du corps.

Dans les phénomènes de la vie humaine il est facile de reconnaître divers principes associés en unité organique:

Ainsi le principe physiologique et industriel de *l'organisme;*

Le principe instinctuel et artistique de l'*intellect;*
Le principe rationnel et scientifique de l'*entendement;*
Le principe émotionnel et social de *la volonté.*

L'analyse de ces quatre modalités de la vie nous découvre les lois de la biologie, les corrélations de la *philosophie organique.*

On sait que la lumière, la chaleur, l'électricité et la gravitation sont des modes de mouvement plus ou moins expérimentalement convertibles d'une seule et même force physique; mais on ne sait pas, si ou non les quatre modes de mouvement d'une seule et même force vitale, telle que celle de l'âme humaine, sont convertibles les uns dans les autres par le créateur du monde; mais on sait que nulle puissance humaine ne peut expérimentalement convertir l'âme physiologique d'une plante, en âme instinctuelle d'un insecte ou d'un animal.

Il est donc aussi légitime de former quatre branches de science pour les quatre modes de mouvement physiologique, instinctuel, rationnel et social, que pour les quatre modes de mouvement de la chaleur, de la lumière, de l'électricité et de la gravitation. Du reste, la convertibilité possible des forces physiques sur une petite échelle expérimentale ne change rien à la grande distinction des limites fonctionnelles de ces quatre modes d'influence dans l'univers, où nous voyons que le rayonnement de la chaleur ne s'étend que depuis le centre jusqu'aux limites du système solaire, tandis que les rayonnements de la lumière s'étendent à tout l'univers nébulocosmique; et l'influence de la gravitation jusqu'aux limites de l'univers pancosmique.

Il y a donc une grande différence entre ces modes de mouvement et leurs degrés d'influence dans le monde cosmique, quelles que soient l'unité et l'identité essentielle de la force physique proprement dite.

Il y a aussi une grande distinction à reconnaître entre

les forces vitales d'une plante, d'un animal et d'un homme, quelle que puisse être l'unité essentielle des modalités de la vie dans l'âme humaine.

On ne sait pas expérimentalement comment les molécules physiques entrent en association dans les cellules organiques d'une plante. Cela doit être, toutefois, par un mode possible d'association intime, puisque tous les éléments : molécules, cellules, tissus, organes, groupes, séries, appareils, systèmes et hémialités de l'organisme physiologique, sont associés dans l'unité structurale du corps.

Il en est de même des éléments constitutifs de l'âme expérientielle, qui est une association d'éléments physiologiques, simples et composés dans l'âme physiologique ; une association de *sensations* simples et composées dans l'âme instinctuelle ; une association de *cognitions* simples et composées dans l'âme rationnelle ; une association d'*émotions* simples et composées dans l'âme passionnelle.

Avant d'aller plus loin, il faut voir ce qui est déjà fait par la science officielle dans cette direction.

Dans la « Revue scientifique de la France et de l'étranger du 27 décembre 1879 » (librairie Germer Baillière et C°; Paris), il y a un article sur « *les travaux de Schwann* », professeur de biologie à l'Université de Liège. Dans cet article, se trouve le résumé des idées modernes sur les forces occultes de la vie dans les cellules organiques, et leurs modes de mouvement dans la formation des tissus et dans les fonctions physiologiques de tous les organismes connus. Quelques extraits de cet article s'expliqueront d'eux-mêmes, en contradiction avec toute idée de création.

« Si la cause de l'accroissement des cellules végétales
« réside en elles-mêmes, il doit en être de même pour les
« cellules animales. Il serait ainsi démontré que certaines

« parties d'un organisme animal ne tiennent pas leurs
« propriétés d'un principe vital agissant avec finalité,
« poursuivant, dans l'édification de l'être, une idée comme
« plan, et groupant les molécules en vue de la réalisation
« de ce plan.

« S'il est constaté, en outre, qu'un seul tissu animal se
« soustrait à l'action du principe vital, l'existence de ce
« dernier devient très peu probable. Et si tous les autres
« tissus se développent d'après le même principe, s'il est
« possible de les ramener au *type cellulaire*, l'hypothèse
« qui affirme l'existence d'un principe vital *unique* dans
« chaque organisme devient non seulement inutile, mais
« même inadmissible. C'est dans la cellule qu'il convien-
« dra de chercher la cause et l'explication de la vie.

« Comme le fait remarquer M. Edouard van Beneden,
« la connaissance de l'activité d'un organe se trouve, en
« effet, singulièrement simplifiée, du moment où l'on sait
« que l'organe se laisse décomposer en un nombre plus
« ou moins considérable d'éléments simples, qui sont les
« véritables agents de sa fonction. Or, ces éléments ne
« sont que des cellules ou des dérivés de cellules. »

Là s'arrête la science officielle de la synthèse biologique. On pourrait, de cette façon, arrêter la science de la synthèse sociologique à l'analyse de la vie individuelle des hommes, des femmes et des enfants, chez qui il n'y a que des « cellules ou des dérivés de cellules ».

Il faut cependant faire observer ici, qu'à la fin de cet article, M. Schwann, lui-même, s'exprime de la manière suivante sur la théorie cellulaire :

« Grâce à cette théorie, dit-il, nous savons à présent
« qu'une force vitale, en tant que principe distinct de la
« matière, n'existe ni dans l'ensemble de l'organisme, ni
« dans chaque cellule. Tous les phénomènes de la vie
« animale et végétale doivent s'expliquer par les pro-
« priétés *des atomes*, que ce soient les forces que nous

« connaissons dans la nature inerte, ou d'autres forces
« de ces mêmes atomes inconnues jusqu'ici. *La liberté*
« seule établit une limite, où l'explication par des forces de
« ce genre doit nécessairement s'arrêter. Elle nous oblige
« à admettre chez *l'homme seul* un principe qui se distin-
« gue *substantiellement* de toutes les forces des atomes
« par ce caractère essentiel : *la liberté*, qui est incompa-
« tible avec les *propriétés* de la matière. »

Ici nous avons le mot *liberté* pour distinguer le principe de la vie chez l'homme, de celui de la matière chez les animaux et les végétaux. Il faut convenir que les mots *atomes*, *cellules* et *liberté* ne font pas pénétrer bien avant dans les mystères des forces occultes de la vie. La science officielle est donc bien peu lumineuse en biologie.

On sait par la chimie expérimentale *comment* les éléments simples sont associés dans une molécule d'eau, mais on ne sait pas en vertu de *quel principe* la combinaison a lieu. On sait que les cellules organiques sont composées de *molécules physiques*, mais on ne sait ni comment cette combinaison s'opère, ni en vertu de quel principe. On sait par l'anatomie comparée de quelle manière les cellules organiques sont associées dans les tissus d'un organisme animal ou végétal ; on sait de quelle manière les divers tissus sont distribués dans un organe, et comment les organes sont associés dans un appareil ; mais on ne sait pas en vertu de quel principe organique. On refuse de s'en enquérir en disant que « l'hypothèse
« qui affirme l'existence d'un principe vital *unique* dans
« chaque organisme devient non seulement inutile, mais
« inadmissible.

« C'est dans la cellule qu'il conviendra de chercher la
« cause et l'explication de la vie. » Et M. Schwann lui-même dit que « nous savons à présent qu'une force vitale,
« en tant que principe distinct de la matière n'existe ni
« dans *l'ensemble d'un organisme*, ni dans *chaque cellule*;

« mais que tous les phénomènes de la vie animale et vé-
« gétale doivent s'expliquer par les *propriétés* des atomes. »

Quelles sont donc ces propriétés ? Ne sont-ce pas celles des éléments simples étudiés par la chimie ? Et quelle lumière la chimie, dite organique, peut-elle nous révéler sur les principes et les lois de la vie ?

Il faut convenir que la science officielle s'est arrêtée au commencement de la synthèse des atomes et des cellules organiques. Il faut bien cependant chercher une méthode d'intégration qui remontera depuis les atomes élémentaires de la force et de la matière du corps et de l'âme, jusqu'aux principes architectoniques qui président à la formation d'un organisme quelconque, animal ou végétal, éléphant ou souris. Car, dans les hauts types d'organisme, il y a plus ou moins : 1° des éléments simples ; 2° des molécules ; 3° des cellules organiques ; 4° des tissus ; 5° des organes ; 6° des groupes d'organes ; 7° des séries distinctes de groupes ; 8° des appareils distincts dans chaque système ; 9° des systèmes parallèles dans chaque section ; 10° des sections distinctes dans chaque hémialité ; 11° des hémialités bilatérales dans chaque sphère concentrique ; car, dans le type le plus élevé de la vie, il y a quatre modalités bien distinctes dans les modes de mouvement connus de l'âme humaine. La synthèse intégrale de la vie ne peut donc pas s'arrêter à l'analyse des atomes et des cellules ; cependant l'analyse microscopique s'est arrêtée là et veut défendre à la science biologique d'aller plus avant, sous peine d'excommunication philosophique. On trouve dans une cellule organique, qui est le plus simple type connu de la vie, les mêmes lois d'ordre structural et fonctionnel que dans le type le plus complexe. On y distingue les fonctions physiologiques de l'absorption, de la digestion, de la circulation, de la sécrétion et de la prolifération ; les facultés de contractilité et d'expansion ; des forces de résistance, et des limites de structure; sans parler des propriétés de sensitivité à l'influence de la chaleur et de la lumière. Il y a donc une vie organique, une vie de relation dans une simple cellule comme dans un organisme d'un type supérieur; et les conditions ambiantes de l'un et de l'autre nous donnent les éléments connectifs de l'organisme vivant.

Dans les deux cas, il y a des :

H. Conditions ambiantes; éléments connectifs;
O. Organes et fonctions de la vie organique;
U. Organes et fonctions de la vie de relation.

Ce n'est pas à dire pour cela qu'on peut voir dans l'infiniment petit tout ce qu'il est possible de trouver dans l'infiniment grand; ni que le *principe architectonique* de la vie, dans un type quelconque d'organisme, soit un principe hypothétique, inutile à la science. Nous trouverons, au contraire, bien des problèmes à résoudre dans l'étude de la nature humaine et de la nature universelle.

Le principe vital se distingue de la *matière* et de la *force* purement physiques par les facultés de la raison inventive chez l'homme et de la raison créatrice chez Dieu.

La raison humaine a pu créer avec la matière et la force déjà existantes une locomotive automatique plus puissante qu'un éléphant, plus simple qu'un infusoire microscopique, dont le principe vital échappe à la puissance créatrice de l'homme.

Ne pouvant imiter Dieu dans la création des organismes vivants, l'esprit de l'homme sceptique n'admet que l'existence des atomes de la matière qu'il peut combiner en mécanismes automatiques, et nie l'existence de principes vitaux qu'il ne comprend pas.

Il doit cependant savoir que ce n'est pas le hasard atomique qui a créé la locomotive automatique.

Il y a des organismes infiniment petits et des mondes infiniment grands, et les atomes sont distribués et combinés par la raison créatrice dans tous ces mécanismes et dans tous ces mondes. Ce n'est pas l'*essence* de la matière et de la vie que l'homme cherche à comprendre, mais les modes de mouvement de ces forces et *les lois invariables* de la raison et de la science divines qui régissent tous ces modes de mouvement, dans tous les règnes de la nature.

Les *atomes* sont doués de forces et de mouvements spontanés dans certaines limites physiques et chimiques; les *cellules organiques* sont douées de forces et de mouvements spontanés dans des limites physiologiques fixées d'avance par la nature; les *organismes individuels* de plantes et d'animaux sont doués de forces et de mouvements spontanés, confinés dans certaines limites de conditions physiques, physiologiques et sociologiques.

Les hommes sont doués de forces vitales et de mouvements spontanés dans certaines limites de conditions biologiques et sociologiques qui ne peuvent pas être dépassées par la volonté. Toutes les unités individuelles de la création : *atomes* de tous les types chimiques, *cellules organiques* de tous les types phytologiques et zoologiques; *organismes individuels* de toutes les espèces connues, sont douées de spontanéité plus ou moins libre, dans des conditions fixées d'avance par la raison architectonique de la création; mais cela ne prouve pas que les atomes, les cellules et les organismes individuels soient des générations spontanées de la matière, pas plus que le mécanisme d'une locomotive automatique créée par l'homme ne soit une génération spontanée de la nature physique.

Ce n'est pas l'*essence* des forces occultes que nous avons à étudier dans la science, mais bien les *modes de mouvement* des unités de la création (atomes, cellules, individus), parce que ces modes de mouvement nous révèlent les lois invariables de la raison divine et de la science humaine dans les limites de conditions connues, quelle que soit la nature essentielle des forces occultes de la vie.

L'expérience nous montre que les mouvements spontanés des atomes sont contrôlés, dans certains cas, par les mouvements spontanés des cellules ; et que les mouvements de celles-ci sont contrôlés par le type de l'espèce d'organisme végétal ou animal dont elles font partie. On voit de plus que les forces physiologiques du corps d'un animal sont au service des forces instinctuelles, non au point de vue physiologique, mais au point de vue personnel et sociologique. Chez l'homme, toutes les forces physiques physiologiques, biologiques et sociologiques, sont concentrées dans l'unité intégrale de son être, sous la direction spontanée ou réfléchie de la raison, agissant dans les limites fixées d'avance par l'omniscience du créateur.

L'esprit humain, créateur de mécanismes, est supérieur à la force et à la matière indestructibles qu'il emploie, et l'esprit omniscient créateur est supérieur aux forces indestructibles qu'il organise en types distincts des formes et des facultés de la vie. Il est évident que Dieu est la source de tous les principes qui régissent les forces indestructibles dans tous les mondes possibles, avant l'évolution des mondes naturels et surnaturels. Il a doué la nature humaine avec un degré de pouvoir suffisant pour créer spontanément une locomotive automatique; il a doué l'oiseau d'un instinct capable de bâtir spontanément son nid ; l'araignée avec un instinct suffisant pour tisser spontanément sa *toile*. La cellule organique est douée d'un pouvoir physiologique qui suffit pour des fonctions spontanées de la nutrition et de la prolifération : les simples éléments sont doués de mouvements spontanés électro-moléculaires pour se grouper en divers ordres dans les cristallisations des minéraux. De là, on a formé l'induction inadmissible que les atomes sont doués de la puissance de former, par des mouvements spontanés, non seulement, des cristaux de sels divers, mais des univers cosmiques et des règnes organiques sur chaque globe.

LE NATUREL ET L'ARTIFICIEL ARCHITECTONIQUE.

Tout ce qui est créé par la volonté humaine est artificiel ; tout ce qui est créé par la volonté divine est également artificiel. Qu'y a-t-il donc de *naturel* dans l'Univers ? Ce qui est indestructible est éternel et naturel. Ce qui est temporaire et périssable est artificiel.

Dans la création de l'homme, il y a « harmonie préétablie » dans son esprit créateur, et dans le mécanisme qu'il a construit. Dans les créations de Dieu, il y a harmonie préétablie, dans la conception créatrice et dans les créations réalisées des organismes et des mondes.

Quels sont les caractéristiques des créations humaines et des créations divines ? Un moulin à vent est une machine automatique ; un moulin à eau de même, ainsi qu'une locomotive ou une horloge. L'esprit humain prévoit qu'on peut établir une harmonie de mouvements coordonnés entre les rouages d'une machine et les forces qui les mettront en mouvement. L'inventeur de la locomotive prévoit que les molécules de l'eau, étant sensitives à la température, peuvent être congelées par le froid et mises à l'état de vapeur par la chaleur, et que, dans cet état d'expansion puissancielle, elles peuvent mettre en mouvement des leviers mécaniques coordonnés d'une manière harmonique pour effectuer une somme de travail prévue dans une direction voulue. Cette création artificielle de la conception humaine, douée de spontanéité automatique, se superpose à la matière. La matière est indestructible, mais la machine s'use à la longue, et pendant sa durée temporaire demande constamment la supervision de la providence humaine. Il en est de même des créations divines plus ou moins douées de spontanéité automatique et autocratique.

Les mondes cosmiques et hypercosmiques, ou naturels

et surnaturels, sont des créations de la volonté divine. La force et la substance sont indestructibles, mais les mondes sont évolutifs et périssables. Il en est de même des organismes épicosmiques dans tous les mondes. Quels sont ces organismes ?

Les *éléments simples* de la matière sont des créations douées de spontanéité automatique, sensitive à l'influence de l'affinité chimique et des forces physiques de la chaleur, de la lumière, de l'électricité et de la gravitation.

Les *plantes* sont des créations douées de spontanéités automatiques, sensitives à l'influence de l'affinité sexuelle des ovules et des pistils de chaque fleur pour le pollen de la même espèce; puis, à l'influence des matières alimentaires, dans un milieu et un climat convenables.

Les *insectes* sont des créations douées de spontanéités automatiques, sensitives à l'influence de l'affinité sexuelle de leur espèce; puis à l'influence des matières alimentaires végétales ou animales dans un milieu et un climat favorables.

Les *animaux supérieurs* sont des créations douées de spontanéités automatiques et plus ou moins conscientes, sensitives à l'influence des affinités sexuelles des individus de la même espèce; puis à l'influence des substances alimentaires dans un milieu et un climat favorables.

L'homme se croit plus libre dans sa spontanéité que l'animal ou l'insecte doué de spontanéité inconsciente, mais il ne peut aucunement dépasser les limites de sa puissance d'être fini, soumis à la destinée qui lui est fixée d'avance dans l'harmonie préétablie. C'est la faculté de la raison qui donne à l'homme ce qu'il appelle *liberté de choisir*, en contraste avec la fatalité automatique de la vie animale.

L'HOMME COLLECTIF, CRÉATEUR ET PROCRÉATEUR.

En quel sens l'homme collectif est-il créateur et générateur ?

1. L'homme inventeur, créateur de *machines automatiques*.
2. L'homme poète, créateur d'*œuvres littéraires et artistiques*.
3. L'homme philosophe, créateur de *sciences de lois invariables*.
4. L'homme prophète créateur de *religions sociologiques*.
5. L'homme couple, mâle et femelle, procréateur.

Les générateurs de l'œuf d'un oiseau ne fournissent que la matière organique qui sert de base à l'évolution du corps, formé par l'âme de l'oiseau qui vient du monde potentiel pour s'incarner dans la matière ainsi formée. Il en est de même de l'âme humaine qui forme son corps, dans la matière tirée du sang des « procréateurs ».

Ces idées nettes sur l'esprit fini de l'homme créateur et générateur nous donnent le moyen d'imaginer par induction, comment l'esprit infini a pu concevoir les idées architectoniques de la création, et tirer de la substance de l'espace infini de quoi former les mondes naturels et surnaturels, indéfiniment nombreux; et peupler ces mondes d'êtres finis en règnes hiérarchiques, depuis la moindre plante jusqu'à l'animal supérieur, puis à l'homme.

BIOLOGIE HUMAINE.

On a défini l'homme comme un composé de « sensations, sentiments et connaissances ». Cette définition est très incomplète; une analyse régulière nous fait voir dans l'homme des facteurs qui peuvent être définis de la manière suivante :

Corps.	{	H. *Éléments connectifs, aliments, sang*, etc. O. Organes de la vie végétative ou organique. U. Organes de la vie de relation.
Ame instinctuelle.	{	H. *Pensées de la vie pratique.* O. Sentiments de la vie pratique. U. Sensations de la vie pratique.
Ame rationnelle.	{	H. *Inductions philosophiques.* O. Conceptions théoriques et synthèses. U. Analyses systématiques.
Ame spirituelle.	{	H. *Passions religieuses.* O. Passions sociales. U. Passions politiques.

On trouve les trois distinctions de *sensations, sentiments* et *pensées* chez un animal, doué d'instinct (comme chez l'homme animal), mais la raison et la spiritualité sociale et religieuse chez l'homme instruit est quelque chose de plus que les facultés intellectuelles. Le « sentiment religieux » n'existe pas chez l'animal; le mot sentiment a donc un double sens, qu'il est nécessaire de distinguer l'un de l'autre. Les animaux ont des passions et affections instinctuelles; mais n'ont pas de facultés rationnelles et spirituelles.

Dans un cristal on peut distinguer *quatre modalités* de la force physique, savoir :

1° Le poids spécifique ;
2° La chaleur spécifique ;
3° L'électricité spécifique ;
4° Opacité ou diaphanéité spécifique.

Ces quatre modalités de la seule force physique donnent origine à quatre branches distinctes de la science physique.

Dans la nature humaine, en outre des forces physiques, on distingue *quatre modalités* de la force vitale, savoir :

1° La vitalité physiologique et industrielle ;
2° La vitalité instinctuelle et artistique ;
3° La vitalité rationnelle et scientifique ;
4° La vitalité passionnelle et morale.

Les quatre modalités de la force physique sont réunies dans une seule et même unité de cristal; les quatre modalités de la force vitale sont réunies dans une seule et même unité de l'âme humaine.

Nous aurons à analyser l'unité de l'âme comme s'il y avait quatre âmes distinctes dans le corps, mais ce ne sont que quatre modalités ou modes d'agir, d'une seule unité intégrale, qui donnent origine à quatre branches distinctes de biologie.

L'indestructibilité de la force physique est admise par la science officielle, mais il n'en est pas de même pour l'indestructibilité de la force vitale. Pour avoir la certitude de l'existence personnelle de l'âme après la mort du corps, il faut l'expérience des phénomènes spirites qui en fournissent la preuve. Or, tout le monde n'a pas cette expérience; c'est pour cela que nous insistons sur l'existence nécessaire des principes potentiels de la vie avant l'évolution phénoménale des organismes, plutôt que sur les expériences spirites de la vie de l'âme, après le trépas. Nous avons cependant l'expérience des communications spirites, aussi bien que les inductions de la raison sur l'existence potentielle de toutes les forces de la nature, avant et après les évolutions temporaires des organismes individuels et collectifs dans les mondes visibles ou invisibles.

Les lois invariables doivent régir la vie dans tous les mondes. Il ne peut rien y avoir de contre-naturel dans le monde surnaturel; rien d'antirationnel dans le monde visible ni dans le monde invisible.

Dans l'analyse des phénomènes de la vie de l'homme et des règnes de la nature sur notre globe, nous ne posons que des faits et des principes que tout le monde pourra vérifier par l'étude pratique et positive; nous ne posons rien de purement imaginaire. La méthode expérimentale sert de base à toutes nos idées théoriques.

La nature est là, pour autoriser toutes nos analyses.

Nous ne faisons pas du Panthéisme.

Pour nous, les forces et les substances indestructibles sont coéternelles avec Dieu : Principe créateur et Providence universelle.

Les forces physiques sont reconnues par leurs modes de mouvement, définis comme *chaleur, lumière, électricité et gravitation*. Tous ces modes de mouvement sont plus ou moins distincts et vérifiables par leur présence dans tous les modes cosmiques et dans les règnes épicosmiques sur notre globe.

On ne sait pas quels sont les modes de mouvement des substances éthérées dans les espaces interplanétaires de notre système solaire, et intercosmiques de l'univers sidéral, excepté pour les vibrations qui transmettent la lumière et les forces de la gravitation. On ne connaît pas la manière d'être des âmes avec leurs « corps spirituels » qui habitent les espaces éthérés ; mais on sait que l'oxygène transparent de notre atmosphère forme un lien naturel et nécessaire entre le « corps spirituel » et le corps naturel de l'organisme vivant de l'homme ici-bas.

Avec ces principes de forces indestructibles et de lois invariables bien posés, nous pouvons commencer l'analyse de l'homme et des règnes épicosmiques de la nature sur notre globe.

LIVRE PREMIER

L'HOMME

(BIOLOGIE ANALYTIQUE)

L'homme est un composé de forces physiques et vitales, associées en unité organique. Dans cette unité il y a quatre modalités de la vie :

1° La vie physiologique et industrielle ;
2° La vie instinctuelle et artistique ;
3° La vie rationnelle et scientifique ;
4° La vie passionnelle et morale.

L'âme anime le corps dans tous ces modes de mouvement ; car le corps sans l'âme n'est plus qu'un cadavre, contenant les organes sans vitalité. L'âme est donc distincte de la matière du corps, avant la naissance, pendant la vie, et après la mort.

L'anatomie descriptive fait connaître les organes du corps tels qu'on les trouve dans le cadavre ; cette *connaissance* est nécessaire à l'art pratique du chirurgien, mais elle n'est pas la *science* des lois organiques dans l'économie de la vie.

Nous supposons que le lecteur connaît assez bien les organes du corps pour comprendre l'analyse faite au point de vue biotechnique, en accord avec l'anatomie descriptive. Dans cette méthode nous classons les organes et les systèmes d'après leurs fonctions et dans l'ordre naturel de leur association dans l'unité vitale.

Il en est de même pour les facultés de l'âme.

Dans le corps il y a sept systèmes et cinq sous-systèmes ; ce sont la *peau*, les *muscles*, le *squelette osseux*, et le *système nerveux* dans le mécanisme de la vie de relation ; le *système digestif*, le *système vasculaire* et le *système génératif*, dans le mécanisme de la vie organique.

Les cinq sous-systèmes des organes des sens sont attachés aux systèmes principaux et distribués diversement entre les appareils de chaque système. L'échelle organique est formée par les sept systèmes et les cinq sous-systèmes ; mais il faut y ajouter les *éléments connectifs*, communs à tous les systèmes et les *conditions extérieures* nécessaires à la vie de l'organisme, sans compter ces éléments connectifs au nombre des systèmes de l'échelle.

La méthode biotechnique devient théorique, est abstraite en application à l'analyse universelle, comme la mécanique rationnelle à l'égard des applications pratiques. Ce livre est par conséquent un livre d'étude, plus difficile à lire qu'une simple histoire descriptive de la vie. Cependant il n'y a rien à redouter pour une intelligence ordinaire. Ce n'est pas plus difficile que l'étude de la grammaire d'une langue étrangère.

PREMIÈRE PARTIE

UNITÉ ORGANIQUE

CHAPITRE PREMIER

ANALYSE DU CORPS ET DE L'AME PHYSIOLOGIQUES

Pour bien comprendre les facultés de l'âme physiologique, il faut analyser ses modes de mouvement dans la formation du corps fœtal et le fonctionnement des organes après la naissance de l'enfant. Le tableau de la progression analytique différentielle et intégrale est trop compliqué pour être commode dans cette étude. Tout ce qui est nécessaire, c'est le *schéma* des sections et des systèmes parallèles, avec des symboles de notation facile à reconnaître. Cette *analyse systématique* du corps et des conditions de la vie s'applique à un *organisme quelconque*, animal ou végétal, quel que soit le type de l'espèce, car la digestion, la circulation et la prolifération reproductive, avec les organes des sens prodigestifs, provasculaires et progénératifs, sont communs à tous les types ; les systèmes de locomotion ou de station et de résistance sont également nécessaires à tout organisme. Cette formule d'analyse est donc applicable à tous les organismes, quel que soit le degré de complexité ou de simplicité organique dans un type spécial. C'est en cela que la biologie analytique diffère de l'anatomie et de la physiologie descriptives.

Voici l'échelle organique des systèmes divers du corps humain, avec les éléments connectifs de l'organisme.

ÉCHELLE SCHÉMATIQUE.

II. Section des éléments connectifs.
- Z. *Principes de la vie physiologique.*
- Y. Conditions de la vie physiologique.
- X. Sécrétions des tissus connectifs.
- W. Tissus connectifs de l'unité organique.

O. Section des systèmes organiques.
- VII. Système vasculaire.
- 7. Sous système provasculaire.
- VI. Système digestif.
- 6. Sous-système des sens prodigestifs.
- V. Système génératif.
- 5. Sous-systèmes des sens progénétiques.

U. Section des systèmes de relation.
- IV. Système nerveux.
- III. Système osseux.
- 2. Sous-système des sens de vibration.
- II. Système musculaire.
- 1. Sous-système des sens de la radiation.
- I. Système cutané extérieur.

Explication de l'échelle schématique.

La connaissance des phénomènes de la vie n'est pas *la science* des lois de la vie.

Pour la science des lois de l'organisation, il faut des formules générales de méthode qui embrassent toutes les diversités possibles dans l'unité organique. Or, cette échelle donne le schéma technique d'un organisme quelconque avec les principes et les conditions de la vie de l'organisme.

Pour le corps humain les *principes* de la vie sont les forces occultes de l'âme; les *conditions* de la vie physiologique sont celles du milieu ambiant et de la nourriture du corps.

Il va sans dire que le *milieu externe*, qui sert à renouveler le sang, et le *milieu interne* du sang nourricier lui-même doivent figurer dans la section des éléments connectifs de l'organisme physiologique.

Les symboles de notation algébrique ne peuvent être appréciés que par des mathématiciens; ceux de la notation musicale que par des musiciens, et ceux de la biologie analytique que par des biologistes; c'est-à-dire, par ceux qui veulent bien étudier les principes de cette science comme on étudie les principes de la grammaire d'une langue quelconque. Beaucoup de Français savent parler leur langue sans connaître la grammaire, beaucoup de biologistes connaissent l'anatomie comparée, sans connaître les principes de la biotechnie analytique. Le biologiste doit connaître l'anatomie descriptive, avant de commencer l'étude de la biologie analytique. Le lecteur qui, sans connaître les sciences naturelles, voudrait lire ce volume, devrait avoir à côté de lui un volume d'anatomie descriptive du corps humain avec de nombreuses planches, qu'il pourra consulter en lisant l'analyse technique des systèmes et des appareils dans les pages suivantes, lecture très aride sans l'aide de planches anatomiques.

Cette échelle du *schéma structural* du corps nous donne une des formules principales de la méthode biotechnique; un degré plus complet d'analyse tient compte des appareils distincts dans chaque système. Ces appareils sont nommés dans l'anatomie descriptive, et nous n'avons qu'à les énumérer comme autant de sections secondaires dans l'échelle.

Il faut habituer la mémoire à retenir la formule d'une échelle organique comme le musicien retient celle de la gamme des notes d'une octave.

L'instrument est nécessaire à la production des sons, ainsi que les vibrations de l'air ambiant, mais ces éléments connectifs ne sont pas mis au nombre des tuyaux de l'orgue ou des notes de la gamme. Il en est de même des éléments connectifs de la vie, qui ne sont pas mis au nombre des systèmes de l'organisme dans l'échelle.

La nature elle-même donne l'une et l'autre octave, sans qu'on puisse en changer l'ordre et le nombre des facteurs en aucune façon. Les analogies sont nombreuses entre la biologie et la musique, mais l'esprit peut facilement s'égarer à la recherche des comparaisons.

Il y a deux sortes d'organismes de sexes différents, mâle et femelle, et deux sortes d'octaves en musique, la gamme majeure et la gamme mineure : ce sont là des parallèles naturels sans analogie frappante.

Tout ce que dit la théorie biotechnique doit être justifié par des vérifications pratiques les plus complètes.

Voici l'échelle organique développée en détail des appareils secondaires dans chaque système de l'échelle simple (sexe femelle) :

CONNECTIFS.

Z. Principes de vitalité physiologique
- H. *Forces physiologiques et organiques de la vie fœtale.*
- U. Forces physiologiques de locomotion et station.
- N. Forces physiologiques de la sélection alimentaire.
- O. Forces physiologiques de la nutrition des tissus.

Y. Conditions de la vie physiologique
- H. *Conditions de reproduction (imprégnation, etc.).*
- U. Conditions de climat, vêtement, etc.
- N. Conditions de l'alimentation (la nourriture).
- O. Conditions de la nutrition (le sang).

X. Sécrétions du corps.
- H. *Absorptions embryonnaires.*
- U. Sécrétions des glandes.
- N. Sécrétions adipeuses.
- O. Sécrétions séreuses et synoviales.

W. Tissus sécréteurs.
- H. *Chorion embryonnaire caduc.*
- U. Tissus glandulaires.
- N. Tissus adipeux.
- O. Tissus aréolo-séreux.

VII. Système vasculaire.
- H. *Vaisseaux capillaires.*
- U. Vaisseaux aérifères.
- O. Vaisseaux sanguifères.
- N. Vaisseaux urinifères.

7. Organes provasculaires.
- H. *Vaisseaux placentaires* (organe caduc du fœtus).
- U. Le nez ; sens de l'odorat.
- O. Les vaisseaux lymphatiques, etc. ; sens sélectif.
- N. L'urèthre ; sens de la miction.

VI. Système digestif.
- H. *Conduits salivaires, biliaires,* etc.
- U. L'estomac.
- O. L'intestin grêle.
- N. Le gros intestin.

6. Organes prodigestifs.
- H. *La vésicule vitelline? (embryonnaire).*
- U. La bouche : sens du goût.
- O. Le duodénum pylorique : sens sélectif.
- N. L'anus ; sens de la défécation.

V. Système génératif.
- H. *Organe protectif.* Bras soutenant le nourrisson.
- U. Les ovaires (ou les testicules).
- O. L'utérus (organe portatif du fœtus).
- N. Les mammae (de l'un et de l'autre sexe.)

5. Organes progénératifs.
- H. *Clitoris, hymen,* etc. ?
- U. L'oviducte : sens ovulatif.
- O. Le vagin : sens copulatif.
- N. Les mamelons : sens lactatif.

IV. Système nerveux.	{	H. *Substance grise ganglionnaire articulaire des nerfs.* U. Nerfs conducteurs *autocratiques* volontaires. N. Nerfs conducteurs des sons *autotéliques.* O. Nerfs conducteurs *automatiques* involontaires.
III. Système osseux.	{	H. *Articulations du système osseux.* U. Appareil osseux des quatre membres. N. Appareil costo-facial des os. O. Appareil crânio-vertébral des os.
2. Sens promusculaires.	{	H. Les *fascia* et organes du sens du mouvement. U. Les oreilles : organes du sens de l'ouïe. N. La glotte : organe du sens de la parole. O. Les tendons : organes du sens dit « musculaire ».
II. Système musculaire.	{	H. Les *muscles peauciers.* U. Muscles des quatre membres. N. Muscles costo-faciaux et le diaphragme. O. Muscles crânio-vertébraux.
I. Sens procutanés.	{	H. Les muqueuses des bronches, de la bouche, etc. U. Les yeux : sens de la vue. N. Les papilles palmaires : sens du toucher. O. L'épiderme : sens de la température.
I. Système cutané.	{	H. L'*amnios* : enveloppe caduque du fœtus. U. La peau des quatre membres. N. La peau frontale du corps. O. La peau dorsale du corps.

Ce tableau synoptique sera peu compréhensible pour ceux qui n'ont pas une connaissance suffisante de l'anatomie comparée, pour voir que ces formules techniques sont applicables à l'analyse de tous les organismes connus. C'est en cela que les principes unitaires deviennent manifestes au milieu de la diversité infinie des espèces innombrables de plantes et d'animaux sur notre globe.

En biologie analytique, on ne s'occupe que des principes d'ordre structural et fonctionnel de l'être étudié, quel que soit le rang hiérarchique de l'organisme ; l'homme, étant le type le plus élevé, sert de norme pour l'analyse de tous les autres.

La formule générale la plus simple (celle de l'octave organique) suffit pour la mémoire des principes de la méthode et pour l'enchaînement logique des idées dans les raisonnements de la science. On peut donc se dispenser de lire les détails de l'analyse vérificative qui fatigue la mémoire, et se rappeler seulement la formule qui résume toutes les autres.

L'échelle technique n'est pas une formule abstraite seulement, mais un tableau schématique des parties constituantes de l'unité organique, telle que la nature la présente dans la dissection du corps, où on trouve d'abord la peau, ensuite les muscles, puis les os, puis les nerfs. Ces quatre systèmes forment un mécanisme extérieur, contenant le système génératif, le système digestif et le système vasculaire.

Ces systèmes sont engagés les uns dans les autres en ordre simultané, mais on a été obligé de les classer en ordre consécutif. Cet ordre est donné par la nature elle-même, dans le rapport des facultés sensitives de l'âme avec les suites de sons dans le *temps*, analogue à l'ordre simultané dans l'*espace*. Ceci prouve que l'ordre structural des systèmes et l'ordre consécutif des notes de l'octave sont fondés sur le *même principe architectonique* dans la nature humaine.

La différence apparente entre l'octave et l'échelle organique vient de ce que les éléments connectifs de la musique ne sont pas habituellement notés; mais ces éléments existent avant que la gamme ne puisse exister; les vibrations de l'*air* et de l'*instrument* de la voix, mis en action par le *chanteur*, sont nécessaires à la formation des notes, tout comme les éléments connectifs de l'échelle organique sont essentiels à l'existence de l'organisme.

La classification régionale des organes du corps pour les besoins de l'art chirurgical ne doit pas être confondue avec l'analyse biotechnique des systèmes et appareils, spécialement adaptés à des fonctions physiologiques et mécaniques distinctes. Ce n'est, du reste, que le système vasculaire de l'échelle qui diffère de l'analyse descriptive des anatomistes, qui séparent l'appareil respirateur (qui régénère le sang) et l'appareil urinateur (dépuratif du sang), de l'appareil sanguifère, qui fait circuler le sang dans tous les organes.

Ces trois appareils de vaisseaux aérifères, urinifères et sanguifères appartiennent à un seul et même système, qui a pour fonction spéciale la circulation, la régénération et la dépuration du sang ; nous les plaçons comme des appareils conjugués du système vasculaire.

On a bien noté l'unité coopérative des appareils du système digestif, ainsi que celle des appareils du système génératif, sans indiquer suffisamment l'unité coopérative des appareils du système vasculaire.

L'échelle parallélique des systèmes est donnée par la nature elle-même, ainsi que les appareils dans chaque système comme parties constituantes de l'organisme, que personne ne peut changer pour y substituer un système arbitraire; l'ordre consécutif des notes de la gamme est aussi naturel que l'ordre enchâssé des systèmes du corps. Il n'y a donc rien d'arbitraire dans le *schéma* des systèmes ni dans l'échelle systématique en ordre consécutif.

Il faut ici faire observer que l'échelle organique de la méthode biotechnique correspond à l'*association théorique* des organes et appareils d'un organisme quelconque, animal ou végétal, individuel ou collectif, dans tous les règnes de la nature ; quelle que soit la *diversité* des modes de *collocation* naturelle des organes dans un système ou dans un mécanisme d'un type donné : ainsi les racines d'une plante correspondent au système digestif d'un animal; les branchies d'un poisson aux poumons d'un mammifère ; le mécanisme viscéral d'un céphalopode est distinct du mécanisme de relation, sans être enveloppé par ce dernier comme dans le type des vertébrés. L'association schématique est donc indépendante de la diversité des modes de collocation dans les organismes de types différents. L'ordre consécutif des notes de l'octave musicale n'est pas le même que l'ordre distributif des notes d'une mélodie quelconque.

On observera dans l'échelle générale qu'il y est mention d'un appareil articulaire pour chaque système et sous-système, et que ces appareils articulaires sont permanents dans tel système et temporaires dans tel autre, ou spécialement développés dans l'organisme des marsupiaux, sans l'être dans les animaux supérieurs. Ces liens ambigus des appareils du corps individuel deviennent des indices pour conduire l'esprit analytique dans l'étude des organismes collectifs des règnes organique et sociologique. Nous n'en parlons ici que pour mémoire.

Les phénomènes de la nature objective imposent à l'esprit subjectif de l'homme la théorie des lois de l'ordre unitaire de la création.

NOTATION. — Dans cette échelle des systèmes parallèles, nous avons adopté des chiffres ROMAINS pour symboles de notation des sept systèmes principaux, et des chiffres *arabes* pour les cinq sous-systèmes. Les éléments connectifs ne devant pas être comptés dans la série des *nombres* sont représentés par les quatre dernières lettres de l'alphabet.

Le schéma des sept systèmes ressemble à celui des sept notes de la *gamme diatonique* musicale, quant au *nombre* de l'octave unitaire, et les cinq sous-systèmes des sens associés à ces divers systèmes ressemblent aux cinq demi-tons de la *gamme chromatique*, quant au nombre et à la distribution dans l'échelle.

Ce parallèle des similitudes techniques peut sembler arbitraire, mais il ne l'est pas ; car, si nous plaçons le système cutané en face de la première note de la gamme, nous aurons UT, RÉ, MI, FA (I, II, III, IV), correspondant aux quatre systèmes de la vie de relation, puis, SOL, LA, SI (V, VI, VII) correspondant aux trois systèmes de la vie organique, placés de plus en plus intérieurement dans l'octave générale. Ce parallèle est extrêmement utile comme échelle d'analyse systématique, et nous verrons plus tard pourquoi l'esprit humain et les facultés de l'intelligence sont, comme le corps lui-même, soumis à la loi de l'harmonie universelle.

La nature impose le nombre de systèmes à l'organisme, et ce nombre est *sacré* pour la conservation de l'intégralité ; ce serait un acte de lèse-unité organique que de mutiler le corps en le privant de l'une quelconque de ses parties constituantes. Toute la nature est construite sur cette base harmonique, et toutes les révélations mystiques ont reconnu le nombre sept comme *nombre sacré* dans le monde spirituel, aussi bien que dans le monde naturel, qui nous révèle la même loi de nombres. *Omnia naturæ reguntur numero, pondere et mensura.*

Mais quelle similitude peut-on trouver entre la gamme des notes de la musique et celle des systèmes du corps ? Voici un exemple :

La peau externe qui enveloppe tout le corps donne le type de l'organisme, quelle que soit l'espèce de l'animal, et la note qui forme la base de la gamme est la note fondamentale de la tonalité de l'octave, quel que soit le type de la mélodie.

Chaque note de la gamme peut être *diézée* ou *bémolisée*; et cela donne trois nuances de modalités mélodiques pour chaque touche, analogues aux fonctions distinctes des appareils dans chaque système de l'organisme physiologique.

On peut trouver des parallèles et des similitudes dans tous les aspects de la nature, et dans tous les mouvements de la vie ; mais, ici, nous n'avons qu'à nous occuper des appareils distincts dans chaque système du corps. Il faut bien se garder de croire que le schéma de l'échelle organique est une formule arbitraire, car il n'y a rien de plus naturel dans la science de l'ordre universel. (Voir livre V, sur la méthode, à la fin du volume.)

Les appareils dans chaque système sont au nombre de quatre, dont trois principaux et un articulaire, qui est caduc dans certains cas, et permanent dans d'autres. Ainsi, dans le système cutané, l'amnios est un appareil temporaire du fœtus, qui néanmoins doit être admis comme l'un des appareils du système.

Quelques mots suffiront pour l'explication des appareils dans chaque système et sous-système de l'organisme.

Système
cutané.
- H. *L'amnios, enveloppe du fœtus.*
- U. La peau des quatre membres.
- N. La peau frontale du corps et de la tête.
- O. La peau dorsale du corps et de la tête.

Cette distribution des parties de la peau externe est indiquée à la fois par la structure du derme et par la distribution des appareils du système musculaire, dont voici l'analyse biotechnique.

Système
musculaire.
- H. *Muscles peauciers.*
- U. Muscles des quatre membres.
- N. Muscles costo-faciaux et diaphragme.
- O. Muscles crânio-vertébraux.

Le système des muscles correspond au système osseux en général, mais les muscles peauciers font exception, et sont placés en face du symbole articulaire. Les muscles se lient directement avec les tendons et les aponévroses (ou avec le périoste), mais cela ne change rien à cette question de séries distinctes.

Système
osseux.
- H. *L'hypersérie des articulations du squelette.*
- U. La série des os des quatre membres.
- N. La série costo-faciale des os.
- O. La série crânio-vertébrale des os.

Il est facile de voir que les cartilages articulaires du système osseux sont distincts des os et forment, par conséquent, une hypersérie qui relie tous les os dans les trois séries.

La beauté de la forme humaine est vue chez l'homme nu, où la peau externe est seule visible. Quand la peau est enlevée on voit encore la forme humaine dans l'écorché, mais il faut consulter l'analyse scientifique pour s'intéresser à cet aspect de la nature.

Quand les muscles ont été enlevés, on voit le squelette osseux dans lequel on distingue à peine la forme de l'homme ainsi mutilé, et cette forme décharnée est plus ou moins hideuse à voir. Le sentiment de la beauté physique n'en veut pas ; mais le goût de la science s'y intéresse, comme charpente de tout l'organisme.

En pénétrant plus loin on trouve le cerveau et la moelle épinière, centres de tout le système des nerfs. Quels sont les appareils distincts de ce système ?

Avant de l'analyser, nous pouvons faire observer ici que la *beauté* esthétique est superficielle et générale comme la peau, tandis que la *vérité* scientifique, moins séduisante, est à la fois profonde et féconde.

SYSTÈME DES NERFS.
- H. *Hypersérie des centres ganglionnaires* (s. et m.).
- U. Série des nerfs de relation (sensor et motor).
- N. Série des nerfs des sens (sensor et motor).
- O. Série des nerfs organiques (sensor et motor).

On sait que le système des nerfs correspond à tous les organes du corps ; une série des nerfs (sensor et motor) correspond à tous les systèmes de la *vie de relation;* une autre série correspond à tous les systèmes de la *vie organique;* une troisième correspond à tous les sous-systèmes des *organes des sens;* une quatrième hypersérie des ganglions correspond aux points de réunion articulaire, central et périphérique, de toutes les séries de nerfs, sensor et motor.

Le système nerveux est *universel* dans le corps, tandis que le système osseux n'est que *général*. Il en est de même du système général musculaire. Le système vasculaire est *universel* aussi, tandis que les autres systèmes de la section organique du corps ne sont, chacun, que plus ou moins généraux en distribution, parmi les autres systèmes.

Il est important de noter que le système nerveux et le système vasculaire sont les seuls qui sont universellement distribués dans l'organisme, tandis que les autres systèmes ne sont que des types partiels de l'ensemble. Cette distinction doit être constamment présente à l'esprit dans l'étude des parallèles et des similitudes organiques, dans les limites naturelles de l'analyse. En biotechnique comme en mathématiques, la théorie des parallèles et des similitudes exige que les degrés de similitudes soient nettement indiqués par les limites analytiques, sans entrer dans le champ de l'esthétique et des métaphores poétiques.

Le squelette osseux indique la forme générale du type de l'organisme, homme ou animal; l'écorché conservant les muscles l'indique de même; mais la forme extérieure du type est encore mieux représentée par la peau qui enveloppe tous les autres systèmes. Et pourtant cette forme extérieure ne représente pas tous les détails de l'organisme aussi bien que le système nerveux périphérique qui pénètre dans tous les organes.

SYSTÈME GÉNÉRATIF DU SEXE FEMELLE	H. *Organes protecteurs du nourrisson.* U. Ovaires : organes sécréteurs d'ovules. O. Utérus : organe protecteur nourricier du fœtus. N. Mamelles : organes sécréteurs du lait.

La poche ventrale est une espèce d'utérus externe chez les animaux de l'ordre des marsupiaux, dans laquelle poche se termine la gestation lactative de l'embryon. Cette poche n'est pas nécessaire chez les animaux d'ordre supérieur ni chez l'espèce humaine, parce que la femme a d'autres moyens de tenir et de protéger l'enfant pendant la lactation.

En prenant le corps pour type de schéma organique, nous devons voir de quelle manière ce type peut servir de norme pour toutes les espèces d'organismes connus; et puisque la femme n'a pas de poche ventrale comme certains animaux, on doit chercher les équivalents fonctionnels de cet organe, et les noter dans l'échelle systématique. C'est ce que nous faisons ici pour la distinction des appareils divers dans le système génératif.

Il y a des différences aussi notables entre le système digestif de l'homme et le système digestif des animaux ruminants qui ont quatre divisions distinctes dans l'estomac. Ces différences sont négligées dans l'échelle générale qui comprend toutes les diversités spéciales des types organiques. Les trois sections premières sont faciles à reconnaître dans les organismes les plus rudimentaires de plantes ou d'animaux. Quelle que soit la simplicité du type, il y a des conditions de la vie : des fonctions physiologiques et des organes de locomotion, ou de station. Ces facteurs de l'échelle peuvent ne contenir que peu d'organes distincts, ou un nombre défini de systèmes et d'appareils dans chaque section de l'unité structurale.

Dans le système génératif tous les mouvements physiologiques sont automatiques et inconscients chez les animaux comme chez les plantes, tandis que l'activité des organes des sens progénératifs est consciente et soumise à la volonté chez les animaux supérieurs, tout en restant automatique chez les zoophytes et les plantes.

Sous-système progénératif du sexe femelle.
- H. Le *clitoris*.
- U. Les oviductes : organes du sens sélectif.
- O. Le vagin : organe du sens copulatif.
- N. Les mamelons : organes du sens lactatif.

On connaît les mamelons comme sens lactatifs chez la femme ; les organes génitaux proprement dits sont développés dans les deux sexes ; mais on ne reconnaît pas généralement les oviductes comme organes d'un *sens sélectif*.

Le clitoris de la femme est un rudiment de pénis avorté, et les grandes lèvres du vagin sont parfois tellement exagérées qu'on les enlève par la circoncision. Il en est de même du prépuce exagéré chez l'homme. Le scrotum est un organe protecteur des testicules du sexe mâle, comme le prépuce est un organe protecteur du pénis. La vulve et l'hymen sont des organes protecteurs du vagin. Ce sont des appareils annexes dans le sous-système progénétique, comme la poche ventrale est un appareil annexe du système principal de la gestation, chez les animaux de l'ordre des marsupiaux.

C'est ainsi qu'une formule générale doit comprendre toutes les diversités de formules spéciales.

Système digestif.
- H. *Les canaux salivaires, biliaires, pancréatique*, etc.
- U. L'estomac.
- O. L'intestin grêle.
- N. Le gros intestin.

Le tube digestif est un canal continu depuis la bouche jusqu'à l'anus, mais on y voit trois appareils distincts pour la digestion des aliments ; ces appareils sont accompagnés d'une série de canaux annexes qui versent les sécrétions de la salive, de la bile, etc., nécessaires à la transformation des substances, dans le cours de la digestion. Cet ordre des appareils est le même pour tous les organismes supérieurs, quelle que soit la constitution alimentaire de l'espèce, herbivore, carnivore, insectivore ou omnivore ; la simplicité plus ou moins rudimentaire des invertébrés ne change rien au principe de l'échelle organique qui s'adapte à tous les types, dans tous les règnes ; car tous les organismes ont à digérer les aliments avant de s'en nourrir. La plupart des procédés physiologiques de la digestion sont automatiques et inconscients chez les animaux comme chez les plantes. Les organes des sens prodigestifs sont au contraire soumis à la volonté chez les animaux supérieurs, tout en restant automatiques, mais sélectifs chez les zoophytes et les plantes. Il y a même des organes prodigestifs qui sont automatiques et sélectifs chez l'homme et chez les animaux supérieurs ; tel est le *pylore*, sélectif, dans le duodénum.

Sous-système prodigestif.
- H. *Vésicule ombilicale de l'embryon ?*
- U. La bouche : sens du goût.
- O. Le pylore : sens sélectif et révulsif.
- N. L'anus : sens de la défécation.

La vésicule ombilicale est une annexe temporaire du canal digestif de l'embryon vertébré des espèces ovipares et doit être indiquée comme un organe caduc du système. La *bouche* contient la langue et le sens du goût qui est un sens de sélection consciente des aliments qui conviennent à la constitution alimentaire de l'individu. Les mâchoires et les dents sont des parties constituantes de la bouche avec la langue. Le *pylore* situé à l'entrée du duodénum est doué d'un sens *sélectif*, mais automatique, des aliments qui doivent passer de l'estomac dans l'intestin, et parfois semi-conscient réjectif des substances qui doivent être renvoyées par le vomissement comme nuisibles ou impropres à l'alimentation. L'*anus* est doué d'un sens spécial qui fait sentir le besoin d'éliminer le résidu de la digestion qui doit retourner à la terre comme engrais utile à la vie physiologique des plantes.

Le sens du goût est stimulé par les aliments qui viennent du dehors; le sens du besoin d'éliminer le résidu de la digestion est excité par la matière fécale dans le rectum. Le stimulant qui attire à l'embryon la substance contenue dans la vésicule ombilicale ne peut venir à l'embryon que par un sens automatique.

SYSTÈME VASCULAIRE.
- H. *Vaisseaux capillaires partout* (échanges).
- U. Vaisseaux et glandes aérifères : respiration.
- O. Vaisseaux et glandes sanguifères : circulation.
- N. Vaisseaux et glandes urinifères : dépuration.

Les trois appareils de la respiration, de la circulation, et de l'urination concourent à un seul et même but pour l'épuration et la distribution du sang.

Les VAISSEAUX AÉRIFÈRES apportent l'air et l'oxygène aux poumons pour y être échangés avec la vapeur d'eau et l'acide carbonique dans les vaisseaux capillaires de la circulation pulmonaire : c'est ainsi que s'opère la régénération des gaz du sang. Le *nez* est l'organe du sens sélectif et détectif qui préside à cette fonction.

Les vaisseaux urinifères transmettent à la vessie l'urine sécrétée dans les reins pour la dépuration du sang ; l'*urèthre* est le sens monitif et discrétionnaire du besoin et de l'opportunité de la miction.

Les vaisseaux sanguifères font circuler le sang dans tous les organes par un double circuit, l'un spécial et l'autre général : spécial dans la circulation pulmonaire, et général ou systémique pour la circulation nutritionnelle dans tous les organes. Il y a aussi un troisième ordre de circulation spéciale dans la veine porte, en rapport avec les régions abdominales chez l'adulte, et avec la circulation ombilico-placentaire chez le fœtus.

Pour comprendre ces appareils, il faut consulter des planches bien faites.

Le système vasculaire est plus compliqué que le système nerveux, parce que la circulation systémique de la nutrition seule correspond à tous les organes autant que le système nerveux, tandis que la circulation pulmonaire et les appareils de la respiration et de la dépuration ont des fonctions spéciales, en coopération avec celle de la circulation.

Dans l'anatomie descriptive les appareils de la respiration, de la circulation et de l'urination sont décrits, chacun à part, sans égard aux liens fonctionnels. L'appareil urinaire est décrit au point de vue structural sous le nom d'appareil « génito-urinaire » ; cela suffit pour l'art pratique du chirurgien, sans donner une idée des fonctions congénériques des appareils physiologiquement associés.

La distribution et l'association des systèmes et des appareils dans le corps, sont réalisées de plusieurs manières qu'on peut définir comme mode *conjugatif*, mode *vicinal*, mode *jumel*, mode *solidaire :* ainsi les appareils *génito-urinaires* sont associés *vicinalement* sans être coopératifs en fonctions physiologiques ; les appareils du système génératif sont *conjugués* en fonctions coopératives, sans être structuralement liés tous les uns aux autres ; les systèmes osseux et musculaire sont attachés l'un à l'autre structuralement comme des jumeaux siamois pour l'accomplissement de leurs fonctions mécaniques dans les mouvements du corps ; les systèmes digestif et vasculaire sont reliés par les absorbants et solidaires dans leurs fonctions coopératives pour la nutrition de l'organisme.

L'association des appareils mécaniquement dispersés, comme les ovaires et les mamelles, n'est qu'une *conjugaison* de fonctions congénères dans un seul et même système physiologique ; l'association des trois sections primitives de l'organisme est à la fois mécanique et physiologique, tandis que l'association des deux moitiés bilatérales du corps est simplement conjonctive pour le mécanisme de la vie de relation, mais intimement fusionnée dans les principaux systèmes de la vie organique ; l'union des quatre modalités de l'âme est à la fois concentrique et fusionnée pour ainsi dire. Un phénomène très simple fait voir l'influence de l'âme sur les fonctions physiologiques du corps.

L'expérience a démontré que les glandes salivaires du cheval mises à nu restent pâles et anémiques en général ; mais, quand on place du foin devant les yeux de l'animal, les vaisseaux sanguins des glandes se dilatent subitement et laissent arriver le sang en plus grande quantité pour fournir une sécrétion abondante de salive, nécessaire à la mastication du foin et à la déglutition. C'est le désir de manger le foin qui agit sur les fonctions automatiques de la circulation et de la sécrétion.

Sous-système provasculaire.
- H. *Appareil ombilico-placentaire :* sens sélectif.
- U. Le nez : organe du sens sélectif de l'odorat.
- O. Les vaisseaux absorbants : organes du sens sélectif.
- N. L'urèthre : organe du sens de la miction.

Le placenta fœtal reçoit le sang contenu dans les lacunes du placenta maternel, pour entretenir la nutrition des tissus, pendant la formation et la transformation des organes et des systèmes du corps. C'est donc un sens absorptif temporaire pendant l'évolution métamorphique du fœtus, qui n'est plus nécessaire après la naissance. Quand la respiration pulmonaire a commencé chez l'enfant nouveau-né, l'organe spécial de l'odorat est appelé à fonctionner. Le NEZ est l'organe du sens qui doit apprécier la pureté ou l'impureté des gaz respirés par les poumons. C'est un sens *délectif* tout à fait conscient chez l'individu.

LES VAISSEAUX ABSORBANTS chylifères et lymphatiques ont pour fonction la *sélection* des substances qui doivent passer du canal digestif pour être deversées dans le sang. On ne suppose pas généralement qu'il y ait un sens sélectif physiologique spécial dans les absorbants, pour apprécier ce qui est convenable à prendre dans les aliments, mais on ne peut pas douter de la réalité d'un tel sens, puisque des substances qui sont des poisons, quand on les injecte directement dans les veines, peuvent passer impunément par les voies digestives, sans y être absorbées par les vaisseaux chylifères. Il n'en est pas de même des absorbants d'autres régions, puisque les muqueuses des bronches laissent absorber le curare et d'autres poisons, qui ne seraient pas acceptés par les absorbants sélectifs dans les intestins. Le placenta aussi absorbe le sang vicié aussi bien que le sang pur.

L'URÈTHRE est un organe presque rudimentaire uni avec la glande prostate du sens de la miction, qui élimine les impuretés sécrétées dans les reins pour la dépuration du sang.

Cet organe chez l'homme et les animaux supérieurs est structuralement associé avec l'organe génital, et, chez les animaux inférieurs, s'ouvre dans un cloaque commun aux extrémités des trois systèmes vasculaire, digestif, et génératif, c'est-à-dire l'urèthre, l'anus, le vagin. Le nez même, chez l'homme, est intimement associé avec la bouche et le pharynx; il y a des associations vicinales et structurales très intimes entre les appareils de systèmes différents, dans plusieurs régions du corps, avec ou sans coopération directe dans leurs fonctions physiologiques.

Les fonctions du nez et de l'urèthre sont conscientes chez l'individu, tandis que le sens sélectif des absorbants chylifères est à la fois automatique et inconscient. Toutes les fonctions physiologiques des grands appareils vasculaires sont à la fois automatiques et inconscientes, sauf dans le cas de malaise plus au moins pénible.

A ce propos nous pouvons constater qu'il y a des échos sympathiques par action réflexe entre les organes des sens aux deux extrémités du corps. En ouvrant la fenêtre pour regarder un instant dehors, un hiver, un coup de vent glacé vint nous frapper à la figure et causer un rhume violent du cerveau, suivi d'une grande irritation des muqueuses du nez et de la gorge. Cette irritation, au bout de quelques jours, a causé une irritation également intense (une véritable uréthrite) dans l'urèthre qui est le sens opposé du nez dans le système vasculaire. Aussitôt que la gorge fut revenue à son état normal, l'uréthrite a complètement disparu.

Le *nez* préside à l'entrée de l'air qui doit régénérer les gaz du sang; l'*urèthre prostatique* préside à la sortie de l'urine retirée du sang par les reins pour la dépuration de ce liquide. Quand la santé demande que l'urine contenue dans la vessie en trop grande quantité soit expulsée du corps, le sens de la miction avertit l'individu de ce besoin opportunitaire et discret. Le *placenta* fœtal n'a pas été décrit comme un organe temporaire de sens physiologique, mais il est certain que cet organe a une fonction d'absorption, avant la naissance, en partie analogue à celle des vaisseaux chylifères après la naissance.

Il y a donc quatre genres d'appareils pour les sens provasculaires comme pour les autres sous-systèmes d'organes spécialement appropriés aux sens dans l'organisme.

Les appareils des sensations en alliance avec la peau sont en rapport direct avec les modes de mouvement de la lumière, de la chaleur, de l'électro-magnétisme et de la gravitation, ainsi :

1° Lumière et sens de la *vue;*
2° Chaleur et sens de la *température;*
3° Électricité et sens du *toucher;*
4° Gravitation et sensation d'*aise physiologique.*

Sous-système procutané.
- H. Cellules épithéliales muqueuses (aise physiologique).
- U. Les yeux : sens de la vue.
- N. Les papilles palmaires : sens du tact.
- O. L'épiderme de la peau extérieure : sens de la tempé- [rature].

Tout le monde sait que les yeux sont des organes du sens de la vue, mais on n'a pas généralement reconnu que l'épiderme avec les follicules de la peau fait l'appareil spécial du sens de la température. Les surfaces palmaires des pieds et des mains sont des organes du sens du *toucher* proprement dit (à part du sens de la titillation plus particulièrement affecté à d'autres fonction) ; le « *sens systémique* » d'aise physiologique (ainsi nommé par feu G.-H. Lewes) a pour appareil spécial les follicules et les cellules épithéliales des membranes muqueuses. Le mal de mer fait sentir le lieu principal de la sensation dans les organes de la digestion : ce malaise physiologique est le dérangement de la digestion par manque d'équilibre dans la gravitation du corps, là où le sens de l'odorat n'a pas été surexcité par une nausée qui provoque le vomissement.

L'oreille est l'organe spécial du sens de l'ouïe, mais cet organe n'est pas le seul appareil spécial affecté par les vibrations de l'air et des corps sonores. La glotte est l'organe de la voix ; les mouvements de l'air dans le larynx font vibrer les cordes de la glotte, pour produire les sons de la voix, comme un instrument de musique pour le chant.

Les mouvements du corps et des membres dans la locomotion et le travail font vibrer les tendons attachés aux muscles, et ces vibrations donnent au système nerveux les ébranlements qui excitent les sensations de la résistance qu'on a appelées *sens musculaire*. C'est un troisième appareil des sens de la vibration tendineuse. On peut aussi reconnaître l'existence d'un quatrième appareil de vibrations dans les fascias et les gaines des muscles qui réagissent sur les changements de forme pour rétablir l'équilibre de la position normale des muscles et donner le *sens du repos* et d'aise mécanique en parallèle avec le sens de l'aise physiologique.

Sous-système tendineux promusculaire.
- H. *Les gaines des muscles :* sens du repos.
- U. Les oreilles : sens de l'ouïe.
- O. La glotte : sens de la voix.
- N. Les tendons des muscles : sens musculaire.

Dans tous les appareils spéciaux des sens, ce sont les nerfs en rapport avec ces appareils qui reçoivent les commotions moléculaires pour les transmettre au sensorium du cerveau, là où l'âme sensible en coopération avec l'âme physiologique peut les apprécier à leur valeur psychologique et physiologique ; c'est ainsi que l'association des sensations et des idées commence dans l'âme expérientielle.

Le système osseux est distribué dans tout le corps, dont il est la charpente ; le système musculaire est attaché partout au squelette, mais il est distribué d'une manière un peu plus générale. La peau recouvre le corps partout et prend ainsi la forme complète du type de l'organisme.

Dans l'unité la plus complexe il n'y a qu'une gamme complète de systèmes et sous-systèmes; dans les organismes inférieurs, un certain nombre de ces systèmes sont plus ou moins rudimentaires, ou même introuvables, autrement que par les fonctions physiologiques.

ÉLÉMENTS CONNECTIFS DE L'ORGANISME.

L'analyse du corps, tel qu'on le trouve dans le cadavre, doit être complétée par celle des éléments connectifs, sans lesquels la vie est impossible.

Le milieu ambiant et les fruits de la terre, ainsi que les aliments ingérés pour former le sang, sont des conditions *externes* de la vie. Le sang lui-même est une condition *physiologique interne*.

Les corps étrangers contenus dans l'organisme ne doivent pas être comptés comme organes : tels sont le fœtus dans l'utérus d'une femme enceinte, et les helminthes dans le tube intestinal. Les imprégnations et les infestations sont en rapport avec les organes sans en faire partie.

Les conditions physiques sont des éléments connectifs, mais une condition encore plus importante, c'est l'existence d'un principe vital pour former l'organisme d'abord, et pour continuer la vie du corps pendant l'existence dans ce monde. Ce principe potentiel est d'un type spécial pour chaque espèce d'organisme, et d'une puissance animique en raison du rang qu'il occupe dans la hiérarchie des êtres. Cette âme occulte de l'organisme visible est simplement physiologique chez la plante, mais peut manifester deux modes de mouvements distincts chez l'animal : c'est-à-dire une modalité physiologique et inconsciente, une modalité instinctuelle et consciente. Chez l'homme, la vie se manifeste par quatre modes de mouvement, à savoir : 1° une modalité physiologique ; 2° une modalité instinctuelle ; 3° une modalité sociologique ; 4° une modalité rationnelle et philosophique. Ce degré de complexité de l'âme n'est connu que dans le type humain, qui est le point culminant de la création sur notre planète.

Le principe qui anime toutes les parties de l'organisme visible doit avoir la même forme que le corps, et l'analyse des organes de celui-ci donne la clef de l'analyse des facultés de l'âme.

Les sécrétions qui doivent être expulsées du corps ne font pas partie constituante de l'organisme ; et les tissus sécréteurs ont été déjà compris avec les organes dont ils font partie. Il y a donc quatre classes d'éléments connectifs à analyser, savoir :

Z. *Le principe potentiel de la vie physiologique du corps.*

Y. Les conditions matérielles de la vie du corps.

X. Les sécrétions de l'organisme physiologique.

W. Les tissus sécréteurs connectifs des organes.

Dans chacune de ces classes il y a quatre distinctions à faire, ainsi :

Z. Principe occulte de l'âme humaine.
1. *Modalité physiologique.*
2. Modalité instinctuelle.
3. Modalité sociale et religieuse.
4. Modalité rationnelle et philosophique.

Le principe vital diffère essentiellement de la force physique. Il pénètre la matière avec la chaleur pour former le corps et pour continuer les échanges de la matière nutritive pendant la carrière mortelle de l'organisme. Il se sépare de la matière visible à l'époque de la mort. C'est donc la base potentielle de la vie aussi nécessaire que les conditions alimentaires qui rendent la vie possible en ce monde.

Y. Conditions de la vie corporelle.
1. *Les corps étrangers dans l'organisme.*
2. Les vêtements naturels et artificiels.
3. Les aliments dans le tube intestinal.
4. Le sang nourricier du corps.

Les corps étrangers dans l'organisme sont des imprégnations et des infestations. Les vêtements naturels sont la laine chez le mouton, et l'habillement artificiel chez l'homme. Ces éléments connectifs ne font pas partie des organes du corps.

Les sécrétions physiologiques ne sont aussi que des éléments connectifs, ainsi que les tissus sécréteurs distribués partout comme enveloppes des viscères, nécessaires à la connexité mécanique et à l'ajustement des mouvements variables des organes.

Les sécrétions sont nécessaires comme éléments connectifs dans le corps. Les plumes de l'oiseau sont même indispensables comme complément des ailes, organes du vol.

X. Sécrétions physiologiques.
1. *Ovulations et parturitions.*
2. Sécrétions glandulaires (dépuratives).
3. Sécrétions adipeuses, etc. (adaptatives).
4. Sécrétions séreuses (lubrifactives).

Les sécrétions sont tirées du sang pour les besoins de la lubrifaction des organes en mouvement, pour l'adaptation des parties vicinales les unes aux autres mécaniquement, pour la reproduction de l'espèce, et pour le vêtement des animaux par des plumes muables avec les saisons ou par des laines également muables, d'une manière plus lente et moins apparente. Les plumes de l'oiseau sont à la fois un vêtement et un complément essentiel des ailes, mais elles ne sont que des sécrétions des follicules de la peau, façonnées par l'âme de l'oiseau.

W. Tissus sécréteurs.
1. *Tissu sécréteur des eaux de l'amnios.*
2. Tissu glandulaire sécréteur.
3. Tissu adipeux sécréteur.
4. Tissu lamineux aréolo-séreux.

Le tissu lamineux connectif enveloppe tous les viscères

dont il fait partie. Il en est de même du tissu adipeux contenu dans les interstices du tissu aréolaire. Le tissu glandulaire fait partie du foie, des poumons, des reins et d'autres organes déjà comptés dans l'échelle des systèmes. Le tissu sécréteur des eaux de l'amnios est un élément connectif du fœtus, qui disparaît avec les autres éléments caducs à l'époque de la naissance.

Ce n'est que sommairement que nous indiquons ici les systèmes et appareils du corps ; une description complète des tissus et des organes demanderait plusieurs volumes. Nous n'avons à nous occuper que des principes de la méthode analytique qui cherche à découvrir les lois de « nombre, de poids et de mesure » qui régissent les phénomènes de la nature.

Dans l'analyse des phénomènes organiques, le mot poids doit être remplacé par le mot *association* des organes retenus en position par la cohésion, tout comme les planètes du système solaire sont retenues dans leurs orbites par la gravitation, qui est le principe de cohésion dans l'association des corps célestes.

Cette analyse du corps nous donne la clef des forces physiologiques de l'âme qui anime tous les organes, et les fait fonctionner pendant la vie. Il en est de même pour l'âme physiologique d'un type quelconque, animal ou végétal, d'un rang quelconque, supérieur ou inférieur, complexe ou seulement rudimentaire.

On comprend que l'âme potentielle d'un type quelconque de végétal ne peut avoir la même forme que l'âme potentielle d'un animal, et que l'âme physiologique et instinctuelle d'un animal ne peut avoir la même forme et le même dégré de perfection organique que l'âme potentielle d'un être humain. Ces questions reviendront plus tard; mais il est important d'y faire attention ; car, si le corps d'un singe anthropoïde a quelques points de ressemblance avec le corps humain, l'âme d'un singe n'a qu'une bien faible similitude avec l'âme d'un homme. Le singe le plus élevé en espèce n'est qu'un animal plus ou moins intelligent, comme le chien, sans entendement rationnel et scientifique, et sans conscience morale et religieuse.

Le principe de la vie végétale n'est que physiologique et inconscient ; celui de la vie animale n'est que physiologique et instinctuel ; tandis que le principe de la vie humaine est à la fois physiologique, instinctuel, rationnel et moral.

Le type de l'organisme matériel donne celui du principe potentiel de la vie, quel que soit le nombre des modalités vitales dans l'organisme : une seule dans la plante ; deux dans l'animal et quatre dans l'homme. Nous aurons donc maintenant à analyser les trois autres modalités de l'âme humaine, en parallèle avec celle de la vie physiologique du corps.

CHAPITRE II

ANALYSE DE L'INSTINCT

Les instincts et les goûts artistiques de l'âme instinctuelle diffèrent des facultés sélectives des aliments du corps par l'âme physiologique. Les modes de mouvement sont entièrement automatiques dans une plante, quel que soit le type de l'espèce ; tandis que les modes de mouvement de l'âme instinctuelle sont en partie conscients et en partie inconscients chez l'homme et chez les animaux.

Il y a de la force physique dans une plante morte, mais l'âme physiologique n'y est plus : l'absorption et la digestion ne se font plus dans les racines, la sève ne circule plus dans la tige, la respiration a cessé dans les feuilles, la sécrétion d'ovules, a cessé dans les ovaires et la fécondation est impossible pour la reproduction de l'espèce. Il y a cependant certaines plantes chez lesquelles les fonctions physiologiques sont presque entièrement suspendues pendant l'hiver, sans que l'organisme cesse de vivre ; et ce phénomène d'engourdissement pendant un temps plus ou moins long se trouve chez certains animaux, et même chez quelques individus de l'espèce humaine. Les chauves-souris et les marmottes, les ours et les hérissons ont cet espèce de tempérament exceptionnel. L'engourdissement prolongé diffère beaucoup du sommeil, en ce que les fonctions physiologiques sont plus ou moins actives pendant le sommeil régulier, tandis que la nutrition est presque entièrement suspendue pendant la torpeur hypnotique.

Les quatre modes de mouvement de l'âme humaine nous montrent que le principe vital est beaucoup plus complexe chez l'homme que chez les animaux et les plantes. La modalité physiologique de la vie d'une plante est semblable en fonctions à celle d'un animal, quoique différente comme type de mécanisme. La modalité de la vie instinctuelle d'un animal est semblable en quelque sorte à celle de l'homme, quoique différente en vocation pratique.

Tout le monde voit en quoi la vie physiologique d'une plante ressemble à celle d'un zoophyte, en quoi l'instinct d'un animal ressemble à celui d'un homme, mais il n'est pas aussi facile de voir en quoi la raison théorique diffère de l'intelligence pratique, ni en quoi l'instinct pratique de l'homme diffère de celui de l'animal. Pour mieux constater cette différence, nous pouvons contraster leurs limites respectives de vocations naturelles où les mêmes facultés instinctuelles sont développées dans des types très divers d'animaux et d'insectes, tels que les araignées et les mouches, les loups et les brebis.

Le principe vital physiologique anime les moindres cellules de chaque tissu d'une plante ou d'un organisme animal, et doit par conséquent avoir le même type de forme général et le même nombre de parties constituantes que le corps lui-même. On peut prendre le corps pour type de l'âme. Mais ici se présente une question d'analyse pour la distinction des quatre modalités de la force physique.

Les modes de vibration de la chaleur et de la lumière sont très semblables, mais les degrés de rapidité dans le temps et l'étendue de leur influence dans l'espace sont extrêmement différents. L'influence de la gravitation est instantanée pour ainsi dire dans toute l'étendue de l'univers pancosmique; celle de la lumière est infiniment rapide dans les limites des univers nébulo-cosmiques; celle de la chaleur de notre soleil ne s'étend peut-être pas au delà des limites de son système; celle de la force électro-moléculaire proprement dite ne s'étend guère plus loin. La chaleur du soleil peut bien exciter des mouvements électro-magnétiques à la surface de la terre ou d'une autre planète, mais cela n'empêche pas les limites des vibrations électro-magnétiques d'être contenues dans le volume du corps cosmique individuel, tandis que les vibrations de la lumière vont aux confins de l'univers galacto-cosmique.

Dans les quatre modalités de la force vitale chez l'homme, l'influence de l'âme physiologique ne s'étend pas plus loin que les fonctions du corps, tandis que celle de l'âme instinctuelle s'étend aux fonctions de la vie pratique dans toutes ses vocations industrielles et artistiques; celle de l'âme rationnelle s'étend à toutes les limites possibles de la raison et de la science, celle de l'âme sociale et religieuse s'étend à toute la création, et jusqu'à l'Esprit absolu, omniscient, créateur archiontologique de tous les êtres et de tous les mondes.

Un seul et même mode de vibration des forces physiques est donc différencié par des degrés de rapidité dans le temps et d'étendue dans l'espace ; un seul et même type de vitalité dans l'âme humaine est différencié par des degrés d'étendue en influence qui embrassent le corps seul pour la modalité physiologique; la vocation artistique dans la société pour la modalité instinctuelle ; la vocation scientifique pour la modalité rationnelle; l'association spirituelle de toutes les créatures avec le créateur pour l'âme morale et religieuse. Nous aurons donc une même formule pour les organismes physiologiques les plus simples et les plus complexes, pour les âmes les plus simples et les modalités les plus diverses. Cela doit simplifier les formules de l'unité sans affecter la diversité infinie des formes de la vie.

Une simple cellule est une unité organique, tout comme l'organisme complexe d'un animal supérieur ; la même échelle peut servir de formule générale pour tous les types de l'unité organique, bien que les degrés de puissance vitale soient tellement différents dans une plante, un animal et un homme, qu'on a de la peine à les concevoir semblables sous aucun rapport.

Voici un tableau synoptique de l'âme instinctuelle d'un animal, en parallèle avec l'âme physiologique du corps; l'instinct d'un animal quelconque ne diffère de celui de l'intelligence pratique de l'homme que par les degrés d'intelligence et la vocation naturelle des types ; l'intelligence pratique de l'homme diffère de la raison scientifique, comme la flamme d'une bougie ou d'un jet de gaz incandescent diffère de la lumière du soleil. La lumière peut être dérivée de la chaleur, comme la science doit être dérivée de la connaissance, mais il faut tout de même distinguer l'une de l'autre à cause de l'immense différence de l'étendue en influence et de la rapidité en modes de mouvement, dans le monde cosmique d'une part, et dans le monde de l'esprit d'autre part.

AME INSTINCTUELLE DE L'ANIMALITÉ.

Éléments connectifs.
- Z. Type potentiel de l'instinct.
- Y. Conditions de la vie animale.
- X. Créations de l'instinct animal.
- W. Intelligence pratique de l'animal.

Instincts de la vie organique.
- VII. Mémoire inconsciente de l'animal.
- 7. Sagacité consciente de l'animal.
- VI. Instincts alimentaires (herbivore, carnivore, etc.
- 6. Instincts voraces (destructivité, etc.).
- V. Instincts incubatifs, etc.
- 5. Instincts sexuels (jalousie, combativité, etc.).

Instincts de la vie de relation.
- IV. Instinct télégraphique (cigognes, etc.).
- III. Instincts constructeurs (nids, ruches, etc.).
- 2. Instincts linguistiques (chants d'oiseaux, etc.).
- II. Instincts stratégiques (araignées, fourmis, etc.).
- 1. Instincts défensifs (hérissons, bœufs, etc.).
- I. Instincts d'agrégation (espèces abeilles, moutons, etc.).

Le *type potentiel* de l'instinct qui donne la forme du corps diffère beaucoup chez l'espèce Araignée et l'espèce Mouche, et chez tous les types de l'animalité dans les règnes et les classes distinctes des vertébrés et des invertébrés.

On pourrait croire que les instincts et les vocations pratiques de la vie sont plus diversifiés dans les règnes multiples de l'animalité que dans le seul règne de l'humanité, mais l'âme humaine est non seulement plus complexe en modalités vitales, mais plus étendue en diversité vocationnelle.

Les instincts et les goûts sont beaucoup plus diversifiés dans l'espèce humaine seule, que dans toutes les autres espèces du règne animal sur notre globe.

Toutes les catégories d'instincts, chez les animaux, sont plus ou moins fortement développées dans les diverses espèces d'insectes, aussi bien que dans les animaux supérieurs; dans les moindres espèces, comme chez la fourmi et l'araignée, on voit l'instinct de ruse atteindre un degré d'intelligence qui ressemble presque à des facultés de la raison. Et cependant aucun insecte ne pourrait apprendre la théorie d'une science.

Les degrés intellectuels de l'instinct diffèrent beaucoup chez les insectes et les animaux supérieurs, sans jamais arriver à la raison pure. Les degrés d'intelligence pratique, chez les hommes, diffèrent beaucoup chez les races sauvages, sans arriver à la raison théorique capable de comprendre les lois de la nature. L'instinct industriel et artistique, chez l'homme, est plus ou moins intellectuel, et peut même être développé à un très haut degré sans atteindre à une capacité rationnelle suffisante pour comprendre les sciences abstraites.

On voit aussi que les degrés de perfection relative de la force physiologique diffèrent beaucoup, dans diverses formes de plantes, depuis les algues les plus simples jusqu'aux plantes les plus composées (les « composites »), on voit également que les degrés de perfection relative des facultés de l'instinct diffèrent énormément dans les divers types de l'animalité, depuis le simple ver de terre ou l'animalcule microscopique, jusqu'à l'animal d'ordre supérieur, tel que le chien et l'éléphant qui ont une espèce de mémoire (et même de ruse ou de prévision) qui égale à peu près l'intelligence des races sauvages de l'humanité.

Quand nous disons que l'instinct des animaux est inférieur à la raison humaine, c'est seulement au point de vue des facultés vitales des êtres imparfaits; car, au point de vue de la sagesse et de la raison divines, les instincts des animaux, ainsi que leurs formes de corps, sont d'accord avec la raison pure de l'omniscience créatrice des mondes, chez qui les principes de l'utile, du beau, du vrai et du bon sont éternellement parfaits et harmoniques.

Le jugement intellectuel est l'esclave du *sens pratique*, qui fait croire à l'homme ignorant, que le soleil tourne autour de la terre, puisque les sens lui donnent cette *expérience* qui lui dicte son opinion. Les animaux ont

4

aussi le *sens pratique* qui guide leur instinct dans le choix des moyens d'attaque ou de défense, de fuite, de retraite ou d'embuscade.

Les facultés intellectuelles de l'homme diffèrent assez peu de celles des animaux, mais nous devons les distinguer par une nomenclature spécifique.

En adoptant la terminologie des phrénologues, nous ne plaidons pas pour leur système cranioscopique. Cependant la forme générale d'un animal tel qu'un chien, un chat, un ours ou un bœuf, correspond bien avec leurs formes de tête, respectivement ; et la physionomie de la tête seule suffit pour distinguer le chat du chien, le bœuf de l'ours. Il n'est pas absurde de supposer que la tête de l'homme correspond à la forme générale de l'individu, et que la physionomie des traits de la face peut bien correspondre au caractère de l'âme instinctuelle. Voici donc le tableau synoptique des facultés intellectuelles, avec les instincts et les goûts de l'homme :

FACULTÉS INTELLECTUELLES.

Principes connectifs.
- Z. Principes de l'âme instinctuelle.
- Y. Conditions de la vie pratique.
- X. Créations artistiques de l'âme instinctuelle.
- W. Jugement pratique de l'intellect humain.

Instincts et goûts.
- VII. MÉMOIRE inconsciente.
- 7. Sagacité semi-consciente.
- VI. RÉFLEXION inconsciente.
- 6. Observation consciente.
- V. IMAGINATION inventive.
- 5. Idéalité constructive.

Intellect relationnel.
- IV. COMPARAISON.
- III. CAUSALITÉ (rétrospective).
- 2. Langage.
- II. ÉVENTUALITÉ (prospective).
- 1. Perceptivité.
- I. INDIVIDUALITÉ.

Dans cette gamme des facultés de l'âme instinctuelle, nous avons distingué la vie des relations de l'instinct et les goûts de la vie organique. Nous aurons à distinguer les appareils secondaires de la pensée en parallèle avec ceux de l'âme physiologique dans les fonctions des systèmes du corps, ainsi :

VII. Mémoire instinctive.
- H. *Réceptivité inconsciente et association d'idées.*
- U. Curiosité instinctive de l'âme.
- O. Activité inconsciente de la pensée.
- N. Sens critique instinctif des idées fausses.

Les sensations donnent naissance aux idées qui sont associées dans l'âme inconsciente de cette opération coordinative dans l'intellect, tout comme l'âme physiologique est inconsciente de la coordination automatique des atomes, des mollécules, et des cellules organiques dans le corps. C'est l'association des mollécules dans les tissus qui constitue l'organisme physiologique; l'association des idées dans les facultés de l'âme expérientielle constitue l'unité intellectuelle comme modalité de la pensée, distincte de celle des émotions de l'âme et des activités physiologiques du corps.

La curiosité instinctive et semi-consciente, chez l'animal et chez l'homme, est analogue à la respiration physiologique ; l'activité inconsciente de la pensée est analogue à la circulation du sang avec les échanges de la nutrition; le sens critique instinctif des idées inutiles est analogue aux fonctions dépuratives du sang dans les reins. Tous ces modes d'activité instinctuelle sont automatiques; il y en a d'autres qui sont conscients ou semi-conscients, tels sont ceux des facultés de l'instinct analogues aux appareils provasculaires du corps : la sensibilité consciente du nez, organe détectif des odeurs; de l'urèthre, organe monitif du besoin d'uriner; sensibilité inconsciente des absorbants *sélectifs* du chyle dans l'intestin et des capillaires placentaires qui absorbent le liquide nourricier du fœtus.

7. Sagacité instinctive et mnémonique.
- H. *Réceptivité préconsciente du fœtus.*
- U. Sagacité détective d'idées agréables ou désagréables.
- O. Réceptivité sélective inconsciente de la mémoire.
- N. Discrétion opportunitaire de l'instinct

La désignation des facultés de l'âme instinctuelle en parallèle avec les fonctions de l'âme physiologique n'est, après tout, qu'une question de terminologie technique, et l'analogie des fonctions doit suffire pour la définition des facultés, quels que soient les mots les plus propres à ces distinctions analytiques. *Sagacité* et *discrétion* sont assez clairs comme définition, et réceptivité préconsciente du fœtus est contrasté avec réceptivité sélective chez l'adulte. Car, bien que ces modes d'action soient plus ou moins automatiques, on sait bien que la mémoire est plus réceptive et rétentive chez telle personne que chez telle autre. On sait aussi que les sensations ne donnent pas les mêmes idées à toutes espèces d'animaux. La vue de l'eau ne fait pas la même impression sur l'instinct du canard que sur celui de la poule : l'un aime l'eau et l'autre la craint.

La vue de l'araignée qui voit une mouche tomber dans sa toile, ou un oiseau insectivore s'approcher, ne donne pas la même sensation à l'instinct. La sensation purement visuelle est la même, mais les idées reçues par l'âme ne sont pas du tout identiques. Il ne faut donc pas confondre les idées avec les sens physiologiques qui leur donnent naissance, bien que les facultés de l'âme soient plus ou moins analogues aux organes du corps dans leurs modes de mouvement physiologique et psychologique.

O. Observation consciente. { H. *Instinct de l'observation et de l'expérimentation.*
U. Instinct artistique, culinaire, etc.
O. Instinct hygiénique, choix sélectif, etc.
N. Instinct mimique et dramatique.

Les idées sont ingérées par l'observation avant d'être digérées par la réflexion. Le corps est alimenté par le système digestif principalement, mais l'âme est alimentée par tous les sens et par tous les modes de sensation consciente ou inconsciente. Nous mettons néanmoins le système spécial de la digestion des idées en parallèle avec la digestion physiologique, parce que les deux modalités de l'âme sont semblables et corrélatives sans être ni identiques, ni convertibles.

VI.
Réflexion.
{ H. *Instinct cumulatif d'idées* (traditions, etc.).
U. Réflexion ruminative (automatique).
O. Réflexion assimilative (automatique).
N. Réflexion discrétive (automatique). }

L'âme instinctuelle a des facultés spéciales de la réflexion inconsciente, comme l'âme physiologique a des appareils divers de la digestion automatique dans l'estomac, l'intestin grêle et le gros intestin, avec des sécrétions spéciales pour la transformation physiologique et la séparation du rebut de la digestion.

Le chien a l'instinct de mettre à part des os qu'il ne peut pas manger pour le moment; l'homme a aussi l'instinct de mettre de côté dans les livres l'histoire des traditions qu'il ne peut pas mettre dans sa mémoire pour le moment.

On n'a pas analysé les facultés de la réflexion, comme on a observé les appareils de la digestion. On dit bien cependant que « la nuit porte conseil », et c'est même là une manière de noter l'existence d'une réflexion inconsciente.

L'analyse consciente des idées est une opération comme la mastication des aliments dans la bouche; mais, une fois avalées, les idées sont transformées par la rumination automatique comme les aliments dans l'estomac. Ce parallèle est facile à comprendre sans la distinction des facultés ruminative, assimilative et discrétive.

Les facultés *conceptives* et *inventives* du poète et de l'artiste diffèrent des facultés ordinaires de l'imagination, comme les sécrétions du système génératif diffèrent de celles des systèmes digestif et vasculaire. L'*idéalité* constructive diffère aussi de la conception inventive. Nous avons donc à trouver des noms pour ces facultés de l'âme, en parallèle avec les appareils analogues du corps.

V. Imagination conceptive et inventive. { H. *Génie inventif, poétique, artistique*, etc.
U. Conception formative d'idées synthétiques.
O. Concentration élaborative d'idées synthétiques.
N. Cogitation perfective d'idées synthétiques.

Le génie inventif dépend du type de caractère chez l'homme, et du type de l'espèce d'instinct chez les animaux.

Chaque espèce d'oiseaux a son génie spécial pour la construction et l'emplacement de son nid ; chaque espèce d'abeilles et de guêpes, pour la construction et l'emplacement de ses habitations sociales ou solitaires. Chaque poète a son génie particulier ; chaque peintre et chaque musicien, de même. Chaque inventeur d'instrument ou de machine a son génie spécial, caractérisé par la nature de son invention : moulin, horloge, machine à vapeur, etc.

Le génie poétique d'Homère diffère de celui d'Aristophane ; Virgile diffère d'Horace ; Molière diffère de Racine ; le génie musical de Gluck n'est pas identique avec celui de Mozart. L'invention de la locomotive ne ressemble pas à celle de la machine à tisser, et la machine de Jacquard diffère beaucoup des machines à tisser ordinaires.

Les appareils de la génération existent dans toutes les espèces, pour reproduire le même type d'organisme que celui des progéniteurs ; les facultés conceptives et inventives existent plus ou moins développées chez tous les animaux selon les vocations instinctuelles de l'espèce. Il en est de même chez l'espèce humaine, où la reproduction physiologique est celle de la race ; mais les vocations des artistes et les produits de l'art sont bien plus multiples et divers que ceux des races physiologiques.

Les facultés de l'imagination inventive peuvent néanmoins être mises en parallèle avec les appareils de la génération physiologique, nonobstant les immenses différences de modalités qui caractérisent les fonctions spéciales des organes du corps et des facultés de l'âme. La biologie analytique nous montre les mêmes fonctions de la digestion, de la circulation et de la prolifération dans tous les types d'espèces différentes ; il en est de même pour l'analyse des facultés de l'instinct dans toutes les espèces, avec les analogies évidentes.

La cogitation perfective des idées déjà formulées est analogue à la concentration élaborative de l'idée non encore formulée, et ces deux fonctions sont analogues à celle de la gestation du fœtus d'abord, puis à la lactation du nouveau-né.

En coopération avec l'imagination conceptive et inventive plus ou moins inconsciente, il y a des facultés d'*idéalité constructive* conscientes. Ces facultés peuvent être définies de la manière suivante :

Idéalité constructive.
{
H. *Instinct protecteur* (combativité, sécrétivité, etc.).
U. Idéalité descriptive.
O. Idéalité suggestive de construction.
N. Idéalité perfective d'idées constructives.
}

La combativité et la sécrétivité des phrénologues indiquent des instincts protecteurs et conservateurs de l'individu et de la famille. La poule prend courage pour défendre ses poussins ; le coq jaloux veut combattre ses rivaux. L'idéalité descriptive chez l'homme peut s'appliquer à la peinture d'une réalité, ou bien à des idées fantastiques, telles que celles d'Arioste et des poètes romanciers; la *merveillosité* appartient à cette catégorie de facultés, bien que cette espèce d'idéalité ne se trouve probablement que dans l'espèce humaine. La concentration élaborative des idées constructives chez l'homme est plus ou moins analogue à l'incubation des œufs chez les oiseaux ; dans ces cas l'homme est comme l'oiseau soumis à l'influence d'une force occulte d'un caractère spécifique pour la fonction. L'inventeur est infatué par son idée de construction, comme l'oiseau par son état physiologique pour l'incubation des œufs.

L'inspiration du poète et de l'inventeur est analogue à l'imprégnation d'une fleur pour la production d'un fruit. Un esprit invisible féconde l'esprit de l'homme incarné, du même caractère animique.

Les phrases ordinaires poussent comme les feuilles d'une plante et non comme des fleurs. Les rimes sans âme sont comme des fleurs stériles non fécondées.

L'idée perfective d'une machine déjà construite, qui ne répond pas suffisamment à l'idéal de l'inventeur, est une faculté de l'idéalité constructive qui s'occupe de l'adaptation de la machine à l'usage pratique de l'instrument; comme l'adaptation du langage d'un poème au caractère du peuple qui doit le lire. Cette préoccupation perfective de la machine ou du poème déjà inventé est analogue à la nutrition lactative de l'enfant nouveau-né après la formation du corps par la gestation utérine et la séparation du placenta devenu inutile.

Nous avons ainsi une catégorie de définitions pour les facultés et es fonctions des instincts de la vie organique; il nous faut maintenant trouver des mots pour représenter les facultés de la vie de relation. La phrénologie nous vient ici en aide comme pour la section précédente. Les mots comparaison, causalité, éventualité et individualité, sont employés pour indiquer les facultés de l'intelligence, localisées dans la partie antérieure de la tête, en contraste avec les instincts organiques placés dans les lobes postérieurs du cerveau. Quels sont donc les appareils secondaires de chacune de ces facultés de l'intellect pratique de l'âme instinctuelle?

IV. Comparaison.
- H. Comparaison des relations articulaires.
- U. Comparaison de choses différentes.
- N. Comparaison de choses mi-semblables.
- O. Comparaison de choses semblables.

Les formes et les couleurs, et beaucoup d'autres caractéristiques d'objets observés, ne supposent pas que les facultés de l'âme soient autrement en relation avec ces objets que par la manière de former des idées en rapport avec les sensations venant du monde extérieur.

Le système des nerfs (sensor et motor) est en rapport avec tous les organes du corps ; les facultés de l'âme sont en rapport avec tous objets de la nature, et la comparaison, comme faculté de l'âme, est analogue au système nerveux. Les *parallèles et similitudes* de formes se présentent en foule à l'intelligence : moutons et chèvres, chiens et loups, chevaux et ânes. Les *contrastes et les différences* sont également nombreux : animaux et plantes, la terre et les eaux, le jour et la nuit, le chaud et le froid. Les ressemblances apparentes et les différences réelles, telles que : oiseaux et chauves-souris, poissons et cétacés; les araignées et les mouches, les sympathies et les antipathies, l'amour et la jalousie. Les *contiguïtés* avec ou sans connexité : la maison et le sol, l'arbre et l'oiseau sur la branche, l'eau et la terre, le corps et les membres. Il suffit d'indiquer un petit nombre d'exemples pour montrer le rapport des facultés de la comparaison avec les objets comparés entre eux par l'instinct intelligent des animaux et de l'homme.

Cette faculté a été bien nommée par les phrénologues, et leur idée de la cranioscopie physiognomonique, dérivée d'un grand nombre d'observations pratiques, paraît mériter une sérieuse attention. Ils ont divisé le crâne en plusieurs régions distinctes : antérieure, postérieure, latérale et coronale. Les facultés de la vie de relation occupent la région antérieure du cerveau, et leurs degrés d'activité relative seraient indiqués par les « bosses » du front ; les instincts de la vie organique seraient localisés dans les lobes postérieurs, et leurs degrés de puissance relative indiqués par les proéminences distribuées sur cette région du crâne ; les intincts nobles chez l'homme seraient indiqués sur la région coronale de la tête.

Cette distribution, assez bien imaginée, forme un système élémentaire d'étude psychologique extrêmement utile aux gens du monde ; mais il faut y ajouter quelques indications physiognomoniques sur les centres nerveux qui ne sont pas visiblement représentés par le crâne extérieur. Selon nous, tout le corps, en rapport direct avec le système nerveux périphérique et central, indique par sa forme et son volume le caractère des instincts de l'âme et la puissance de l'organisme, chez les animaux en général et chez les hommes. La tête seule d'un chat suffit pour distinguer l'espèce de l'animal et de son instinct. La tête d'un bœuf avec ses cornes suffit aussi, sans qu'on voie en même temps le corps et les membres. Cela suffit pour la distinction générale des espèces, mais non pour les différences individuelles de volume et de force.

Tout le corps d'un animal avec la tête et les membres nous donne la physionomie de l'âme instinctuelle, et les centres nerveux sont en rapport de correspondance avec tous les organes. Il en est de même chez l'homme, le corps et les membres sont en rapport avec les centres nerveux de la moelle allongée et de la moelle épinière : la face et les organes des sens sont directement en rapport avec les centres nerveux du sensorium à la base du cerveau. On pourra donc juger par le *volume et la force du corps* et *des membres* quels sont les degrés d'activité physiologique et instinctuelle qui se manifestent dans les centres nerveux de la moelle allongée et de la moelle épinière. Le volume et la force des traits de la face indiquent les degrés d'activité du sensorium à la base du cerveau et entre les lobes de chaque côté. En résumé général les facultés de la vie de relation peuvent être représentées sur la région antérieure du crâne ; les instincts de la vie organique, sur la région postérieure, et ceux des instincts nobles sur la région coronale. La physiognomonie doit compléter la cranioscopie.

La cranologie place les facultés de la comparaison au milieu du front ; au-dessus de « *l'éventualité* », et au-dessous de la « *bienveillance* » ou de la « *sociabilité* ».

Sans discuter la valeur empirique de la carte construite par Gall et Spurzheim sur la physiognomonie cranioscopique, nous ferons observer que les physiologistes les plus éminents de nos jours sont divisés sur la question de la localisation des facultés de l'âme dans les lobes distincts du cerveau. Il ne paraît pas impossible que certains lobes puissent être des centres localisés des nerfs distribués dans des organes situés dans différentes régions du corps, et, par conséquent, des centres spéciaux de rapports entre les facultés de l'âme et le système nerveux; mais des expériences nombreuses ont prouvé que l'âme peut agir sur les nerfs périphériques dans beaucoup d'organes après la destruction complète des lobes du cerveau regardés comme centres nerveux localisés pour des fonctions distinctes.

Cette question, du reste, n'est pas plus difficile à comprendre que celle d'un système de télégraphie électrique où il y a des stations localisées dans toutes les villes de l'Europe, et plusieurs bureaux localisés dans différents quartiers d'une ville, en rapport télégraphique avec toutes les villes de l'Europe et même de l'Amérique. Si tous les bureaux de Paris étaient détruits, on pourrait tout de même correspondre avec le monde entier, en partant de Saint-Denis, ou de tout autre bourg près de Paris. Or, le système nerveux du corps est un système de télégraphie électro-moléculaire entre les centres nerveux et tous les organes, entre l'âme instinctuelle et l'âme physiologique.

Le corps d'une plante n'a pas de système nerveux, et cependant l'âme physiologique est en rapport électro-moléculaire avec tous les organes : racines, tige, feuilles et fleurs. Le corps d'un insecte n'a que des centres nerveux peu développés, et cependant les insectes sont très divers et bien caractérisés. Les animaux supérieurs ont un système nerveux semblable à celui de l'homme sous beaucoup de rapports, et la masse cérébrale de l'éléphant, en rapport avec le volume du corps, est beaucoup plus grosse que celle de l'homme. Le cerveau des oiseaux est plus petit que celui des mammifères, par rapport aux volumes relatifs des corps. Les instincts des oiseaux de proie sont pourtant aussi fortement prononcés que les instincts des bêtes fauves, et ceux des insectes de proie, comme l'araignée, ne sont pas moins nettement caractérisés.

Les centres nerveux sont nommés d'après leurs rapports avec les organes : nerf optique, nerf otique, nerfs cardiaques, nerfs des poumons, nerfs du système cutané, du système musculaire, etc. Nous définissons les facultés subjectives de l'âme invisible d'après leurs rapports avec les phénomènes objectifs du monde visible, qui font des impressions sur les sens. Les sensations reflètent dans l'âme les formes et les propriétés des objets extérieurs, et les mots doivent représenter à la fois les choses objectives et les idées subjectives.

L'instinct de « *causalité* » chez les animaux et les insectes se rapporte à l'expérience des phénomènes qui, comme *antécédents*, sont suivis de *conséquences* éventuelles comme effets. Ils ont ainsi les mêmes expériences que l'homme bien que moins étendues dans leurs limites. Les oiseaux ont l'instinct de prévision des événements qui vont suivre la construction de leurs nids, avant la ponte des œufs ; les jeunes oiseaux ont cette prévision d'éventualités avant d'avoir eu l'expérience des phénomènes de cet ordre. Beaucoup d'insectes sont doués d'un instinct particulier pour le dépôt de leurs œufs dans un milieu convenable à la nourriture des larves qui doivent en sortir ; cet instinct est probablement un sens de *flaire*, analogue au sens du goût qui dirige les animaux herbivores dans le choix des aliments convenables à leur constitution alimentaire ; de même pour les animaux carnivores, insectivores ou omnivores. Ce n'est pas dans ce cas un instinct de prévision chez les insectes et les animaux, mais une *idée* du créateur avant la création des facultés de sensations spéciales en rapport avec les goûts et les instincts vocationnels d'espèces différentes.

Ce sont ces facultés de l'intelligence pratique chez l'homme et chez les bêtes que les phrénologues ont voulu définir par les mots *causalité* et *éventualité*, sans l'investigation des causes occultes de phénomènes visibles.

Les félins, qui se mettent à guetter sur le bord d'une rivière, savent par expérience que les herbivores viendront boire pendant la nuit, et qu'ils pourront les surprendre là. Ils ont la faculté de prévoir cette éventualité, sans trop s'occuper de la soif qui est la cause de cette habitude chez les animaux. La « *fourmi-lion* », qui creuse un trou de forme conique dans le sable, prévoit que les petites mouches, qui s'aventurent sur les bords, tomberont dedans ; l'araignée qui forme sa toile prévoit que les mouches, qui s'y laissent prendre, ne pourront pas échapper. Ce sont donc là des facultés de la prévision des *éventualités* qui résulteront des *causes* artificielles construites par ces insectes. Ils ont les facultés de fabriquer des pièges et de prévoir les effets qui vont suivre : c'est-à-dire l'instinct de la *causalité* et de l'*éventualité* dans les limites pratiques de leurs vocations spéciales.

Le cheval qui a senti les effets d'un coup de fouet après le cri du charretier, prévoit bien que, s'il ne se met en mouvement aussitôt qu'il entend la voix du maître, il recevra encore des coups de fouet. Il a l'expérience de cet ordre d'antécédents et de conséquents. Cette expérience est assez limitée chez les animaux, mais s'étend bien plus loin chez l'homme qui a l'expérience de causes physiques de phénomènes physiques, de causes physiques de phénomèmes physiologiques, de causes physiologiques de phénomènes généalogiques, de causes sociologiques de phénomènes sociologiques.

Nous pouvons donc classer les facultés secondaires des instincts de causalité et d'éventualité chez l'homme, selon la nature des phénomènes qui excitent l'activité de ces facultés, à savoir :

III. Causalité rétrospective et prospective.
- U. Causes physiques d'effets physiques.
- N. Causes physiques d'effets physiologiques.
- O. Causes sociales d'effets sociologiques.
- H. *Causes naturelles de phénomènes artificiels.*

II. Éventualité prospective.
- H. *Eventualités artificielles.*
- U. Eventualités physiques.
- N. Eventualités physiologiques.
- O. Eventualités sociologiques.

L'une des facultés de l'intelligence pratique, chez l'homme, est désignée par le mot *individualité*. Ce n'est pas un mot facile à comprendre sans explication. Nous supposons qu'on a voulu définir la faculté de distinguer une individualité quelconque, d'une autre individualité de même espèce ou d'une espèce différente. De cette manière, individualité veut dire type d'un organisme individuel d'une espèce quelconque, ou d'une classe, ou d'un règne.

Dans les règnes organiques, le type des vertébrés diffère de celui des articulés, des mollusques ou des rayonnés ; dans les classes de vertébrés, les poissons diffèrent des reptiles, des oiseaux et des mammifères. L'espèce Chien diffère de l'espèce Cheval, et le chien dogue du chien épagneul ; l'individu dogue qui se nomme César, diffère de taille, de couleur ou de physionomie, du dogue qu'on appelle Pompée. La faculté de l'individualité doit être celle de pouvoir facilement distinguer un individu quelconque d'un autre individu de même espèce, de même sexe ou de même âge. La même faculté s'applique à la distinction d'une espèce d'une autre du même genre; une classe d'une autre du même règne, animal, végétal, ou minéral. Dans les règnes inorganiques, on distingue facilement l'atmosphère de l'océan et celui-ci de la croûte solide du globe; la faculté de l'intelligence pratique qu'on a nommée individualité est capable de distinguer toute espèce d'unité individuelle ou collective qui se trouve dans la nature. Les facultés secondaires de cet instinct de classement intellectuel peuvent donc être définies de la manière suivante :

I. INDIVIDUA- (H. *L'unité de lieu ou de type.*
LITÉ.   ) U. L'unité individuelle d'un type quelconque.
Faculté de) N. L'unité collective d'une espèce quelconque.
reconnaître. (O. L'unité universelle d'un règne quelconque.

Les mots de *localité* et d'*individualité* adoptés par les phrénologues ne sont pas assez bien définis dans leurs livres, mais nous les adoptons pour indiquer la catégorie des facultés qui distingue toute espèce d'unité, caractérisée par une connexité relative quelconque de type ou de ressemblance. Ainsi une maison, une rue, une place publique, une montagne, un paysage, sont des unités *locales* ou d'ensemble; un animal, un arbre, un instrument, une locomotive, sont des unités individuelles; un troupeau, une foule, une forêt, sont des unités collectives; un règne végétal, un règne animal, sont des unités plus générales que l'unité collective d'un troupeau d'animaux ou d'une assemblée d'hommes. Le mot *distinctualité* (ou limitativité) serait peut-être préférable au mot *individualité*, mais la phrénologie a rendu ce dernier mot populaire, et nous le prenons tel qu'il est.

Les sens de *la vue*, du *toucher*, de la *température*, et de *l'aise digestif* dans les parois de l'estomac, appartiennent au sous-système procutané. Les phrénologues ont formé une catégorie de « perceptives » dans laquelle les idées de *forme*, *grandeur*, *pesanteur*, *couleur*, *ordre* et *calcul*, sont rapportées à des localités cranioscopiques plus ou moins rapprochées les unes des autres.

Les facultés de « l'*ordre* et du *calcul* » ne sont que des jugements pratiques du sens de la vue, par rapport au nombre et à la distribution des objets visibles; car pour les idées abstraites des lois du calcul et de l'ordre géométrique, il faut nous élever à l'analyse de l'âme rationnelle et de ses facultés. Cela n'infirme aucunement l'idée de physiognomonie cranioscopique, puisque les modalités de l'âme sont naturellement concentriques en unité organique.

Les modalités *instinctuelles*, *rationnelles* et *morales* sont en rapport direct avec la modalité *physiologique* qui est en rapport intime avec tous les organes du corps.

On peut donc définir les facultés de l'âme dans chacune de ses modalités distinctes, en rapport avec l'échelle des systèmes et appareils du corps, et classer les facultés perceptives dans le même ordre que les organes des sens procutanés :

1. Facultés perceptives.
 - II. *Du sens de l'aise digestif*.
 - U. Du sens de la vue (forme, couleur).
 - N. Du sens de la température.
 - O. Du sens du tact.

On sait combien le sens de l'*aise digestif* est affecté par le mal de mer causé par les oscillations de la gravitation du corps, qui diffère du sens de la pesanteur comme sens de la résistance musculaire parmi les appareils du sous-système promusculaire. Les phrénologues eux-mêmes ont placé le signe de la faculté du langage dans la proéminence des yeux et celui de l'instinct du rhythme près de la « bosse » de l'ordre.

Sans discuster la valeur de leur système nous pouvons constater que les instincts pratiques de l'homme pour la musique et le langage se coordonnent avec les sens de l'ouïe dans les oreilles et de la voix dans la glotte. Nous devons classer ces facultés perceptives avec les organes qui reçoivent les impressions qui affectent les sensations et les idées de l'âme.

2. Facultés du langage.
- H. *Sens du repos, équanimité de l'âme.*
- U. Sens de l'ouïe et instinct mélodique.
- N. Sens de la voix et instinct du langage. [régulier].
- O. Sens musculaire et instinct de l'ordre rhythmique ou

Il n'est pas nécessaire d'entrer dans les détails du langage mimique et dramatique, musical et verbal, graphique et symbolique; il nous suffit d'analyser les instincts pratiques pour tous les modes de communiquer ses idées d'homme à homme, ou de l'homme à l'animal.

Ici nous terminons l'analyse de la gamme des facultés de l'instinct pratique des animaux et de l'homme, mais il faut en faire autant pour les facultés connectives au-dessus de l'octave, c'est-à-dire les définitions :

Z. Du type potentiel de l'âme instinctuelle;

Y. Des conditions de la vie vocationnelle;

X. Des créations de l'intelligence pratique;

W. De l'intelligence pratique de chaque espèce d'instinct.

Le *type potentiel* de l'instinct qui anime un animal carnivore n'est pas le même que celui qui anime un animal herbivore : l'instinct d'une araignée ne ressemble pas à celui d'une mouche qui lui sert de proie. Le type potentiel de l'instinct est le même que celui de l'âme physiologique du corps de l'animal, son instrument de travail.

Les *conditions de la vie pratique* ne sont pas les mêmes pour l'animal herbivore et l'animal carnivore, pour le poisson dans l'eau et pour l'oiseau dans l'air.

Les *créations* de l'araignée ne ressemblent pas à celles des abeilles, une ruche ne ressemble pas à une toile d'araignée; les nids d'oiseaux d'une espèce diffèrent des nids d'une autre espèce. La création d'une œuvre d'art diffère de l'invention d'une machine automatique.

L'*intelligence pratique* du loup ne ressemble pas à celle du mouton ; ni celle de l'araignée à celle de l'abeille.

Les mêmes distinctions, moins fortement prononcées, se trouvent dans les races de l'espèce humaine : les unes sont plus guerrières que d'autres, qui sont plus industrielles que belliqueuses. Tel homme aime mieux la chasse ou la pêche que l'agriculture ; d'autres préfèrent la culture à la chasse. Le jugement pratique de l'homme dépend de sa capacité vocationnelle, industrielle ou commerciale, artiste ou savant, philosophe ou inventeur, médecin ou prêtre, ouvrier ou patron.

Bien que l'âme humaine soit de même nature dans toutes les races, les aptitudes innées sont diverses chez les individus et les sexes pour des fonctions sociales diverses dans l'organisme collectif de l'humanité. On voit cependant que les aptitudes sont moins fixement héréditaires dans l'espèce humaine que pour les insectes et les animaux, chez lesquels les mêmes instincts sont perpétués de génération en génération.

Les instincts transitoires et embryonnaires sont beaucoup plus faciles à constater chez les insectes que chez les animaux supérieurs et chez l'homme. La chenille, par exemple, a des instincts différents de ceux du papillon ; et, même dans l'espèce humaine, les modalités de la nutrition, pendant les premières semaines de la vie embryonnaire, diffèrent de celles du fœtus après la formation du placenta.

Dans les mammifères de l'ordre des marsupiaux, l'embryon sort de l'utérus pour se placer dans la poche ventrale de la mère, où il s'attache à un mamelon pour sucer du lait pendant l'évolution métamorphique qui succède à la phase embryonnaire.

On voit chez l'insecte comment les instincts sont modifiés pendant et après la formation des organes du corps ; mais on n'a aucune idée des états de l'âme instinctuelle d'un fœtus humain, pendant la transformation des organes du corps. Il n'en est pas de même des phases métamorphiques de l'organisme social, où l'histoire nous montre les progrès de l'intelligence pratique des races humaines, depuis l'état sauvage jusqu'à l'état civilisé. On peut même constater que les races humaines, restées dans l'ignorance et la barbarie sur plusieurs points du globe, ont des instincts de cruauté qui sont modifiés par des idées de sociabilité dans les races les plus avancées dans les arts et les sciences des nations civilisées.

L'instinct sauvage de certaines espèces d'animaux supérieurs peut être plus ou moins modifié aussi par la domestication. Le chien apprend à modifier ses instincts de chasse, tandis que le loup indocile reste toujours le même; certaines races humaines ont appris à modifier leurs instincts de cruauté et d'anthropophagie, tandis que d'autres restent indociles comme le loup et, comme lui, seront peu à peu exterminées par les progrès de la civilisation.

Dans l'évolution métamorphique de la société, les instincts naturels de l'homme et les jugements de son intelligence pratique sont profondément modifiés dans chaque phase historique de progrès. Les lois et les coutumes d'une période barbare sont remplacées par d'autres, quand les arts et les mœurs ont fait une évolution notable, tout comme le vêtement d'une chenille est mué périodiquement pour que le corps puisse s'agrandir jusqu'à l'époque de la transformation dernière de l'imago enveloppée dans le cocon. La modalité de l'âme instinctuelle de l'insecte se transforme avec la modalité de l'âme physiologique et les organes du corps embryonnaire, mais on ne peut rien savoir de l'instinct de l'homme pendant l'évolution du fœtus individuel.

Les changements successifs des rudiments d'organes

du fœtus individuel sont effectués par l'âme physiologique seule, tout comme l'évolution métamorphique d'une plante; la modalité de l'âme instinctuelle semble être complètement torpide pendant la vie utérine, tandis que les changements de la société collective pendant l'évolution métamorphique sont effectués par les évolutions successives d'idées et de mœurs dans toutes les modalités de l'âme. Les individus gardent la même forme humaine pendant les transformations de l'organisme collectif, mais la forme du corps peut se perfectionner avec le perfectionnement de l'âme.

Le type de la forme humaine existe chez les progéniteurs avant la formation du fœtus individuel, et ce même type potentiel existe chez l'âme humaine qui vient s'incarner dans le fœtus. L'âme d'un cheval ne pourrait pas s'incarner dans le fœtus d'un bœuf, et encore moins dans la forme humaine.

Le type parfait d'une humanité céleste existe dans une infinité de mondes naturels et surnaturels avant que ce type ne vienne se développer par une évolution métamorphique sociale sur notre terre. Ceci nous indique clairement que les états successifs de l'intelligence pratique ne sont que des états transitoires des âmes qui doivent continuer à se modifier dans les idées et les instincts, jusqu'à ce que le type parfait ait été réalisé pour les sociétés comme pour les individus.

Les transformations du corps d'une chenille nous annoncent la forme définitive de l'imago; les métamorphoses de la société humaine sur la terre nous annoncent la réalisation de la forme définitive de l'homme collectif sur la terre et dans le ciel. L'Évangile nous donne une idée générale de cette évolution perfective de l'âme humaine dans ce monde, et nous engage à prier que la volonté de Dieu soit faite sur la terre comme au ciel.

Les nécessités de l'évolution métamorphique des organes

du corps par l'âme physiologique du fœtus entraînent celles de la torpeur de l'âme instinctuelle chez l'individu pendant cette période. La torpeur des instincts supérieurs de l'intelligence pratique chez les individus est également nécessaire pendant les premières phases de l'évolution des sociétés. Une âme bien développée aurait de la peine à subir les privations inévitables et la rudesse des conditions de la vie des sauvages.

On voit encore que les peuples incultes, comme les races nègres de l'Afrique, ont de la peine à organiser même les rudiments d'une société, et seraient incapables de supporter le fardeau d'une responsabilité sociale et politique. Leur plus grand bonheur est l'insouciance. Là où ils sont bien traités en servitude, comme en Égypte, où la race des maîtres est presque aussi indolente et insouciante que celle des esclaves, les nègres sont heureux dans la domesticité comme des animaux bien hébergés, bien nourris; mais il n'en est pas de même des esclaves d'une race de maîtres avides de gain et indifférents aux souffrances de leurs instruments de travail. Le mahométan est bon maître de ses esclaves; le chrétien sans scrupules est quelquefois dur pour ses ouvriers, femmes ou enfants, esclaves ou salariés libres. Les instincts de l'homme civilisé ont besoin de faire encore beaucoup de progrès en évolutions successives pour approcher même de loin de l'exemple donné par l'Homme-Dieu dont la parole est si peu comprise par l'homme-animal, plus ou moins superstitieux.

Les instincts de certaines espèces d'animaux sont modifiables par la domestication, comme ceux du chien et du cheval; il en est de même de quelques-unes des races humaines à l'état sauvage. Certains individus, portés à la violence par instinct naturel, sont susceptibles d'être profondément modifiés par une violence plus forte que la leur. Un matamore, rossé d'importance par plus fort que lui, change son ton de dominateur en celui d'admirateur de son vainqueur, et se soumet volontiers à son autorité. Il en est de même des nations batailleuses vaincues à la guerre par une nation civilisée mieux armée.

Il est important d'étudier les instincts des animaux pour comprendre ceux des races humaines pendant les phases successives de l'évolution sociale, car l'homme individuel n'est d'abord qu'une espèce d'animal, une cellule *organique de l'organisme collectif;* dans l'évolution sociale, les cellules élémentaires sont arrangées en diverses vocations professionnelles; puis en organes complexes d'une société domestique, municipale, nationale ou internationale, etc., jusqu'à la fédération finale de toutes les races et de toutes les nations dans une fraternité universelle, d'après le type donné dans l'Évangile : ce type devra être compris par l'intelligence complètement développée de l'homme collectif, autrement qu'il n'est interprété aujourd'hui par les sectes antipathiques, politiques et ecclésiastiques dans les pays civilisés.

Le type potentiel d'un instinct quelconque existe avant de s'incarner dans la matière du corps; le principe vital d'un oiseau forme un corps de son propre type dans la substance de l'œuf pendant la période de l'incubation; l'âme d'un homme se forme un corps temporaire du même type que celui de sa race dans la substance fournie par ses progéniteurs physiologiques.

Les organismes matériels de toutes les espèces sont du même type que les principes potentiels qui les organisent et les animent dans ce monde.

Dans les *conditions* de la vie instinctuelle de tous les types, nous constatons les différences climatériques des zones de latitude : tropicale, sous-tropicale, tempérée, sous-polaire et alpestre. Pour les races humaines il y a de plus les conditions de l'éducation naturelle et artificielle, l'expérience récente des sensations et des idées, l'expérience générale des connaissances pratiques acquises par l'individu.

Dans les *créations de l'instinct animal*, on peut distinguer les roches calcaires formées des conques de mollusques, des coraux, des zoophytes ; la *toile* de l'araignée et la *ruche* des abeilles ; les nids des oiseaux. Les créations de l'homme sont faciles à reconnaître dans les instruments et les machines de l'industrie ; dans les poèmes et les œuvres littéraires dramatiques et artistiques ; dans l'invention des jeux de cartes et d'échecs ; dans la création des langues et des systèmes graphiques d'écriture qui diffèrent de race à race, de continent à continent, en correspondance avec l'instinct des peuples qui les ont créés.

L'*intelligence pratique* est du même caractère que le type de l'instinct potentiel chez les insectes, chez les animaux supérieurs et chez l'homme ; les progrès de l'intelligence des races humaines se déroulent au fur et à mesure des progrès de l'évolution métamorphique des sociétés.

Tout le monde sait que l'expérience habituelle de l'individu donne un cachet particulier à son esprit, qu'il soit artiste ou simple ouvrier, homme de lettres ou commis-voyageur. On sait que les opinions et les préjugés de la société qu'il fréquente volontiers, catholique ou protestante, crédule ou incrédule, monarchique ou républicaine, lui donnent une nuance d'opinions qui convient à son tempérament intellectuel ; le bon sens pratique peut modifier plus ou moins l'instinct primitif, selon les habitudes et les mœurs de la société, sans rien changer au type potentiel de la race, ni même au caractère vocationnel de l'individu.

Il en est de même pour le type potentiel de l'instinct des animaux qui ont subi l'influence de la domestication. Le chat est toujours chat, le chien toujours chien, le bœuf toujours bœuf, malgré les efforts des éleveurs pour en modifier les proportions relatives des diverses parties du corps, en croisant les races et en variant la nourriture. On n'a jamais pu transformer le type de l'instinct de l'espèce, ni celui du corps conforme à ce type.

L'origine des espèces est dans le monde potentiel des principes de la vie avant d'être réalisée par évolution dans le monde visible ; et ces principes indestructibles retournent au monde surnaturel après avoir quitté les corps mortels du monde naturel. C'est une hypothèse gratuite de supposer que le type potentiel d'une espèce quelconque soit variable avec les phases métamorphiques du fœtus individuel, ou avec les évolutions paléontologiques des règnes organiques sur notre globe. Le type de l'organisme individuel réalisé par les évolutions métamorphiques du fœtus existe avant d'être revêtu d'un corps matériel ; le type de l'organisme collectif de l'humanité céleste existe avant d'être réalisé par les évolutions sociales de l'humanité terrestre ; la perfection relative de ce type doit être réalisée ici-bas, comme il l'est déjà là haut. C'est là l'aspiration prophétique de l'oraison dominicale : « Que le royaume de Dieu soit organisé sur la terre, comme il l'est au ciel. »

Il y a des incrédules qui ne croient pas à l'existence de l'âme, en dehors du corps mortel, ni chez l'homme, ni chez les animaux. Ils demandent qu'on leur en donne la démonstration expérimentale ; cela n'est pas facile pour plus d'une raison.

Un mathématicien ne pourrait pas démontrer la vérité du calcul différentiel à celui qui n'a fait aucune étude en mathématique, ou qui n'a pas même les aptitudes nécessaires pour ce genre d'études. Il en est de même pour la psychologie expérimentale. Tout le monde n'a pas fait les mêmes études, n'a pas les mêmes aptitudes, ni les mêmes expériences des phénomènes spirites.

Les dindons et les oies sont des oiseaux qui n'ont ni les

mêmes aptitudes naturelles, ni les mêmes expériences des milieux différents de l'existence pratique ; l'un et l'autre ont la réputation, bien ou mal fondée, d'être des oiseaux niais.

Le dindon ne croit pas qu'un oiseau puisse s'aventurer sur l'eau sans risque de se noyer, et demande à l'oie de lui en donner la démonstration expérimentale, à lui dindon sceptique, qui n'accepte pas les affirmations des oies crédules en cette matière. Mais où sont les aptitudes du dindon pour aller sur l'eau comme y vont les oies ? Et comment prouver que cette expérience soit probante au dindon qui se hasarde de faire l'expérience lui-même au risque de se perdre dans l'eau ?

Le bon sens pratique du dindon, qui manque d'aptitude, l'empêche de faire l'expérience lui-même, et l'expérience des oies ne lui prouve pas que leurs affirmations soient vraies.

Les hommes sceptiques, qui ont une répugnance invincible pour les expériences spirites à cause du charlatanisme qui s'en mêle souvent, ne peuvent recevoir une démonstration expérimentale.

Ici, nous terminons l'analyse de l'âme instinctuelle et de l'intelligence pratique de l'homme, avec leurs analogies du même degré de modalité vitale chez les animaux soumis au gouvernement de l'espèce humaine.

CHAPITRE III

L'AME RATIONNELLE

On doit distinguer la raison théorique de la « raison pratique », comme on distingue l'âme instinctuelle de l'âme physiologique. La difficulté est de trouver des mots qui fassent bien comprendre les nuances analytiques.

La raison pure s'occupe de ce qui est absolu et évident à l'esprit comme principes immuables et lois invariables ; la raison pratique s'occupe de ce qui est phénoménal et évident aux sens.

L'intelligence pratique se confond facilement avec l'entendement, mais l'instinct rusé d'un animal ne peut pas être confondu avec la raison scientifique de l'homme. L'animal n'est aucunement libre. Ce qui donne *la liberté* à l'homme, c'est *sa raison* qui lui permet de faire un choix entre divers motifs qui l'obsèdent, et préférer les impulsions nobles et désintéressées aux impulsions purement égoïstes et animales. Le libre arbitre, c'est *la raison arbitre* entre des impulsions diverses de la nature physique et de la nature morale, entre l'égoïsme et « l'altruisme ». Les modalités différentes de la force physique sont convertibles sur une petite échelle ; mais on ne voit pas que la force physiologique d'une plante puisse donner origine à l'âme instinctuelle d'un animal, ni que l'instinct d'un animal puisse être développé en esprit scientifique.

Quant aux facultés de la raison supérieure qui paraissent ne pas exister chez les hommes ignorants et passionnés, nous ferons observer que les corps sont plus faibles chez les uns que chez les autres, les âmes moins fortes. Les corps peuvent aussi être moins bien nourris par les aliments, les âmes moins bien nourries par l'instruction chez les uns que chez les autres.

Les paysans ont tous les muscles du corps, mais si peu exercés, en comparaison de ceux des acrobates, qu'ils ne peuvent presque rien faire de ce que font les gymnastes bien exercés. Ce n'est pas qu'ils manquent de muscles; mais ils n'en peuvent presque rien faire de souple et d'agile. Il en est de même pour les facultés de la raison, si peu exercées chez la plupart des gens qu'ils n'en peuvent presque rien faire de logique. Les plus ignorants ou mal instruits ne manquent pas de *spéculer* sur toutes sortes de questions ; mais leurs spéculations sont aussi peu justes que les mouvements de leurs corps sont maladroits. Ce n'est donc pas le manque de muscles au corps, ni le manque de facultés dans l'âme qui sont cause de maladresse dans les mouvements de l'un et les raisonnements de l'autre, mais le défaut d'exercices variés chez les hommes et les femmes, limités par une routine journalière dans l'exercice de quelques-uns seulement des muscles du corps et des facultés de l'âme. Un seul genre d'exercice du corps chez le paysan ne peut le rendre habile gymnaste; un seul genre d'exercice de l'esprit chez le savant ne peut le rendre habile en raisonnement philosophique.

Ceci fait voir de quelle importance est l'éducation physique et intellectuelle, surtout chez les jeunes gens, avant que la raideur incorrigible n'ait rendu la flexibilité et l'élasticité des muscles du corps et des facultés de l'esprit plus ou moins impossibles.

Les aptitudes du génie chez les hommes sont diverses comme les aptitudes du corps et de l'instinct chez les animaux. Le moineau n'a pas les mêmes aptitudes au vol que l'hirondelle. Les proportions relatives des muscles des ailes ne sont pas les mêmes, chez l'une et l'autre espèce. L'éducation ne pourrait jamais donner au moineau la puissance du vol de l'hirondelle. D'où il suit que l'éducation doit être adaptée à la vocation naturelle de l'individu.

Le génie du poète diffère de celui d'un calculateur : l'un ne pourrait pas apprendre à rivaliser avec l'autre.

L'aptéryx n'a que des ailes rudimentaires. Il ne pourrait pas *croire* que le vol soit possible aux oiseaux. La démonstration pratique par l'hirondelle ne lui ferait croire qu'à l'hallucination du sens de la vision. Il en est ainsi pour les différences de capacité et d'aptitudes naturelles là où les facultés sont inégalement développées chez l'homme.

L'éducation ne pourrait jamais développer les facultés de l'homme au delà de ses aptitudes naturelles et spécifiques. Chaque individu a toute l'échelle des muscles du corps et des facultés de l'intelligence, mais non développés en mêmes proportions relatives dans les organes du corps et les facultés de l'âme. Il ne faut donc pas confondre l'identité du type avec les différences de proportion relatives dans les parties constituantes de l'unité organique.

FACULTÉS DE L'ENTENDEMENT.

Z. *Principes de la raison pure.*
Y. Conditions évolutives de la raison.
X. Résultats scientifiques de la raison.
W. Facultés régulatrices de la raison.
VII. Facultés distributives et coordinatives.
7. Facultés perspicatives et sélectives.
VI. Facultés réflectives théoriques.
6. Facultés d'analyse théorique.
V. Facultés conceptives d'hypothèses.
5. Facultés inductives et spéculatives.
IV. Facultés analogiques de l'entendement.
III. Facultés ontologiques de l'entendement.
2. Facultés biotechniques de l'entendement.
II. Facultés logiques de l'entendement.
1. Facultés mathématiques de l'entendement.
I. Facultés systématisantes de l'entendement.

Cette gamme des facultés peut être subdivisée en distinctions secondaires, ainsi :

Z. Principes de la raison.
- H. *Principes de l'utile.*
- U. Principes du beau.
- N. Principes du vrai.
- O. Principes du bon.

Y. Conditions de la raison.
- H. *Forces et phénomènes physiques.*
- U. Forces et phénomènes organiques.
- N. Forces et phénomènes évolutifs.
- O. Forces et phénomènes révolutifs : vie alternante.

X. Création des sciences.
- H. *Sciences ontologiques.*
- U. Sciences méthodologiques.
- N. Sciences épicosmologiques.
- O. Sciences cosmologiques.

W. Facultés régulatrices.
- H. *Facultés régularisantes, équilibrantes.*
- U. Facultés théorisantes, formulatives.
- N. Facultés interpolisantes.
- O. Facultés généralisantes,

Les *principes* de l'utile, du beau, du vrai et du bon sont pour la raison pure et la science ce que l'économique, l'esthétique, le véridique et l'éthique sont pour la raison pratique et l'art. Les *conditions* extérieures de l'entendement sont l'existence objective des mondes comme révélations des lois invariables de la nature. Les *résultats* de l'étude sont les découvertes de lois invariables et la création des sciences ontologiques, cosmologiques, épicosmologiques et méthodologiques. Ces résultats sont, dans l'esprit, ce que les sécrétions des tissus connectifs sont dans le corps.

Le tissu connectif forme des gaines de muscles et de tous les organes du corps, pour régulariser les mouvements de ces organes. Les facultés de la raison régulatrice des mouvements de la pensée sont donc analogues aux tissus connectifs.

On pourra demander quelle est la différence entre une *conception* philosophique et une *théorie* plus ou moins scientifique? La conception rationnelle de Copernic sur la position centrale du soleil dans le système solaire a été justifiée par la *théorie* scientifique de Newton sur les lois de la gravitation.

Cette hypothèse de la raison théorique est l'inverse du jugement pratique de l'âme instinctuelle, d'après l'évidence des sens.

De cet aperçu général des éléments connectifs de l'âme rationnelle, nous pouvons passer à l'analyse des facultés de la gamme nommées dans le tableau. C'est ici le moment d'expliquer le sens technique des mots ontologique et biologique. Tout ce qui a rapport aux principes indestructibles et aux lois invariables de la vie est *ontologique;* tout ce qui n'implique que les phénomènes de la vie temporaire est *biologique.* Le principe créateur est archiontologique, chez l'homme et chez Dieu.

L'esprit créateur prend la matière indestructible déjà existante pour créer un mécanisme automatique comme la machine à vapeur, ou un organisme automatique comme la plante. La raison humaine et la raison omnisciente sont archiontologiques et supérieures à tout ce qui est indestructible dans la matière et la force universelles.

L'anatomie et la physiologie descriptives ne s'occupent que de la biologie proprement dite, tandis que l'analyse biotechnique s'occupe principalement des forces vitales indestructibles et des lois architectoniques des organismes individuels ou collectifs, dans tous les mondes où circule la vie.

Le mot *noumène* a été adopté par le philosophe Kant, en contraste avec le mot *phénomène* pour distinguer ce qui est éternel de ce qui est transitoire. La *raison pratique* s'occupe seulement de ce qui est phénoménal et variable dans la nature; la *raison pure* s'occupe de ce qui est force occulte indestructible et lois invariables dans la nature et surtout dans l'esprit humain. Il y a néanmoins analogie entre les facultés de la raison pratique biologique et celles de la raison théorique archiontologique. Aux forces physiques sont ajoutées les forces physiologiques dans le règne végétal; à ces forces physiques et physiologiques sont ajoutées des forces instinctuelles dans le règne animal; aux forces physiques, physiologiques, instinctuelles, sont ajoutées des forces de la raison et de l'âme passionnelle chez l'homme.

En parallèle avec la faculté de la comparaison dans l'intelligence pratique, nous avons à noter les facultés analogiques de la raison théorique.

FACULTÉS ANALOGIQUES
- H. *Parallèles des liens connectifs ou articulaires.*
- U. Parallèles des gammes organiques.
- N. Parallèles des hémialités de l'unité organique.
- O. Parallèles des forces occultes de la vie humaine.

Nous trouvons dans la nature humaine les forces vitales physiologiques, intellectuelles, rationnelles et passionnelles, réunies en modes concentriques, et fonctionnant en modalités correspondantes ou analogiques. Dans la nature animale, les mêmes parallèles existent entre les forces de l'âme et celles du corps, mais sans la modalité de l'âme rationnelle. Les mêmes parallèles existent avec les mêmes analogies entre les forces physiques et les forces vitales physiologiques dans les plantes.

Il y a donc *analogie* entre les fonctions des forces vitales concentriques dans la nature humaine; il y a *homologie* entre les deux moitiés bilatérales du corps, entre le bras droit et le bras gauche, et par extension, dans l'acception du mot, entre le bras d'un homme et l'aile d'un oiseau.

Il n'y a pas de nom pour les parallèles topiques entre les sept grands systèmes du corps, qui forment la gamme unitaire de l'organisme, et nous proposons le mot *synologie* pour ce genre de parallèle. Nous aurons ainsi, en analyse biotechnique :

1° Des parallèles de forces vitales concentriques : *analogiques.*

2° Des parallèles d'hémialités structurales : *homologiques.*

3° Des parallèles topiques de systèmes de gamme : *synalogiques.*

4° Des parallèles de liens articulaires : *arthrologiques.*

Ce dernier genre de parallélisme existe pour l'articulation entre la tête convexe d'un os tel que la tête du fémur et l'os concave de l'acétabulum ; de même pour les parties contrastées de toute espèce d'articulation dans le squelette ; de même pour les tissus connectifs dans le corps, et pour les formes ambiguës entre les unités collectives des espèces et des classes dans tous les règnes : la *chauve-souris,* lien ambigu architectonique et structural entre les oiseaux et les mammifères ; la *baleine,* lien ambigu entre les poissons et les mammifères ; le *kinkajou,* lien ambigu entre les ordres des félins et des canins ; le *platipus,* lien ambigu entre les insectivores et les marsupiaux ; et tout cela à deux points de vue très différents, savoir : au point de vue des *connaissances superficielles* de l'intelligence, et au point de vue des principes architectoniques de la *science profonde.*

Dans la section des facultés de relation, il y a deux autres ordres de capacité méthodologique, savoir : les facultés du calcul mathématique et celles de l'investigation biologique.

Facultés et aptitudes au calcul, etc.
- H. *Axiomes, définitions, postulats, propositions.*
- U. Théories de limites, progressions, proportions, etc.
- N. Arithmétique, algèbre, fluxions, etc.
- O. Géométrie et mécanique rationnelle.

Ces facultés ne sont pas également développées chez tous les hommes.

On sait que tous les hommes ont des muscles sans avoir les mêmes aptitudes pour les tours de force gymnastiques ; tout le monde a des facultés du calcul, sans avoir les mêmes aptitudes pour toutes les branches des sciences mathématiques.

Tous les oiseaux ont des ailes, mais dans certaines espèces les ailes sont rudimentaires, et ces oiseaux ne peuvent pas voler. Dans l'espèce humaine, tous les hommes ont des facultés scientifiques, mais leurs aptitudes ne sont pas développées aux mêmes degrés pour toutes les branches des sciences mathématiques ou métaphysiques.

Facultés et aptitudes biotechniques
{ H. *Pour les méthodes expérimentales.*
  U. Pour les méthodes statistiques.
  N. Pour les méthodes biotechniques.
  O. Pour les méthodes philosophiques.

Les méthodes *expérimentales* exigent des aptitudes spéciales pour chaque genre de recherche ; les méthodes *statistiques* exigent aussi des aptitudes spéciales de patience et de persévérance. Pour cela il faut arranger un grand nombre de faits de même nature, dans des tableaux statistiques bien complets, afin de calculer la valeur de moyennes et d'extrêmes, applicables à la prévision des rapports de phénomènes, dans des conditions données pendant le cours de la vie.

Les méthodes *biotechniques* sont encore à l'état purement descriptif chez les naturalistes ; la biologie analytique proprement dite, comme nous l'appliquons dans ce volume, est trop peu connue pour être bien appréciée par les savants de notre époque, plus matérialistes que spiritualistes, plutôt microscopistes qu'onto-scopistes.

Les méthodes *philosophiques* sont diverses chez les anciens et les modernes. Démocrite (d'Abdera) avait une méthode à lui, qui ne ressemblait pas à celle de Platon. Dans les temps modernes, les méthodes de Bacon et de Descartes, de Hobbes et de Spinoza, Locke, Hartley et Condillac, Leibnitz, Kant et Berkely, David Hume, Auguste Comte et John Stuart Mill, sont autant de méthodes différentes, qui donnent des résultats inconciliables.

La méthode philosophique doit être la plus importante des méthodes, donnant des résultats les plus intéressants à l'esprit humain. On pourra juger de l'importance de cette méthode, en lisant les auteurs de systèmes différents, puis la discussion des principes au commencement de ce volume. L'intuition donne l'hypothèse qui est la base du raisonnement du philosophe. Quand l'hypothèse est fausse, le système philosophique pèche par la base. L'hypothèse de Copernic rend la science astronomique possible, tandis que l'hypothèse de Ptolémée la rendait impossible. La théorie de la gravitation de Newton, basée sur l'hypothèse de Copernic, lui a donné le moyen d'expliquer « les principes mathématiques de la philosophie naturelle ». L'hypothèse de Protagoras (l'homme est la mesure de toutes choses) a rendu la science biologique possible, et l'analyse de l'âme humaine nous a donné le moyen d'expliquer les « principes biotechniques de la philosophie évolutive et organique ».

La méthode philosophique consiste à chercher d'abord le principe des forces occultes dans la nature; puis les modes d'action de ces forces dans les phénomènes de la vie et du mouvement dans le monde naturel et le monde surnaturel ou potentiel.

L'hypothèse de l'indestructibilité des forces et de l'invariabilité des lois doit être vérifiée constamment par l'étude des phénomènes de la nature.

Après l'hypothèse philosophique vient l'analyse des phénomènes et la théorie scientifique qui justifient l'hypothèse. Ici nous revenons à l'analyse des facultés de la raison pure.

Facultés systématisantes.
- H. *Distinction de l'unité universelle.*
- U. Distinction des unités générales, typiques.
- N. Distinction des unités collectives, sociologiques
- O. Distinction des unités individuelles.

La faculté de la raison qui discerne les unités arthitectoniques de la création est une faculté de systématisation universelle, analogue à la faculté de l' « individualité » de l'âme instinctuelle.

On voit l'application de cette faculté dans les classifications systématiques de ce volume.

Facultés ontologiques.
- H. *Cognition de l'omniscience archiontologique.*
- U. Cognition des lois invariables.
- N. Cognition de l'infini en temps et espace.
- O. Cognition de l'indestructibilité des forces.

Les relations nécessaires des phénomènes visibles avec des forces indestructibles et des lois invariables forment le domaine propre des facultés ontologiques de la raison pure. Cette distinction des *veræ causæ* dans la nature diffère complètement de celle des antécédents et des conséquents, dont s'occupe la faculté qu'on nomme *causalité* dans la raison pratique.

Les mots absolu, infini, indestructible, invariable, sont faciles à comprendre comme base de la science; car si les forces n'étaient pas indestructibles et les lois invariables, la science des principes de la vie et du mouvement n'aurait aucune base positive et absolue pour la raison humaine.

Facultés logiques.
- H. *Axiomes, définitions*, etc. [pace]
- U. Rapports logiques de phénomènes avec temps et espace.
- N. Rapports logiques de phénomènes avec forces occultes.
- O. Rapports logiques de sujet et d'attributs.

Les facultés logiques de la raison sont reliées aux facultés ontologiques, comme les muscles du corps sont attachés au squelette osseux dans le mécanisme du mouvement. C'est par l'étude des parallèles entre l'âme et le corps, que le lecteur pourra se rendre compte de nos définitions des facultés de la raison pure.

Après l'analyse des facultés de la vie de relation, vient celle des facultés de la vie organique, c'est-à-dire les facultés et les fonctions de la raison distributive et coordinative; de la raison perspicative et sélective; de la raison analytique, ruminative et réflective; de la raison conceptive et théorique; de la raison inductive et spéculative.

Les facultés de l'entendement, qui cherchent à découvrir les lois abstraites qui gouvernent les phénomènes concrets, sont formulatrices des théorèmes de la science abstraite ou métaphysique, dans le sens primitif de ce mot. Les forces occultes et les phénomènes visibles sont de l'ordre *concret* et variable, tandis que les lois et les principes architectoniques sont de l'ordre *abstrait* et invariable. La *connaissance* des forces et des phénomènes concrets peut être immensément développée par l'intelligence pratique, sans que la raison pure ait encore pu découvrir la *science abstraite* des lois et des principes immuables. Il est donc important d'analyser les facultés de la raison pure qui mènent à la découverte des lois de la science.

C'est toujours en parallèle avec les fonctions de l'âme physiologique, qu'on peut le mieux définir celles de l'âme rationnelle.

Facultés analytiques conscientes.
- H. *Facultés d'études abstraites.*
- U. Facultés d'analyse métaphysique.
- O. Facultés de revisions théoriques.
- N. Facultés déductives et réjectives.

Facultés réflectives inconscientes.
- H. *Faculté d'acquisivité scientifique.*
- U. Facultés réflective, ruminative de la raison.
- O. Facultés assimilatives de la raison.
- N. Facultés rectificatives des idées.

Les définitions des facultés d'*analyse* s'expliquent d'elles-mêmes, ainsi que les facultés d'*acquisivité scientifique*, de *réflexion ruminative* des idées ou des cognitions, des *déductions* légitimes qu'on peut faire d'un principe vrai, ou d'une loi invariable, pour tous les cas spéciaux qui rentrent dans un cas général.

Pour faire ressortir l'analogie qu'il y a entre les facultés de l'analyse rationnelle (qui préparent les aliments de la raison scientifique) avec les organes et les fonctions de la digestion physiologique qui préparent les aliments pour la nutrition du corps, nous ferons observer que les facultés de poursuivre les études métaphysiques correspondent à la cueillette de la nourriture, qu'il faut se procurer avant de pouvoir la soumettre aux procédés de la digestion.

Une fois les aliments *procurés*, ils sont *analysés* dans la bouche par la mastication et l'insalivation qui les préparent à entrer dans l'estomac pour y être mélangés avec le suc gastrique; ce procédé, chez les animaux ruminants, est assez compliqué; d'où nous disons la réflexion *ruminative* de la raison analytique chez l'homme. En passant de l'estomac, le *chyme*, ainsi formé par une première digestion, est *revisé* par le pylore pour savoir s'il doit passer dans l'intestin grêle, ou s'il doit être rejeté de l'estomac par le vomissement. Ayant subi cette revision pylorique et laissé passer dans le duodénum, le chyme y est mêlé avec la bile et le suc pancréatique pour être émulsionné et plus ou moins *assimilé* avec des sécrétions tirées du sang; quand cette seconde espèce de digestion a été faite, la *rectification* de la masse à déduire dans l'intestin grêle laisse passer dans le gros intestin ce qui doit être rejeté au dehors comme résidu de l'opération. Ainsi, nous avons la *préhension* des aliments, leur *analyse* dans la bouche, la *rumination* digestive dans l'estomac, la *revision* de cette rumination en passant par le pylore, l'*assimilation* de cette seconde analyse par les sécrétions dans l'intestin grêle, la *rectification* de l'opération qui laisse passer le *résidu* qui doit être rejeté au dehors du corps. C'est ainsi que nous justifions l'adoption des mots *analyse*, *rumination*, *revision*, *assimilation*, *rectification* et *déduction* du système analytique de la raison scientifique.

Cette explication indiquera le sens des mots et la nature des parallèles que nous établissons entre les fonctions de l'âme physiologique et celles de l'âme rationnelle.

FACULTÉS distributives, coordinatives, inconscientes.	H. *Facultés coordinatives de la raison scientifique.* U. Facultés aspiratives de la raison pure. O. Facultés distributives et subordinatives de la raison N. Facultés critiques de la raison pure. [pure].
FACULTÉS perspicatives (conscientes).	H. *Facultés héréditaires de l'âme rationnelle.* U. Facultés perspicatives de la raison pure. O. Facultés sélectives de la raison pure. N. Facultés discrétionnaires de la raison pure.

Ici, le parallèle des facultés distributives et coordinatives de la raison scientifique sont mises en parallèle avec le système vasculaire général. Le nez est l'organe *perspicatif* de la qualité du gaz à respirer; le poumon est l'organe *aspiratif* et respiratif de l'oxygène qui doit régénérer le sang; le cœur et les vaisseaux sont les organes qui *distribuent* le sang à tous les organes en le subordonnant à une marche régulière de circulation *coordonnée* aux besoins des échanges de la nutrition; les vaisseaux capillaires sont en rapport direct, pour la nutrition, avec tous les organes; tandis que, pour les sécrétions, les reins sont spécialement préposés à la fonction *critique* de la dépuration du sang; l'urèthre est l'organe spécial de la *discrétion* qui préside à la miction de l'urine en temps et lieux convenables.

Les poumons respirent l'air nécessaire pour la régénération du sang, mais ils ne fournissent pas les autres substances nécessaires au renouvellement de la matière du sang. Ce sont les vaisseaux chylifères et lymphatiques, en coopération avec les veines, qui font l'office de la *sélection* et de l'absorption des substances qu'ils trouvent toutes préparées par la digestion préalable. De cette manière nous trouvons, dans le système des facultés distributives et coordinatives de la raison théorique, un parallèle complet avec les appareils de respiration, circulation, échanges de nutrition et d'épuration du sang, qui caractérise les facultés de l'entendement. Les facultés perspicatives, sélectives, assimilatives et discrétionnelles de la raison pure, sont analogues aux appareils du système provasculaire.

Les aptitudes héréditaires des facultés métaphysiques sont très différentes chez les individus nés dans une famille de race sauvage ou dans une famille de race civilisée, où les conditions de l'éducation sont si différentes.

Dans l'étude des phénomènes concrets, la raison cherche à découvrir l'ordre distributif et la coordination naturelle des parties d'une unité quelconque et les lois abstraites de cet ordre, afin de fixer les idées dans l'esprit comme lois de la science. La découverte des lois n'est pas la création de ces lois; c'est la création évolutive de l'ordre scientifique dans l'esprit de l'homme, qui est un réflecteur subjectif de l'ordre existant déjà dans le monde objectif.

Les modes de mouvement des organes du corps et leurs fonctions spéciales dirigées par les facultés occultes de l'âme physiologique, sont faciles à observer et à décrire; mais si le corps n'était pas là, on aurait de la peine à définir les fonctions de l'âme rationnelle en parallèle avec celles de l'âme physiologique.

Les anciens philosophes, qui ne connaissaient pas bien l'anatomie et la physiologie du corps humain, n'avaient pas présent à l'esprit ces phénomènes de la nature organique pour les guider dans l'analyse des facultés de la raison.

Protagoras a pu néanmoins affirmer que l'homme est la mesure de toutes choses, puisque toute la nature se réflète dans son esprit qui en est le seul interprète connu, suffisant ou insuffisant.

Les modalités des modes de mouvement des forces vitales sont reliées entre elles par des similitudes d'une part, et, d'autre part, par des différences en degrés presque incommensurables, tout comme les modes de mouvement des forces physiques de la chaleur, de la lumière, de l'électricité et de la gravitation.

| Facultés inventives. | H. *Facultés d'inspiration idéale.*
U. Facultés intuitives d'hypothèses scientifiques.
O. Facultés constructives de formules théoriques.
N. Facultés perfectives de formules théoriques. |

| Facultés inductives. | H. *Facultés tutélaires* (disciplinaires).
U. Facultés inductives.
O. Facultés suggestives.
N. Facultés impartatives (enseignement). |

Ici le parallèle entre les facultés inventives de l'âme rationnelle et les appareils du système génératif du corps est facile à saisir. Les ovaires *sécrètent* l'œuf qui doit suffire au type de l'oiseau qui en sortira par incubation ; les oviductes sont les sécréteurs des couches externes de l'œuf et inducteurs de l'œuf dans l'utérus du mammifère ; la formation du corps de l'embryon aura lieu pendant la gestation utérine. Après la naissance de l'enfant, les mamelles fournissent le lait qui doit continuer la nutrition du nouveau-né, et le *perfectionnement* de son organisme jusqu'à l'apparition des « dents de lait ». Les mamelons sont les organes de l'*impartition* du lait au nourrisson. Les facultés *tutélaires* de la mère pour l'enfant sont les moyens de le soigner pendant sa faiblesse ; les organes de l'*imprégnation* rapprochent les deux sexes dans la fécondation nécessaire à l'évolution de l'organisme engendré. La suggestion d'une idée peut féconder l'esprit d'un inventeur.

Pour les facultés de la raison, nous ne savons pas de quelle manière l'invention est effectuée par suggestion et élaboration ; mais on sait que la femme produit l'enfant engendré par l'union des sexes, tandis que c'est, pour ainsi dire, toujours les hommes qui produisent les nouvelles créations de la science. La plupart de ces hommes se disent redevables à la femme pour la suggestion ou la fécondation de leur esprit d'invention. Serait-ce donc que le sexe masculin de l'âme physiologique est uni au sexe féminin de l'âme rationnelle chez l'homme, tandis que le sexe masculin de l'âme rationnelle est uni aux sexe féminin de l'âme physiologique chez la femme?

Il y a aussi la question de l'inspiration céleste qui intervient ici pour compliquer le problème. Selon l'intuition des Grecs, les muses féminines inspiraient les poètes, tandis qu'Apollon inspirait les pythonisses.

Quant à la question de l'état potentiel de l'âme rationnelle, on sait que beaucoup d'hommes sont complètement stériles de découvertes et ne conçoivent jamais aucune hypothèse scientifique, bien qu'ils aient beaucoup d'idées ordinaires comme tout le monde; de même qu'une femme complètement stérile, quant à la sécrétion procréative, peut avoir des sécrétions de salive, de bile et d'urine, nécessaires à la santé du corps.

Nous avons mis le mot *conception* d'idée d'une nouvelle invention ou d'une nouvelle découverte de lois en parallèle avec le mot de sécrétion d'un œuf dans l'ovaire d'une femme, laquelle sécrétion diffère complètement de caractère et de but avec la sécrétion de la bile dans le foie ou de l'urine dans les reins. Ce mot n'est peut-être pas bien choisi, dans ce cas, puisqu'il doit être réservé pour le moment où le principe de la vie entre dans l'embryon, plutôt que pour l'acte purement physiologique de la sécrétion et de la fécondation de l'œuf.

La sécrétion de l'ovule par la femelle et l'imprégnation de l'œuf par le semen du mâle ne sont que des conditions physiologiques de la conception animique, qui est la vivification du germe matériel par le type potentiel de la vie de l'embryon. La substance de l'œuf est tellement propre à l'évolution du corps et de l'âme de l'espèce, qu'on ne voit jamais l'âme d'un mammifère s'incarner dans l'œuf d'un oiseau. Ce n'est pas à dire que l'hétérogénèse soit un phénomène impossible parce qu'on n'en a jamais eu l'expérience.

Cet aperçu général des fonctions et des facultés de la raison ne peut être clair que pour ceux qui ont déjà acquis des connaissances de l'anatomie humaine ; il pourrait même être obscur pour ceux-là, si l'esprit a été peu exercé en étude des sciences abstraites, telles que les mathématiques et la métaphysique. On ne pourrait pas entrer dans les détails d'une explication développée, avec de nombreux exemples de procédés connus dans les sciences physiques et biologiques, sans dépasser les limites d'un résumé général, tel qu'on le voit exposé dans ce volume.

CHAPITRE IV

L'AME PASSIONNELLE ET MORALE

Le parallèle des similitudes entre les sentiments de l'âme passionnelle et les activités de l'âme physiologique est assez facile à établir. L'amour physique et l'amour conjugal sont intimement liés, l'allaitement de l'enfant est associé à l'amour maternel. Il en est de même, d'une manière moins évidente à première vue, pour tous les autres sentiments. Toutes les modalités de l'âme sont intimement associées avec l'organisme du corps, pendant la vie, quoique séparables à la mort et même, partiellement, pendant le sommeil léthargique et par l'éthérisation.

Le sens de l'odorat distingue les gaz convenables au sang ; le sentiment des convenances morales lui est analogue ; les poumons respirent l'air pour la régénération du sang, analogues aux facultés de l'aspiration sociale ou de l'ambition; le cœur bat sans cesse pour la circulation du sang, analogue à l'impulsion constante et à la fortitude de l'âme pour entretenir la santé morale; les reins, dépurateurs du sang, correspondent au sentiment de l'honneur sans tache, qui maintient la pureté des mœurs de l'individu; les absorbants sélectifs du chyle sont analogues au sentiment avide du bien-être; le sens de la miction de l'urine est analogue au sentiment de la prudence.

Aspiration, fortitude et prudence sont des sentiments de la conscience morale.

Le travail est nécessaire pour se procurer les aliments du corps, le courage moral pour se défendre contre le mal et pour discipliner la conscience qui doit gouverner les passions.

Le *sens du goût* juge de ce qui convient à l'estomac; le *sens sélectif* du *pylore* décide de ce qui doit passer de l'estomac dans l'intestin, ou être rejeté dehors par le vomissement; le sens du besoin de la *défécation* sert à régler les *donations* du superflu de la digestion aux besoins de la terre, nourricière des plantes.

Les donations de la bienfaisance (aumônes, legs aux hospices, etc.) sont des dispensations généreuses d'une partie superflue des biens qu'on possède; ceux qui se privent du nécessaire pour secourir les autres font des actes de dévouement plus que généreux. Le Christ a sacrifié son corps par dévouement sublime pour le salut de l'humanité.

Pour l'acquisition des aliments, le *courage* de l'individu a souvent besoin de la *coopération;* et, quand le produit de la chasse ou du travail est préparé pour le régal, les coopérateurs se mettent à table. Le sentiment de la sociabilité est donc nécessaire pour la coopération au travail et pour la consommation des aliments. Ces sentiments sont ceux de l'*amitié;* le repas en commun est le symbole de la fraternité universelle. C'est donc le *courage* au travail et l'*amitié* coopérative qui sont les passions alimentaires de l'âme analogues aux appareils du système alimentaire du corps.

Pour la bonne digestion des aliments, il faut éviter la gloutonnerie et l'inébriété ; la *tempérance* est nécessaire dans l'alimentation du corps. Il en est de même pour l'alimentation de l'âme. C'est par la *modération* dans les passions que l'on évite les mauvais entraînements et les vices, ainsi que les fanaticismes de sectes et les éructations de sentiments haineux.

Il faut aussi de la *sincérité*, de la *loyauté*, de la *probité* et de la *franchise* entre les membres d'un groupe ou d'une société quelconque.

Les trois grandes passions, l'amour, l'ambition et l'amitié, sont mises en parallèle avec les systèmes génératif, vasculaire et digestif ; les facultés de l'âme morale en parallèle avec celles de l'âme physiologique, comme aspects distincts d'une seule et même unité organique.

Dans l'étude de ces parallèles et similitudes il faut toujours se rappeler les immenses différences de l'étendue des sphères d'action qu'il y a entre les modalités de l'âme et l'organisme du corps.

Tous les sentiments sont nécessaires à la vie sociale : l'*amour* et le *dévouement* pour la constitution de la famille et la reproduction de l'espèce ; le *courage* et l'*amitié* coopérative pour l'alimentation du corps et de l'âme collectifs ; l'*ambition* et l'*économie* pour la capitalisation et la distribution des richesses matérielles et spirituelles dans la société.

C'est à l'*ambition* à organiser des armées pour défendre la nation contre l'invasion, les agents de police contre les malfaiteurs à l'intérieur, les sociétés d'assurances économiques contre les fléaux de l'incendie, de l'inondation et de tous les genres d'accidents nuisibles aux intérêts d'un petit nombre, secourables par l'aide de la majorité.

Les sentiments de l'âme sont donc des forces motrices de la sociabilité; les vices sont des éléments morbifiques de l'organisme social. L'art politique est l'art de l'hygiène sociale ; la religion est l'art de discipliner les consciences. Ces deux arts sont assez peu avancés dans les nations civilisées, car la science fournit bien peu de lumières aux adeptes de l'art politique.

Ces imperfections ne sont que transitoires pendant les phases de l'évolution métamorphique de l'organisme collectif, comme les imperfections de l'organisme individuel pendant l'évolution métamorphique du fœtus.

C'est un problème sociologique qui reviendra plus tard; ici nous n'avons à nous occuper que de l'analyse de l'âme individuelle.

Avec les passions de la vie organique il faut mettre les sentiments de la vie de relation.

A ce point de vue on peut observer que l'enveloppe cutanée du corps est un système de limitation de l'unité du type qui représente la personnalité de l'individu, avec la légitimité de ses goûts et de son droit de vivre selon ses attractions naturelles, en coopération avec les intérêts et les passions d'autrui. C'est le sentiment de l'*unité* personnelle, de l'unité sociale et de l'unité universelle.

Le système musculaire a pour fonction de mouvoir les os du squelette. Les mouvements alternés des membres servent à la *progression* du corps d'un point à un autre ; ce sont donc les désirs de la *liberté* et du *progrès* qui correspondent aux systèmes musculaires et osseux.

C'est par l'intermédiaire des nerfs que les muscles sont mis en mouvement ; et c'est par un désir général de l'âme que tous les sentiments particuliers sont mis en action. Quel est ce désir ? C'est celui d'atteindre un but quelconque; en thèse général, ce but, c'est le *bonheur* de l'existence dans ce monde et dans l'autre.

Nous avons donc les désirs de l'*unité*, de la *liberté*, du *progrès* et du *bonheur* pour les sentiments de la vie de relation; le sentiment de l'*ordre* moral est nécessaire aux mouvements de l'âme dans les relations de la vie sociale.

Le *sens de l'ouïe* pour la musique et le sens dit *musculaire* pour les balancements du corps, correspondent au sentiment de l'harmonie morale.

En rapport intime avec le sentiment de l'indépendance et de la personnalité, il y a le sentiment de l'*égalité* et de la *mutualité*, égalité de droits selon les capacités hiérarchiques, la réciprocité de devoirs les uns envers les autres, la mutualité de services dans une société bien ordonnée.

Personne ne peut se suffire à lui-même en toutes choses. Le sens de la vue est un instrument de réciprocité en ce sens que chacun voit le dos de ses voisins et ceux-ci voient le sien, de manière à pouvoir se prévenir réciproquement, au besoin, de ce qui serait autrement inaperçu de soi-même. C'est une forme d'égalité en dehors des différences de forces.

Dans un corps d'armée les soldats ont besoin d'officiers pour les guider, et les officiers ont besoin des soldats en forces suffisantes pour résister à l'ennemi. Il en est de même dans toutes les hiérarchies de la société. Les sentiments de l'égalité de droit et de la réciprocité de services à rendre sont des facultés innées de l'âme passionnelle, nécessaires à la vie sociale, comme les sens de la vue et de la température sont indispensables à l'organisme du corps.

Les passions motrices de l'âme correspondent aux forces motrices du corps. Les mouvements automatiques des viscères de la vie organique sont excités par l'âme inconsciente, tandis que les mouvements volontaires de la vie de relation sont déterminés par les passions de l'âme consciente de sa personnalité.

Il y a donc des actions volontaires et des mouvements involontaires dans l'âme morale comme dans le corps. C'est dans l'analyse des appareils secondaires que nous trouvons ces distinctions ; mais il faut d'abord donner l'échelle simple des passions et des sentiments.

SENTIMENTS DE L'AME.

Sentiments religieux.
- Z. *Principes religieux : gravitation de l'âme vers Dieu.*
- Y. Conditions sociales et révélations religieuses.
- X. Œuvres de la conscience sociale et religieuse.
- W. Conscience morale de la responsabilité personnelle.

Sentiments de la vie organique.
- VII. Sentiments de l'ambition.
- 7. Sentiments de l'avidité du bien.
- VI. Sentiments de l'amitié.
- 6. Sentiments du courage moral.
- V. Sentiments de l'amour.
- 5. Sentiments du dévouement.

Sentiments de la vie de relation.
- IV. Sentiments du bonheur.
- III. Sentiments du progrès.
- 2. Sentiments de l'ordre.
- II. Sentiments de la liberté.
- 1. Sentiments de l'égalité.
- I. Sentiments de l'unité.

Ces définitions sont faciles à comprendre par tout le monde.

Les principes religieux sont ceux de la *foi*, sans laquelle l'homme ne pourrait s'intéresser à rien. « Les esprits forts » et les « libres-penseurs » ont une foi inébranlable dans l'indestructibilité des forces physiques et l'invariabilité des lois de la nature. Ils croient à la science qui est pour eux la seule religion vraie. Les contradictions apparentes dans les révélations de la nature, telles que celles de la nature *brebis* et de la nature *loup* choquent les esprits moins que les révélations de la Bible. Quant au monde surnaturel, il n'en est pas question dans l'étude des phénomènes cosmiques. C'est donc une autre espèce de révélation qui attire la foi de l'homme religieux au culte de l'Esprit omniscient, créateur des êtres finis.

Les révélations du monde surnaturel sont données par inspiration aux prophètes. L'humanité céleste est la providence de l'humanité terrestre, tout comme la mère est la providence de l'enfant avant la naissance et pendant l'allaitement.

Tout est connu d'avance par l'humanité céleste sur les phases de l'évolution sociale de l'humanité terrestre, et peut être révélé d'avance, au besoin, tout comme un homme ici-bas pourrait décrire d'avance toutes les phases de l'évolution embryonaire d'un oiseau pendant l'incubation de l'œuf et avant l'éclosion.

Les naissances et les morts dans la famille sont des phénomènes mystérieux qui donnent origine au culte des ancêtres, une des formes primitives de la foi religieuse qui s'élève peu à peu au culte de Dieu créateur, providence de la vie de famille, et de la vie universelle. La foi est donc un principe de l'âme.

En alliance avec la *foi* en Dieu et les *révélations* du monde surnaturel, vient le sentiment de la *vénération* et de la piété avec la *conscience* de la responsabilité morale, sociale, politique et religieuse de l'homme :

Principe de la foi.
- H. *Foi en Dieu, Esprit créateur, éternel.*
- U. Foi en la providence universelle de Dieu.
- N. Foi en la destinée de l'humanité au ciel et sur la [terre].
- O. Foi dans les lois invariables de la nature.

Les conditions de la vie sociale sont à la fois naturelles et surnaturelles. Ce sont d'abord les révélations de principes par les inspirations religieuses et par les phénomènes de la nature, par l'organisation des familles et des classes dans les nationalités, par les fréquentations sociales des individus, par le fond de moralité acquise par les âmes individuelles et collectives.

Conditions de la vie.
- H. *Révélations naturelles et surnaturelles.*
- U. Autorités hiérarchiques de la société.
- N. Fréquentations sociales et religieuses.
- O. Moralité acquise par les individus et les familles.

Les sentiments mystiques et les œuvres de piété sont des éléments d'ordre connectif dans la société.

Œuvres de la conscience.
- H. *Œuvres de piété et d'humilité.*
- U. Œuvres de charité et de piété.
- N. Œuvres de patience et de résignation.
- O. Œuvres de tolérance et de miséricorde.

La conscience morale est aussi un lien religieux entre les hommes et entre l'homme et Dieu, entre l'humanité terrestre et l'humanité céleste.

Conscience morale.
- H. *Conscience mystique et religieuse.*
- U. Conscience de droits sociaux.
- N. Conscience de devoirs sociaux.
- O. Conscience de responsabilité personnelle.

En parlant des principes connectifs de l'âme qui donnent origine à l'organisation sociale et religieuse dans toutes les races humaines, il n'est pas question de la diversité des religions et des constitutions politiques. Les Églises et les États sont nécessairement tous plus ou moins imparfaits, pendant les phases successives de l'histoire évolutive de l'organisme collectif, comme l'organisme rudimentaire du fœtus individuel pendant l'évolution métamorphique du corps. La question de l'évolution sociale se présentera dans le deuxième livre. Ici nous n'avons qu'à nous occuper de l'âme individuelle, et des trois sections de l'échelle organique.

Après la section des principes connectifs que nous venons d'analyser, viennent les sentiments de la vie organique et de la vie de relation qu'il faut étudier.

PASSIONS DE LA VIE ORGANIQUE.

VII. Ambition.
- H. *Moralité ou mœurs sociales.*
- U. Ambition.
- O. Persévérance, fortitude.
- N. Honneur, sans t... e.

7. Avidité et prudence.
- H. *Mœurs héréditaires.*
- U. Sentiment des convenances morales.
- O. Sentiment avide du bien moral et social.
- N. Sentiment de la prudence morale.

VI. Amitié.
- H. *Candeur, confiance, amitié.*
- U. Sincérité.
- O. Loyauté.
- N. Probité.

6. Courage.
- H. *Courage.*
- U. Tempérance.
- O. Tolérance.
- N. Générosité.

V. Amour.
- H. *Patriotisme de race et de famille.*
- U. Amour fraternel.
- O. Amour conjugal.
- N. Amour maternel et paternel.

5. Dévouement.
- H. *Dévouement patriotique.*
- U. Dévouement fraternel.
- O. Dévouement conjugal.
- N. Dévouement maternel et paternel.

Quelques mots suffiront pour justifier les définitions de ce tableau.

Les mœurs héréditaires existent dans les races sauvages comme dans les races civilisées, chez les paysans comme chez les bourgeois.

L'*espérance religieuse* est avide d'une bonne place dans l'autre monde, tout comme l'ambition mondaine est avide de distinctions dans ce monde-ci ; ainsi les esprits mondains ici-bas, vont de pair avec les esprits « autre-mondains ». Les aspirations exagérées sont loin d'être raisonnables dans l'un et l'autre cas.

L'esprit entreprenant et persévérant conduit aux succès de l'ambition ; le sentiment de la dignité personnelle, de l'honneur sans tache est assez naturel.

La *nutrition* de l'âme par l'association des émotions simples et composées dépend de l'échange journalier des sentiments, tout comme la nutrition du corps dépend de l'échange journalier entre le sang et les organes. L'ambition, qui soutient l'âme par des échanges d'estime, est analogue à la conservation de la santé et de l'énergie du corps, au moyen des échanges de la nutrition.

La candeur, la confiance et le sentiment de la probité appartiennent au sentiment d'amitié opposé à l'inimitié, à la duplicité, à l'insociabilité, à la fraude ou à l'improbité. Le travail, la tempérance et la générosité sont l'opposé de la paresse, de l'*intempérance*, de la *déloyauté* dans les affaires, de la *ladrerie* et de l'*avarice* dans les relations sociales.

SENTIMENTS DE LA VIE DE RELATION.

IV. Bonheur.
- H. *Bonheur suprême dans l'autre monde.*
- U. Bonheur universel dans ce monde.
- N. Bonheur social dans ce monde.
- O. Bonheur personnel dans ce monde.

III. Progrès.
- H. *Progrès céleste, ultramondain.*
- U. Progrès universel en ce monde.
- N. Progrès social en ce monde.
- O. Progrès personnel en ce monde.

2ᵉ ordre.
- H. *Ordre et harmonie célestes ultramondains.*
- U. Ordre et harmonie universels dans ce monde.
- N. Ordre et harmonie sociaux ici-bas.
- O. Ordre et santé personnels dans ce monde.

II. Liberté.
- H. *Liberté religieuse.*
- U. Liberté politique.
- N. Liberté sociale.
- O. Liberté personnelle.

I. Égalité.
- H. *Fraternité universelle, religieuse.*
- U. Mutualité de respect.
- N. Réciprocité de devoirs.
- O. Égalité de droits dans les rangs égaux.

I. Unitéisme.
- H. *Unité céleste et terrestre : amphicosmique.*
- U. Unité universelle terrestre.
- N. Unité sociale et politique.
- O. Unité et intégralité personnelles.

On reconnaîtra assez facilement l'existence du désir de la *liberté*, de l'*unité*, de l'*ordre*, du *progrès* et du *bonheur*, chez tous les hommes; les modalités secondaires de chacun de ces désirs sont également faciles à distinguer dans l'âme humaine.

Les trois mots : *liberté, égalité, fraternité*, sont naturellement partie de la gamme des sentiments de l'âme passionnelle.

On pourrait donner beaucoup de développements à ces définitions, mais un abrégé très succinct est le but de ce volume.

On pourra demander ce que nous entendons par les mots égalité de droits dans les rangs égaux. Dans les rangs hiérarchiques des sociétés humaines et des règnes de la nature, il y a des privilèges. L'égalité des droits à la vie de l'espèce ovine est soumise au droit de vivre des loups ; les droits de l'espèce bovine sont soumis à ceux du lion ; les droits du lion sont soumis à ceux de l'espèce humaine ; les droits des tribus sauvages de l'humanité sont soumis à ceux des nations civilisées ; les droits des organismes inférieurs sont soumis aux privilèges des organismes supérieurs dans tous les règnes de la nature. Égalité de droits ne veut pas dire égalité de rang et de capacité.

Les instincts en apparence contradictoires dans l'animalité, peu comprise par la raison humaine, sont nécessairement coordonnés en ordre harmonique par l'omniscience divine.

C'est ici le cas de faire observer que les rangs artificiels héréditaires dans les familles humaines ne sont pas comparables aux rangs naturels héréditaires dans les espèces animales : un marquis idiot n'est pas l'égal d'un bourgeois intelligent.

On pourra demander ce que nous entendons par les mots *progrès ultramondain* de l'âme. Nous répondons que les lois de la vie sont aussi invariables pour l'âme que pour le corps dans ce monde ; les *conditions de la vie* sont aussi naturelles dans le monde potentiel, surnaturel et invisible que dans le monde visible. On verra, dans la troisième partie (évolution de la vie), comment on peut former un parallèle entre le développement de l'âme ici-bas et les phases de son perfectionnement progressif dans l'autre monde.

Ici se termine l'analyse des quatre modalités physiologique, instinctuelle, rationnelle et morale de l'âme.

Nous passons à l'étude de la deuxième partie de ce premier livre, mais d'abord nous ajoutons quelques mots sur « le mystère de l'iniquité. »

LE MYSTÈRE DE L'INIQUITÉ.

La nature, qui a doué le coucou d'un instinct de parasite, savait bien ce qu'elle faisait et pourquoi. Tous les organismes parasitaires sont des œuvres du créateur qui avait de bonnes raisons pour la création de tous les types d'organismes dans les règnes organiques de la nature sur notre globe ; y compris l'humanité terrestre. L'esprit humain a bien de la peine à comprendre la raison d'être de tous les types regardés comme inutiles ou malfaisants. « Le mystère de l'iniquité » est toujours pour l'homme ignorant un grand mystère, qui ne sera peut-être jamais bien compris par l'humanité terrestre pendant l'évolution fœtale de l'organisme social et politique sur le globe.

DEUXIÈME PARTIE.

CARACTÉRISTIQUES DE LA VIE

Pour faire ressortir les caractéristiques de la vie humaine, nous pouvons les comparer à la vie animale, en général, bien que les diversités physiologiques soient plus fortement caractérisées dans les règnes organiques que dans l'humanité.

Nous aurons à noter la *complexité* des forces vitales et les modes d'association organique; les *diathèses* nutritionnelles du corps et de l'âme; les *idiosyncrasies* sécrétionnelles de l'âme et du corps; les *caractères* distinctifs des individualités; les *tempéraments* vasculaires; les *conformations* et les *constitutions* alimentaires; les *conformations* sexuelles et les *dispositions* conjugales des individus; la *structure* et les *modes de mouvement* du corps et de l'âme; la *symétrie* des organes et l'*équilibre* des forces; les *types* distincts et les *physionomies* diverses des animaux et des races humaines.

Le renne est herbivore dans les régions sous-polaires; l'ours blanc est carnivore dans le même climat. Le tigre est carnivore et l'antilope herbivore sous les tropiques.

Les instincts et les goûts chez les animaux sont adaptés à des vocations différentes dans l'économie de la planète. Les herbivores transforment les végétaux en chair animale; les carnivores empêchent les herbivores de pulluler dans une région donnée. Les herbivores empêchent les végétaux de multiplier au point d'encombrer inutilement les eaux et les terres dans toutes les régions.

Les animaux sont prédestinés à ces fonctions utiles. Il en est de même des races humaines prédestinées à cultiver les règnes de la nature sur tous les points du globe.

La CONSTITUTION ALIMENTAIRE est adaptée à la *confor-*

mation du système digestif dans les diverses espèces, herbivores, carnivores, insectivores et omnivores.

L'espèce humaine est plus frugivore que carnivore dans les tropiques; plus carnivore que frugivore sous les latitudes froides; plus omnivore que frugivore ou carnivore dans les régions tempérées.

La *constitution alimentaire* d'un animal herbivore, comme le mouton, diffère de celle d'un carnivore comme le loup; la *conformation* de l'estomac, ainsi que la qualité des sécrétions digestives, diffèrent beaucoup dans ces espèces. La *conformation* des organes est la même chez tous les hommes, mais la *qualité* des sucs digestifs n'est pas la même; c'est par la qualité des sécrétions que les constitutions alimentaires sont diversifiées dans les individus de sexe et d'âge différents dans une même race humaine.

Chez les herbivores, les moutons ne choisissent pas les mêmes herbes que les vaches, ni les chevaux les mêmes aliments que l'âne. Chez les carnivores, les félins préfèrent la chair fraîche; les chiens peuvent manger de la charogne. Les aigles n'ont pas les mêmes goûts alimentaires que les vautours.

L'instinct et le goût de l'animal sont conformes à sa constitution alimentaire.

Les constitutions physiologiques sont indiquées par le goût des aliments chez l'homme; il y a aussi des instincts et des goûts de l'art qui diffèrent chez les individus. Les aptitudes et les capacités pour la science sont diverses dans les membres d'une même société. Les variétés de constitutions alimentaires pour les âmes sont donc à noter comme celles des corps. Ces diversités individuelles sont coordonnées aux besoins de la *société collective*, comme les constitutions alimentaires des cellules organiques dans les divers tissus de l'*organisme individuel*. Les os ne prennent pas dans le sang les mêmes aliments que les muscles, ni ceux-ci les mêmes aliments que les nerfs. Les peintres n'ont pas les mêmes goûts et instincts d'étude que les musiciens ; les poètes dramatiques n'ont pas les mêmes goûts artistiques que les sculpteurs et les architectes. Les jeunes gens n'ont pas les mêmes sympathies et antipathies que les vieillards de l'un et l'autre sexe.

Dans le règne végétal les fruits mûrissent à diverses époques : les uns aux commencement, les autres au milieu ou à la fin de l'été, ou bien à la fin de l'automne. Ils ne peuvent pas mûrir du tout dans un climat défavorable. Il en est de même des instincts et des goûts de l'homme ; dans les conditions sociales défavorables les facultés de l'âme ne peuvent pas atteindre à leur plein développement, quel que soit l'âme de l'individu. Dans des conditions favorables le corps est bien développé vers l'âge de 20 ans, l'instinct artistique vers 30 ans, les facultés scientifiques plus tard, et l'âme passionnelle n'atteint toute sa douceur morale et sociale qu'à l'âge mûr, après 40 ans. Là où les circonstances de la vie ont été peu propices, la vieillesse devient acariâtre ou maussade, comme des fruits qui n'ont jamais pu mûrir dans un climat froid, ou autrement peu convenable.

LES TEMPÉRAMENTS VASCULAIRES sont divers dans les organismes de même constitution alimentaire. On a de tout temps observé des tempéraments qu'on nomme « *sanguins, bilieux, nerveux* et *lymphatiques* », mais il ne s'agit ni de lymphe, ni de bile, ni de nerfs en particulier, chez les individus de tempérament plus ou moins fortement ou faiblement prononcé. Il ne s'agit pas non plus de vivacité dans les mouvements du corps ; un homme sanguin peut avoir des mouvements habituels très lents ; un tempérament lymphatique peut avoir des gesticulations parfois d'une grande vivacité.

Il faut donc ici faire observer que le sens vulgaire du mot tempérament est trop vague pour une définition technique limitée aux degrés d'activité dans les fonctions du système vasculaire de la respiration, de la circulation et des échanges de la nutrition, en rapport avec les diversités de vocations sociales. On peut garder les mots connus plutôt que de forger des mots nouveaux.

Les tempéraments sont coordonnés avec les conditions des milieux ambiants chez les animaux et avec les vocations naturelles dans l'espèce humaine, ainsi :

1° Tempérament « sanguin » : vocation active, industrielle (chasse, etc.);

2° Tempérament « bilieux » : vocation active et studieuse, politique, militaire, etc.;

3° Tempérament « nerveux » : vocation artistique, imaginative;

4° Tempérament « lymphatique » : vocation scientifique, contemplative.

On voit bien ainsi que les mots ne sont pas bien adaptés à ces définitions des tempéraments du corps et des vocations de l'âme.

Les tempéraments sont fortement différenciés dans les quatre classes des animaux vertébrés, parce que les conformations du système vasculaire sont très différentes : les poissons respirent l'air dissout en faible quantité dans l'eau, et le cœur n'a que deux chambres pour la circulation du sang; les reptiles respirent l'air libre, mais encore en assez faible quantité, et le cœur a trois chambres pour la circulation du sang; les mammifères ont des poumons très développés pour la respiration, et le cœur a quatre chambres pour la circulation générale du sang dans tout le corps et pour la circulation spéciale des poumons; les oiseaux ont aussi quatre chambres du cœur, et des moyens de respiration plus développés que les mammifères.

« Les oiseaux mangent plus en proportion du volume du corps que les mammifères de même poids; les mammifères mangent plus que les reptiles de même volume; les reptiles consomment plus de nourriture que les poissons de même taille. La respiration et la circulation sont beaucoup plus *actives* chez les oiseaux que chez les mammifères; moins *lentes* chez les reptiles que chez les poissons. Il y a sans doute des différences considérables en degrés de plus et de moins, chez les oiseaux d'espèces différentes, chez les mammifères d'espèces différentes, et de même pour les reptiles et les poissons. Les différences sont très prononcées chez les individus d'une même race humaine, selon l'âge, le sexe et la vocation naturelle.

Il a été bien constaté par les physiologistes, sur près de 300 individus, de l'âge de 30 à 50 ans, que le maximum des pulsations était de 112 par minute, et le minimum de 56; le maximum des respirations par minute, 23; le minimum, 11. D'où nous voyons que les plus « sanguins » ont deux fois autant de pulsations et de respirations par minute que les plus « lymphatiques ». La vivacité des mouvements du corps n'a rien à faire avec ces différences de tempérament, qui se rapportent seulement à l'aération et à la circulation du sang.

Pendant le sommeil léthargique des marmottes, des chauves-souris et des grenouilles, la nutrition, la respiration et la circulation sont presque entièrement arrêtées.

Dans l'espèce humaine ces diathèses hypnotiques se trouvent généralement chez des personnes plus ou moins « nerveuses » et « hystériques », surtout chez les femmes.

Dans ces cas les tempéraments particuliers sont dominés par des diathèses exceptionnelles.

Les *conformations sexuelles* sont mâles ou femelles pour les corps, *suggestives* et *réceptives* pour les âmes. Les *dispositions connubiales* diffèrent chez les individus dans toutes les races humaines, et plus encore chez les animaux et chez les plantes où les individus sont unisexuels ou bisexuels, selon l'espèce.

Les affinités physiologiques du pollen d'une plante pour les ovules de la même espèce sont tellement invariables que le vent qui envoie toutes sortes de pollen dans toutes les directions, parmi toutes sortes de fleurs, ne féconde jamais une fleur femelle par un pollen d'espèce différente. Les insectes qui cherchent le miel transportent le pollen des fleurs mâles aux stigmates des fleurs femelles, mais jamais la fécondation d'une fleur d'espèce différente n'a lieu ni par ce moyen, ni par des moyens artificiels, parfois essayés par l'homme. La fixité des espèces végétales est prouvée, quel que soit le nombre des variétés connues dans la même espèce.

Les habitudes conjugales sont très diverses chez les animaux et chez les hommes. Les renards *monogames;* les phoques *polygames* (au moins pour certaines espèces); les chiens *omnigames*. Il en résulte une grande diversité pour le soin et l'élevage de la progéniture. La chienne seule a soin des petits, le chien ne s'en occupe pas. Le phoque mâle vit comme un sultan, entouré d'une nombreuse famille de femmes et d'enfants, et combat à outrance tous les mâles qui voudraient s'approcher de l'une de ses femelles. Les renards, conjoints monogames, s'occupent mutuellement des soins de la famille.

Il y a certaines espèces d'oiseaux vagabonds, comme les coucous, qui pondent leurs œufs (relativement petits) dans les nids des petits oiseaux qui ont à couver ces œufs d'origine étrangère. Il en est de même parfois dans les habitudes de certains individus de l'espèce humaine, là où l'instinct animal domine sans contrôle. Les hommes qui laissent les femmes, et les femmes qui abandonnent leurs enfants aux hospices d'enfants trouvés, sont adonnés comme les chiens à la promiscuité ; d'autres se laissent aller à la polygamie comme les phoques. Le sultan au milieu de ses concubines est jaloux au point de tuer ses rivaux mâles ou ses femelles infidèles. Le coq polygame tue volontiers ses rivaux mâles, mais non les poules infidèles. L'animalité domine l'espèce humaine embryo-sociale dans toutes les races, à tel point qu'on n'aurait aucune idée d'un idéal moral, si le Christ ne l'avait pas révélé dans l'Évangile. Combien l'homme animal et bête n'a-t-il pas défiguré cet idéal par des superfétations dogmatiques et déraisonnables !

Une des imperfections morales les plus révoltantes de la race humaine est celle du manque d'honorabilité entre les sexes. Le manque de fortune chez les pauvres n'empêche pas le mariage légitime, et l'honorabilité de l'homme envers la femme. La « prudence calculée » des classes bourgeoises ne devrait pas tolérer le manque d'honorabilité dans les rapports de l'homme avec la femme; un homme riche, qui traite une femme pauvre comme un animal femelle, n'est qu'un animal lui-même, et de la pire espèce.

La population ne peut pas augmenter plus vite dans un pays que les moyens de colonisation sur tous les points du globe; mais l'homme animal et ignorant manque de courage moral pour s'expatrier au besoin.

Les aptitudes vocationnelles sont indiquées par la forme des corps dans le règne animal; il n'en est pas de même chez l'homme. Cependant les diversités vocationnelles sont infiniment plus nombreuses dans les races humaines que dans les espèces animales.

L'autruche a des jambes très fortes pour la course, et les ailes trop faibles pour le vol; l'hirondelle a des ailes très fortes pour le vol, et les jambes trop faibles pour la course; le pingouin a des ailes rudimentaires pour plonger dans l'eau, incapables de l'élever dans l'air ; l'oie sauvage est mieux douée pour un mode général de mouvements sur l'eau et dans l'air.

La forme humaine est peu variée dans les races blanche, jaune, cuivrée et noire, mais les facultés de l'âme sont diversement balancées chez les individus, selon la variété des aptitudes innées pour l'industrie, les arts, les sciences et les fonctions sociales. L'invention des instruments artificiels par l'homme rend inutile une aussi grande diversité des organes du corps comme instruments de travail; mais les facultés de l'âme sont diversement proportionnées pour les adapter à des vocations spéciales dans l'organisme social. Tel homme est né calculateur; tel autre poète ou inventeur. Les ailes du poète sont fortement développées pour le porter dans les régions élevées de l'idéal; ses jambes de l'intellect sont faibles pour les calculs d'intérêt ou de forces mécaniques dans le monde de la réalité.

Les forces physiques et vitales sont donc diversement associées dans les corps et dans les âmes des individus, dans les espèces animales et dans les races humaines.

ASSOCIATION DES FORCES PHYSIQUES ET VITALES.

Les forces physiques, manifestées dans les phénomènes de la nature, sont à la fois *intimement associées* et plus ou moins séparées dans leurs modes de mouvement. Les forces de la gravitation paraissent agir à peu près indépendamment des forces de la lumière, de la chaleur et de l'électricité, mais il y a plus ou moins de coopération et de convertibilité entre ces forces dans notre système solaire. Laplace a dit que : « Si l'action de la gravitation « n'est pas instantanée, il faut supposer qu'elle se propage « plus de cinquante millions de fois plus vite que la lu-« mière, dont la vitesse bien connue est de soixante-dix « mille lieues par seconde. » (Eloge historique de M. le marquis de Laplace, par M. le baron Fourier.)

Les attractions et les répulsions magnéto-électriques paraissent être principalement intermoléculaires; les attractions et répulsions thermologiques sont à la fois intermoléculaires et interplanéto-solaires ; les attractions et répulsions photologiques sont à la fois intermoléculaires, interplanétaires et internébuleuses ; les attractions et répulsions de la gravitation sont universelles en tous sens à la fois, intermoléculaires, interplanétaires, internébuleuses et pancosmiques.

Dans les règnes organiques, les attractions et répulsions phytologiques paraissent être principalement intermoléculaires et sexuelles; les attractions et les répulsions instinctuelles des animaux et des insectes s'étendent à l'association des abeilles et des troupeaux de moutons, etc. ; tandis que les attractions et les répulsions des forces spirituelles et rationnelles de l'âme humaine s'étendent, non seulement à toute l'humanité et à toute la nature sur notre planète, mais à l'univers tout entier, naturel et surnaturel.

On sait que la matière du corps est constamment éliminée en forme de sécrétions et d'exhalaisons, et incessamment renouvelée par les absorptions de gaz, de liquides et de solides dans les fonctions de la respiration, de la digestion, etc.; de sorte que l'*association latente* des forces physiques dans les organes permanents est formée par un échange continuel d'éléments simples dans un organisme complexe, un équilibre instable, pour ainsi dire, dans le mécanisme temporaire et transitoire d'un corps, que l'âme doit quitter entièrement à l'époque de la mort. L'âme immortelle est donc tout à fait distincte du corps mortel ; le corps matériel et temporaire, tout à fait distinct du corps aromal ou éthéré permanent de l'âme immortelle.

Il en est de même des sensations transitoires de l'âme instinctuelle; des cognitions abstraites, incessamment oubliées et renouvelées dans l'âme rationnelle ; des émotions incessamment effacées et renouvelées de l'âme passionnelle.

Ces idées et ces connaissances sont constamment perdues et renouvelées par l'étude et l'exercice des facultés dans le commerce de la vie journalière, depuis l'enfance jusqu'à la mort dans ce monde ; dans un monde supérieur, l'âme sera entourée de conditions nouvelles, et recevra des sensations et des idées nouvelles en accord avec les phénomènes d'un monde surnaturel.

On sait que les enfants qui apprennent un peu de mathématiques, et négligent de cultiver ces sciences quand ils sortent de l'école, oublient assez vite le peu qu'ils avaient su en fait de géométrie et d'algèbre, tandis que ceux qui s'occupent constamment de ces études apprennent de plus en plus des cognitions de lois invariables qui régissent les phénomènes physiques et mécaniques du monde. On voit que *l'association latente* des cognitions simples et complexes dans l'âme rationnelle entretient les facultés de la raison, mais un exercice continuel et varié est nécessaire pour cela.

L'âme passionnelle se nourrit d'émotions simples et agréables, tout comme le corps se nourrit d'éléments matériels convenables au goût ; l'âme se trouve incommodée par des émotions désagréables, comme le corps par des aliments ou des médicaments nauséabonds. L'*association latente* des aliments sains, en quantité suffisante, entretient l'état de santé ; tandis qu'une nourriture insuffisante ou malsaine laisse dépérir le corps, et le rend à la fois faible et décharné, laid à voir et incapable d'un travail soutenu. Il en est de même de l'âme passionnelle et sociale ; l'*association latente* des affections agréables et honnêtes l'entretient en santé morale, tandis qu'une âme privée d'affections naturelles ou tourmentée par des passions malsaines tombe en démence, devient laide et incapable de mener une vie sociale honnête ou de remplir honorablement une fonction élevée et responsable dans la société.

Ici nous devons faire observer que :

1° Le corps est un instrument de l'âme.

2° Les langues parlées et écrites sont des instruments de l'âme.

3° Les sciences sont des instruments de l'âme.

4° Les sociétés organisées sont des instruments de l'âme individuelle et de l'âme collective de l'humanité.

Nous voyons donc l'importance de l'*association latente* des *éléments* simples de la matière pour former et entretenir le corps en état de santé; des *sensations* simples et saines pour former et entretenir l'âme instinctuelle en état de santé ; des *cognitions* abstraites et vraies pour former et entretenir l'âme rationnelle en état de vigueur ; des *émotions* simples et saines pour former et entretenir l'âme passionnelle en état d'équilibre moral et social.

L'éducation *industrielle* et l'exercice varié sont aussi nécessaires pour le corps que la bonne nourriture, constamment renouvelée ; l'éducation *artistique* de l'âme instinctuelle est aussi importante que les sensations agréables, constamment renouvelées; l'éducation *scientifique* de l'âme rationnelle est aussi importante que les cognitions simples et vraies, constamment renouvelées; l'éducation *sociale* de l'âme passionnelle est aussi indispensable que le renouvellement incessant des émotions agréables et des affections honnêtes. L'éducation actuelle, soi-disant religieuse, dans les quatre parties du monde, est plutôt antisociale que sociale et fraternelle ou vraiment religieuse. L'intolérance dogmatique est antisociale.

L'*association latente* des éléments simples de la matière du corps est une opération physiologique aussi inconsciente chez l'individu après la naissance que pendant l'état préconscient de la vie fœtale. Il en est de même de l'*association latente* des sensations de l'âme instinctuelle, de l'*association latente* des cognitions de l'âme rationnelle et des émotions simples et complexes de l'âme passionnelle.

La santé et les maladies, la beauté et les laideurs du corps dépendent de cette *association latente* bien ou mal faite des éléments physiques et physiologiques ; la santé et les maladies, la beauté et les laideurs de l'âme instinctuelle et artistique dépendent de l'*association latente*, bien ou mal faite, des sensations et des idées pratiques saines ou malsaines; la santé et les maladies, la beauté et les laideurs de l'âme rationnelle dépendent de cette *association latente*, bien ou mal faite, des cognitions, vraies ou fausses, logiques ou illogiques, de la nutrition noologique ; la beauté et les laideurs, la santé et les maladies de l'âme passionnelle dépendent de cette *association latente*, bien ou mal faite, des émotions de bienveillance ou de malveillance, de joie ou de tristesse, d'amour ou de haine, de justice ou d'injustice, de liberté ou de contrainte, dans l'expérience de la vie sociale et politique, religieuse et professionnelle. C'est donc une question de la première importance, dans l'étude des caractéristiques de la vie, que cette *association latente* des éléments simples du corps physiologique, de l'âme instinctuelle, de l'âme rationnelle et de l'âme sociale.

Cette question de l'*association latente* des idées a été traitée avec détail par M. Mervoyer (*Étude sur l'association des idées*, 1 vol., chez Durand. Paris, 1864). L'étude est assez bien faite sous le rapport de l'exercice des facultés de l'âme pour acquérir des idées, et la manière de les associer dans les facultés de la mémoire, de l'imagination et de la réflexion, mais ne donne aucune analyse de ces facultés elles-mêmes.

Nous citons les passages suivants de l'introduction historique du volume de M. Mervoyer :

« La doctrine de l'association des idées appartient
« presque exclusivement à la philosophie moderne, du

« moins par les développements considérables qu'elle
« a reçus et par les horizons nouveaux qu'elle s'est
« ouverts dans ces derniers temps. Ce n'est pas qu'elle
« fût tout à fait étrangère à l'antiquité grecque : on en
« trouve des éléments dans Platon et dans Aristote; et
« quelques-unes des lois, que les philosophes modernes
« ont assignées à l'enchaînement de nos pensées, avaient
« été formulées par Zénon et par Épicure, avec une
« précision et une netteté dignes de l'école écossaise.

« On rencontre encore les germes de cette théorie
« chez les néo-stoïciens et dans saint Augustin, mais les
« philosophes de l'antiquité ne paraissent guère avoir
« porté leur attention au delà des premières conditions
« psychologiques de la réminiscence, et nous ne sa-
« chions pas que, pendant la longue période du moyen
« âge, aucun de leurs disciples ait soumis le phénomène
« intellectuel de l'association à un examen approfondi.
« Hobbes est le premier qui, dans une analyse nouvelle
« et lumineuse du travail de la pensée, ait attiré l'atten-
« tion des philosophes modernes sur l'enchaînement de
« nos idées; et à ce titre l'auteur du *Léviathan* peut être
« regardé comme le père de cette branche si importante
« de la psychologie. Après lui vinrent Locke, Hume,
« Hartley, suivis de toute l'école écossaise; puis Condil-
« lac, Maine de Biran, Jouffroy, Herbart et leurs dis-
« ciples, dont les travaux jetèrent de nouvelles lumières
« sur le problème; et la théorie de l'association alla ainsi
« s'élargissant et s'élevant de plus en plus jusqu'à nos
« jours, où elle a pris un développement si considérable
« que quelques-uns des plus profonds métaphysiciens
« dont notre siècle s'honore, tels que MM. J. S. Mill,
« Herbert Spencer et Alex. Bain, croient pouvoir ra-
« mener à ce principe unique toutes les opérations de
« l'entendement. »

L'association des éléments de la matière dans les organes et le renouvellement incessant de ces éléments par les échanges de la nutrition sont des opérations physiologiques d'une importance fondamentale dans l'entretien des forces du corps; mais les fonctions de la nutrition par l'association des éléments ne sont pas les seules choses à étudier dans l'anatomie, la physiologie et l'embryologie du corps; et il en est de même pour l'association des idées en rapport avec l'anatomie, la physiologie, et l'embryologie de l'âme expérientielle.

Les éléments de la matière associés dans les organes du corps se perdent incessamment et sont incessamment remplacés par d'autres pour conserver l'intégralité de la forme humaine.

Il en est de même pour la perte et le renouvellement des idées associées dans la mémoire de l'âme expérientielle pour conserver l'intégralité des facultés de l'intellect.

Le corps mortel et la mémoire de l'âme expérientielle ne sont que des vêtements adventices et périssables de l'âme immortelle.

L'âme ontologique existe avec son corps éthéré avant de se former en corps mortel pendant la vie embryonnaire; avant de se former une mémoire expérientielle par l'association des sensations; avant de se former une raison imparfaite par l'association des cognitions des lois de la nature phénoménale dans ce monde; avant de se former une âme morale et passionnelle imparfaite par l'association des affections et des sentiments acquis par l'expérience.

Comment se fait l'union du corps éthéré impondérable avec le corps matériel pondérable? C'est par l'association des forces vitales avec les forces physiques de la matière, par l'intermédiaire de l'oxygène dans le sang.

UNION DU CORPS ET DE L'AME.

L'introduction du chloroforme en quantité suffisante rend l'âme insensible aux déchirements des organes, et, en plus grande quantité, produit la séparation complète du « corps spirituel » et du corps naturel : c'est-à-dire la mort. L'union de l'âme et du corps éthéré avec le corps matériel est donc due à la présence de l'oxygène dans le sang pour entretenir les échanges physiologiques dans l'organisme pendant la vie temporaire en ce monde.

On sait que saint Paul dit qu'il y a un « corps spirituel et un corps naturel » et que l'âme est dans le corps spirituel comme le corps spirituel est dans le corps naturel.

Le corps spirituel est un corps *éthéro-magnétique*. Qu'est-ce donc qu'un corps éthéro-magnétique dans la forme humaine ? Il faut arriver par degrés à comprendre cette idée en étudiant des phénomènes connus à la science.

On sait que les phénomènes électro-magnétiques ont beaucoup de rapport avec ceux de la chaleur et de la lumière dans les modes de mouvement intra-moléculaires. On sait que, quand la chaleur quitte le corps de l'homme, la mort s'ensuit.

On sait que l'éther interplanétaire est une substance impondérable qui transmet les vibrations des forces physiques du soleil à toutes les planètes par les modes de mouvement de la lumière, de la chaleur, de l'électro-magnétisme et de la gravitation. On sait que la chaleur, qui fait dilater un barreau de métal en excitant un mouvement moléculaire dans la masse, n'augmente pas le poids de cette masse. C'est là un phénomène singulier. On sait que l'âme qui anime le corps naturel n'en augmente pas le poids et que le cadavre pèse autant que le corps avant la mort. On sait que la chaleur peut se retirer d'un barreau de fer sans en diminuer le poids. La pesanteur est donc un mode de mouvement de la force physique qui diffère de celui de la chaleur et du magnétisme. L'éther interplanétaire est impondérable; la chaleur est impondérable; le corps spirituel et l'âme sont impondérables.

L'*oxygène* est un gaz pondérable, et ce gaz est le seul lien connu entre le corps *éthéro-magnétique* et le corps matériel de l'homme. Voilà un fait à fixer dans la mémoire, pour bien comprendre l'union du corps et de l'âme.

Examinons les phénomènes qui démontrent la vérité de cette doctrine.

La vie de l'âme ne dépend pas de l'oxygène, mais l'union du corps éthéro-magnétique de l'âme avec le corps matériel dépend de l'oxygène. La séparation partielle ou complète du corps spirituel d'avec le corps matériel dépend de l'absence d'oxygène, soit par occlusion des vaisseaux capillaires dans les tissus, soit par la substitution du chloroforme au lieu d'oxygène dans le sang. Dans l'un et l'autre cas on peut brûler le corps matériel sans que l'âme en sente rien.

La santé et la maladie, le sommeil et la veille, le somnambulisme et le rêve sont les rapports variables de l'âme avec les états physiologiques du corps.

Dans l'état de santé, il y a des variantes de veille et de sommeil, avec alternance de réminiscence et d'oubli, jour et nuit : *oubli* inconscient dans le sommeil sans rêve, *réminiscence* consciente après le réveil, *hallucination* plus ou moins complète pendant le rêve.

Dans l'état maladif du corps, il y a parfois *santé* de l'âme, ou bien démence de l'esprit.

Il faut noter aussi les rapports de l'âme préconsciente avec le corps pendant la période de l'évolution du fœtus, les rapports de l'âme ultra-consciente avec le corps pendant l'état somnambulique de ceux qui voient dans les ténèbres de la nuit, et font des travaux remarquables, sans voir ni entendre à la manière ordinaire. Il en est plus ou moins de même des somnambules du magnétisme artificiel, là où le magnétisé n'est en rapport qu'avec un seul individu au milieu d'une société, à moins d'être « mis en rapport » avec une autre personne par le magnétiseur lui-même.

La physiologie expérimentale a jeté beaucoup de lumière sur quelques-uns de ces phénomènes.

Dans son ouvrage sur la « science expérimentale » M. Claude Bernard dit (page 384) :

« Les anciens croyaient que l'état de sommeil était la « conséquence d'une compression opérée sur le cerveau « par le sang lorsque la circulation se ralentit. L'expéri- « mentation est venue en démontrer la fausseté. On a « prouvé par des expériences directes que pendant le som- « meil le cerveau, au lieu d'être congestionné, est, au « contraire, pâle et exsangue... Sous ce rapport le som- « meil naturel et le sommeil anesthésique du chloroforme « se ressemblent.

« Pour observer le cerveau pendant le sommeil natu- « rel, on a pratiqué sur des chiens des couronnes de tré- « pan, en remplaçant la pièce osseuse enlevée par un verre « de montre exactement appliqué, afin d'empêcher l'action « irritante de l'air extérieur. Les animaux survivent par- « faitement à cette opération. En observant leur cerveau « par cette sorte de fenêtre pendant la veille et pendant « le sommeil, on constate que, lorsque le chien dort, le « cerveau est toujours plus pâle, et qu'un nouvel afflux « sanguin se manifeste constamment au réveil, lorsque « les fonctions cérébrales reprennent leur activité. » (Expansion de l'éther intermoléculaire du cerveau pendant la veille, contraction pendant le sommeil. H. D.)

« Des faits analogues ont été vus directement sur le « cerveau de l'homme. Sur un individu victime d'un acci- « dent de chemin de fer, on eut l'occasion d'observer une « perte de substance considérable. Le cerveau apparais-

« sait dans une étendue de trois pouces de long, sur six
« de large. Le blessé présentait de fréquentes et graves
« attaques d'épilepsie et de coma, pendant lesquelles le
« cerveau s'élevait invariablement. Après ces attaques le
« sommeil survenait et la hernie cérébrale s'affaissait gra-
« duellement. Lorsque le malade était réveillé, le cerveau
« faisait de nouveau saillie et se mettait de niveau avec la
« surface externe de l'os.

« A la suite d'une fracture du crâne on observa, chez
« un autre blessé, la circulation cérébrale pendant l'ad-
« ministration des anesthésiques. Au début de l'inhala-
« tion, la surface cérébrale devenait arborescente et in-
« jectée; l'hémorrhagie et les mouvements du cerveau
« augmentaient; puis, au moment du sommeil, la surface
« du cerveau s'affaissait peu à peu au-dessous de l'ouver-
« ture, en même temps qu'elle devenait relativement pâle
« et anémiée..... » (Autre expérience, page 122.)

« C'est l'oxygène qui est toujours à la fois l'excitateur
« des phénomènes physico-chimiques, et la condition de
« l'activité fonctionnelle de la matière organisée.....

« En injectant du sang oxygéné par la carotide dans la
« tête d'un chien décapité, on voit revenir peu à peu, non
« seulement les propriétés vitales des muscles, des
« glandes, des nerfs, mais on voit revenir également
« celles du cerveau; la tête reprend sa sensibilité; les
« glandes sécrètent, et l'animal exécute des mouvements
« de la face et des yeux qui paraissent dirigés par la vo-
« lonté. »

Ce phénomène semble prouver que la mort de l'animal n'est pas instantanée.

La quantité du sang dans le cerveau est plus grande pendant l'état de veille que pendant le sommeil, et la circulation est plus active. C'est donc la qualité et la quantité du sang, avec le plus ou moins d'activité dans les échanges entre le sang et la substance cérébrale, qui correspondent à l'état de sommeil ou de veille. Le système nerveux est intimement lié au système vasculaire, et les deux sont plus ou moins synchroniques en périodes actives et ralenties, avec les alternances de sommeil et de veille. Le sang agit sur le système nerveux, et le système nerveux réagit sur le système vasculaire.

L centre nerveux de la vie animale est dans le cerveau et la moelle épinière ; celui de la vie organique est dans le « *grand sympathique* » (une chaîne de ganglions et de nerfs située à l'intérieur du corps, le long de la colonne vertébrale), et cette chaîne de ganglions est reliée par des nerfs spéciaux avec les ganglions de la moelle épinière. Dans sa *Physiologie générale* (page 91), Claude Bernard fait observer : « Qu'en agissant sur le sys-
« tème nerveux on peut resserrer ou élargir les vais-
« seaux, et modifier la circulation capillaire. Les expé-
« riences apprenaient que c'est le grand sympathique qui
« joue le rôle de nerf constricteur des petites artères, et
« opère le *ralentissement* de la circulation capillaire. En
« effet, en coupant ce nerf, on paralysait en quelque sorte
« les petites artères qui se relâchaient considérablement,
« tandis qu'en excitant l'action nerveuse par le galva-
« nisme, les petites artères se resserraient, au contraire,
« au point d'effacer leur calibre..... Quand on accélérait
« la circulation capillaire, on voyait la chaleur des parties
« augmenter, la sensibilité s'exalter et les sécrétions ap-
« paraître avec plus de force. Quand, au contraire, sous
« l'influence du système nerveux la circulation diminuait
« ou s'arrêtait, la sensibilité s'éteignait, et les éléments
« organiques (cellules dans les tissus) cessaient de fonc-
« tionner. D'après tout cela, on arrivait à se convaincre
« que, bien que le cœur fût l'organe *moteur* unique de la
« circulation générale, le système nerveux sympathique,
« en agissant sur la contractilité des petites artères, de-
« venait le *régulateur* de la circulation capillaire. »

Ces citations suffiront pour faire voir l'intime liaison qui existe entre les phénomènes de la vie du corps et ceux de la vie de l'âme.

Ruysch a fait les mêmes observations sur le cerveau d'un homme, dont une portion du crâne avait été enlevée par accident; le Dʳ Ashburner a vu la même chose, en 1813, à l'hôpital de Saint-Bartholomé, à Londres, et, en 1831, le Dʳ Pierquin a vu un cas semblable à l'hôpital de Montpellier.

L'activité de la circulation capillaire du cerveau pendant la veille coïncide avec l'équilibre de la raison dans l'âme; le ralentissement de la circulation cérébrale coïncide avec le sommeil; l'activité surexitée dans le sommeil amène l'*hallucination* mnémonique, ou même la *démence* de l'esprit, pendant le rêve de l'homme en parfaite santé de corps et d'âme.

On a constaté que le ralentissement de la circulation capillaire du cerveau coïncide avec l'*insensibilité* de l'homme anesthésié. L'*hallucination* ou la *démence* résultent parfois de ces modifications de la circulation du sang. Les échanges de la nutrition sont aussi moins actifs pendant le sommeil que pendant la veille.

On peut donc perdre l'équilibre temporaire de la raison pendant le sommeil, et la recouvrer périodiquement avec le réveil. Il en est de même de l'oubli et de la réminiscence. Ce qui est possible alternativement jour et nuit pour l'homme en état de santé peut exister sans intermittence pour l'homme malade.

Les rapports de la vie physiologique du corps avec les états variables de l'âme sont donc très intimes pendant la vie de l'homme ici-bas.

Il en est de même chez les animaux et les plantes qui peuvent être anesthésiés, bien qu'il y ait différents degrés de *complexité vitale* chez les plantes, les animaux et l'homme; ainsi, forces *physiques* et *physiologiques* soulement chez les plantes; forces et modes d'action *physiques, physiologiques* et *instinctuels* chez les animaux ; forces occultes et modes d'actions rationnels et moraux chez l'homme en plus que chez les animaux.

Avec la complexité vitale, viennent des degrés différents de *sensitivité*. Les plantes sont sensitives à divers degrés de chaleur et de lumière dans les latitudes tropicales et tempérées, au point de tomber en sommeil léthargique, sans perdre la vie, pendant l'hiver; il en est de même de certaines espèces d'animaux qui tombent en léthargie pendant plusieurs mois sans perdre la vie. Dans certains cas exceptionnels, les hommes peuvent vivre sans nourriture pendant quarante ou soixante jours, et revenir à la vie au bout de leur sommeil léthargique. D'autres hommes peuvent voir sans lumière pendant la nuit et se promener dans cet état somnambulique comme pendant le jour, écrire de longs discours ou faire des travaux de force, harnacher un cheval, déplacer un objet lourd, revenir se coucher, et se réveiller le matin sans aucun souvenir de ce qu'ils ont fait pendant le sommeil. Le magnétisme artificiel peut produire des effets semblables chez certaines personnes susceptibles aux influences magnéto-hypnotiques.

Il y a donc deux états de vie et de sensibilité dans l'âme, savoir : sensibilité et mémoire éthéro-magnétiques subjectives, sans rapport complet avec le corps matériel; sensibilité et mémoire éthéro-magnétiques objectives en rapport complet avec le corps matériel et le monde objectif. C'est par le plus ou moins de rapport intime entre la circulation du sang et la respiration de l'oxygène que ces deux états sont différenciés l'un de l'autre.

Aujourd'hui on commence à étudier sérieusement tous ces phénomènes. (Voir le numéro de la *Revue scientifique* du 26 mars 1881. Germer Baillière, Paris.) Autrefois les médecins ne voulaient pas s'en occuper ; il y en a même qui n'y croient pas encore.

Dans l'ouvrage posthume de Claude Bernard (*La Science expérimentale,* 1878, p. 127 et suiv.), se trouvent ces affirmations : « L'organisme animal n'est en
« réalité qu'une machine vivante qui fonctionne suivant
« les lois de la mécanique et de la physico-chimie ordi-
« naires, à l'aide des procédés particuliers qui sont
« spéciaux aux instruments vitaux constitués par la
« matière organisée ; mais les êtres vivants ont en outre
« pour caractère essentiel d'être périssables et mortels.
« Ils doivent se renouveler et se succéder, car ils ne
« sont que les représentants passagers de la vie, qui est
« éternelle.....

« Pour que la vie continue, il faut donc que la matière
« organisée qui forme les éléments histologiques se
« renouvelle constamment à mesure qu'elle se décom-
« pose, de sorte que l'on peut regarder la *cause* de la vie
« comme résidant véritablement dans la *puissance d'or-
« ganisation* qui CRÉE la machine vivante et répare ses
« pertes incessantes....

« Nous savons qu'il y a des éléments musculaires, ner-
« veux, glandulaires, qui servent aux manifestations des
« phénomènes de sensibilité, de mouvement, de sécré-
« tion. Il y a même des éléments ovariques et plasmati-
« ques qui ont pour propriété de *créer* (donner origine?)
« les êtres nouveaux et d'entretenir par la nutrition les
« mécanismes vitaux; mais ces éléments *créateurs* et nutri-
« tifs, comme les autres, s'usent et meurent en accom-
« plissant leurs fonctions, qui donnent elles-mêmes les
« conditions d'une rénovation incessante..... Les phéno-
« mènes d'organogenèse ou de *création organique* ne
« sont donc ni plus ni moins mystérieux pour le physio-
« logiste que tous les autres.....

« L'élément de création organique des êtres vivants

« est une cellule microscopique : l'*ovule* ou le *germe*. Cet
« élément est sans contredit le plus merveilleux de tous,
« car nous voyons qu'il a pour fonction de produire un
« organisme tout entier.....

« L'œuf est un *devenir ;* il représente une sorte de for-
« mule organique qui résume l'être dont il procède et
« dont il garde en quelque sorte le *souvenir évolutif* (?).
« L'œuf ou le germe est un centre puissant d'action nutri-
« tive, et c'est à ce titre qu'il fournit les conditions pour
« la réalisation d'une *idée créatrice* qui se transmet par
« hérédité ou par *tradition* organique. L'œuf, en *présidant*
« à la *création* de l'organisme, opère le renouvellement
« des êtres et devient par suite la *condition* primordiale
« de tous les phénomènes ultérieurs de la vie. »

L'œuf serait donc à la fois la *condition* des phénomènes de la vie, et l'*idée créatrice qui préside* à la création de l'organisme.

Après avoir très bien démontré que le corps tout entier,
avec les forces électro-moléculaires des éléments histologiques, n'est qu'une machine automatique comme une
horloge, un instrument physiologique de l'âme, qui donne
la forme au corps et qui en dirige tous les mouvements,
l'auteur veut mettre ce principe architectonique dans
l'œuf ou le germe, comme « *un souvenir évolutif de l'être
dont il procède* ». Ce serait donc la matière de l'œuf qui
serait non seulement la « condition primordiale » de l'é-
volution vitale, mais aussi le principe vital ou l'âme créatrice de l'être.

Par expérience spirite, on sait que l'âme existe avec
toutes ses facultés animiques après la mort du corps, et
comme rien de ce qui existe ne peut être anéanti, on est
obligé de conclure que l'âme d'un homme existe avant la
formation, comme après la dissolution de l'organisme
physiologique.

Les opinions de Claude Bernard sur la nature des

forces physiologiques qui résident dans l'œuf avant la formation du corps de l'oiseau et celles qui forment les organes pendant l'incubation n'ont pas la valeur qu'on voudrait leur donner.

Dans un discours de M. Paul Bert sur les travaux de Claude Bernard (discours publié dans le n° 32 de la *Revue scientifique*, 8 février 1879), on lit les lignes suivantes (p. 751).

« Il ne se passe dans notre corps que des phénomènes
« dépendant des forces physico-chimiques. Mais sont-
« elles dirigées par une force vitale? Nous n'en savons
« rien, puisque cette force, *si elle existe*, ne se manifeste
« à nous que par l'intermédiaire des forces physico-
« chimiques, et que souvent celles-ci semblent la diriger.
« Sans doute, il y a un arrangement régulier des choses,
« une évolution, et dans l'œuf, un *devenir*, nous recon-
« naissons un plan ; mais c'est là une vue de l'esprit à
« laquelle il ne faut pas donner une activité matérielle ;
« et puisque « chaque chose s'exécute dans les corps vi-
« vants comme *s'il n'y avait pas de force vitale* », à quoi
« bon, nous, hommes *de science*, inventer une *puissance
« impuissante?*

« Ainsi, des phénomènes d'ordre physico-chimique,
« mais s'opérant par des procédés spéciaux auxquels il
« est bon de conserver le nom de vitaux, au sein d'élé-
« ments microscopiques qui leur présentent des condi-
« tions spéciales, suivant des lois spéciales, mais qui sont
« les mêmes depuis la bactérie qui flotte dans l'eau sau-
« mâtre, jusqu'à notre cellule cérébrale, et, malgré la
« prodigieuse complexité des faits, aussi réglés, aussi
« déterminés que la progression des corps dans leur
« chute, ou l'union des acides et des bases ; en un mot,
« des conditions matérielles déterminées qui règlent l'ap-
« parition des phénomènes, des lois *préétablies* qui en
« règlent l'ordre, un conflit entre un organisme et le

« monde extérieur, conflit qui engendre des phénomènes
« de création organique et des phénomènes de destruc-
« tion organique : voilà la vie, ou du moins voilà tout ce
« que nous en pouvons savoir. Or, c'est perdre son temps
« que chercher l'introuvable, ou du moins ce n'est pas
« faire œuvre de savant ; mais, dans le domaine du dé-
« terminé, qui est le sien, il ne faut jamais se lasser
« de marcher en avant. Le désir ardent de la connais-
« sance est l'unique mobile qui attire et soutient l'inves-
« tigateur ; c'est cette connaissance qu'il saisit réelle-
« ment et qui fuit cependant sans cesse devant lui, qui
« devient à la fois son seul tourment et son seul bonheur.
« Le savant ne doit jamais s'arrêter en chemin, il doit
« toujours s'élever plus haut et chercher tant qu'il voit
« quelque chose à trouver. Or, il ne peut trouver que
« dans le domaine du déterminé ; l'*indéterminé* ne sau-
« rait rien lui offrir, il *appartient au philosophe*, et Claude
« Bernard s'en écarte résolument.

« Mais une telle prudence ne pouvait suffire aux fai-
« seurs de systèmes. Et chacun d'eux de chercher parmi
« les hasards des rédactions diverses quelque fragment
« qui lui permettra d'apporter à l'appui de sa thèse l'au-
« torité du grand physiologiste. Messieurs, il faut déga-
« ger Claude Bernard de toutes ces compromissions, il
« n'est ni *matérialiste*, bien qu'il réduise tous les phéno-
« mènes vitaux, même ceux qui se passent dans le cer-
« veau, à des actes physico-chimiques ; ni *spiritualiste*,
« bien qu'il sente en lui et affirme la liberté agissante.

« Ils se cantonne scrupuleusement au contact immé-
« diat des faits d'observation et d'expérience, sans aller
« plus loin que leurs conséquences les plus prochaines. Il
« repousse également, — ce sont ses propres paroles, —
« *tous les systèmes de philosophie*. Non qu'il ne croie la *phi-
« losophie utile*, car elle représente l'aspiration éternelle
« de la raison humaine vers la connaissance de l'inconnu.

« C'est l'esprit philosophique qui stimule et entretient un
« mouvement salutaire dans les sciences, qui, sans lui,
« tendraient au repos et se traîneraient terre à terre. »

Ainsi, Claude Bernard « n'est ni matérialiste ni spiritualiste, bien qu'il réduise tous les phénomènes vitaux, même ceux qui se passent dans le cerveau, à des actes physico-chimiques, et bien qu'il sente en lui et affirme la liberté agissante ».

Il est donc bien temps qu'on commence à étudier les phénomènes qui jettent de la lumière sur les rapports du corps et de l'âme.

UNION DE LA MATIÈRE ET DE LA FORCE.

Matière et force, tout est là, dit la physiologie expérimentale. *Esprit et matière*, répond l'analyse biotechnique. L'esprit est une force occulte ; la force physique est aussi une force occulte ; l'un et l'autre ne sont connus que par leurs modes de mouvement. L'une des principales manifestations de la force dans les phénomènes de la vie est celle de l'association des éléments simples dans un organisme complexe, tel que celui du corps individuel d'un homme. Cette association nous révèle les principes architectoniques du mécanisme physiologique dans tous les types d'organismes connus. L'analyse des modes de mouvement de la pensée est aussi importante que celle des modes de mouvement physico-chimiques des cellules organiques.

L'analyse des organes du corps et des facultés de l'âme est assez facile, mais, quand nous arrivons aux cellules organiques, nous sommes arrêtés.

Il en est de même pour l'analyse des idées simples de l'âme et leurs combinaisons dans les idées composées.

Nous ne savons pas par quels procédés les éléments

simples de la matière peuvent entrer en association intime pour composer des cellules dans les tissus constitutifs des organes qui sont associés en groupes, arrangés en séries pour constituer des appareils distincts dans chaque système de l'unité complexe de l'organisme intégral. Nous ne pouvons pas prendre les éléments simples que la chimie découvre dans une cellule organique et recomposer cette cellule. Pour nous les éléments simples et les molécules d'eau sont des « racines sourdes » de l'unité organique des cellules, et il en est de même pour l'association des idées radicales de l'âme expérientielle.

Quand la cellule organique est déjà formée, d'une part, et la *sensation* nettement réalisée en *forme d'idée* d'autre dart, on peut bien distinguer la trame des cellules dans les tissus et la trame des idées dans la mémoire.

L'*analyse différentielle* de l'unité organique vitale (corps et âme), depuis la somme totale jusqu'aux moindres fractions irréductibles, est donc bien plus facile que la *synthèse* des éléments simples dans les éléments composés, jusqu'à l'intégration complète de l'unité vitale. Ce n'est que d'après l'analyse chimique qu'on sait que les cellules organiques sont composées d'éléments simples ; d'après l'analyse de l'âme intellectuelle on sait que les *idées simples* sont dérivées de sensations encore plus simples.

Il s'en suit qu'en parlant ici de l'association des éléments simples du corps et de l'association des idées simples de l'âme, nous ne parlons que de l'association des éléments organiques déjà formés dans la substance d'un œuf ou dans le sang d'un animal, des sensations nettement senties par l'embryon vivant dans l'œuf pendant la période de l'incubation, ou pendant le cours de la gestation utérine. La question de la vie préconsciente du fœtus, qui devient plus ou moins consciente après la naissance, reviendra plus tard et ne doit pas nous détourner ici de l'étude de l'association des éléments et des idées simples dans la formation du corps mortel et de la mémoire adventice.

La synthèse chimique des éléments simples de la matière ne jette aucune lumière sur la synthèse physiologique des cellules organiques d'un organisme quelconque, végétal ou animal. C'est pendant la vie qu'un oiseau donne origine à l'œuf qui doit reproduire son espèce, et l'homme n'a aucune expérience d'une génération spontanée dans la nature. Le problème de la *création* est un problème insoluble pour l'homme qui n'a que l'expérience de la création d'un mécanisme automatique par l'esprit humain. L'*union de l'âme et du corps* est moins difficile à comprendre, ainsi que les diversités des constitutions alimentaires et des diathèses nutritionnelles qui président à cette union. L'étude des principes architectoniques de la création est plus avantageuse à la science que l'étude des seuls phénomènes physiologiques.

DIATHÈSES NUTRITIONNELLES ET CLIMATÉRIQUES.

Chez les anciens le mot diathèse indiquait un mode particulier de santé ou de maladie (*diathèse cancéreuse, tuberculeuse*). Aujourd'hui on se sert du mot pour indiquer les états morbides du sang et de la nutrition des tissus. Nous lui donnons un sens plus étendu pour tout ce qui a rapport aux phénomènes de l'union du corps et de l'âme.

On sait qu'il y a des masses de plantes qui peuvent vivre dans les pays froids et d'autres qui ne peuvent fleurir que dans les climats chauds. Telle plante vit dans l'eau; telle autre, comme le cactus, peut vivre dans un climat sec. Le renne et l'ours blanc prospèrent dans les régions sous-polaires, les singes dans les climats chauds.

L'union des forces organiques et des forces physiques

de la vie ne pourrait pas être continuée dans les organismes (végétal ou animal), là où les *diathèses nutritionnelles* ne seraient pas adaptées aux conditions climatériques des régions habitées.

Les diathèses naturelles de l'espèce humaine sont adaptées au climat des tropiques chez la race nègre ; au climat froid chez la race scandinave ; aux climats intermédiaires chez les races du midi.

A côté des diathèses normales dans chaque race, il y a des diathèses exceptionnelles, tels que les somnambuliques qui peuvent vivre plus longtemps sans nourriture que les diathèses ordinaires. Cette diathèse exceptionnelle chez l'homme a quelque analogie avec celle des animaux qui tombent en léthargie pendant l'hiver : tels que les ours, les marmottes, les grenouilles.

On peut distinguer les diathèses en plusieurs catégories :

1° Etat normal de la santé dans les conditions normales ;

2° Etat normal dans les conditions exceptionnelles ;

3° Etat morbide de la diathèse héréditaire (scrofule, etc. ;

4° Surexcitation temporaire de l'âme et du corps.

On sait combien est dangereuse une surexcitation produite par un excès d'alcool, d'opium, de chloroforme ou d'autres drogues qui remplacent l'oxygène nécessaire à l'union normale du corps et de l'âme. On sait aussi que les émotions de la jalousie ou de la vengeance peuvent pousser l'homme à la violence et au meurtre, à quel point le désespoir peut conduire au suicide. L'excès du travail de tête, qui prive l'intelligence de repos et de sommeil, peut troubler les facultés de la mémoire et de la raison. L'équilibre de la santé physique et morale peut être troublé par beaucoup d'autres causes encore.

BIOMAGNÉTISME ARTIFICIEL.

Il y a des moyens artificiels de produire des excitations et des surexcitations des fonctions du corps et de l'âme, soit pour rompre l'équilibre électro-magnétique de la santé, soit pour rétablir l'équilibre déjà rompu. Les professions de médecins et de prêtres ont été organisées pour ces fonctions hygiéniques dans tous les pays. Par des médicaments physiologiques, les médecins stimulent les organes ou les sédatisent; par des paroles et des « aumônes » les prêtres excitent les âmes ou cherchent à les tranquilliser. Les arts du médecin et ceux du prêtre sont souvent aussi imparfaits que leurs doctrines et leurs sciences; mais la routine pratique leur donne une certaine *expérience* qui est plus ou moins utile dans certains cas, bien que peu utile ou pire qu'inutile dans d'autres cas.

Il y a aussi l'art du *biomagnétisme*, qui peut être bienfaisant ou malfaisant selon la pratique utile, ou l'abus de la pratique.

Les magnétiseurs peuvent agir sur les corps et sur les âmes pour les *somnoliser* ou pour les *halluciner*, au moyen des procédés *hypnotiques* ou magnéto-psychiques. On connaît les phénomènes de cet ordre, où les individus sont endormis et rendus plus ou moins somnambuliques et clairvoyants dans certains cas, complètement subjugués et hallucinés en d'autres cas, au point de perdre la mémoire de son propre nom, et de croire qu'on est un autre personnage que soi-même. Les phénomènes des rêves sont analogues à ces phénomènes de l'hypnotisme artificiel et de l'hallucination chez les aliénés. Pendant le sommeil ordinaire, les organes du corps sont en partie actifs et en partie passifs : les organes de locomotion sont engourdis, tandis que la digestion, la circulation, la respiration et la sécrétion sont en activité comme dans l'état de veille.

Il en est de même pour les facultés de l'âme ; celles du jugement sommeillent tandis que l'imagination rêve d'une manière plus ou moins désordonnée.

Il en est autrement dans les phénomènes du somnambulisme, où l'homme marche dans les ténèbres sans se heurter, et travaille comme s'il était tout éveillé.

Les rêves dans certains cas sont aussi plus ou moins rationnels là où les facultés du jugement sont aussi libres et aussi actives que l'imagination. Le magnétisme artificiel peut aussi produire des phénomènes de somnambulisme et de clairvoyance chez certaines personnes, d'une idiosyncrasie hypnotique.

L'art des magnétiseurs a été développé et complété en quelque sorte par le Dr John Bovee Dodds, en Amérique, depuis l'année 1832, et expliqué par lui dans ses ouvrages. Par cet art, qu'il nomme *électro-psychologie*, on peut halluciner l'homme éveillé et lui faire croire qu'il est autre que lui-même.

Cet art est très utile dans la guérison de certaines maladies dites « nerveuses », comme la paralysie des muscles et le défaut d'innervation. On peut ainsi produire à volonté des *pseudo-sensations* du goût, de l'odorat, de la vue, de l'ouïe, du toucher, et même des hallucinations de l'esprit, la perte de la mémoire, la paralysie de la volonté, et beaucoup d'autres phénomènes très étranges, par lesquels on affecte à la fois la *circulation* du sang, l'*innervation* des organes, et l'*équilibre normal* des facultés de la pensée.

Il faut faire observer cependant que tous les tempéraments et toutes les diathèses naturelles ou exceptionnelles ne sont pas également susceptibles d'être affectés fortement par les procédés artificiels du biomagnétisme.

Les diathèses *morbifiques* dites *scrofuleuses, tubercu-*

leuses, cancéreuses, goutteuses, dépendent évidemment de l'état du sang et des *fonctions de la nutrition* qui sont diversement perverties dans ces maladies; la nutrition dépend de l'action physiologique de l'âme sur le corps, dans certaines conditions d'alimentation et de sanguification. C'est donc, en dernière analyse, l'*état sain ou morbide du sang* et de la circulation qui sont les causes immédiates de la santé ou de la maladie du corps; c'est l'état sain ou morbide du sang de l'âme qui est la cause immédiate de la santé ou de la maladie de l'âme, là où la continuation de la vie est encore possible. Quel est donc le sang de l'âme analogue au sang du corps? Ce sont les sensations et les idées de l'âme instinctuelle; les cognitions et les théories de l'âme rationnelle; les affections et les émotions de l'âme passionnelle, qui peuvent être excitées utilement ou surexcitées d'une manière nuisible à l'équilibre de la raison.

Tout le monde sait que la bonne nourriture est nécessaire pour l'entretien de la santé, et que les conditions d'hygiène et de tempérance sont également importantes là où le corps est né sain et de bonne constitution. On sait aussi que les enfants peuvent naître avec le sang infecté d'éléments morbifiques qui affecteront la diathèse nutritionnelle pendant la vie. Le corps peut naître avec des pieds bots, ou avec d'autres défauts de l'organisme imparfaitement développé. L'âme peut naître également mal constituée ou idiotique.

Nous n'avons pas à décrire ici toutes sortes de maladies physiques et mentales pour faire sentir que les diathèses nutritionnelles du corps et de l'âme sont des caractéristiques importantes de la vie dans l'union du corps avec l'âme dans ce monde. La mauvaise hygiène de l'âme peut être une cause de maladie mentale, tout comme la mauvaise hygiène du corps peut déterminer des états morbides du sang.

MODALITÉS DE LA CONSCIENCE.

Pendant la vie embryonnaire, l'âme est dans un état *préconscient*. Après la naissance, elle devient *consciente* pour tous les modes d'activité de la vie de relation, mais reste *inconsciente* des phénomènes de la circulation du sang et de la nutrition du corps. Elle est habituellement inconsciente aussi de la respiration, mais devient plus ou moins consciente de ce mode d'activité physiologique quand son attention est spécialement fixée sur ce fait. L'âme est donc sujette à des modalités de la vie *préconsciente, inconsciente, semi-consciente* et *consciente*, simultanément et successivement, et la mémoire est intimement liée à ces divers degrés de consciosité. Dans le sommeil profond, la mémoire est à peu près aussi nulle que pendant la vie embryonnaire, et tous les jours le réveil de la conscience est accompagné du réveil de la mémoire. La continuité de la vie de l'âme ne dépend donc pas de la continuité de la mémoire, puisque la conscience de notre propre identité existe malgré les interruptions nocturnes de la mémoire, et malgré l'activité inconsciente de la vie physiologique pendant la vie entière.

Ce qui est encore plus étrange dans la vie de l'âme, pendant le sommeil du corps en état de santé, c'est qu'elle fait des rêves qui sont de véritables hallucinations, parfois d'une folie tellement féroce, qu'on est heureux au réveil de se sentir délivré de pareils cauchemars.

Cela ne peut dépendre du ralentissement de la circulation dans les vaisseaux capillaires du cerveau, puisqu'on a vu, chez un malade qui avait le crâne partiellement emporté et le cerveau visible, que pendant le sommeil ordinaire le cerveau était affaissé, et pendant le rêve actif le cerveau, augmenté de volume, faisait saillie par l'ouverture du crâne. D'où l'on conclut que le sang circule en abondance dans le cerveau pendant le sommeil agité par des rêves de l'imagination surexcitée.

Les hallucinations de l'esprit pendant le sommeil sont des phénomènes encore inexpliqués, autrement que par un défaut d'équilibre dans les fonctions physiologiques.

On sait que l'introduction de l'éther ou du chloroforme dans le sang, au moyen de la respiration, remplace une portion d'oxygène, et que cette substitution rend l'âme plus ou moins inconsciente des lésions du corps. Les ébranlements nerveux sont rendus insensibles à l'âme, momentanément, pour ainsi dire, détachée du corps. Si l'on pousse trop loin la quantité de chloroforme substitué à l'oxygène, l'âme est bien vite complètement séparée du corps par la mort qui en résulte.

Quel que soit le principe vital de l'âme, il est évident que la présence de l'oxygène dans le sang est le moyen d'entretenir la sensibilité, et que les ébranlements nerveux n'excitent aucune sensation là où le sang est privé d'oxygène. Les sensations venant de l'extérieur sont plus ou moins suspendues durant le sommeil, comme pendant l'éthérisation, le somnambulisme artificiel et le somnambulisme naturel. Tel est aussi l'état insensible et inconscient de la torpeur des animaux hibernants. La sensibilité ne dépend donc pas de l'ébranlement des nerfs seulement, mais surtout de la quantité d'oxygène dans le sang, et des échanges du sang dans les organes; car là où la circulation est arrêtée par le froid, la sensibilité est perdue. Les sensations subjectives sont néanmoins très vives pendant le rêve, quand l'âme est insensible aux impressions objectives.

Le fœtus peut vivre sans respirer par les poumons, parce qu'il trouve le sang suffisamment oxygéné; ne faisant que peu de mouvements dans la formation des organes, il ne dépense que peu de chaleur et n'en perd pas au sein de la mère.

L'animal hibernant doit perdre de la chaleur dans le milieu ambiant, bien qu'il n'en dépense pas en mouvement. Le corps, vers la fin de son état torpide, n'a qu'à peu près la même température que l'air. Dans ces conditions de la vie inconsciente la respiration devient presque nulle; le peu d'oxygène qui reste dans le sang doit suffire à peine pour empêcher la mort de l'animal, surtout d'un animal tel que l'ours. Les animaux à sang froid peuvent supporter une suspension plus complète de l'activité physiologique, sans perdre la faculté de revenir à la vie. Les végétaux, qui vivent dans un état de torpeur physiologique pendant de longs mois d'hiver, ne sont pas comparables aux animaux qui tombent en léthargie, parce que l'oxygène pur n'est pas un élément essentiel de la vie pour eux. Il y a cependant des limites thermologiques à cette capacité de torpeur; car beaucoup de plantes meurent pendant des hivers extrêmement rigoureux.

IDIOSYNCRASIES DU CORPS ET DE L'AME.

Les idiosyncrasies du corps dépendent du plus ou moins d'activité normale des tissus sécréteurs (séreux, adipeux, glandulaire et prolifique). Dans le règne animal, on voit que les pachydermes bien nourris, à l'état de nature, sont généralement très gras, tandis que les félins et les canins sont naturellement assez maigres. Il en est de même pour les races humaines. Tels individus deviennent facilement très obèses dans les conditions de bonne nourriture; tandis que d'autres, dans les mêmes conditions, restent toujours maigres.

Telle race d'animaux est très prolifique, telle autre peu. Telle race d'hommes très prolifique, ou peu; très pileuse, ou peu; et ainsi pour le plus ou moins d'abondance dans toutes les sécrétions : séreuses, adipeuses, glandulaires.

Quelles sont les sécrétions de l'Ame analogues à celles du corps? Les idées artistiques de l'âme instinctuelle; les conceptions scientifiques de l'âme rationnelle; les affections sociales de l'âme passionnelle. Tel homme a beaucoup d'idées artistiques ou d'inventions mécaniques; tel autre, très peu. Tel esprit est fécond en découvertes scientifiques; tel autre, stérile. Tel cœur est très dévoué et plein de miséricorde; tel autre, ladre et cruel. Chacun peut en avoir observé dans sa propre expérience.

Toutes les sécrétions du corps sont tirées du sang qui en fournit la substance; les sécrétions de l'âme sont tirées des connaissances acquises de l'âme instinctuelle, des sciences acquises de l'âme rationnelle, des affections acquises de l'âme passionnelle. L'abondance du sang ne correspond pas nécessairement à l'abondance ou au peu d'abondance des sécrétions dans une classe quelconque des tissus sécréteurs; il en est de même pour l'abondance relative du sang de l'âme et des idiosyncrasies des individus. Les corps riches de sang peuvent être stériles; les esprits très riches en érudition, stériles en inventions mécaniques ou en découvertes scientifiques.

Telle race humaine est très barbue, tandis qu'une autre n'a que peu ou point de barbe. Telle famille est très prolifique et telle autre sans enfants.

Les idiosyncrasies de la digestion sont très variables chez les individus à tout âge et chez la même personne à des âges différents. L'un aime la graisse animale; un autre ne peut pas la supporter sur l'estomac. De même pour les mets tels que la cervelle ou le foie; le lait ou le fromage; les huîtres, l'escargot ou le crabe; ou bien pour les aromatiques et les odeurs : telle personne ne peut souffrir une odeur qui est fort agréable à d'autres; un narcotique facilement supporté à haute dose par l'un ne peut pas être toléré, même à petite dose, par l'autre. Toutes ces questions sont intéressantes pour la santé (*mens sana in corpore sano*).

Ces idiosyncrasies ont peut-être leur raison d'être dans l'économie physiologique, industrielle et artistique de la race humaine ; mais quelle est la raison des *sympathies* et des *antipathies* naturelles des âmes, là où il n'y a aucun tort à noter de part et d'autre ?

Chez les animaux, on voit que les instincts et les goûts sont différents là où les vocations sont différentes, et peut-être il en est de même chez l'espèce humaine, sans être aussi facilement reconnu. A première vue, il arrive souvent qu'on se sent attiré vers telle personne, ou bien le contraire. Dans d'autres cas, on peut se convenir à première vue, et après plus ample connaissance on ne se convient plus du tout ; l'intimité devient impossible là où les instincts et les goûts sont incompatibles.

Dans l'espèce humaine, telle femme est très prolifique ; et devient la mère d'une douzaine d'enfants ; certaines femmes ont donné naissance à plus de vingt ; tandis que d'autres, jouissant d'une bonne santé, sont restées stériles dans le mariage. Certains hommes sont sujets à des accès de somnambulisme naturel, tandis que la grande majorité n'est pas somnambulique. Un certain nombre d'hommes (et presque toutes les femmes) sont très susceptibles aux influences du magnétisme animal (somnambulisme artificiel), tandis que d'autres n'y sont que peu ou point susceptibles. Certains hommes naissent poètes ou inventeurs, tandis que la grande majorité est privée du génie poétique ou inventif. Les hommes de génie sont aussi rares que les somnambulistes naturels.

Les femmes ont rarement le génie inventif. Est-ce, comme nous l'avons supposé, que le sexe physiologique serait *féminin* et le sexe psychologique *masculin* chez la femme, tandis que le contraire a lieu chez l'homme ?

Les idiosyncrasies physiologiques des plantes sont très

marquées. Telle espèce de plante commence à fleurir au mois de février; telle autre au mois de mars; une autre encore plus tard, et quelques-unes attendent jusqu'au mois de septembre pour fleurir, et cela dans les mêmes latitudes et les mêmes expositions de terrain, dans le même jardin. Ceci doit tenir à quelque rapport de forces électromagnétiques avec les degrés d'insolation plus ou moins prolongée. On ne connaît pas la nature de ces causes, mais les faits sont connus de tout le monde.

Il y a des idiosyncrasies physiologiques chez les animaux en rapport avec les mois de l'année et les saisons du rut. Telle espèce d'animal est active pendant le jour et dort pendant la nuit; d'autres espèces se tiennent tranquilles pendant le jour et chassent pendant la nuit (les félins et les hiboux); d'autres sont des vespertilions, comme les chauves-souris, et chassent pendant le crépuscule.

Il en est de même, en nuances moins marquées, chez l'espèce humaine. Tel homme se lève volontiers de bon matin et se couche de bonne heure; tel autre se lève tard et ne devient actif que pendant la nuit : ces différences se trouvent chez les industriels et les hommes d'action ; chez les littérateurs et les artistes.

Les *imprégnations* sont des états passagers qui affectent plus ou moins la santé du corps et la sérénité de l'âme de la femme, en la préparant pour l'époque de la parturition et des émotions de la maternité. Les infestations du corps et de l'âme sont des phénomènes très différents. L'infestation du corps par les helminthes à l'intérieur, ou par la vermine à l'extérieur, sont des ennuis pour la personne et quelquefois des causes de trouble dans la santé. Les infestations de l'âme par des sensations subjectives et illusoires, les imaginations surexcitées par les opiats ou le haschich sont parfois les causes de troubles pour la santé morale et pour la raison pratique.

Les infestations de l'âme par les idées superstitieuses ou par des fanatismes de secte sont aussi capables de troubler l'intellect, et rendre la victime injuste envers ses semblables et dangereuse pour la paix de la société. Des guerres sociales et religieuses ont souvent été causées par de pareils fanatismes de l'esprit de secte.

Les « possessions » d'esprits (démons) sont aujourd'hui connues dans le monde des sectes spirites. Ces « possessions » sont généralement temporaires, mais parfois continues ou permanentes. Le « démon » de Socrate était une espèce d'ami du philosophe; les esprits modernes qui accompagnent les « médiums » sont des sortes de guides qui ont pour mission d'instruire le monde ici-bas de l'état moral et social des âmes trépassées. Nous avons vu des exemples de tous ces genres de possession, mais l'étude de ces phénomènes exceptionnels n'est pas facile.

La pire espèce des infestations de l'âme est celle des idées *dogmatiques* sans fondements rationnels ou scientifiques; cette espèce est très nombreuse dans la plupart des sectes religieuses et philosophiques, sans parler des partis politiques. Les « esprits forts » ne sont pas moins sujets à des infestations et obsessions de ce genre que les gens crédules, ni moins intolérants dans leurs infatuations négatives.

INTÉGRITÉ DE L'ORGANISME INDIVIDUEL.

Les cas de monstruosités de naissance sont assez communs, et les cas d'imperfections congénitales, telles que le « bec-de-lièvre » et le pied bot, ne sont pas rares. La perte de la vue et de l'ouïe après la naissance, par des maladies et des accidents, n'est que trop fréquente dans tous les pays. Ce sont des lésions de l'intégrité de l'organisme physique.

Les cas d'idiotisme et de folie sont des lésions de l'âme

qui ne sont pas rares, puisque les hospices d'aliénés sont nombreux dans tous les pays civilisés. On conçoit cependant que ces lésions accidentelles aux corps et à l'âme expérientielle ne peuvent aucunement affecter l'intégrité de l'âme ontologique, ni le corps éthéré de cette âme immortelle. Toutes les imperfections sont faciles à observer, et le théâtre en fait son profit.

Le caractère personnel, artistique, scientifique et social diffère beaucoup chez les individus quant aux forces physiques du corps et aux facultés de l'âme : les caractères sont différents chez les races humaines en Afrique, en Europe, en Asie et en Australie, sans parler des Peaux rouges de l'Amérique. Le nègre de l'Afrique n'a pas la même forme du corps, ni la même force d'esprit que le blanc de l'Europe; des différences de forces physiques et animiques sont encore assez marquées dans les diverses races de noirs en Afrique et en Australie, comme dans les diverses races de blancs et de jaunes en Europe et en Asie.

Les physionomies caractérielles des *classes* dans une même nationalité sont presque aussi notables que les différences de race. Les prêtres, les soldats, les paysans et les ouvriers sont facilement reconnus par leur différence d'allure et de costume, et aussi par les différences d'éducation et d'opinions.

La *destinée* d'un organisme quelconque dépend de sa *vocation naturelle* dans une *sphère de vie* appropriée à sa nature. Le poisson est destiné à vivre dans l'eau ; l'oiseau à voler dans l'air, quelle que soit, sauf exception, la vocation spéciale de l'un ou l'autre. La vocation de l'aigle est celle de *boucher*, pour tuer et manger des petits animaux ; la vocation du requin est aussi celle de *boucher*, pour tuer et manger des poissons. La vocation de boucher est prédestinée à accélérer les successions de générations, afin que la moyenne de la vie soit très inférieure à la limite naturelle pour chacune des espèces, pendant les phases métamorphiques des règnes organiques sur le globe.

Il y a beaucoup d'espèces de bouchers dans le règne animal, sans parler de l'homme, le plus formidable de tous par la guerre. La vie moyenne de l'homme n'est guère plus que le tiers de la limite naturelle, de sorte que les races inférieures ne sont pas plus maltraitées par le sort que l'homme lui-même. L'accélération du renouvellement de la vie, dans les générations successives des hommes et des animaux, est donc un phénomène universel qui doit avoir sa raison d'être, et sa loi d'équilibre vital sur notre globe. Reste à chercher et à trouver cette raison d'être, question de la circulation de la vie dans le monde visible et le monde invisible, dont nous aurons à parler dans des chapitres sur la vie collective de l'humanité.

CARACTÉRISTIQUES DE L'AME ET DU CORPS.

Caractéristiques ontologiques.
- Z. *Union dynamique du corps et de l'âme.*
- Y. Diathèses nutritionnelles et climatériques.
- X. Idiosyncrasies sécrétionnelles.
- W. Intégralité de l'organisme.

Caractéristiques physiologiques.
- VII. Conformations vasculaires.
- 7. Tempéraments vasculaires.
- VI. Conformations alimentaires.
- 6. Constitutions alimentaires.
- V. Conformations sexuelles.
- 5. Dispositions connubiales.

Caractéristiques morphologiques.
- IV. Complexité morphologique de l'âme et du corps.
- III. Structure et volume du corps et de l'âme.
- 2. Modes de mouvement du corps et de l'âme.
- II. Symétrie organique du corps et de l'âme.
- 1. Physionomies des types caractériels.
- I. Types distincts d'unité organique.

ÉVOLUTION DE L'AME ET DU CORPS.

L'origine généalogique du *corps* et l'évolution de la *mémoire expérientielle* en ce monde sont distinctes de l'existence surnaturelle de l'âme ontologique ; la circulation de la vie d'un monde à l'autre devient une question inséparable de celle de l'évolution de l'âme et du corps ici-bas.

On sait, par l'expérience de la résurrection du Christ, que l'âme existe après la mort du corps, et comme la force vitale est indestructible, elle existe avant la formation du corps, comme après la mort. Son histoire en ce monde se lie à son histoire dans le monde invisible. Quelle est cette histoire ?

La vie temporaire de l'homme ici-bas forme une suite de phases successives, qu'on peut représenter par une série de symboles comme la suivante :

Θ. *Transition embryonnaire = vie utérine.*
Ψ. Phase de la croissance.
Φ. Phase de la virilité.
Σ. Phase du déclin.
Ω. *Transition de la mort = résurrection de l'âme.*

On demande naturellement d'où viennent les forces occultes qui animent le fœtus pendant l'évolution métamorphique ? Que deviennent ces forces de l'âme après la mort ?

Les forces vitales étant invisibles, on ne peut étudier leurs modes de mouvement que dans les limites du temps de la vie terrestre. Ces limites sont connues pour l'évolution fœtale et pour l'évolution générale.

Le principe vital qui s'incarne dans la substance d'un œuf d'oiseau laisse facilement observer ses modes d'action dans la formation du corps, modes semblables à ceux de l'évolution embryonnaire de tous les animaux, et de l'homme lui-même. Cela nous suggère l'hypothèse suivante sur les rapports de l'âme et du corps :

Nous supposons : 1° que les forces vitales de l'âme de l'oiseau ne sont pas dans l'œuf avant le commencement de l'incubation ; 2° que l'âme potentielle de l'oiseau occupe l'œuf dès le moment où l'incubation a commencé ; 3° que la forme invisible de cette âme est du même type que celui de l'oiseau qui a pondu l'œuf ; 4° que la limite de l'évolution métamorphique est de réaliser le type potentiel qui s'incarne dans l'embryon.

On sait que la loi générale des incarnations est actuellement celle-ci, savoir :

Que le résultat de l'évolution métamorphique la plus complète qu'on connaisse est la reproduction du type généalogique de l'espèce dans tous les règnes organiques ; mais on suppose qu'il n'en a pas toujours été de même. Le *transformisme* de l'école moderne suppose que l'évolution métamorphique n'a pas toujours terminé avec la vie embryonnaire des espèces, mais a pu continuer après la naissance des individus, de manière à transformer une espèce dans une autre. On suppose qu'un singe, au bout d'une longue suite de générations, pourrait devenir homme par l'habitude prolongée de marcher droit sur ses jambes, et de se servir à la fin de ses mains comme instruments de travail artificiel, pour bâtir des maisons, cultiver des fruits et faire cuire de la viande, monter à cheval et former des régiments de cavalerie.

Nous ne pouvons pas accepter cette hypothèse sur l'origine des espèces. Nous concevons qu'il soit possible que l'âme d'un homme puisse s'incarner dans le corps d'un singe anthropoïde, mais les limites de l'évolution métamorphique du fœtus seraient la forme humaine à la naissance de l'enfant. On n'en sait rien, et pour le moment le problème est insoluble. Il est néanmoins plus facile de penser qu'un œuf d'aptéryx pourrait donner origine à une espèce d'oiseau ayant des ailes développées, plutôt que de supposer que les rudiments d'ailes, chez l'aptéryx, pourraient se développer par l'exercice pendant la vie adulte.

La généalogie d'une espèce quelconque est évidente là où les progéniteurs sont connus ; mais l'origine de l'âme doit être différente de celle du corps. L'âme étant une force vitale indestructible existe avant l'évolution métamorphique du corps, et ne pourrait s'incarner que dans des conditions convenables. L'âme d'un bœuf ne pourrait pas s'incarner dans le corps d'un lion, ni l'âme d'un aigle dans l'œuf d'une alouette; mais on peut concevoir que l'âme d'un homme pourrait s'incarner dans l'utérus de la femelle d'un singe anthropoïde. Cela recule la difficulté jusqu'à l'origine des singes, sans résoudre la question.

Les forces vitales ont dû avoir des modes de mouvements potentiels, dans le monde invisible, de même caractère que ceux qu'elles manifestent dans le monde visible. Les différences d'espèces des forces vitales doivent exister dans l'un et l'autre monde :

Dans l'espèce humaine, les différences de race sont adaptées par la nature à des différences de climat dans les latitudes *équatoriales, tropicales, tempérées* et *souspolaires*. Nous devons croire que les âmes potentielles, qui viennent du monde invisible s'incarner dans ces latitudes, sont spécialement adaptées à la morphologie de ces races. On voit qu'une race supérieure peut gouverner les races noires dans les climats chauds ; aucun chef noir ne pourrait comprendre et diriger les sentiments politiques d'une race blanche. Toussaint-Louverture fait exception.

Il faut conclure que les âmes potentielles qui s'incarnent de génération en génération dans ces races de blancs, jaunes, rouges et noirs, sont différenciées entre elles autant pour la race et la région, que pour les fonctions sociales dans chaque climat, tout comme nous voyons les races d'animaux et de végétaux différenciées pour chaque région du globe. Les ruminants des climats chauds diffèrent des ruminants des pays froids ; le renne diffère du cerf ; les carnivores des pays froids diffèrent des carnivores des pays chauds ; l'ours blanc des glaces polaires diffère de l'ours noir des tropiques.

La généalogie animique doit donc être en rapport avec la généalogie physiologique dans chaque race, et même continuer à prévaloir dans les cas où une race étrangère viendrait coloniser un pays quelconque, comme dans les Etats-Unis de l'Amérique colonisés par des Européens depuis plusieurs siècles, où l'on voit que les descendants des colons ont aujourd'hui les caractères animiques, et souvent même la physionomie caractéristique du type des Peaux rouges.

Ce qui prouve que la généalogie physiologique est subordonnée à l'origine animique, c'est la fréquence des caractères tout à fait différents entre les enfants des mêmes père et mère. Un homme de génie peut être l'enfant de gens peu intelligents, et avoir lui-même des enfants peu intelligents.

C'est toujours l'âme qui forme le corps ; et, bien que l'embryon humain ressemble plus ou moins à l'embryon d'un animal pendant les premières phases de l'évolution métamorphique, il n'y a jamais identité de forme entre le fœtus humain et l'embryon d'un animal quelconque. Ce qui est réalisé par l'évolution fœtale, dans toutes les espèces, c'est le *type* de l'âme invisible qui anime le corps visible.

L'évolution du fœtus humain, comme celle d'un fœtus animal quelconque, commence par la sécrétion et la fécondation d'un ovule chez les progéniteurs ; après le dépôt de l'œuf dans la matrice, arrive la conception vitale et l'évolution métamorphique de l'organisme. Ces phénomènes sont enchaînés en corrélation nécessaire qu'on peut formuler de la manière suivante :

Evolution métamorphique du fœtus. { *Type généalogique d'origine.*
Sécrétion et fécondation de l'ovule.
Ovulation et dépôt dans l'utérus.
Conception et évolution métamorphique.

Un œuf d'oiseau ne donne rien sans incubation ; un ovule de mammifère ne donne rien sans vivification.

On peut distinguer plusieurs phases dans l'évolution métamorphique du fœtus humain ; ainsi :

1° Période embryonnaire *métamorphique* = 2 mois.
2° Période ombil.-placent. *métamorphique* = 4 mois.
3° Période placentaire *perfective* = 1 mois.
4° Période placentaire *roborative* = 2 mois.

A la fin de la seconde période (six mois), l'enfant peut naître viable, mais au bout du septième mois la formation est plus parfaite, et l'enfant peut naître avec plus de chances de vivre. Deux mois de plus lui donnent des forces suffisantes pour commencer la vie de lactation ; parfois il y a presque trois mois de roboration avant la naissance.

A la naissance, l'enfant est séparé des annexes de la vie fœtale (chorion, amnios, placenta, cordon ombilical), pour commencer à respirer l'air et se nourrir directement du lait de la mère.

La phase de lactation dure de 0 à 1 an ; la phase de la première dentition dure de 1 an à l'âge de 8 ans ; les différentes phases secondaires de la vie sont en moyenne à peu près de 7 ans dans nos climats tempérés. Dans les climats chauds, les phases secondaires seraient de 6 ans plutôt que de 7.

Les phases de la première période sont bien limitées par la nature, mais après la fin de la croissance physique les phases secondaires sont moins faciles à distinguer.

Croissance.
{
0. *Naissance*.
1. Lactation.......................... 0 à 1 an.
2. Phase de la première dentition..... 1 à 8 ans.
3. Phase de la seconde dentition...... 8 à 15 —
4. Phase de la puberté (appar. de la barbe) 15 à 22 —
5. L'apparition des dents de sagesse... 22 à 29 —
}

Virilité.	6. Talent artistique ou habileté pratique. 29 à 36 ans. 7. Jugement pratique.................. 36 à 43 — 8. Période critique de la femme....... 43 à 50 — 9. Stabilité morale du caractère....... 50 à 57 — 10. Maturité de sagesse................ 57 à 64 —
Déclin.	11. Phase de prudence pratique......... 64 à 71 — 12. Phase de conseil pratique.......... 71 à 78 — 13. Phase de retraite .... 78 à 85 — 14. Phase de sénilité.................. 85 à 92 — O. *Mort du corps et dégagement de l'âme.*

On ne peut guère hasarder une opinion positive sur le parallélisme d'une vie perfective dans le monde invisible, avec une vie évolutive dans le monde visible ; mais nous pouvons supposer une analogie entre les phases de croissance, virilité et déclin ici-bas, avec trois phases d'évolution progressive dans le monde social des esprits ultramondains ; ainsi :

RÉVOLUTION.

☉ 1° Dégagement de l'âme à la mort du corps ;

Ψ 2° Purgation des vices de l'âme ;

Φ 3° Éducation progressive et fonctionnement utile de l'âme ;

Σ 4° Déclin des forces de l'âme et du « corps spirituel » ;

Ω 5° Départ de l'âme pour un alternat d'existence ailleurs.

On peut bien supposer que la première phase de la vie ultramondaine doit être celle de la purgation des vices contractés ici-bas, dans un monde de cuistres mondains et « autre-mondains ». Ces âmes corrompues ne pourraient pas être admises d'emblée dans une société d'âmes régénérées. Une station d'hôpital ou de prison a toujours été conçue comme une punition nécessaire, ou une purification indispensable, sous les noms de *purgatoire* et d'*enfer*. Les âmes simples et honnêtes seront mises au premier rang ; les *selfrighteous* au dernier rang, c'est-à-dire, envoyées à l'hôpital ou en prison.

Le feu de l'enfer est sans doute « éternel » dans l'autre monde comme les hôpitaux sont en permanence ici-bas ; mais les maladies de l'âme ne doivent pas être incurables. La « mort spirituelle » dont parle l'Évangile ne peut être que la perte absolue de la mémoire du passé, pendant une nouvelle évolution de la vie dans un nouveau monde.

Une fois guérie de ses habitudes vicieuses, l'âme doit avoir une fonction utile dans une société quelconque de l'autre monde.

Utile à quoi ? C'est là une question très importante, difficile à résoudre.

On conçoit l'utilité d'une éducation pour les âmes qui sortent de notre monde d'imperfections morales.

On peut supposer un progrès continu dans l'autre monde, par : 1° l'activité fonctionnelle du corps éthéré ; 2° de l'âme instinctuelle artistique ; 3° de l'âme rationnelle et scientifique ; 3° de l'âme passionnelle et sociale. On peut aussi concevoir un terme à cette carrière par : 1° le déclin d'activité pratique du corps spirituel ; 2° déclin graduel de l'activité artistique ; 3° déclin de l'activité rationnelle et scientifique ; 4° déclin de l'activité passionnelle et sociale. De cette manière une carrière limitée de la vie expérientelle dans le monde invisible serait analogue à une carrière limitée dans le monde visible.

Ici l'analogie des trois grandes périodes de la vie évolutive dans chaque monde est facile à concevoir ; mais quelles seraient les phases résurrectionnelles de l'âme dégagée du corps matériel, en contraste avec les phases de l'incarnation ?

On pourrait les définir de la manière suivante :
1° Dégagement de l'âme, *résurrection*.
2° Réception de l'âme par les esprits conducteurs ;
3° Admission de l'âme dans l'hôpital convenable ;
4° Purgation des habitudes vicieuses et des opinions erronées.

Le seul moyen de pénétrer dans les mystères de la vie évolutive dans les mondes inconnus, c'est de faire des parallèles entre les phénomènes connus et les phénomènes inconnus.

Nous n'insistons aucunement sur la plausibilité de ces idées, autrement que pour dire qu'elles nous paraissent valoir mieux que les conceptions vulgaires sur le séjour des âmes dans les nuages chantant éternellement des louanges à Dieu.

On ne peut pas absolument ignorer les problèmes de l'origine de la vie et de la destinée de l'homme dans le temps et dans l'éternité ; mais on peut nous demander de quelle manière cela peut intéresser les âmes dans cette vie terrestre. Voici comment :

Si l'âme doit faire des progrès dans chaque monde, afin d'arriver, au bout d'un certain nombre d'alternats d'existences naturelles et surnaturelles, à une perfection relative de toutes les facultés potentielles de l'être ; à la jouissance d'une somme de bonheur en rapport avec les degrés successifs d'avancement ; — alors chacun est intéressé à *faire des efforts pour accélérer* le progrès de son développement moral et mental, dans chaque phase de la vie dans chaque monde.

Une âme peu développée, en quittant la terre, ne pourrait pas faire autant de progrès pendant une seule carrière ultramondaine, qu'une âme qui serait déjà très développée en entrant dans une nouvelle existence. Voilà comme chacun est intéressé à sa propre amélioration de cœur et d'esprit pendant son existence ici-bas. C'est là ce que veut faire sentir l'Évangile, en disant que l'arbre qui tombe reste là où il est tombé ; c'est-à-dire dans son degré de développement à l'époque de la mort ; et que les régénérées jouiront du bonheur dans l'autre monde, tandis que les âmes viciées souffriront les tortures de la conscience malheureuse en société d'autres âmes semblables qui rendront le séjour dans les prisons du monde surnaturel un séjour infernal.

Les évolutionnistes de l'école moderne supposent que les races humaines sont dérivées des singes anthropoïdes dans les dernières époques de l'évolution paléontologique ; notre idée de l'origine céleste de l'humanité ne s'oppose pas à l'idée de la possibilité que l'âme humaine puisse avoir été une première fois incarnée dans le corps d'un singe dont le type structural diffère très peu de la forme humaine ; mais nous n'avons aucune donnée positive sur cette question.

La formation du corps, quelle que soit l'origine généalogique d'une race d'hommes, est toujours par la sécrétion des éléments de la matière dans le sang des progéniteurs, et par l'association de ces éléments dans les organes du corps.

Le type de l'espèce procréatrice est à présent la *limite de l'évolution métamorphique* de génération en génération. On peut faire des hypothèses en dehors de l'expérience, et concevoir la *possibilité* du transformisme après la naissance, comme pendant la vie embryonnaire ; mais depuis les temps historiques aucun œuf n'a donné origine à une espèce autre que celle de ses progéniteurs. D'après les observations de M. Ch. Robin, les cellules organiques ont chacune une origine distincte dans la substance de l'œuf, et ne sont jamais transformées en cellules d'une autre espèce, pendant l'évolution fœtale d'un animal quelconque. Une cellule de tissu musculaire ne donne jamais origine à une cellule de tissu tendineux, ou osseux, ou nerveux. Les types de cellules élémentaires sont donc d'espèces distinctes et fixes comme les types d'organismes individuels, et l'évolution métamorphique ne transforme ni les espèces de cellules organiques, ni les espèces d'organismes spécifiques. Le sang donne origine à la matière de l'œuf, et cette substance donne origine aux cellules organiques des divers tissus du corps de l'oiseau. Chez les mammifères, le sang est un supplément nécessaire à la matière de l'œuf, pour continuer l'évolution du fœtus.

Le sang est donc la substance qui donne origine aux germes primitifs du corps, de génération en génération, et qui entretient les cellules organiques du corps par la nutrition des organes, depuis la naissance jusqu'à la mort. La digestion et la transformation des aliments forment le sang, et le sang renouvelle les tissus pendant la vie.

Les progéniteurs physiologiques transforment le sang en substance d'ovule et de semen, et l'âme du fœtus transforme la substance de l'œuf en sang et en cellules organiques.

Les *limites naturelles* de la vie, depuis la naissance jusqu'à la mort, sont renfermées dans un cycle de temps peu variable dans chaque espèce. Les souris ne vivent pas au delà de quelques années; l'éléphant peut vivre plus de cent ans. Les phases principales de la vie sont relativement courtes chez les petites espèces, et plus ou moins prolongées pour les espèces supérieures.

Les limites de formes spécifiques pour chaque organisme, et les limites de temps pour l'évolution et la durée naturelle de la vie, sont fixées d'avance pour chaque espèce d'animal et de plante dans chaque région du globe. L'origine de chaque espèce de cellule organique est distincte dans la substance de l'œuf; l'origine de l'œuf lui-même est distincte pour chaque espèce, tellement distincte que les cellules organiques dérivées de l'œuf sont différenciées sensiblement dans chaque type d'organisme. La chair d'un poisson n'a pas le même goût que celle d'un oiseau; celle-ci n'a pas le même goût que celle d'un mammifère. La chair du bœuf n'a pas le même goût que celle du porc. Rien de connu n'indique la probabilité qu'une espèce d'organisme quelconque puisse être dérivée physiquement et instinctuellement d'une autre espèce. Cependant la paléontologie pose le problème de l'origine des espèces.

Nous connaissons en partie et ignorons en partie :
1° L'origine primitive des substances organiques ;
2° L'origine généalogique des races humaines ;
3° L'origine terrestre des espèces animales ;
4° L'origine potentielle des espèces terrestres.

Les lois de l'*évolution* de la vie doivent être invariables, tout comme les lois de *structure organique* pour tous les organismes, dans tous les mondes ; nous aurons donc à nous occuper de l'origine généalogique et de l'évolution sociale de l'humanité collective (*sociologie analytique*); de l'origine paléontologique et de l'évolution épicosmique de tous les règnes de la nature sur notre globe (*épicosmologie analytique*); de l'origine céleste ou potentielle de toutes les forces vitales, de tous les organismes dans les quatre mondes, naturel, surnaturel, incarnatif et résurrectionnel (*ontologie analytique*). Nous pouvons résumer les questions de la vie individuelle, aux trois points de vue :

1° De la *circulation* de la vie dans quatre mondes ;
2° De l'*alternance* des états successifs de la vie dans le monde naturel ;
3° De l'*identité* de l'Ame personnelle dans toutes les alternances de la mémoire et de l'oubli.

Nous avons touché brièvement sur la *circulation* de la vie, parce que l'expérience des phénomènes « spirites » est limitée à un petit nombre de personnes ; et ceux qui ne peuvent *rien voir* ne peuvent *rien croire*, dans cet ordre d'expériences. On connaît cependant les phénomènes de l'*alternance* des états successifs de la mémoire et de l'oubli ; de la conscience et de l'inconscience de l'existence; de la raison pendant l'état de veille, et de l'hallucination subjective pendant le rêve ; du somnambulisme naturel et artificiel ; de la mémoire continue des états hypnotiques interrompus avec oubli des états intermittents et l'oubli des états somnambuliques, pendant la mémoire des états naturels. — On sait, en effet, que les somnambules n'ont aucune mémoire des expériences de l'état naturel, mais se rappellent celles des états somnambuliques, passés et actuels ; dans l'état naturel ils oublient tout ce qui est arrivé pendant les états somnambuliques. Les alternats de la mémoire et de l'oubli sont périodiques dans la vie naturelle et dans la vie somnambulique. Ces interruptions de l'expérience consciente et mnémonique ne changent rien à la continuité de la vie de l'âme, qui reconnaît l'*identité* de sa personnalité à travers tous ces phénomènes d'alternance de souvenirs et d'oublis pendant l'existence dans ce monde. L'*immortalité de l'âme* n'est donc aucunement atteinte par les interruptions de la mémoire dans les conditions variables de l'existence utérine, naturelle, résurrectionnelle et surnaturelle. C'est là la conclusion doctrinale de notre analyse biologique.

Nous posons donc l'hypothèse générale que les âmes potentielles de la race humaine viennent d'un monde invisible former et animer les corps de génération en génération depuis le commencement de l'histoire anthropologique, qui est moins ancienne que l'histoire paléontologique sur notre globe. Nous supposons que l'âme potentielle d'un animal quelconque ou d'un homme préexiste avec sa forme typique, avant de s'incarner dans la substance. La somme potentielle de toutes les âmes de l'humanité collective préexiste dans le monde invisible, avant de venir s'incarner peu à peu dans les générations successives, qui tendent de plus en plus à occuper toutes les régions habitables de la terre.

Mais alors de deux choses l'une : ou les âmes individuelles de cette totalité potentielle viennent chacune une seule fois dans ce monde pour retourner à l'état invisible et ne plus revenir, ou bien elles viennent s'incarner une

RÉVOLUTION.   155

première fois pour retourner à l'état invisible ; puis, après un cycle d'existences ultramondaines, viennent de nouveau se réincarner dans des corps visibles en ce monde.

Nous admettons l'hypothèse de l'alternance de la vie des individus, dans quatre mondes de conditions différentes, à savoir :

1° Le monde invisible surnaturel ;

2° Le monde *obscur de l'incarnation* ;

3° Le monde visible naturel ;

4° Le monde *obscur des revenants*.

Quelles sont les lois évolutives de la vie dans chacun de ces mondes ?

On a l'expérience des phénomènes de l'évolution dans deux de ces mondes, mais seulement des renseignements mystiques et des expériences exceptionnelles sur l'existence des âmes dans les mondes dits « surnaturels », qui doivent cependant être aussi naturels que les autres, et soumis aux lois invariables de la vie.

On ne se rappelle pas d'où l'on vient ici-bas, mais alors ce n'est qu'une question de souvenance, et on sait que la mémoire est intermittente pendant la vie du corps. La question de l'*identité* de l'âme, dans les deux existences, ne dépend donc pas de l'intermittence de la mémoire des existences antérieures. L'âme peut bien se réveiller après la mort du corps, comme la mémoire se réveille chaque matin après le sommeil, en retenant même un souvenir de la vie naturelle comme on se souvient des rêves de l'âme pendant la nuit.

On sait que les forces vitales de l'*âme physiologique* du fœtus s'attirent les éléments du sang pour se former un corps par l'association de ces éléments en forme de tissus et d'organes ; on sait aussi qu'après la naissance, le corps perd tous les jours des molécules de matière qui doivent être remplacées par l'ingestion de nouveaux éléments pour la nutrition. Les éléments associés dans le corps sont perdus et renouvelés intégralement chaque année, et tout à fait abandonnés à l'époque de la mort. Mais les forces vitales de l'âme physiologique sont indestructibles avant, pendant et après la vie passagère du corps.

Nous perdons et gagnons des sensations et des idées de l'âme comme nous perdons et gagnons journellement les éléments matériels du corps. Ce serait une cause de tourment que de garder la mémoire de toutes les sensations passagères, comme ce serait une cause de souffrance de garder longtemps les matières usées du corps. On garde la forme des organes pendant les pertes et les renouvellements des éléments de la matière, et la forme des facultés de la mémoire pendant la perte et le renouvellement des sensations et des idées.

L'âme immortelle reste toujours identique à travers tous les mondes d'existence, et c'est par des séries successives de vies transitoires dans les quatre mondes de conditions variables que l'âme humaine se perfectionne graduellement dans toutes ses facultés potentielles (physiologiques, instinctuelles, rationnelles et passionnelles).

Le charme inépuisable de la vie éternelle pour l'âme immortelle, c'est de jouir de nouvelles expériences dans chaque siècle de la vie alternante, dans quatre mondes différents, pendant l'existence de l'humanité collective sur une planète dans un système solaire donné ; et successivement sur chaque planète du même système ; puis dans des planètes de systèmes solaires différents ; puis dans les planètes de soleils différents d'un univers donné ; puis dans les univers galactocosmiques différents ; puis dans les univers pancosmiques différents, à l'infini, dans l'éternité. En voilà assez pour l'âme immortelle.

Ces quelques mots doivent suffire pour faire comprendre l'idée des rapports de la *mémoire intermittente* avec l'*identité permanente* de l'âme ; l'expérience alternante dans les mondes naturel et surnaturel est moins impressive que celle de la mémoire intermittente pendant les jours et les nuits en ce monde, où nous voyons que le sommeil est le remède naturel pour les fatigues journalières du corps et de l'esprit. Là où ce remède ne suffit pas seul, les hommes et les femmes qui souffrent d'une vie trop monotone cherchent à se procurer l'oubli temporaire de leurs misères par les moyens artificiels de l'*alcool* ou de l'*opium*. La plupart des *intempérances* dans les sociétés civilisées se rapportent à ces besoins d'*oubli passager*. La morale abstraite ne suffit pas pour prévenir ou pour guérir ces maux de l'âme. Quand les misères de la vie en ce monde dépassent une certaine limite, la vie elle-même devient insupportable, et les victimes du sort cherchent un soulagement dans la mort, qu'on suppose être une espèce de sommeil éternel, ou tout au moins un changement de conditions dans un monde meilleur.

Nous pouvons terminer ce chapitre sur l'évolution de la vie, en faisant observer que toutes les forces de la nature sont foncièrement *éternelles* en existence, et *automatiques* dans leurs modes de mouvement.

La conscience et la mémoire de l'âme humaine individuelle ne sont que des expériences intermittentes de la vie continue, des forces vitales indestructibles. La conscience et la mémoire de l'humanité collective doivent néanmoins exister sans solution de continuité, en ce qu'une partie est dans le monde terrestre pendant que l'autre est dans le monde céleste; et pendant qu'une moitié de l'humanité terrestre dort dans un hémisphère, l'autre moitié reste éveillée dans l'autre hémisphère.

Après l'analyse de l'homme individuel, vient celle de l'humanité collective, qui doit exister en état de société parfaite dans le monde céleste avant de former une société imparfaite dans le monde naturel, tout comme la femme existe en forme humaine complète avant de former un fœtus imparfait dans son sein.

Cette analyse de l'homme individuel ne sera pas facilement comprise de tout le monde. L'étude des sciences naturelles est trop peu cultivée dans les Écoles et les Universités de notre époque pour rendre la philosophie organique accessible aux seuls adeptes en langues classiques et en mathématiques, ou même en histoire.

Les mathématiciens sont assez souvent et même trop souvent des matérialistes qui affirment que « *les facultés de l'âme sont des propriétés de la matière* », sans voir que cela ne change rien à la question d'analyse ; et puis implique un problème insoluble par une théorie scientifique quelconque : car si *l'homme une fois mort est bien mort*, il n'a aucun intérêt à s'occuper du problème d'une existence future dans un monde invisible ou surnaturel.

L'âme n'est d'ailleurs jamais séparée de la matière, visible en ce monde, ou matière éthérée dans le monde invisible à nos yeux ici-bas.

Une fausse hypothèse est insoluble pour la science comme celle de Ptolémée pour l'astronomie, tandis que l'hypothèse de Copernic a été démontrée vraie par la théorie scientifique de la gravitation établie par Newton et confirmée par Laplace. Il en est de même pour les hypothèses du matérialisme simple et du spiritualisme qui admet deux mondes de matière, l'un visible et l'autre invisible ou éthéré.

Le matérialiste dit que l'âme n'est qu'une propriété de la matière du corps : alors dans la cathédrale de Notre-Dame de Paris l'idée de l'architecte qui l'a construite n'est qu'une propriété de la matière de l'édifice. Le corps de l'homme a été construit par l'âme, qui est une propriété de l'organisme. Le corps mort garde la forme organique et conserve l'idée de l'âme qui l'avait construit.

Un chien ne voit dans l'édifice d'un temple que la matière des murs contre lesquels il peut aller p....r. Le chien a sa raison d'être dans la nature.

Il est naturel à l'homme ignorant de voir et de croire que le soleil se lève et se couche tous les jours en tournant autour de la terre, sans savoir que cette *apparence* est due au mouvement de la terre qui tourne autour de son axe en vingt-quatre heures, tout en circulant autour du soleil. Il est naturel aussi à l'homme ignorant de croire que l'organisme du corps est l'homme lui-même, mais l'apparence de la vie est annulée quand le cadavre du corps fait voir que l'âme n'y est plus, et que cette âme avec son « corps spirituel » invisible, c'est l'homme lui-même.

ÉVOLUTION MENTALE.

Descartes a découvert les principes de la *géométrie analytique*, en appliquant l'algèbre à l'étude des sections coniques.

Doherty a découvert les principes de la *biologie analytique* en cherchant *les lois d'ordre distributif* dans les organismes; *les lois de nombres constitutifs* dans les organismes; *les lois de poids connectifs* (association) entre les parties d'un organisme quelconque; *les lois de mesure* proportionnelle dans les divers types d'organisme dans les règnes de la nature sur notre globe.

Tous les individus n'ont pas la même vocation dans l'organisme social de l'humanité collective. Le poète est né poète; l'ingénieur, ingénieur. L'oiseau né pierrot ne peut pas voler comme l'hirondelle, ni monter au ciel comme l'alouette. Dans l'organisme individuel le cœur est né cœur; le poumon, poumon; et ainsi de tous les organes.

Le philosophe matérialiste et simpliste regarde la famine, la peste ou les maladies, et la guerre comme des désordres dans l'univers cosmique; le philosophe spiritualiste qui regarde les deux mondes, visible et invisible, comme étant reliés en *unité amphicosmique*, fait rentrer ces prétendus désordres dans l'ordre évolutif de l'équilibre de la vie fœtale de l'humanité collective dans les deux mondes, naturel et spirituel. La moyenne de la vie terrestre des individus dépend des moyens de vivre ici-bas, selon l'étendue de la culture sur le globe; lesquels moyens doivent augmenter avec les progrès des arts et des sciences dans les générations successives. La moyenne actuelle de la vie terrestre qui n'est que de trente et quelques années, augmentera dans l'avenir jusqu'à cent ans, ou le terme naturel de la vie connu aujourd'hui pour un petit nombre. Le nombre actuel des habitants de la terre sera triplé ou quadruplé dans un avenir plus ou moins éloigné, pour former un organisme collectif social complet harmonique, en équilibre avec le nombre harmonique dans l'autre monde.

Cet état fœtal de l'humanité collective sur la terre suggère l'idée que notre planète est très jeune dans le système solaire. (Voyez la note sur le « mystère de l'iniquité », page 101).

LIVRE DEUXIÈME

L'HUMANITÉ

SOCIOLOGIE ANALYTIQUE

> Cherchez et vous trouverez (MATTH. VII, 7).
> Car il n'y a rien de secret qui ne doive être découvert, ni rien de caché qui ne doive être connu et paraître publiquement (LUC VIII, 17).

L'état actuel de la civilisation n'est pas l'idéal parfait d'une organisation sociale politique et religieuse : qu'est-ce donc? C'est une phase temporaire transitoire d'évolution sociale métamorphique.

L'humanité collective a déjà une histoire et aura un avenir; quel est son passé et quel sera son avenir?

L'histoire nous dépeint les sociétés humaines de l'antiquité comme des monstres de superstition et de cruauté. Aujourd'hui même les nations civilisées sont armées jusqu'aux dents, et font souvent la guerre les unes aux autres.

Dans la phase actuelle de l'évolution sociale, l'embryon de l'organisme collectif est aussi laid à voir que le fœtus individuel vers le cinquième mois de son évolution métamorphique.

Cet état d'animalité chez l'homme fait douter de l'existence d'une Providence omnisciente, et les douteurs se proclament matérialistes, en opposition aux idées des spiritualistes.

Les sociétés rudimentaires, sans histoire aujourd'hui comme dans les âges préhistoriques, sont des tribus sauvages qui vivent de chasse et de pêche et, à l'occasion, sont plus ou moins anthropophages.

Cependant, dès l'antiquité, les rudiments grossiers ont été succédés par une organisation de castes de prêtres, de soldats et d'esclaves qui ont établi l'Église, l'État, les familles et l'industrie.

Ayant commencé l'évolution des arts et des sciences, les sociétés antiques se sont détruites les unes après les autres par des guerres incessantes. Elles ont été succédées par les Grecs et les Romains en Europe, qui ont fait faire des progrès aux arts politiques et industriels, ainsi qu'aux sciences mathématiques et astronomiques. Le moyen âge a substitué la féodalité à l'empire romain; le servage des paysans à l'esclavage. Depuis trois siècles les États constitutionnels et le salariat des travailleurs ont succédé au régime féodal en Europe.

L'histoire de l'humanité est donc une histoire de guerres et de transformations sociales sur plusieurs points du globe, tandis que sur d'autres points les races humaines sont restées sans histoire et sans progrès.

La coexistence des *hordes sauvages* sans histoire (en Australie, dans la Polynésie et dans l'Amérique), des *tribus nomades* de pasteurs (en Arabie et dans l'Asie centrale), des *nations industrielles* et *agricoles* organisées en castes (aux Indes), des *peuplades* organisées en *servage* plus ou moins modifié en Russie, des *nations civilisées* dans l'Europe occidentale et dans les États-Unis de l'Amérique, nous présente un tableau de sociétés diverses, depuis la sauvagerie jusqu'à la civilisation, semblable à celui de l'évolution historique, c'est-à-dire des sociétés sans histoire; des tribus nomades de pasteurs; des sociétés agricoles organisées en castes; des sociétés industrielles et commerciales avec l'esclavage des travailleurs comme en Grèce et à Rome; des féodalités monarchiques avec le servage des paysans, comme dans le moyen âge; des monarchies constitutionnelles avec le salariat des travailleurs comme le dernier progrès de l'organisation politique et sociale.

Les religions polythéistes et monothéistes coexistent côte à côte aujourd'hui, comme dans la succession des siècles historiques; les mœurs polygames et monogames coexistent comme dans le passé; l'esclavage, le servage et le salariat coexistent à présent comme dans les périodes évolutives. La guerre existe entre les sociétés sauvages, patriarcales, barbares, féodales et civilisées comme dans le passé.

Puisque l'humanité collective n'offre que des rudiments de sociétés mal organisées, comment peut-on se faire une idée d'un organisme social unitaire pour toutes les races, analogue à l'unité de tous les systèmes du corps individuel?

On peut étudier les rapports qu'il y a entre les organes peu développés dans le fœtus et l'ensemble de l'organisme complètement formé. Il n'y a que ce moyen biologique de poser le problème des phases connues et inconnues de l'évolution sociale.

L'histoire métamorphique de l'organisme collectif sera ainsi mise en parallèle avec celle de la formation du fœtus individuel, non pas avec l'origine primitive de l'espèce humaine, mais dès la formation des familles humaines par les individus déjà formés, et la formation des organes du fœtus par des cellules organiques déjà formées. De cette manière nous laissons de côté la genèse biblique et la paléontologie, sans ignorer l'importance de l'une et de l'autre histoire.

Les évolutionnistes prennent l'analogie pour guide dans leurs spéculations sur le transformisme paléontologique comme nous la prenons pour guide dans l'évolution sociologique.

Pendant la formation du fœtus individuel, certains tissus sont formés pour servir d'enveloppes connectives de l'organisme, qui doit s'en débarrasser à la fin de l'évolution métamorphique. Pendant le progrès social des races principales de l'humanité, certaines races sauvages, indociles aux arts, sont refoulées de plus en plus en dehors des limites du progrès, et doivent disparaître à la fin comme incapables de civilisation et inutiles à l'organisme collectif. Cette extinction des corps n'implique pas celle des âmes qui pourront renaître plus tard dans des familles civilisées. (Voir la distinction du corps et de l'âme, page 166.)

La forme définitive de l'organisme collectif doit être analogue au type définitif du fœtus individuel. L'association des cellules organiques dans les tissus et celle des tissus dans les organes, doit nous indiquer quelque chose sur l'association des individus dans les familles, et celle des familles dans une tribu. L'association des organes dans les appareils distincts, et des séries d'appareils dans les divers systèmes du corps individuel, doit nous suggérer des idées sur l'association des classes et des professions dans les villages, les villes et les provinces d'une nation civilisée; l'association des systèmes et des tissus connectifs dans les mécanismes du corps individuel doit nous offrir un type des modes de fédération internationale dans l'organisme collectif. L'histoire connue du passé de l'humanité nous indique le cadre des phases inconnues du progrès dans l'avenir.

Au bout de six mois, le fœtus individuel est complètement formé, mais ne peut naître, avec quelque chance de vie, que plusieurs mois plus tard; au bout de combien de siècles le fœtus collectif sera-t-il complètement formé en organisme unitaire sur le globe, prêt à entrer dans un monde de lumière nouvelle pour l'esprit, analogue à la lumière naturelle qui succède aux ténèbres de la vie utérine?

On ne peut répondre à ces questions que par des conjectures tirées des parallèles évolutifs de la nature. Ce qui est certain, c'est que les nouveaux progrès de la société dépendent toujours des nouvelles inspirations, des inventions inattendues de l'art, et de nouvelles découvertes de la science. Les utopistes ne devinent jamais quelles seront les inventions imprévues et les découvertes inattendues. C'est donc inutile de se demander comment les nations, hostiles aujourd'hui, trouveront les moyens de renoncer à la guerre et de former des fédérations internationales, commerciales et pacifiques dans l'avenir plus ou moins éloigné. Ce qui est déjà certain, c'est que l'évolution sociale est à la fois métamorphique et progressive; mais les utopies socialistes, basées sur des théories imaginaires, doivent céder la place aujourd'hui aux analyses physiologiques et sociologiques d'un caractère vraiment scientifique.

ÉVOLUTION SOCIALE.

Les tribus d'hommes sauvages, en Australie et dans l'Océanie, ne sont que des troupeaux d'animaux anthropomorphes. Il a dû en être de même de l'humanité en général, sauf exception, dans la période des temps préhistoriques.

Les animaux en général sont restés tels que la nature les a laissés; tandis que certaines races de l'espèce humaine, douées de la raison créatrice, ont inventé tout récemment des instruments artificiels, tels que les locomotives, plus puissantes que les chevaux, les bœufs, les chameaux et les éléphants. L'homme, guidé par l'inspiration, a su créer des arts et des sciences, et découvrir les lois de la nature, par lesquelles la force et la matière peuvent être soumises à la raison humaine, créatrice et régulatrice, comme elles sont soumises à la raison divine créatrice des mondes et des organismes qui habitent les mondes.

C'est ici le cas de faire la distinction du corps et de l'âme, de la biologie individuelle et de la biologie collective.

DISTINCTION DU CORPS ET DE L'AME.

Les formes du corps, dans les races nègres, rouges, jaunes et blanches, en Afrique, en Amérique, en Asie et en Europe, sont restées les mêmes depuis les temps préhistoriques jusqu'à nos jours ; les âmes sont restées stationnaires dans les tribus sauvages, en Amérique, en Australie et dans les îles de l'Océanie.

Les types du corps sont restés encore plus ou moins les mêmes dans les races blanches du nord et du midi de l'Europe, avec quelques mélanges dans les nations les plus civilisées ; tandis que les âmes ont été modifiées profondément par les progrès des arts et des sciences. La physiologie analytique du corps individuel reste à peu près invariable depuis le commencement des temps historiques ; mais la psychologie des âmes individuelles est variable avec les progrès du corps collectif de la société. Les âmes individuelles sont immortelles, tandis que les corps individuels sont mortels. La vie de l'âme individuelle est continue comme la vie de l'âme collective, et participe à la vie collective par la circulation des âmes dans les quatre mondes de l'existence. Les corps sont détruits dans chaque génération, mais les âmes renaissent dans de nouveaux corps avec chaque nouvelle génération.

La biologie individuelle est distincte de la biologie collective, mais elle en fait partie, comme la physiologie d'une cellule organique est distincte de la physiologie du corps entier, mais aussi en fait partie.

C'est à ce point de vue qu'on a voulu faire une branche de science distincte de la psychologie, qui forme un lien entre la biologie et la sociologie.

Dans son volume de la sociologie (page 205), M. de Roberty dit : « Nous plaçant à ce point de vue qui peut « être appelé celui de l'objet, nous nous sommes efforcé « de déterminer le triple rapport qui unit les sciences de « la vie, de l'esprit et des sociétés : 1° La biologie est la « seule science inductive abstraite qui s'intercale entre « l'étude du monde inorganique et l'étude des sociétés, « et fournit à la science également inductive et abstraite « de la sociologie sa base immédiate, son fondement vé- « ritable. 2° Cette base néanmoins n'est, à l'heure pré- « sente, ni assez large ni assez solide pour soutenir l'édi- « fice des phénomènes sociaux ; elle doit, en conséquence, « être élargie et fortifiée : élargie par l'adjonction, à la « biologie, des études psycho-physiques qui considèrent « les fonctions psychiques dans leur dépendance immé- « diate des structures cérébrales et nerveuses, fortifiées « par l'élimination de son sein des études psychologiques « qui considèrent les phénomènes psychiques comme ne « relevant plus que médiatement des conditions biologi- « ques par l'intermédiaire des conditions et des influences « modificatrices ou mêmes créatrices de la vie en société. « 3° Enfin, les études psychologiques ainsi éliminées « doivent former une science concrète fondée simultané- « ment sur les deux sciences abstraites de la biologie et « de la sociologie. »

C'est là une analyse par la méthode de l'école positi- viste qui ne ressemble pas à notre méthode. Nous ne nous y arrêterons pas.

Les individus de l'espèce humaine ont des corps sem- blables dans le monde social, comme les cellules orga- niques sont semblables dans les tissus de l'organisme. Les vocations des âmes individuelles sont spécialisées dans les corporations industrielles, artistiques, scientifiques et politiques de l'organisme collectif; les vocations physiologiques et mécaniques des cellules organiques sont spécialisées dans les tissus cutanés, musculaires, osseux et nerveux de l'organisme individuel. Dès l'origine de l'évolution métamorphique du corps, les cellules organiques sont différenciées dans les tissus différents; dès l'origine de l'évolution sociale du corps collectif, les caractères vocationnels des individus sont différenciés dans chaque corporation industrielle, artistique, scientifique et politique. Les fonctions spéciales sont innées dans les éléments anatomiques; les vocations spéciales sont innées dans les âmes individuelles pendant tout le cours de la vie collective. Chaque individu est propre à tout ou à rien dans les hordes sauvages, mais la spécialisation des fonctions se développe de plus en plus dans les sociétés progressives, et la prédominance innée de vocation spéciale se caractérise de plus en plus chez les individus.

L'âme individuelle progresse dans les alternats de la vie, avec l'âme collective dans les deux mondes naturel et surnaturel. Les corps sont des instruments temporaires des âmes qui sont persistantes dans la vie collective. L'évolution continue de la vie individuelle fait partie de l'évolution continue de la vie collective.

Les transformistes supposent que l'origine des espèces se fait par la dérivation d'une espèce supérieure d'une espèce inférieure dans chaque classe d'un règne, et d'un règne supérieur d'un règne inférieur. Cette idée de paléontologie métamorphique ferait un parallèle avec l'idée d'une évolution sociale et politique métamorphique, mais c'est bien moins facile à comprendre.

Les positivistes supposent que les âmes individuelles sont évaporées de l'océan de la vie collective ici-bas et dissipées dans le néant, sans former des nuées d'âmes au ciel, pour revenir en pluies d'âmes distinctes dans chaque nouvelle génération de naissances en ce monde. Pour nous la vapeur d'eau n'est pas détruite en montant au ciel, ni les âmes, dégagées du corps social pour monter au ciel, non plus.

Une âme de la race des Peaux rouges, en Amérique, peut varier les conditions de son éducation sociale de plus d'une manière, en naissant successivement dans des familles différentes : famille d'Anglais au Canada ; puis dans les États-Unis du Nord, puis dans une famille française en Louisiane ; puis dans une famille espagnole de l'Amérique du Sud ; puis en Espagne, puis en Italie, puis en France, en Belgique, en Hollande, en Danemark, en Angleterre, etc., selon les besoins d'expériences nouvelles dans le monde naturel comme dans le monde surnaturel. L'éducation individuelle peut ainsi avancer avec les progrès de l'évolution sociale et de l'humanité collective. L'homme individuel est la même personnalité depuis son état fœtal jusqu'à la fin de sa carrière en ce monde ; l'âme individuelle est la même personne depuis le commencement de l'existence de l'humanité sur la terre jusqu'à fin de la vie collective de l'espèce humaine en ce monde.

Le rapport des individus avec l'espèce est aussi durable que l'espèce elle-même, non seulement dans l'espèce humaine, mais dans toutes les espèces des règnes organiques de la nature.

Ces affirmations sont le résultat de nos études sur l'homme et la nature. Le lecteur doit discuter en lui-même la valeur de ces études.

En posant le problème de l'évolution des règnes sur notre globe (et surtout le problème de l'évolution sociale de l'humanité), nous pouvons être convaincus d'avance que le type parfait d'un monde épicosmique existe depuis l'éternité, sur une infinité d'autres planètes, et que des humanités collectives complètement organisées ont existé de tout temps et existent maintenant sur beaucoup de planètes semblables à la terre, tout comme beaucoup d'êtres humains complètement développés existent pendant l'évolution embryologique d'un fœtus individuel dans une famille quelconque aujourd'hui.

N'ayant pas vu une humanité collective complètement organisée, comment peut-on représenter un tel organisme collectif? Nous avons vu un' homme individuel complètement organisé, et toutes les phases d'une évolution fœtale qui est la synthèse de cet organisme. On peut constater que l'homme individuel est un type élémentaire de l'homme collectif, en ce qui regarde l'évolution des facultés et les fonctions de l'humanité sociale, savoir :

1° Les évolutions physiologiques et industrielles ;
2° Les évolutions instinctuelles et artistiques ;
3° Les évolutions rationnelles et scientifiques ;
4° Les évolutions passionnelles et sociales.

Nous pouvons suivre les phases de l'évolution sociale déjà accomplies par les nations les plus civilisées, et voir les degrés de barbarie dans lesquels sont restées les races encore à l'état sauvage, ainsi que les peuplades plus avancées que les sauvages et moins avancées que les civilisés. Nous voyons que la famille est très imparfaitement organisée dans tous les pays; les municipalités sont imparfaitement organisées; les corporations professionnelles sont assez peu instruites techniquement, et assez mal organisées socialement, les nationalités sont partout en train d'élaboration politique, religieuse et commerciale ; les fédérations d'États ne sont que faiblement commencées en Europe et aux États-Unis de l'Amérique, de sorte qu'il est facile de constater l'état actuel de l'évolution sociale sur le globe, et même de prévoir dans quelles directions doivent se développer les futures phases de progrès dans les races les moins avancées et dans les nations les plus civilisées.

Dans l'évolution métamorphique du fœtus individuel, il y a trois périodes distinctes, savoir :

1° La période *embryonnaire* métamorphique (près de deux mois);

2° La période *fœtale* métamorphique (quatre mois);

3° La période *fœtale* de croissance roborative (trois mois).

Dans l'évolution sociale il y a à noter :

1° La période préhistorique et dispersive des races humaines;

2° La période métamorphique des sociétés politiques;

3° La période qui doit compléter l'évolution sociologique.

Cette dernière période doit avoir des rapports de continuité avec les deux premières, comme dans le phénomène de l'évolution physiologique de l'organisme individuel : c'est-à-dire, l'association progressive des organes et des appareils dans des systèmes distincts, puis la réunion définitive et la consolidation de tous les systèmes dans l'unité intégrale de l'organisme.

LIMITES FIXES DE PÉRIODES ÉVOLUTIVES.

Il y a des périodes naturelles d'incubation pour les œufs d'oiseaux de chaque espèce, et pour l'évolution fœtale de chaque espèce de mammifères. Il doit y avoir des périodes naturelles aussi pour l'évolution métamorphique de l'unité épicosmique sur notre planète; nous n'avons pas les moyens de connaître les limites de ces périodes, mais les phénomènes connus de révolutions successives, glaciales et autres, peuvent nous suggérer des idées approximatives, et nous pouvons supposer qu'il a fallu d'abord plusieurs *millions d'années* pour le refroidissement de la surface du globe et la formation des sphères inorganiques, ensuite plusieurs *centaines de mille ans* pour la formation et l'évolution des règnes organiques, et plusieurs *milliers d'années* pour la formation de l'organisme sociologique de l'humanité collective.

Nous avons ainsi l'hypothèse temporaire suivante, sauf à la modifier au besoin :

1° Plusieurs *millions d'années* : évolution des règnes inorganiques ;

2° Plusieurs *centaines de mille ans* : évolution des règnes organiques ;

3° Plusieurs *milliers d'années* : évolution des règnes sociologiques.

Dans ce calcul d'approximation, quelques millions de plus ou de moins dans un cas, et quelques milliers d'années de plus ou de moins dans l'autre, ne changent rien à l'idée générale des proportions relatives entre les périodes évolutives naturelles et fixes pour les règnes inorganiques, organiques et sociologiques.

Les géologues ont supposé qu'il a fallu au moins cinq cent mille ans pour l'évolution paléontologique depuis la formation des couches de la période carbonifère ; mais rien ne peut nous indiquer le temps nécessaire pour les phases successives, depuis le commencement jusqu'à l'apparition de l'homme. Ce qui nous intéresse le plus, c'est l'avènement de l'espèce humaine et son évolution sociale.

L'hypothèse protoplasmique de l'origine de la vie est aujourd'hui à la mode. Une première cellule organique a pu se multiplier indéfiniment, et ses descendants ont pu se transformer successivement en lignes parallèles de types différents, et continuer les changements de leurs corps et de leurs instincts jusqu'à l'évolution des singes, qui seraient les ancêtres du genre humain.

Mieux vaut l'analyse de la nature telle qu'elle est à présent, pour remonter à son origine quand nous aurons constaté l'existence de forces indestructibles et de lois invariables dans tous les règnes.

Pour spéculer sur l'inconnu de l'avenir, il faut avoir des connaissances du passé et des rapports nécessaires entre les deux, c'est-à-dire une connaissance des principes fixes qui lient les phénomènes temporaires et les phases successives d'une évolution quelconque dans les règnes de la nature.

Les matérialistes admettent l'existence des forces physiques indestructibles qui donnent origine aux phénomènes de la matière, mais nient l'existence indestructible des forces vitales qui donnent origine à tous les phénomènes de la vie. Les forces occultes de l'esprit humain sont néanmoins tout aussi faciles à connaître par leurs modes de mouvement dans les phénomènes sociologiques que les forces occultes de la matière par leurs modes de mouvement dans les phénomènes cosmologiques.

Les matérialistes s'occupent des lois invariables qui régissent les forces et les mouvements des corps inorganiques; les spiritualistes s'occupent des lois invariables qui régissent les forces occultes de l'Ame et les mouvements des organismes vivants. La sociologie appartient à cette dernière catégorie de forces et de phénomènes de mouvement.

On peut affirmer, comme principes de la raison, que :

1° Tout ce qui existe dans l'infini absolu, naturel et surnaturel, y est depuis l'éternité.

2° *Les créations nouvelles* dans l'univers ne font que remplacer des créations anciennes trépassées, comme les générations nouvelles sur notre globe remplacent les générations trépassées.

3° *Les idées nouvelles* pour les enfants de chaque génération leur sont communiquées par les adultes qui les connaissaient avant de les communiquer.

4° *Les inventions nouvelles* pour l'humanité ignorante sur notre globe sont connues depuis l'éternité à des humanités complètement organisées dans une infinité de mondes naturels et surnaturels, qui peuvent les communiquer aux hommes de génie susceptibles de les recevoir par impression ou par inspiration; tout comme l'homme adulte donne des idées aux enfants par la parole. La preuve est dans le fait connu des tribus sauvages qui restent stationnaires, faute d'inventions utiles.

Toutes les inventions connues dans les arts et métiers sont l'œuvre d'un petit nombre d'hommes de génie dans les races civilisées; et le génie c'est l'inspiration.

On ne connaît ni les principes potentiels qui précèdent le commencement de l'évolution épicosmique, ni les limites finales de cette évolution.

On sait que certaines espèces de plantes et d'animaux, qui ont existé autrefois, sont éteintes depuis longtemps déjà; que d'autres espèces ont disparu dans notre siècle; on peut prévoir que des espèces inutiles à l'homme, telles que les tigres et les loups, seront exterminées au fur et à mesure que le genre humain organisera une culture réglée sur les terrains incultes, aujourd'hui livrés à la domination des bêtes fauves.

On voit déjà que l'homme a pu modifier le climat et améliorer les espèces là où il a pris possession de la terre.

Quand les nations civilisées seront assez développées en nombre et en puissance sur les points habitables de la planète, ce travail d'amélioration sera poussé bien plus loin, de manière à réaliser une sorte d'équilibre de santé et de bien-être pour toutes les créatures et pour l'humanité elle-même.

Pour cela il faut encore du temps. L'unité intégrale de l'humanité, comme organisme fœtal, n'est pas encore réalisée. Certaines races ont ébauché les premiers degrés de cette unité, tels que ceux de la famille et de la commune. On a aussi organisé des corporations d'arts et métiers, des professions libérales et l'unité plus ou moins bien développée des nationalités; mais on n'est guère avancé dans l'organisation des fédérations internationales, et on n'a pas encore songé à la confédération de toutes les races sur tous les continents. Pour réaliser les quatre premiers degrés d'association sociologique, il a fallu déjà un grand nombre de siècles, et pour les deux derniers il ne faudra peut-être guère moins de temps. Cependant on peut noter qu'il y a une espèce de progression géométrique dans les phases de progrès qui pourrait bien accélérer les époques de l'évolution future. On sait que l'invention des arts et des sciences est nécessaire au progrès, et les inventions nouvelles pourront bien se succéder assez rapidement pour accélérer l'évolution sociologique.

Depuis Platon jusqu'à nos jours, les philosophes ont improvisé des systèmes politiques et sociaux pour stimuler l'esprit humain à la recherche des lois de l'évolution sociale. Ces lois sont encore à découvrir, et ne peuvent pas être remplacées par des théories imaginaires, telles que celle des socialistes utopistes. Les couvents et les monastères sont aussi des illusions passagères en évolution sociale; mais heureusement les arrêts de développement ne durent que peu de temps en Occident.

L'histoire nous apprend que les arrêts de développement politiques et ecclésiastiques ont marqué la fin des phases évolutives des nations de l'antiquité, à qui ont succédé les nations modernes. Il en sera de même pour les phases futures de l'évolution sociale.

Les utopies politiques de Pierre le Grand pour l'unité future de l'Europe et de Monroë pour celle de l'Amérique, ne donnent aucune notion des *idées nouvelles* sur l'économie sociale et commerciale qui doivent présider à la fédération internationale sur les continents, et à la confédération universelle des continents pour les besoins de la circulation et les communications télégraphiques de l'humanité collective dans l'avenir.

Pour bien comprendre les phases de l'évolution métamorphique d'un fœtus humain, et les limites organiques de cette évolution, il faut connaître la structure de l'organisme, complètement développé, comme type de l'espèce ; car cela nous donne les lois architectoniques de ces limites. Il en est de même pour l'étude des phases sociologiques de l'humanité collective.

UNITÉ SCHÉMATIQUE.

Dans l'unité individuelle nous avons l'analyse des quatre modalités de la vie, savoir :

1° L'unité organique du corps comme instrument de travail ;

2° L'unité organique de l'âme instinctuelle et artistique ;

3° L'unité organique de l'âme rationnelle et scientifique ;

4° L'unité organique de l'âme passionnelle et sociale.

Toutes ces diversités se trouvent dans les modes de mouvement de l'homme adulte, mais on n'aurait jamais pu les trouver dans le fœtus de 6 mois. Comment donc analyser tous les facteurs qui se trouvent en germe aujourd'hui dans l'organisme sociologique, qui n'est pas plus avancé dans son évolution métamorphique qu'un fœtus individuel de 5 mois tout au plus ?

Les degrés de l'organisation sociale d'une race ou d'une nation correspondent aux degrés de civilisation des individus, ainsi :

1° *Races incultes* = société à l'état sauvage (Australie) ;

2° *Races barbares* = société à l'état barbare (nègres d'Afrique) ;

3° *Races pasteurs* = société à l'état nomade (Arabes du désert) ;

4° *Races semi-barbares* = société à l'état de servage (les Russes);

5° *Races semi-civilisées* = société à l'état policé (Chinois, etc.);

6° *Races civilisées* = société à l'état actuel en Europe occidentale.

Nous pouvons prendre les nations constitutionnelles les plus avancées comme ébauches de l'unité sociologique dans les quatre modalités de l'unité intégrale, savoir :

1° L'unité industrielle et commerciale;
2° L'unité instinctuelle et artistique;
3° L'unité rationnelle et scientifique;
4° L'unité sociale et politique.

Une esquisse générale des unités sociologiques ainsi définies suffit pour poser les problèmes de la science sociale, sans exiger l'exactitude descriptive des détails que l'avenir développera dans tous les sens; dès lors nous ne risquerons pas de nous égarer dans un labyrinthe de phénomènes inconnus, non encore développés.

Dans la société civilisée, telle qu'elle existe aujourd'hui, on peut distinguer *diverses classes* dans chaque nation; des *sociétés* et des *autorités* distinctes, plus ou moins analogues à des organes et des systèmes définis dans l'organisme individuel. Quelles sont ces classes avec leurs fonctions diverses ? Ces sociétés organisées ? Ces autorités et leurs sphères d'activité rectrice ?

Il est facile de les indiquer en mode général, sans description de détails; ce n'est qu'un cadre de l'unité théorique que nous pouvons donner ici, en parallèle avec l'analyse de la biologie individuelle.

Les approximations de cet ordre ne sont que des jalons sur la route de l'étude; mais ces jalons peuvent être placés sur les points principaux du problème à résoudre. Tel est le caractère d'une échelle unitaire d'un organisme quelconque.

Le tableau suivant présente une idée de l'unité intégrale de l'organisme sociologique, tel que nous le concevons pour l'avenir ; nos explications théoriques ne sont que l'expression de notre opinion personnelle. La réalité à venir sera probablement très supérieure à notre idéal approximatif.

CADRE D'UNITÉ SOCIOLOGIQUE.

Connectifs.
- Z. *Principes* de la vie collective.
  (Forces morales et passionnelles de la société.)
- Y. *Conditions* de la vie collective.
  (Faunes, flores, climats, etc.)
- X. *Créations* sociologiques.
  (Arts et métiers, instruments, méthodes, sciences.)
- W. *Créateurs* sociologiques.
  (Prophètes, poètes, inventeurs, philosophes.)

Sociétés organiques.
- VII. Confédération univers.; circulation, télégraphie, etc.
- 7. Fédération internat. (poids, mesures, arbitrage, etc.)
- VI. Unités nationales : politiques, militaires, fiscales, etc.
- 6. Unités professionnelles : arts, métiers, sciences, etc.
- V. Unités municipales : hospices, églises, écoles, etc.
- 5. Unités domestiques : gynécées, etc.

Classes sociologiques.
- IV. Classes autoritaires et administratives.
- III. Classes propriétaires (personnel et titulaire).
- 2. Classes instructives et récréatives.
- II. Classes opératives : culture, fabriques, mines, etc.
- 1. Classes protectives : polices, milices, etc.
- I. Classes législatives : électeurs, députés, etc.

Cette esquisse d'un organisme social pour l'humanité collective, en parallèle de similitude avec les systèmes anatomiques et physiologiques du corps individuel, indique les degrés d'organisation qui ont été plus ou moins bien réalisés déjà par les nations civilisées, et ce qui reste à faire dans l'avenir pour compléter l'évolution sociologique.

Les créateurs et les régulateurs de la vie sociale dans la famille, la commune, les corporations d'arts et métiers et les unités nationales sont les chefs de familles, les chefs de communes, les chefs de corporations, et les autorités nationales. Les hommes de génie qui inventent les arts et métiers, les machines et les instruments utiles,

les sciences et les méthodes d'investigation, sont les initiateurs des progrès dans la société. Les prophètes qui fondent des religions de races, tels que Moïse et Mahomet, sont des chefs de l'ordre moral dans les sociétés organisées par ces races ; les grands guerriers, tels que Charlemagne en France, et Guillaume le Conquérant en Angleterre, sont les fondateurs des nationalités politiques et militaires dans ces pays. Les économistes comme feu M. Cobden, qui pourront fonder le commerce international et le libre-échange entre les peuples, seront les initiateurs de la fédération internationale de l'avenir. Les promoteurs des travaux d'ingénieurs pour le percement des isthmes, et la construction des chemins de fer et des télégraphies électriques sur tous les continents du globe, seront les initiateurs de l'unité viatoriale et télégraphique universelle. M. F. de Lesseps est un génie de cet ordre, ainsi que les grands entrepreneurs de chemins de fer et de télégraphie intercontinentale.

Les classes législatives, dans un État constitutionnel, sont les *électeurs* qui nomment leurs députés pour la confection des lois qui doivent gouverner la société. Les députés sont les mandataires du peuple souverain. Avec le suffrage universel bien ordonné, les chefs de famille et d'établissements industriels sont la *source* du pouvoir législatif. La femme et le mari ne font qu'*un* dans l'*unité conjugale*, qui est la véritable unité élémentaire sociale, base du suffrage universel. Tout le monde admet que les idiots et les mendiants ne sont pas responsables en société politique, pas plus que les enfants; il en est de même des malfaiteurs, ennemis de la société. Nul ne doit être électeur, qui n'a pas une position de responsabilité domestique, industrielle, politique et sociale ; des célibataires, hommes et femmes, qui ne gèrent aucune maison industrielle, ne font rien d'important dans la communauté, n'ont pas le droit d'électeurs ; là où un célibataire est instruit et capable, il peut être nommé député mandataire des électeurs, bien qu'il ne soit pas électeur.

La femme ne peut pas dire qu'elle n'a aucune part au vote, puisqu'elle peut *influencer* l'époux; ce qu'elle ne manque pas de faire dans presque tous les cas. Les célibataires, hommes ou femmes, chefs d'établissements utiles, sont responsables et électeurs.

Les familles sont diversement organisées dans les races et les religions différentes, sur divers points du globe; les municipalités seront toujours plus ou moins diverses en étendue et en modes de gouvernement. Dans l'idée de perfectionner la vie individuelle, on a désorganisé la famille par le célibat forcé des deux sexes, afin d'organiser des communautés religieuses. Dans l'idée utopique de perfectionner la vie sociale et industrielle, les socialistes (tels que Charles Fourier et d'autres) ont imaginé une liberté d'amour qui désorganiserait la famille pour organiser des « associations domestiques agricoles », municipalités d'un ordre nouveau, qui ne résoudraient aucunement le problème de l'organisation du travail en dehors de la commune, tel que le système viatorial des canaux et des rivières, des chemins de fer et des steamers océaniques.

La police municipale et les armées de terre et de mer sont organisées pour la protection de la vie et des biens des citoyens. Il serait inutile ici de nous occuper des améliorations qui pourront se faire dans les armées de l'avenir, quand on n'aura plus qu'à se défendre contre les intempéries des climats et des attaques de bêtes fauves, quand les armées d'ingénieurs pourront remplacer les armées de guerriers.

Les classes ouvrières sont aussi générales dans l'unité nationale que les classes législatives ; dans tous les genres d'industrie, il faut des ouvriers dirigés par des chefs et des administrateurs. On parle beaucoup de l'*organisa-*

tion du travail, mais on n'a rien trouvé jusqu'à présent qui soit aussi pratique que la liberté individuelle de l'ouvrier et le salaire de son travail. L'association des ouvriers a pu réussir dans certains métiers, là où les associés sont assez bien disciplinés dans leurs idées, dans leurs mœurs; là où les capitaux nécessaires à l'entreprise sont peu considérables; mais ces conditions sont assez rares, et la nécessité des choses domine partout l'organisation du travail. Les communautés des « Shakers » et d'autres sectes de socialistes en Amérique sont trop semblables aux communautés d'ordres religieux, pour être praticables dans la grande industrie des nations commerciales. Les associations de célibataires ne peuvent que viser à l'extinction prochaine de la race humaine, au lieu d'obéir à l'injonction de croître et de multiplier, et d'occuper toute la terre.

Les classes récréatives et instructives sont aussi nécessaires aux progrès de la société que les classes ouvrières. Sans temples et le culte de l'idéal moral et spirituel; sans théâtres et les artistes, la musique et le drame; l'idéal et le culte du beau sous toutes les formes, l'homme serait presque aussi triste que l'animal le plus brut de la création; sans les collèges et les hommes de sciences, l'idéal et le culte du vrai, sous toutes ses formes, l'homme serait presque aussi stationnaire que les animaux sauvages. C'est par la langue et la littérature, les arts et les sciences que l'homme est supérieur à l'animal; et c'est par les classes qui cultivent professionnellement les arts et les sciences, les idées et les mœurs, les esprits et les consciences, qu'une nation est plus civilisée qu'une autre.

Ce n'est pas à dire que les artistes et les hommes de science soient, en dehors de leurs spécialités, plus intelligents ou plus raisonnables que les hommes d'une autre classe quelconque; car le contraire est souvent démontré par les faits. Le sens politique et social, philosophique et religieux, peut être moins développé chez un artiste ou un savant que chez un industriel ou un négociant ; mais, ce sont, néanmoins, les progrès de l'art et de la science, sous la direction et les encouragements des hommes politiques, qui caractérisent l'état de la civilisation dans une nation. Là où la science est très répandue dans toutes les classes, les sophismes traditionnels des sectaires théologiques et « politiques », soi-disant « patriotiques », n'ont pas chance de longue vie ; en ce sens, la science est une des principales causes des progrès de l'esprit humain ; mais elle n'est pas la seule ; car, avant l'enseignement général des sciences, vient la *découverte des lois* de la science, ainsi que l'*invention* des arts et des métiers, des machines automatiques et l'emploi des forces de la nature. Les classes récréatives et instructives sont donc des classes importantes, sans être pour cela supérieures en importance aux autres classes de la société ; pas plus que les organes et les sens de l'ouïe et de la parole ne sont supérieurs aux autres appareils de l'organisme individuel.

Les classes propriétaires. — Sans épargnes, la société ne pourrait pas accumuler le capital nécessaire pour entreprendre de grands travaux utiles à l'organisme collectif. C'est donc l'épargne qui engendre le capital. La nature elle-même donne à l'homme le sol et les eaux, les animaux et les plantes qui suffisent à entretenir la vie des chasseurs comme les Peaux rouges de l'Amérique et les Nègres de l'Afrique ; mais ces races de sauvages ne font aucun progrès social, parce qu'elles ne savent faire aucune épargne ni accumuler aucun capital artificiel.

L'épargne du superflu d'un produit naturel quelconque du travail, dans une famille ou dans une tribu, permet l'échange pour d'autres produits naturels ou artificiels, la première forme de l'échange et du commerce dans le monde. Ainsi naît la propriété individuelle dans les fruits du travail, à côté de la propriété collective du fonds de la terre et des animaux de la chasse. Chaque génération cède la propriété à la génération suivante. Le droit titulaire est donc un droit temporaire.

Les tribus nomades ne se fixent pas sur une localité, mais elles finissent par établir des droits de chasse dans certaines régions à l'exclusion d'autres tribus d'origine étrangère. Cependant les migrations d'une région à une autre, et même d'une latitude à une autre, ont continué sur presque tous les points du globe; depuis les temps préhistoriques jusqu'à nos jours, d'abord librement et sans conflit, plus tard par voie d'invasion et de conquête, tellement qu'à la fin on a reconnu la propriété collective du sol dans une région limitée à la race qui depuis longtemps habitait le pays, et la propriété individuelle d'une partie du sol, à la famille qui cultivait la terre dans les limites de la ferme.

Les propriétaires titulaires d'un bien collectif, tels que les biens nationaux, sont les représentants autorisés du peuple souverain. Il en est de même pour les biens communaux, les biens d'une compagnie anonyme. Un célibataire homme ou femme, propriétaire d'un bien quelconque, est responsable de la gestion de sa propriété, et dès lors est électeur politique.

Nous ne parlons pas de l'origine féodale et militaire des grandes propriétés territoriales, parce que le système n'est que transitoire et n'a pas d'avenir politique et social.

Les classes administratives. — Il faut bien que les affaires de la famille soient administrées par ses chefs euxmêmes ; mais les affaires d'une commune municipale demandent une administration à part, et pour cela on nomme un *maire* avec des adjoints et des conseillers, pour l'aider dans l'administration des intérêts communs des familles. Il en est de même d'une corporation professionnelle quelconque, ou d'une association particulière ; à plus forte raison pour une nation tout entière, dans laquelle il faut un chef (président ou roi) avec des conseillers et des ministres de finances, commerce, travaux publics, justice, affaires étrangères, etc., avec des commis et des subordonnés dans toutes les divisions de chaque administration. Ces fonctions administratives sont la besogne d'une classe de spécialités comme les autres fonctions de l'organisme social.

Il n'est pas nécessaire d'entrer dans les détails de la diversité des fonctions sociales et des classes de fonctionnaires, avec la hiérarchie concentrique des sociétés, depuis la famille jusqu'à la nationalité, sans parler de la fédération universelle future de toutes les races humaines. L'histoire nous raconte l'état social des races humaines dans l'antiquité ; les voyages nous font voir les états sociaux très divers aujourd'hui. Tous les deux nous montrent les degrés successifs d'évolution sociale, religieuse et politique, dans certaines races susceptibles de culture, à côté de la stagnation perpétuelle d'autres races rebelles au progrès.

Les religions historiques, polythéistes et monothéistes ont de tout temps partagé les races humaines en groupes distincts de croyances et de mœurs. Là où les formes du culte religieux ont été modifiées pour les rites, le fond est resté plus ou moins le même, à travers tous les siècles, et elles paraissent aussi diverses aujourd'hui que par le passé. Ce n'est pas la religion proprement dite qui pousse au progrès de la société ; mais bien les inventions de l'art pratique et la découverte des lois de la science, physique et mécanique, biologique et sociologique.

Ici nous cherchons à établir un parallèle systématique entre l'organisme de l'homme individuel déjà connu, et celui de l'organisme social de l'humanité future, encore inconnu ; mais il faut nous rappeler que l'organisme collectif n'est encore que très imparfaitement développé, et le parallèle ne peut être que plus ou moins approximatif de la réalité.

Les *caractères sociaux* des individus et des nations sont peu développés. Les caractères jaloux et envieux, ignorants et agressifs des individus et des nationalités sont encore peu civilisés sur tous les points du globe. Il est assez difficile de prévoir par quels moyens on pourra plus tard fédéraliser les races humaines de manière à former un organisme social unitaire analogue à l'organisme individuel. Les préceptes de l'Évangile et la science économique des intérêts matériels doivent accomplir ce miracle de la fédération universelle et fraternelle entre les races aujourd'hui séparées de la grande famille humaine : ce sont probablement les deux races aryenne et sémitique qui auront l'initiative dans les progrès de l'évolution sociale.

La philologie a constaté que les nations et les langues modernes ont une commune origine dans l'Asie centrale. Le D⁰ Webster, dans l'introduction à son dictionnaire de la langue anglaise, dit que « tous les mots propres aux
« langues maternelles de l'Europe sont aussi vieux que
« les mêmes mots en Asie ; et quand ces mots se trouvent
« dans les langues aryennes et sémitiques, il est à peu
« près certain qu'ils étaient en usage avant la dispersion
« de ces races. Les diverses branches de ces races les ont
« tirés d'un fond commun ; et les mots comme les races
« qui s'en servent doivent avoir une même origine et une
« même antiquité. »

Ces races uniques d'origine doivent continuer le progrès dans les arts et dans les sciences, dans le commerce international et dans la circulation viatoriale universelle.

Pour bien comprendre l'organisme collectif il faut connaître l'organisme individuel, dans lequel on distingue une section de la vie organique, une section de systèmes de la vie de relation, et une section des tissus connectifs que servent à équilibrer les mouvements de tous les organes. Dans l'organisme social on distingue de même les trois sections de *sociétés*, de *classes* et d'*autorités* régulatrices de l'ordre social ; ainsi :

Corps individuel.
- VII. Système vasculaire : circulation du sang, etc.
- 7. Sous-système vasculaire.
- VI. Système digestif : transformation des substances.
- 6. Sous-système digestif.
- V. Système génératif : formation du corps.
- 5. Sous-système génératif.

Dans l'organisme collectif nous pouvons noter les *fonctions dominantes* de chaque degré d'organisation sociale, savoir :

Organisme collectif.
- VII. Confédération universelle : circulation viatoriale.
- 7. Fédération internationale : commerce, etc.
- VI. Nation politique : accumulation des richesses.
- 7. Corporations professionnelles : pour le travail.
- V. Municipalités sociales : éducation (hôpitaux, etc.).
- 5. Famille domestique : procréation.

On peut ainsi distinguer les fonctions principales de chaque société, et celles des classes sont définies par les noms donnés dans l'échelle générale. Nous pouvons donc étudier la formation des classes et des sociétés dans l'unité sociale, comme on suit l'évolution des organes et des systèmes dans le fœtus individuel.

Dans l'organisme individuel il y a plusieurs classes de tissus connectifs qui ont des fonctions importantes dans le fonctionnement des appareils. Il en est de même dans l'organisme social. Dans chaque famille il faut une autorité régulatrice de l'ordre moral et domestique ; dans chaque municipalité, une autorité régulatrice des intérêts sociaux ; dans chaque corporation des arts et métiers, une autorité régulatrice des intérêts communs ; dans chaque nation une autorité centrale et gouvernementale; dans chaque fédération internationale il faudra des lois et des tribunaux d'arbitrage entre nations, au lieu de la guerre homicide; dans la confédération universelle, il faudra une autorité régulatrice des moyens de circulation sur tous les continents et sur toutes les mers.

Dans la famille le père et la mère sont roi et reine; l'Écriture dit que l'homme est « prophète, prêtre et roi » sur le globe. Dans la commune municipale il faut un *maire* et des conseillers; un *juge de paix* et des hommes de lois; un *curé d'église* et des maîtres d'école; un *code de lois* municipales pour guider les autorités. Dans une corporation organisée, il faut aussi des autorités administratives et directrices; commandants militaires; gérants de compagnies de chemins de fer, etc. Dans une nation, des autorités nécessaires au gouvernement du pays.

Ces fonctions directrices de divers ordres sont celles que nous avons nommées créatrices et régulatrices de la vie sociologique, dans l'échelle générale du cadre d'unité sociale.

C'est ici le cas de faire observer que les enfants règnent dans la famille et ne gouvernent pas; le peuple souverain règne dans la nation et ne gouverne pas; la reine constitutionnelle en Angleterre représente le peuple souverain et la loi, comme la mère représente les enfants et la discipline dans la famille.

Les classes connectives de l'organisme social peuvent être ainsi définies, comme fonctions et fonctionnaires.

H. *Sanctuaire* : Prophète : *Révélation, loi, morale.*
U. *Temple.* . : Prêtre . : *Charité, consolation.*
N. *Tribunal* . : Juge. . . : *Justice, conciliation.*
O. *Trône.* . . : Roi. . . : *Autorité, stabilité.*

Le sanctuaire mystique, c'est le monde surnaturel d'où viennent les révélations données à des prophètes comme Moïse et Mahomet. Moïse a reçu les tables de la Loi pour guider les familles d'Israël tirées de l'esclavage pour devenir libres dans la Terre promise. C'est le plus haut type historique d'une révélation qui a fondé du même coup un culte et une nation.

La Loi a été complétée par l'Évangile de la liberté, qui a fondé la chrétienté après la dispersion des tribus d'Israël et la destruction du Temple de Jérusalem.

Le monde naturel est un sanctuaire de lois invariables, aussi bien que le monde surnaturel (invisible).

La science des lois de la nature doit compléter la « révélation » mystique pour conduire les races humaines à la fraternité universelle et à la fin de l'évolution métamorphique.

Les deux révélations sont également diverses et doivent être acceptées et expliquées par la raison humaine.

Les fonctions des classes connectives ci-dessus indiquées sont faciles à reconnaître, mais il y a d'autres fonctions rectrices dans l'unité politique et sociale, industrielle et commerciale, scientifique et artistique. Les *prophètes* font des révélations mystiques de la religion ; les *philosophes* font des découvertes des lois invariables de la science ; les *poètes* inspirés font des créations idéales de la littérature et des arts ; les *inventeurs* de machines automatiques font des créations artificielles qui rivalisent en quelque sorte avec les créations naturelles, puisqu'une locomotive, qui fait mouvoir un train de cinquante wagons chargés, est bien plus puissante pour la traction qu'un éléphant ou même plusieurs éléphants réunis. En parallèle avec *prophète*, *prêtre* et *roi*, on peut mettre *philosophe*, *professeur* et *proviseur* de collège.

Ainsi :

Bonté.	Vérité.	Beauté.	Utilité.
H. *Prophète.*	*Philosophe.*	*Poète.*	*Inventeur.*
U. Prêtre.	Professeur.	Acteur.	Constructeur.
N. Juge.	Censeur.	Critique.	Inspecteur.
O. Roi.	Proviseur.	Bibliothécaire.	Chef d'usine.

On suppose que le poète et le prophète sont *inspirés*, et que l'*intuition* suffit pour la découverte des lois de la science, ou l'invention d'un mécanisme automatique; il est plus naturel de supposer que toutes les créations artificielles sont des conceptions d'idées déjà connues depuis l'éternité, dans les humanités développées dans un monde supérieur, et que ces idées sont transmises par inspiration aux poètes et inventeurs d'idées et de mécanismes nouveaux sur notre globe. Quoiqu'il en soit, ce sont les classes connectives qui sont les révélateurs ou créateurs des arts et des sciences; les régulateurs de la vie collective dans toute société organisée, petite ou grande, municipale, nationale ou internationale. Tout ce qui se rapporte à la révélation de formes et d'idées nouvelles est l'œuvre de prophètes, philosophes, poètes ou inventeurs; tout ce qui regarde la vulgarisation de ces idées est l'œuvre des prêtres, professeurs, acteurs et constructeurs. Pour la consolation religieuse et personnelle le médecin du corps est autant prêtre que le médecin de l'âme; le professeur de science dans un collège, autant prêtre de l'autel de la nature que le prêtre de l'autel mystique; l'acteur est prêtre de l'art autant que le professeur et le curé, prêtres du culte du vrai et du bon; le constructeur est prêtre de l'utile, autant que les autres le sont du bon, du vrai et du beau.

Les caractères de savants et d'artistes, poètes et philosophes diffèrent entre eux par des facultés de même ordre plus ou moins développées; ainsi:

L'artiste a les facultés descriptives dominantes avec des facultés analytiques faiblement développées.

Le savant peut avoir les facultés d'analyse puissamment douées, avec des facultés descriptives assez peu développées.

Le philosophe doit avoir les facultés analogiques et analytiques également fortes.

Certains oiseaux ont des membres supérieurs et inférieurs également développés, tandis que d'autres espèces ont ou les jambes fortes et les ailes rudimentaires, ou les ailes bien développées et les jambes très faibles.

Balancement des facultés de l'esprit humain analogue au balancement des organes du corps chez l'animal.

Ces quelques mots doivent suffire pour indiquer, à grands traits, les fonctions des classes connectives chargées de conduire la société à tous les degrés d'évolution sociale, depuis la famille jusqu'à l'unité nationale et la confédération universelle. Il nous reste à analyser les créations sociologiques de ces classes connectives et autoritaires, et surtout la création des arts et des sciences.

Les institutions sociales, politiques et religieuses sont très diverses dans les nations et forment un sujet d'études pour les jurisconsultes et les historiens, les économistes et les hommes politiques. Nous n'en parlerons que pour mémoire ; mais il est utile d'analyser les arts, et les sciences déjà connus et leurs rapports avec ceux qui restent encore à créer pendant l'évolution sociale de l'organisme collectif. Le cadre unitaire des sciences est encore loin d'être complètement réalisé, et il en est de même du cadre unitaire des arts. On peut constater ce qui a été déjà fait et même indiquer, en thèse générale, ce qui reste à faire ; mais on ne peut pas savoir comment les inventions nouvelles seront faites dans l'avenir pour compléter ce qui est déjà trouvé.

Voici le tableau de l'unité des sciences, tel que nous le concevons :

UNITÉ UNIVERSELLE DES SCIENCES.

Ontologie.
- Z. Philosophie transcendante.
- Y. Philosophie perfective, morale et religieuse.
- X. Philosophie évolutive, biologique et sociologique.
- W. Philosophie organique, cosmique et épicosmique.

Cosmologie.
- VII. Sciences pancosmiques.
- 7. *Sciences nébulocosmiques.*
- VI. Sciences galactocosmiques.
- 6. *Sciences zodiacosmiques.*
- V. Sciences polycosmiques.
- 5. *Sciences monocosmiques.*

Méthodologie
- IV. Sciences biologiques.
- III. Sciences sociologiques.
- 2. *Sciences biotechniques.*
- II. Sciences mécaniques.
- 1. *Sciences mathématiques.*
- I. Sciences physiques et chimiques.

Sciences méthodologiques. — Les mathématiques pures sont à peu près complètement développées; mais il en est autrement des mathématiques appliquées aux sciences astronomiques, physiques et mécaniques. La physique et la chimie sont très avancées, et la mécanique aussi, mais l'avenir doit donner encore bien des développements à ces deux classes de sciences.

La biotechnique est développée ici dans le livre sur la méthode, mais seulement d'une manière générale dans la biologie analytique. Les sciences naturelles et descriptives, telles que la botanique et la zoologie; l'anatomie, la physiologie et l'embryologie comparées; la paléontologie et la géologie sont encore loin d'être complètement développées.

L'évolution sociale demande des *inventions nouvelles* dans les arts et des *découvertes nouvelles* dans les sciences.

Les trois grandes sections de la science universelle sont inséparables dans l'unité organique. La méthodologie mène à la cosmologie; l'une et l'autre mènent à l'ontologie.

Sciences cosmologiques. — L'astronomie n'est qu'une partie de la science cosmologique qui doit nous révéler les lois des phénomènes de la vie dans tous les mondes, en outre des lois du mouvement des planètes dans leurs orbites et des lois de la gravitation dans notre système solaire. L'astronomie, comme science mathématique, ne s'étend guère au delà de notre système; la science de la vie sur tous les globes n'est qu'à peine ébauchée pour une seule planète. Notre système solaire est un *monde monocosmique* très peu connu en totalité; la science des astres doubles, triples et quatruples, comme systèmes *polycosmiques*, est encore moins avancée que l'astronomie de notre propre système.

Quant aux systèmes sidéraux plus complexes, que nous désignons sous les noms de *zodiacosmiques*, *galactocosmiques*, *nébulocosmiques* et *pancosmiques*, on ne sait presque rien; ces branches d'une science universelle sont encore à découvrir par l'homme, si jamais une telle science doit être découverte par l'humanité sur notre globe.

On a pu calculer approximativement les rapports de distance entre les univers éloignés les uns des autres dans l'espace infini, mais liés ensemble en unité cosmique. La rapidité connue de la propagation de la lumière solaire interplanétaire donne les moyens de calculer approximativement le temps nécessaire pour la propagation de la lumière dans les systèmes sidéraux les plus vastes et les plus éloignés de notre soleil.

Le spectroscope a fourni les moyens de connaître la nature élémentaire des gaz dans le soleil et dans les astres.

On sait ainsi la nature de la matière et de la force dans l'univers, mais on n'a aucune connaissance des formes de la vie dans les mondes éloignés. C'est dans la nature humaine sur notre globe qu'on trouve le type organique des forces ontologiques et les principes archiontologiques de la nature universelle.

Sciences ontologiques. — On peut définir quatre points de vue distincts de la philosophie universelle, savoir: la philosophie relative de la *vie organique*, telle qu'on la trouve réalisée dans tous les organismes connus;

la philosophie *évolutive de la vie* dans tous les règnes ; la philosophie *perfective de la vie* sociologique (morale et religieuse), dans les deux mondes naturel et surnaturel ; la philosophie *absolue* ou *transcendante* des forces indestructibles et des lois invariables de la nature universelle.

Les forces sont indestructibles dans la substance finie comme dans l'infinie ; dans les limites des organismes et des mondes finis, comme dans l'espace et le temps infinis. Les principes de la science ontologique sont donc les mêmes dans les limites relatives que dans l'infini absolu ; et dès lors la philosophie relative a les mêmes bases que la philosophie transcendante qui ne s'occupe que de l'absolu, en démontrant :

1° Que la matière et la force sont indestructibles ;
2° Que l'espace et la durée sont infinis ;
3° Que le mouvement est universel et incessant ;
4° Que des lois invariables régissent le mouvement dans tous les organismes et dans tous les mondes.

La philosophie absolue s'occupe des formes nécessaires de la pensée *a priori*, telles que les axiomes ou aphorismes suivants :

1° La totalité absolue de la matière est indestructible et éternelle ;
2° La totalité absolue des lois invariables est éternellement la même ;
3° Les modes relatifs de mouvement dans l'unité absolue sont infiniment variables en coexistences simultanées et en évolutions successives ;
4° L'unité absolue et la variété infinie sont éternellement coexistantes en réalité et en potentialité :
5° Les lois invariables sont les principes de la science dans tous les mondes et dans toutes les conditions infiniment variables de l'existence ;

6° Il ne peut exister rien d'inconnaissable à l'Omniscience, dans l'absolue totalité ;

7° Tous les principes de la science *a posteriori* et de la philosophie relative sont logiquement subordonnés à la philosophie absolue des lois invariables.

C'est très important d'avoir la certitude *a priori* de ces principes d'ontologie ; mais c'est encore plus intéressant d'avoir la certitude *a posteriori* que ces principes caractérisent les mondes finis, et les règnes de la nature dans ces mondes, tels qu'on trouve les principes de la science dans la philosophie organique, évolutive et perfective.

Newton a découvert les principes mathématiques de la philosophie naturelle, expliquant les lois invariables de la gravitation dans notre système solaire, et par induction dans tous les systèmes de l'univers ; nous avons trouvé les principes biotechniques de la philosophie organique expliquant les lois de la vie dans les règnes de la nature sur notre planète ; et, par induction, sur tous les globes de l'univers. Ces principes donnent les lois de la biologie analytique, ainsi que celles de la sociologie et de l'épicosmologie analytiques, expliquées dans ce volume.

La philosophie perfective des règnes de la nature se distingue de la philosophie évolutive proprement dite, comme le fruit perfectionné par la culture diffère du fruit sauvage de la même espèce ; comme l'artiste et le savant se distinguent du paysan sans éducation ; comme une nation civilisée, plus ou moins perfectionnée par la culture morale et religieuse, diffère d'une nation barbare. Les tribus sauvages sont restées sans histoire sous l'influence de l'évolution naturelle, depuis les temps préhistoriques, tandis que les races civilisées ont subi l'influence d'une éducation artificielle et perfective sans laquelle elles seraient restées à l'état sauvage, tout comme les races incultes de la grande famille humaine.

A l'heure qu'il est, on voit nombre de races abruties

par une ignorance impénétrable ; d'autres races caractérisées par une férocité intraitable ; et, parmi les peuples plus ou moins civilisés, on trouve des nations, telles que la France, qui sont constamment inquiétées par une vanité belliqueuse insatiable : d'autres, telles que la Russie, également agitées par une ambition irrépressible et incommensurable. Les races humaines sont encore dominées par l'instinct animal plus que par la raison et la conscience éclairées. Sans la culture artificielle, il en serait toujours ainsi sous l'influence des conditions simples et « naturelles ».

Quelle est donc la source de cette éducation perfective qui distingue les peuples civilisés des races encore sauvages ? C'est l'influence de l'humanité céleste sur l'humanité terrestre ? C'est l'inspiration des hommes de génie par les esprits invisibles du monde surnaturel. La perfection existe là-haut, et peut être greffée peu à peu sur l'homme naturel de ce monde. Les prophètes, tels que Moïse et saint Jean, ont reçu la lumière de l'esprit céleste pour éclairer le monde d'ici-bas.

Le Fils de Dieu, l'homme parfait de l'autre monde, a été envoyé par « son père qui est au ciel », pour enseigner le chemin de la vertu aux hommes ignorants et vicieux de la terre. En donnant l'Évangile, il a promis d'envoyer le Saint-Esprit de l'inspiration perpétuelle, pour éclairer la raison et la conscience des hommes de génie, qui ont à faire des révélations de la science, de l'art et de la religion, pendant l'évolution du fœtus collectif de l'organisme social. La perfection organique existe de toute éternité dans les mondes, mais l'imperfection caractérise l'évolution des organismes individuels depuis le germe jusqu'à la formation complète du type de l'espèce. Il en est de même des organismes collectifs. Ce sont donc les principes de la religion céleste qui sont les principes de la philosophie perfective, sans lesquels l'évolution métamorphique de l'homme collectif n'aurait pas lieu dans ce monde ; tous les règnes de la nature resteraient dans l'imperfection de l'état naturel, sans culture et sans perfectibilité progressive. L'évolution paléontologique sur notre globe a suffi jusqu'à l'arrivée de la race humaine sur la terre ; mais, à partir de ce point, l'évolution sociologique est soumise aux principes de l'évolution perfective, sans laquelle ni l'homme lui-même, ni les règnes de la nature sous sa main, ne pourraient être progressivement perfectionnés par la culture artificielle. Il faut donc ici faire observer qu'aucune corporation ecclésiastique n'a eu le monopole des inspirations célestes nécessaires au progrès évolutif de l'humanité.

Tous les principes de la philosophie ont été longuement expliqués dans le second volume de notre ouvrage anglais ; ici, nous n'avons qu'à indiquer d'une manière générale la création des sciences et des arts, pendant l'évolution sociologique de l'humanité.

En parlant de religion, nous ne discutons pas les imperfections des institutions ecclésiastiques et politiques. Nous ferons cependant observer qu'il y a des « jésuites politiques » dans toutes les églises, catholiques et protestantes ; et que ces jésuites se soucient fort peu de la conscience religieuse et des principes de justice dont ils font parade.

Ce qu'il y a de plus fraternel au monde peut-être aujourd'hui, ce sont les loges de la franc-maçonnerie qui viennent en aide à leurs frères qui ont besoin de secours.

Les principes du bon, du vrai, du beau et de l'utile sont les bases de la religion éclairée dans toutes les consciences.

Il faut bien que les individus et les familles se conforment aux institutions de l'État, qui modifie la législation au fur et à mesure des progrès de la civilisation ; mais on n'est pas obligé d'obéir aux injonctions d'une église qui ne s'occupe pas des progrès de la science et de la raison dans l'humanité.

Il faut ajouter à l'analyse des sociétés et des sciences celle des arts et des métiers utiles.

Les conditions du travail artistique et industriel sont variables selon les climats et les degrés de civilisation; les arts sont créés par les hommes, ainsi que les instruments de travail. Les hommes de génie sont les créateurs des arts et des métiers, des méthodes pratiques et des instruments, tels que les arts et les métiers de la circulation et du transport; du commerce et du crédit; de la production et la conservation des substances alimentaires; de la préparation culinaire des aliments; les arts de l'hygiène et de la propreté; la culture générale des règnes de la nature : eaux et forêts, faunes et flores; l'amélioration des races de plantes et d'animaux par l'alimentation, les croisements de race, etc.

Les arts et les métiers du commerce et des transports, de l'agriculture et de l'hygiène, diffèrent complètement de ceux des mines et des manufactures, des constructions et des ameublements, sans parler des beaux-arts et de la télégraphie.

Les beaux-arts se rapportent aux sens de la vue et de l'ouïe, comme la musique et la peinture; mais tous les instincts se trouvent dans l'échelle générale des arts du beau et de l'utile.

Les arts pratiques ont besoin d'instruments, et l'échelle des instruments correspond à celle des organes du corps qui est l'instrument de l'âme; ainsi :

ÉCHELLE GÉNÉRALE D'INSTRUMENTS UTILES.

Éléments connectifs.
- Z. *Forces physiques* (instruments de travail).
- Y. *Vents et cours d'eaux* (instruments de travail).
- X. *Animaux et esclaves* (instruments de travail).
- W. *Capital et crédit* (instruments de travail).

Culture et transports.	VII. Instruments de transport (artificiels). 7. Instruments de commerce (artificiels). VI. Instruments d'agriculture. etc. 6. Instruments de chasse, pêche, cuisine, etc. V. Instruments de météorologie, d'hygiène, etc. 5. Instruments d'incubation, fécondation, etc.
Beaux-arts et manufactures	IV. Instruments de télégraphie. III. Instruments de mineurs, maçons, charpentiers, etc. 2. Instruments de musique, imprimerie, écriture, etc. II. Instruments de mécaniciens-constructeurs. etc. 1. Instruments de tailleurs, bottiers, tapissiers, etc. I. Instruments de tissage, feutrage, tricotage, etc.

Il n'est pas nécessaire de nous occuper des principes du beau dans tous les arts et de l'utile dans tous les métiers. Ce qui se rapporte directement à la question de l'évolution sociologique, c'est la création des arts pratiques et des instruments utiles à l'industrie et au commerce, ainsi qu'aux diverses professions des beaux-arts proprement dits (musique, peinture, sculpture, architecture, etc.).

Nous classons la création des instruments utiles, tels que les moulins à vent, les machines à vapeur, etc., avec la création des arts et métiers qui se servent de ces instruments, parce que les inventeurs de machines automatiques sont des hommes de génie, tout comme les poètes qui ont créé la littérature, la musique, ainsi que les chefs-d'œuvre de la peinture.

Les *principes* du beau et de l'utile sont les mêmes dans tous les mondes, mais les *conditions* de l'art ne sont pas les mêmes dans toutes les latitudes de notre globe, ni pour toutes les races de l'humanité.

Les arts et métiers de la circulation et du transport des hommes et des marchandises par terre et par mer sont déjà très développés dans les pays civilisés, et on cherche activement à les développer dans l'Asie et dans l'Afrique, ainsi que dans l'Amérique du Sud et dans l'Australie. Cependant en regardant la mappemonde, on voit que ce qui est déjà créé est loin d'être répandu sur tout le globe. On peut supposer que l'homme finira par trouver les moyens de circuler librement dans l'atmosphère, comme par mer et par terre, sur les eaux des rivières et des lacs; comme à travers les percements des montagnes et des isthmes qui séparent les océans. Mais on n'en est pas encore là.

Les métiers du commerce et du crédit, des finances et des assurances contre accidents de tous genres, sont très nombreux dans les pays civilisés, et pourront, comme les métiers du transport viatorial, être rapidement développés, quand les institutions coloniales et internationales seront assez développées pour faciliter le progrès économique de tous les peuples sur tous les continents.

De nouveaux instruments ont été depuis peu inventés pour faciliter la grande culture. De nouvelles études ont fait faire des progrès à l'agriculture, à l'horticulture, à la pisciculture, à l'apiculture, à la sériciculture (vers à soie), etc.

Cependant une grande partie de la terre est encore inculte. Il reste donc beaucoup à faire dans cette branche de l'art, à la fois pour l'invention d'instruments nouveaux et pour la multiplication des moyens déjà connus.

La chasse et la pêche, ainsi que les instruments utiles à cette industrie, sont plus généralement répandus que n'importe quel autre genre d'occupation. Il n'est pas dit cependant qu'on ne pourra pas inventer dans l'avenir des instruments plus utiles à ces arts, ainsi que des moyens de *conserver* les aliments et de les *préparer* économiquement pour les animaux et pour l'homme lui-même.

L'art culinaire est un des arts les plus nécessaires à la santé de l'homme. Les arts de la brasserie, de la pharmacie, de la médecine, de la chirurgie et de l'hygiène publique, sont plus ou moins avancés dans les nations civilisées et fort peu chez les sauvages. Il faudra bien des siècles pour les répandre partout et les perfectionner de plus en plus chez tous les peuples.

La diversité des instincts et des goûts alimentaires chez l'homme collectif est presque aussi grande que dans les espèces d'animaux. Le beau et l'utile pour les uns peut n'être que laid et nuisible pour les autres : ce qui est convenable pour le chien ne l'est pas toujours pour le chat; ce qui est indispensable pour le tigre ne l'est pas pour le bœuf; ce que paraît juste à l'un ne semble pas juste à l'autre ; le mouton ne peut admettre les idées du loup qui vient pour le manger. Les *opinions* de ces animaux sont engendrées par les instincts et les goûts inhérents à leurs natures.

Il en est de même dans l'espèce humaine, quant à la diversité inhérente des instincts et des goûts alimentaires du corps et de l'esprit, adaptés à leurs types de caractère et à leurs aptitudes spéciales pour les arts et pour les sciences. Les uns sont doués d'aptitudes spéciales pour tel genre; les autres pour tel autre. Les goûts et les instincts du corps et de l'âme sont conformes à ces divers types de caractères.

Là où l'instinct animal et l'aptitude spéciale chez l'homme dominent la raison, les opinions sont conformes aux instincts, et ce ne peut être qu'au fur et à mesure du développement de la raison et de la conscience, que la *tolérance réciproque* peut devenir un moyen d'équilibre statique dans la société. Les qualités de la raison sont à celles de l'instinct comme celles de la lumière sont à celles de la chaleur : dissemblables sous certains rapports et conciliables sous d'autres. La science fait voir que la diversité est nécessaire à l'harmonie dans tous les règnes de la nature, dans tous les arts et métiers de la société; tandis que l'engouement pour un genre spécial d'étude ou pour une opinion dominante de secte n'est qu'un motif de préférence pour une fonction spéciale dans une partie de l'humanité. On comprend facilement la diversité des goûts alimentaires du corps, mais difficilement la diversité des goûts alimentaires de l'esprit. Les uns sont pourtant aussi nécessaires que les autres dans l'unité harmonique du monde industriel et artistique, religieux, politique et social.

Les hommes très instruits sont assez souvent dominés par l'intérêt et par l'instinct animal plus que par la raison, et leurs opinions n'ont d'autre valeur que celle de leur convoitise ou de leurs intérêts matériels.

Les arts et les métiers alimentaires ne sont pas les seuls qui se rapportent à la culture des règnes pour satisfaire les besoins de l'homme. Il y en a d'autres qui se rapportent à l'amélioration des races d'animaux et de plantes au point de vue des qualités naturelles des espèces.

L'art des croisements a produit de beaux résultats : des fruits infiniment supérieurs aux fruits sauvages; des races d'animaux supérieures aux races sauvages. Dans les limites d'une espèce naturelle on a produit des changements considérables par des moyens artificiels; d'où on a conclu que des transformations encore plus considérables ont pu donner origine aux espèces les plus distinctes, pendant le cours de l'évolution paléontologique.

Présentée sous des formes très plausibles, cette induction hardie a eu l'influence la plus heureuse sur l'esprit moderne, en poussant à l'étude des sciences naturelles par trop négligées dans l'éducation générale.

L'enseignement des sciences naturelles est aussi nécessaire au progrès de l'esprit humain et à l'équilibre de la raison, que l'enseignement des langues et des mathématiques.

L'art de se procurer des vêtements pour le corps est assez simple dans les pays chauds, et peu compliqué chez les races qui se couvrent de peaux de bêtes. Dans les climats variables les nations civilisées ont grandement développé les arts et les métiers de l'habillement des hommes et des femmes, ainsi que ceux de l'ameublement des maisons, Pour avoir de quoi s'habiller convenablement on a inventé de nombreux métiers de tissage, de feutrage, de teinture et de dégraissage, de broderie et d'ornementation de tous genres. Ces arts pratiques occupent beaucoup de bras et ont une importance très considérable pour le bien-être et le confort des individus et des familles.

Un autre ordre d'art et métiers très développés depuis un siècle s'applique à la confection des machines automatiques : chronomètres, machines à vapeur, locomotives, métiers Jacquard, etc. La fabrication de machines et d'instruments de toutes sortes se divise en plusieurs branches très distinctes qui occupent un grand nombre de bras dans tous les pays industriels de l'Europe et de l'Amérique, sans parler de la Chine et d'autres pays plus ou moins civilisés.

Non moins nombreux et importants sont les arts qui s'occupent de la bâtisse et des mines. Les architectes et les ingénieurs sont à la tête de travaux qui occupent beaucoup de bras, non seulement de journaliers et hommes de peine, mais de plusieurs métiers distincts qui demandent chacun une éducation pratique spéciale à chaque corps de métier, tels que ceux de maçon, de charpentier, de serrurier, de couvreur, etc.

Les inventions récentes de la télégraphie et de la téléphonie électrique, avec les facilités nouvelles de la transmission économique des lettres et des journaux, ont fait naître de nouveaux moyens de communication verbale, à côté des progrès analogues dans les moyens de circulation.

Les lignes de télégraphie vont côte à côte partout avec les lignes de chemins de fer, et traversent même l'Océan en parallèle avec les lignes de steamers qui transportent des voyageurs et des marchandises.

Les fils de la télégraphie électrique accompagnent naturellement les lignes de chemins de fer, comme les nerfs moteurs et sensitifs accompagnent les vaisseaux de la circulation du sang partout dans le corps de l'homme. C'est là une analogie de plus dans le parallèle organique entre l'organisme individuel de l'homme et l'organisme sociologique de l'humanité.

Les arts et les métiers de la linguistique et de la musique, avec les instruments de la typographie, ont une grande importance dans tous les pays civilisés ; la photographie, la lithographie, la sténographie sont très utiles dans l'enseignement, ainsi que l'usage des modèles d'anatomie comparée, des instruments de physique et de chimie, d'optique et d'acoustique ; des cartes de géographie et d'hydrographie. Les instruments de géodésie, géologie, astronomie, etc., appartiennent à l'art de la pédagogie.

L'homme individuel, presque sans instruments, tel qu'on le trouve dans les races sauvages, est un être faiblement doué pour lutter avec les difficultés de la vie pratique. Une race collective dans cet état ne peut avoir presque aucune influence sur les règnes de la nature autour d'elle. Il en est autrement de la société bien armée et richement dotée d'instruments puissants de force et de travail mécaniques, maniés avec habileté dans tous les métiers inventés par le génie des races civilisées. Ce qui a déjà été accompli de prodiges dans l'industrie, le commerce, les arts et les sciences depuis un siècle sur une petite partie de la surface du globe, peut donner une idée de la puissance du genre humain dans l'avenir, quand toutes les races auront été mises à même d'employer tous les moyens connus de culture et de progrès, sans parler de nouvelles inventions, encore plus merveilleuses peut-être, qui ne pourront pas manquer de venir de siècle en siècle pour compléter la puissance de l'homme sur les règnes de la nature.

En résumé, on peut dire que les quatre modalités de l'âme individuelle sont développées dans l'organisme social et augmentées indéfiniment en puissance par des créations artificielles en tous genres ; ainsi :

1° Corps, instruments de travail : l'*utile;*
2° Instincts créateurs des arts et métiers : le *beau;*
3° Raison créatrice des sciences : le *vrai;*
4° Passions créatrices et régulatrices de sociétés : le *bon*.

Les individus, hommes, femmes et enfants, sont dans l'organisme collectif ce que les éléments anatomiques sont dans l'organisme individuel. Dans l'un et l'autre cas, les éléments organiques sont de même nature que les tissus élémentaires. Les cellules organiques des tissus musculaires sont distinctes des cellules nerveuses, dès le commencement de l'évolution embryonnaire, et ne pourraient jamais se remplacer les unes les autres. Les individus à dominance de vocation spéciale pour une branche d'industrie n'auront jamais les aptitudes nécessaires pour une spécialité tout autre. Les vocations innées pour l'art n'auront pas une vocation prédominante pour la science, et les vocations prédominantes pour la science n'auront pas de l'aptitude spéciale pour les fonctions religieuses, politiques et sociales. Bien que les quatre modalités de l'âme soient développées dans tous les individus, le balancement des facultés est adapté à des fonctions spéciales dans l'organisme collectif. « Ceux qui se ressemblent s'assemblent. » (*Birds of a feather flock together.*)

FŒTUS COLLECTIF.

L'organisme collectif n'étant pas encore complètement développé, on ne peut pas en donner un tableau complet des caractéristiques sociologiques pour l'avenir. La caractéristique générale du fœtus sociologique est analogue à celle du fœtus individuel, c'est-à-dire l'imperfection et la laideur. L'organisme collectif vivant et agissant dans l'ignorance générale ressemble au fœtus individuel vivant et agissant dans les ténèbres de la vie utérine. Le fœtus humain, pendant les premiers mois de l'évolution métamorphique, ressemble à un type inférieur de l'animalité : le fœtus collectif, peu développé dans le passé et dans le présent, est animé par des instincts de l'animalité brute, adonné à la guerre et au pillage, à la violence et à la ruse, comme les animaux inférieurs.

L'histoire raconte les guerres et les iniquités des nations de l'antiquité ; les voyageurs racontent les barbaries des nations et des peuplades d'aujourd'hui. Ce sont des tableaux plus ou moins bien faits, mais toujours excessivement laids. Ce serait à désespérer de l'avenir de l'espèce humaine, si le Christ n'était venu nous rassurer, en faisant entrevoir la possibilité de la fraternité universelle, comme destinée de l'humanité, nous engageant à prier « notre Père au ciel, pour que son règne arrive, et que sa volonté soit faite sur la terre comme au ciel » : c'est-à-dire que le règne de l'évolution harmonique succède au règne des ténèbres de l'évolution métamorphique, pendant laquelle le mal temporaire est nécessaire et inévitable, comme imperfection transitoire.

Saint Paul dit, dans sa première lettre aux Corinthiens (chap. II) :

« Nous prêchons la sagesse de Dieu, *renfermée* dans
« *son* mystère, *cette sagesse* cachée qu'il avait prédestinée
« et *préparée* avant *tous* les siècles pour notre gloire ;
« que nul des princes de ce monde n'a connue, puisque,
« s'ils l'eussent connue, ils n'eussent jamais crucifié le
« Seigneur de la gloire ; et de laquelle il est écrit que
« l'œil n'a point vu, que l'oreille n'a point entendu, et que
« le cœur de l'homme n'a jamais conçu ce que Dieu a
« préparé pour ceux qui l'aiment. » (1 Cor., chap. II.)

Cette parole implique la prévoyance providentielle pour tout ce qui se rapporte à l'évolution de l'humanité, dans laquelle les Israélites sont prédestinés à jouer un rôle important. Ils ont reçu la loi de Moïse, mais repoussé par aveuglement fatal l'Évangile du Christ, afin d'être dispersés, par nécessité du sort, sur tous les continents dans le but prévu par la Providence d'organiser le commerce dans les pays civilisés, ainsi que les voies de la circulation universelle et la confédération des peuples, dernier terme de l'évolution fœtale de l'organisme collectif.

La dispersion des dix tribus d'Israël a commencé longtemps avant la destruction de Jérusalem, et les descendants de ces tribus en Occident ont pu avoir autant d'influence sur les progrès de la civilisation que les Juifs chassés de la Palestine plus tard. Rien n'a lieu par hasard : tout est prévu par la Providence. Les organisations ecclésiastiques et politiques des nationalités dominées par les instincts de l'animalité ont été détruites dans le passé, et celles d'aujourd'hui le seront dans l'avenir, tout comme les créations divines sous forme de tigres et de loups seront exterminées plus tard par les progrès de l'évolution sociale. Tous les hommes sont frères, et finalement l'esprit du Christ régnera dans la fraternité universelle des sociétés en ce monde.

PROGRÈS ÉVOLUTIFS DE L'HUMANITÉ.

« L'homme s'agite et Dieu le mène. »

Sans entrer dans l'histoire de l'antiquité, on peut constater que l'empire romain a été un progrès évolutif après l'empire d'Alexandre et ses successeurs ; le moyen âge un progrès sur les ruines de l'empire romain ; la civilisation moderne un progrès depuis le moyen âge, sans être un perfectionnement définitif de l'état politique.

Le Christ a établi le règne de la liberté par la religion de l'Évangile comme un progrès évolutif sur la révélation biblique et le règne de la Loi trop dure pour l'homme. Il a envoyé les apôtres pour annoncer la bonne nouvelle à tous les peuples. Les apôtres ont établi les « sept Églises de l'Asie » avec des évêques pour les surveiller. Ces Églises sont dénoncées dans l'Apocalypse, dès le premier siècle, comme des sociétés imparfaites. Les évêques de Rome, quelques siècles plus tard, ont organisé la papauté pour gouverner l'Église catholique. Les errements de la papauté, arrivée à son plein développement, ont fait surgir au commencement du xvie siècle les réformes de Luther et de Calvin, comme progrès évolutif, sans être définitif. Les Églises réformées sont elles-mêmes en travail d'évolution progressive, comme les États politiques de la chrétienté, au moyen de la libre pensée et de l'éducation des classes ouvrières. Il est difficile de prévoir quels seront les progrès de la religion de l'avenir, mais on peut supposer que la doctrine de saint Paul, telle qu'elle est imparfaitement expliquée par les Églises réformées (qui affirment que c'est « la foi seule qui sauve », quelle que soit la conduite morale), sera complétée par une plus profonde intelligence de l'Évangile de saint Jean, sur la nature de la perfectibilité spirituelle de l'âme humaine et la divinité du Christ. La libre pensée est un moyen de faciliter cette nouvelle transformation.

Cette esquisse générale suffit pour indiquer les phases successives du progrès évolutif dans le passé, et pour faire sentir la nécessité des progrès dans l'avenir, car jusqu'à ce que le fœtus social ait pu atteindre la formation complète d'un organisme collectif, analogue à celle du fœtus individuel à la fin du sixième mois de l'évolution métamorphique, on ne peut pas supposer qu'il puisse y avoir un arrêt du développement, qui fixerait l'animalité actuelle comme but définitif de l'évolution sociale et religieuse.

Quand l'évolution sociale aura réalisé la confédération universelle des races humaines sur tous les continents, l'organisme collectif aura atteint la fin de la seconde période de sa formation, analogue à la fin du sixième mois de la vie fœtale de l'organisme individuel. Quels seront les phénomènes de *roboration* collective analogues à la troisième période de l'embryologie individuelle ?

Le fœtus individuel croît en volume pendant les derniers mois ; le fœtus collectif pourra bien augmenter en nombre. On raconte que les indigènes de l'Australie ont l'habitude de dire et de croire qu'après la mort ils renaîtront dans les familles de la race blanche : *Me die black man, jump up again white man.* (Moi mourir nègre ; revenir à la vie homme blanc.) C'est une inspiration de leurs sorciers, une véritable inspiration du ciel.

D'après cela nous pouvons supposer qu'il y aura des alternats d'incarnations sociologiques de race à race, et d'hémisphère en hémisphère.

Les phénomènes roboratifs de l'unité organique doivent être à la fois des progrès de l'art industriel et la neutralisation des antipathies de race à race dans l'Orient et l'Occident ; dans l'hémisphère boréal et l'hémisphère austral. Pour que les hommes puissent mieux se comprendre, il faut qu'ils puissent mieux se connaître et s'apprécier. Nous imaginons que ce but pourra être atteint par des naissances successives d'âmes humaines des races de l'Orient dans les familles de races d'Occident, et *vice versa* ; des races de latitudes frigi-variables dans les latitudes intertropicales, et *vice versa*. A la fin d'un certain nombre d'alternats de cet ordre, les âmes individuelles auront eu l'expérience de la vie et des habitudes sociales dans toutes les conditions de climat et de mœurs connues sur la terre ; elles pourront alors se comprendre mutuellement et s'aimer comme des sœurs.

Pour cela il faudra peut-être plusieurs milliers d'années, comme il faut plusieurs mois pour la troisième période de la vie roborative du fœtus individuel.

L'expérience laisse ses traces sur les âmes, quand

même les idées s'effacent de la mémoire, pendant la vie ordinaire et pendant les alternats de la vie terrestre.

Ces inductions de l'inconnu tirées des phénomènes connus ne sont utiles que pour exercer l'intelligence du lecteur. On ne doit pas les ériger en dogmes.

La religion et les traditions de l'humanité posent des questions de la destinée de l'humanité dans le monde naturel et dans le monde surnaturel; la sociologie devient ainsi amphicosmique. Nous laissons la religion où elle en est à présent, pour poser la question de la sociologie amphicosmique au point de vue ontologique.

PROVIDENCE UNIVERSELLE HIÉRARCHIQUE.

Providences épicosmiques.
1. La mère, providence de l'enfant.
2. Le père, providence de la famille.
3. Le gouvernement, providence de l'Etat.
4. L'humanité céleste, providence de l'humanité terrestre.

Providences cosmiques.
1. Monocosmique, soleil, centre recteur des planètes.
2. Polycosmiques, soleils recteurs de systèmes.
3. Zodiacosmiques, soleils recteurs de systèmes.
4. Galactocosmiques, centres recteurs de systèmes.
5. Nébulocosmiques, centres recteurs de systèmes.
6. Pancosmiques, centres recteurs de systèmes.

Providences hypercosmiques.
L'*humanité céleste* épicosmique, puis des systèmes hypercosmiques en tous degrés, jusqu'à la Providence céleste hypercosmique de l'INFINI ABSOLU, éternellement conscient, omniscient, omniprésent et omnipotent.

SOCIOLOGIE AMPHICOSMIQUE.

Dans ce genre d'études on est obligé de former des hypothèses plus ou moins vraisemblables comme bases temporaires de spéculation, avec l'analogie pour nous guider dans les rapports du connu avec l'inconnu.

Nous supposons donc que l'âme tout entière de l'oiseau est dans l'œuf dès le commencement de la formation de l'embryon. Nous supposons de même que toutes les forces occultes et potentielles de notre planète ont existé pendant l'état incandescent de la matière, avant le refroidissement de la surface, et l'évolution des règnes inorganiques et organiques; c'est-à-dire toutes les forces physiques de l'atmosphère, de l'Océan et des roches, ainsi que celles de la fournaise ipnosphérique : toutes les forces vitales des règnes végétal, animal et hominal.

Cette hypothèse implique l'idée que les forces occultes et potentielles de la vie peuvent exister en alliance avec les forces physiques de l'éther dans une température élevée, aussi bien que dans une température moyenne ou basse de la matière du globe. Elle implique l'idée que les âmes humaines peuvent exister dans le monde invisible pendant des millions de siècles avant de descendre dans le monde visible.

Nous savons quelles sont les forces vitales qui animent le corps de l'oiseau pendant l'évolution embryologique et après la formation complète de son corps, mais nous ne savons pas quelles sont en somme les forces potentielles qui animent la totalité des âmes de l'humanité collective sur notre planète, avant la formation des premiers individus dans le monde visible.

Dans le commencement des temps préhistoriques le nombre des familles a dû être très faible. Ce nombre est allé en augmentant de siècle en siècle, et pourrait peut-être arriver à plusieurs milliards d'individus avant d'occuper toutes les régions habitables de la terre. Supposons quatre milliards, pour avoir un point de départ. On peut supposer à volonté un nombre plus ou moins grand. Il s'agit seulement ici d'avoir un point fixe pour demander quelles seront finalement les proportions relatives entre le nombre des âmes humaines coexistantes simultanément dans le monde naturel et dans le monde surnaturel.

Supposons que le nombre total des âmes humaines sur la planète, dans le monde invisible, au commencement, a été de douze milliards comme forces vitales potentielles de l'humanité collective, et que, peu à peu un tiers de ce nombre doit descendre et vivre dans le monde naturel, pendant que deux tiers du nombre doivent occuper le monde surnaturel ; que la limite naturelle de la vie individuelle dans ce monde soit de cent ans, et la limite de la vie individuelle dans le monde invisible deux cents ans. Huit milliards d'âmes dans un monde et quatre milliards d'âmes dans l'autre feraient des alternats d'existences dans chaque monde en raison d'un séjour de moitié moins longtemps dans le monde naturel que dans le monde surnaturel. Chaque âme passerait cent ans ici-bas, pour deux cents ans là-haut. Cela suppose un équilibre stable entre les deux humanités après la formation complète d'un organisme sociologique dans chaque monde, ayant des *fonctions* de perfectionnement des règnes dans l'un et l'autre monde.

Nous avons une idée générale des fonctions de l'humanité collective dans le monde naturel, mais non dans le monde surnaturel. Cela viendra peut-être plus tard, quand l'évolution métamorphique de l'organisme social sera terminée, quand l'humanité terrestre entrera dans un monde de lumière spirituelle après être sortie des ténèbres de la vie fœtale.

Dans sa lettre aux Corinthiens, saint Paul dit : « Ce « que nous avons *maintenant* de science et de prophétie « est très imparfait ; mais lorsque nous serons dans l'état « parfait, tout ce qui est imparfait sera aboli... Nous ne « voyons maintenant que comme en un miroir et en des « énigmes ; mais alors *nous verrons Dieu* face à face. « Je ne connais maintenant Dieu qu'imparfaitement ; « mais alors je le connaîtrai comme je suis moi-même « connu *de lui*.

« Maintenant ces trois *vertus : la foi, l'espérance et la* « *charité* demeurent ; mais entre elles la plus excellente « est *la charité*. » (I Cor., chap. 13.)

Ces idées sont venues à saint Paul par inspiration,

et notre hypothèse est d'accord avec les idées de saint Paul.

Dans cette hypothèse, on comprend que la limite naturelle de la vie individuelle doit être raccourcie dans une population restreinte sur le globe, pour laisser venir un plus grand nombre au fur et à mesure que les moyens de vivre sont multipliés par les progrès de l'art et de la science. Aussi voit-on que la vie moyenne n'est que le tiers de la limite naturelle, tandis que le nombre des âmes n'est que le tiers de quatre milliards d'âmes que nous avons supposés pour le nombre complet de l'humanité collective ici-bas.

Les révolutions de la vie, dans les quatre mondes de l'existence, sont donc accélérées pendant la période de l'évolution sociale métamorphique, en comparaison avec celles de la vie amphicosmique, après la formation complète de l'organisme collectif. Les principales causes de cette accélération sont faciles à distinguer dans les famines, les pestes, les maladies et les guerres dans toutes les races, sur tous les points du globe.

Les causes du mal social en ce monde sont les imperfections de la nature inculte du globe et de l'humanité; et ces imperfections nécessitent l'accélération des alternats de la vie pendant l'évolution métamorphique. C'est là le mystère de l'iniquité qui doit disparaître à la fin de la formation complète de l'organisme collectif, comme il est prédit dans la Bible pour ceux qui savent lire et ont les yeux de l'esprit assez ouverts pour discerner le sens prophétique de la révélation.

Ce genre de spéculation sur la destinée de l'humanité, et les alternats de la vie dans les quatre mondes d'existence, n'intéresse qu'un petit nombre d'esprits aujourd'hui. Dans l'avenir on aura plus de moyens scientifiques et philosophiques pour approfondir de tels problèmes et en profiter.

Pour le moment, on a la révélation spirituelle de l'Évangile, et la révélation naturelle de la création, pour guider l'homme dans la recherche de la vérité.

Le Christ est venu du ciel pour aider le fœtus collectif de l'humanité terrestre à former la conscience morale et religieuse sur le type de la perfection céleste; il a promis l'inspiration du Saint-Esprit pour éclairer l'esprit humain d'une lumière suffisante (jusqu'à présent multicolore), pour aider la raison à se former progressivement, en conformité ultime avec la vérité absolue des lois invariables de la nature, cosmique et hypercosmique; visible et invisible; naturelle et surnaturelle.

« Je vous ai dit ceci, demeurant *encore* avec vous;
« mais le Consolateur, *qui est* le Saint-Esprit que *mon*
« Père enverra en mon nom, vous enseignera toutes
« choses, et vous fera ressouvenir de tout ce que je vous
« ai dit. » (Saint Jean, IV, 25 et 26.)

Envoyé au nom du Christ, saint Paul a apporté beaucoup de lumière; Luther a suivi la lumière de saint Paul; Swedenborg, illuminé par le Saint-Esprit, a rappelé tout ce que le Christ a dit dans l'Évangile de saint Jean. Au nom du Christ nous vous rappelons ce qui est dit dans les paroles de l'Évangile sur la lumière spirituelle, et dans la création sur la lumière naturelle. C'est là notre mission et notre conclusion religieuse. « There is a Divinity which shapes our ends, rough-hew them as we will. » (Shakespeare.)

CONCLUSION POLITIQUE.

Quelle doit être la conclusion politique d'une étude sociologique? Quelle est la destinée de l'humanité sur la terre? N'est-ce pas la culture intégrale des règnes de la nature? Or, le globe est en grande partie inoccupé par les races industrielles et commerciales, tandis que l'Europe est encombrée de populations dont une partie végète dans la misère. La colonisation des régions incultes en Amérique, en Afrique et en Australie ne fait que des progrès lents et sans ordre combiné.

Les familles pauvres n'aiment pas s'expatrier pour améliorer leur sort, et les gouvernements sont trop préoccupés des possibilités de la guerre pour avoir le temps d'étudier les intérêts de la paix. On augmente de plus en plus les armées de terre et de mer qui poussent à l'appauvrissement des populations. Cela doit dégoûter de leur pays les familles pauvres et les forcer à chercher fortune dans les colonies. Plus il y a de misère en Europe parmi les populations industrielles, mieux ça vaut pour la colonisation nécessaire à la culture intégrale du globe. Bien que les gouvernements appauvrissent les peuples par la manie des armements excessifs, ils ne font que la moitié de la besogne nécessaire à la dispersion des travailleurs utiles ; car l'organisation d'une émigration et d'une colonisation systématiques serait aussi importante pour encourager les travailleurs à coloniser, que l'augmentation de la misère pour les dégoûter de leur pays natal où ils sont trop à l'étroit pour trouver largement place au soleil.

Ce qui est aussi certain que les lois de l'évolution sociale, c'est que les prolétaires de l'Europe occidentale et surtout de l'Irlande occidentale seront plus malheureux à la fin du siècle qu'ils ne le sont aujourd'hui, si l'émigration continue ne dépasse pas l'augmentation continue de la population, quels que soient les changements de la législation, et l'amélioration des procédés de l'agriculture. Sans manufactures et commerce très développés, la terre ne pourra jamais nourrir convenablement plus d'un nombre donné de familles par kilomètre carré, selon la qualité du sol, et les conditions du climat ; et ce nombre est déjà dépassé d'au moins un million en Irlande, et de plusieurs millions dans d'autres pays pauvres de l'Europe.

Les propriétaires avides et les paysans ignorants ne connaissent pas les lois économiques, ou ne veulent pas se soumettre aux lois de la nécessité dispersive de la population sur tous les points du globe. Ils ne demandent pas mieux que de « croître et de multiplier », sur place ; mais de remplir toute la terre pour la soumettre (cultiver) et avoir à dompter les animaux de la mer, de l'atmosphère et de la terre, cela ne leur sourit guère ; ils aiment mieux ne pas s'occuper de ces devoirs-là. La misère et les souffrances les y forceront tôt ou tard.

ÉMIGRATION VOLONTAIRE.

La colonisation spontanée a déjà beaucoup fait pour répandre la population sur les points du globe trop peu peuplés. Les gouvernements civilisés pourraient organiser un système d'émigration volontaire pour aider les jeunes gens à émigrer dans les pays encombrés de population excessive, qui ne trouvent pas d'ouvrage dans leur pays natal. On pourrait distraire une partie des budgets de la guerre, pour encourager l'émigration volontaire, là où les jeunes gens des deux sexes ne peuvent pas trouver d'emploi utile dans les centres industriels trop peuplés. On pourrait faire des avances d'argent pour les frais de voyages, sous l'engagement des sollicitants à rembourser les fonds avancés dans un temps limité après leur établissement dans une colonie choisie par eux-mêmes avant le départ, d'après des renseignements fournis par les bureaux d'émigration organisés par les autorités compétentes en pareille matière.

Nous suggérons l'idée, sans espoir que les classes privilégiées par la fortune ne fassent rien du tout pour aider les classes déshéritées qui s'irritent de plus en plus et ne rêvent que bouleversement et anarchie révolutionnaire.

LIVRE TROISIÈME

REGNES DE LA NATURE

EPICOSMOLOGIE ANALYTIQUE

(*Cosmos*, globe; *epi-cosmos*, ce qui est sur le globe.)

La classification des règnes est une question de morphologie, et la science une question de lois invariables. La nature présente des formes physiomorphes dans le règne minéral; phytomorphes dans le règne végétal; zoomorphes dans le règne animal; anthropomorphes dans le règne hominal; cosmomorphe dans le système solaire.

Quelles sont les forces occultes qui animent toutes ces formes? Les lois qui gouvernent leurs modes de mouvement?

Ces questions sont au fond de toutes les sciences naturelles.

Dans l'analyse d'une locomotive automatique on voit bien quelles sont les causes efficientes du mécanisme et les causes finales de la raison humaine dans l'invention.

Il en est de même dans l'analyse des règnes de la nature. L'analyse d'un organisme quelconque commence par l'unité pour descendre aux détails des parties constituantes. L'évolution d'un organisme commence par l'origine des premiers germes pour suivre les phases successives de la synthèse métamorphique de l'unité complète. C'est donc le type pleinement formé qui donne la *valeur ultime* des *premiers germes*. L'analyse du type développé doit précéder la synthèse morphologique et spécifique.

Les unités morphologiques sont très diverses, mais le *schéma théorique* est le même pour un type de forme quelconque, homme, animal ou plante. Cette unité de plan organique révèle les lois de la vie et donne la clef de l'ordre universel. Avec cette clef, la classification des règnes devient facile.

Dans son livre sur « *les Sciences naturelles et les Problèmes qu'elles font surgir* » (un volume traduit de l'anglais, Paris, 1877), le professeur Huxley (p. 144) dit que :

« La *structure* de chaque animal est si bien définie,
« marquée d'une façon si précise, que, dans l'état actuel
« de nos connaissances, aucune forme ne peut être allé-
« guée comme preuve de transition d'un groupe à un
« autre; des vertébrés aux annelés; des mollusques aux
« cœlentérés; pas plus aujourd'hui qu'aux époques an-
« ciennes dont la géologie étudie les annales. N'allez
« pas croire pourtant que, si ces formes de transition
« n'existent pas, les animaux faisant partie des divers
« embranchements soient sans rapports les uns avec les
« autres, et tout à fait indépendants. Au contraire, à
« leur *premier état*, ils se ressemblent tous, et les germes
« primordiaux de l'homme, du chien, de l'oiseau, du
« poisson, du hanneton, du limaçon, du polype, ne sont
« séparés les uns des autres par aucun caractère essen-
« tiel de structure. »

C'est-à-dire que les germes n'ont pas de structure morphologique, et dès lors il ne peut y avoir de différences de cet ordre.

Nous ferons observer cependant que l'œuf d'un pigeon ne donne jamais origine à un aigle; un grain de blé ne donne jamais origine à l'avoine. Le microscope ne montre pas ce que l'histoire de l'œuf révèle très clairement. Le microscope seul ne peut pas tout expliquer.

M. Huxley lui-même parle d'un critérium morphologique et d'un « organisme ambigu, l'*œthalium septicum* », à la fois plante et animal, selon quelques auteurs, et dit (p. 179) qu' « on établit ainsi un règne intermédiaire, « une sorte de terrain neutre, siège de toutes ces formes « douteuses. Mais comme il est impossible, chacun le « reconnaît, d'établir une limite bien tranchée entre ce « terrain neutre pour le séparer d'une part du monde « végétal, et du monde animal de l'autre, il me semble « qu'on n'est ainsi arrivé qu'à mettre ici deux difficultés « au lieu d'une. »

Il y a néanmoins des types ambigus dans tous les règnes. Il y a des formes dégradées au point de perdre la plupart des caractéristiques du type auquel elles appartiennent; telle que l'*amphioxus*, qu'on a de la peine à reconnaître pour une forme rudimentaire du type des vertébrés; il y a des types *développés* jusqu'à prendre en quelque sorte les caractéristiques d'un type plus élevé; les vers « scolescimorphes » ont tant de ressemblance avec les vers annélides, que M. Huxley lui-même les nomme *annuloïdes*. Il faut tenir compte de ces liens intermédiaires entre des types différents pour voir ce qu peut être suggéré par de pareils liens entre des ordres inférieurs et supérieurs dans l'unité universelle.

M. Huxley dit ailleurs, en parlant de la morphologie du homard (p. 139) : « Mais heureusement il y a un « *critérium* de la vérité morphologique, une pierre de tou- « che pour reconnaître ce que valent les analogies appa- « rentes. Notre homard n'est pas, n'a pas toujours été « tel que nous le voyons : il a été œuf, petite masse semi- « fluide de jaune ou *vitellus*, grosse tout au plus comme « une petite tête d'épingle, renfermée dans une mem- « brane transparente, et ne présentant pas la moindre « trace des organes qui, chez l'adulte, nous étonnent par « leur multiplicité et leur complexité. Mais bientôt il se « produit, sur un des côtés du jaune, une petite mem-

« brane cellulaire faisant légèrement tache, et c'est cette
« tache qui est le *fondement* de tout l'animal, le MOULE
« où il va se former. »

Après avoir décrit les phases successives de l'évolution métamorphique du homard comme organisme articulé, M. Huxley continue : « Ainsi donc, l'étude du dévelop-
« pement prouve que la *doctrine de l'unité de plan* n'est
« pas seulement une vue de l'esprit, un genre d'interpré-
« tation des choses, mais que cette doctrine est l'*expres-*
« *sion même* des faits naturels. »

C'est comme si l'on disait qu'une brique est l'*élément fondamental* d'un pan de mur, et qu'un petit pan de mur est le *critérium* d'un bâtiment quelconque, le *moule* où va se former une cabane ou un palais, un grand théâtre ou une cathédrale.

Une similitude de briques ne donne pas le plan d'un édifice ; une similitude de cellules organiques ne donne pas le plan morphologique d'un type d'organisme. La similitude physiologique des œufs d'espèces différentes n'indique pas le plan morphologique d'un organisme.

Une petite membrane cellulaire faisant *tache* sur un des côtés du jaune n'est pas un *plan architectonique* d'un organisme. « La petite membrane cellulaire faisant légè-
« rement tache sur un des côtés du jaune de l'œuf » n'indique jamais le type de l'organisme développé.

Il y a unité de plan dans la nature, mais ce n'est pas la similitude des œufs de toute espèce qui donne la clef de l'unité. Ce sont les fonctions physiologiques qui donnent les lois d'ordre et de nombre dans le mécanisme morphologique et l'unité de plan dans le *schéma organique*.

La doctrine de M. Huxley est vraiment par trop simple. L'homme n'aurait qu'à regarder « la petite mem-
« brane qui se produit sur un des côtés du jaune de
« l'œuf », au commencement de l'incubation, pour com-

prendre l'unité organique de la nature universelle, et la variété infinie dans l'unité absolue.

M. Huxley trouve les « bases physiques de la vie » dans la substance protoplasmique, et la *loi de l'unité de plan* dans la petite tache sur un des côtés du jaune de l'œuf.

Il trouve aussi des rapports de similitude entre les phénomènes de synthèse chimique et ceux de la synthèse sociologique.

« Le processus de l'organisation sociale, dit-il, est
« comparable, non pas tant au processus du développe-
« ment organique qu'à la synthèse chimique, par laquelle
« les éléments indépendants sont graduellement combi-
« nés sous forme d'agrégats complexes, où chaque élé-
« ment conserve une individualité indépendante, bien
« qu'il soit maintenu en subordination à l'égard de l'en-
« semble. Par exemple, les atomes de carbone et d'hy-
« drogène, d'oxygène, d'azote, qui entrent dans la con-
« stitution d'une molécule complexe, ne perdent pas les
« propriétés qui leur sont originairement inhérentes
« quand ils s'unissent pour former cette molécule, dont
« les propriétés expriment celles des forces de l'agréga-
« gation totale qui ne se neutralisent pas et ne se balan-
« cent pas réciproquement. Chaque atome a donné quelque
« chose pour que la société atomique ou molécule puisse
« subsister, et dès qu'un ou plusieurs atomes associés
« reprend la liberté qu'il avait abandonnée, et obéit à
« quelque attraction extérieure, la molécule est défaite,
« et toutes les propriétés particulières qui dépendent de sa
« constitution s'évanouissent. Toute société, *grande* ou
« *petite*, ressemble à une molécule complexe de cette
« nature ; les atomes y sont représentés par des hommes,
« avec toutes ces attractions et répulsions si diverses qui
« se manifestent par leurs désirs et leurs volitions, et
« nous appelons liberté le pouvoir illimité de les satis-
« faire. La molécule sociale existe par l'abandon que

« fait chaque individu d'une part plus ou moins grande
« de cette liberté. Elle se décompose quand l'attraction
« du désir conduit chacun à reprendre cette liberté dont
« la répression est nécessaire à l'existence de la molécule
« sociale. Le grand problème de cette chimie sociale que
« nous appelons politique, c'est de découvrir quels sont
« les désirs du genre humain qui peuvent être satisfaits,
« quels sont ceux qui doivent être réprimés, pour que ce
« composé complexe, la société, puisse échapper à la dé-
« composition. »

Cela revient à dire qu'il faut chercher dans les individus ou dans les familles la nature des affinités et des attractions qui les entraînent à s'associer.

L'association des éléments chimiques forme des molécules de l'atmosphère, de l'Océan, et des roches de la croûte solide.

L'association des cellules organiques forme des tissus dans l'organisme d'une plante ou d'un animal, mais la combinaison des tissus dans les organes et les appareils d'un type d'organisme quelconque est une question beaucoup plus compliquée, et cependant nécessaire d'aborder dans l'analyse des règnes de la nature. Les organes distincts et très différents de forme structurale et de fonctions physiologiques sont associés dans l'unité organique du corps humain. Le cœur est associé avec les poumons et les reins, dans le système vasculaire; le système musculaire est associé avec le système osseux; tous les systèmes morphologiquement distincts sont associés dans l'unité complexe du corps individuel.

Dans l'unité complexe des règnes de la nature, les individus sont associés dans l'espèce procréative; les espèces sont reliées dans les genres; les familles dans les ordres; les ordres dans les classes; les classes dans les règnes; les règnes organique, inorganique et sociologique dans l'unité épicosmique.

L'unité du monde n'a rien de plus complexe que la diversité des formes et des forces connues dans l'unité de la vie humaine.

L'homme est un type spécial de forme et de structure; le monde épicosmique un type spécial d'organisme collectif parmi les mondes qui existent sur les planètes de notre système solaire.

L'homme a une origine généalogique, ici-bas, et la terre une origine cosmologique dans l'univers. L'homme passe par une série de phases métamorphiques pendant la vie fœtale, avant d'arriver à la formation complète de toutes les parties de son corps; le monde épicosmique passe par une série de phases paléontologiques avant d'arriver à la formation complète de tous les règnes.

Nous posons la question de l'unité universelle des règnes, en parallèle avec l'unité de la nature humaine, qui résume le degré le plus élevé des forces et des formes connues dans ce monde. Cette analyse doit se faire à trois points de vue différents, à savoir :

1° Le point de vue de l'analyse des règnes, classes, sections, ordres et espèces dans l'unité intégrale, et dans les unités de règnes;

2° Le point de vue des caractéristiques physiologiques et psychologiques de l'unité intégrale, et des unités de règnes;

3° Le point de vue de l'origine et de l'évolution de l'unité épicosmique et des unités de règnes.

La progression analytique doit descendre de l'unité collective la plus générale, jusqu'à l'unité individuelle la plus élémentaire de chaque règne ; des organismes individuels forment les éléments les plus simples dans les règnes organiques, mais dans les règnes inorganiques il faut descendre jusqu'aux molécules et aux atomes de la matière pour arriver aux éléments les plus simples de la constitution structurale de ces règnes.

Le tableau de l'unité structurale du corps humain est un type de l'unité schématique de tous les organismes complexes de la nature.

L'échelle générale des règnes est facile à retenir, les détails sont fatigants pour la mémoire. Pour l'étude des théories de l'analyse générale il faut consulter le livre V sur la méthode biotechnique. Là on verra en quoi et pourquoi l'unité universelle épicosmique diffère de l'unité générale d'un règne, et l'unité d'un règne de l'unité d'un organisme individuel, tout en étant soumise à une seule loi organique.

Quel que soit le rang du monde épicosmique sur notre globe, parmi les formes de la vie sur d'autres planètes, ce type collectif a nécessairement une origine phénoménale dans l'univers, et spécialement sur notre planète.

Ce type d'unité collective existe potentiellement dans un monde invisible avant le commencement de l'évolution paléontologique, et pendant la période de l'évolution métamorphique, dans le monde visible. Les règnes organiques n'ont pu descendre sur la terre, qu'au fur et à mesure de l'évolution des milieux convenables à la vie terrestre. Le milieu aquatique a été habité le premier, par un certain nombre de formes simples de la vie; le milieu atmosphérique n'a été que longtemps après suffisamment développé pour convenir à la vie des types supérieurs d'organismes animaux et végétaux; l'homme lui-même n'a pu descendre des sphères invisibles de la vie potentielle que longtemps après toutes les autres espèces d'organismes.

On peut comparer les phases de l'évolution paléontologique à la vie embryonnaire de l'homme individuel ; et les phases de l'évolution métamorphique de l'homme sont naturellement subdivisées en trois grandes parties :

1° Deux mois de vie embryonnaire métamorphique ;
2° Quatre mois de vie fœtale métamorphique ;

3° Trois mois de vie fœtale roborative.

Au bout de six mois le fœtus est complètement formé et peut naître ; au bout de sept mois le fœtus est plus fort et peut naître avec meilleures chances de vivre ; au bout de neuf mois le fœtus peut naître vigoureux et croître en volume, si les conditions d'allaitement et de soin lui sont favorables.

L'évolution métamorphique du monde épicosmique peut aussi être divisée en trois grandes périodes très inégales, dont les proportions relatives sont inconnues, savoir :

1° La période de l'évolution géologique des règnes inorganiques ;

2° La période de l'évolution paléontologique jusqu'à l'homme:

3° La période fœtale de l'évolution sociologique de l'humanité terrestre.

On peut supposer des millions d'années pour la première période ; des centaines de mille ans pour la seconde ; une dizaine de mille ans pour la troisième.

Toutes ces questions doivent être posées par la science, avant qu'on ne puisse connaître les lois de la vie collective sur notre globe. Si l'on veut connaître, même partiellement, quelques-unes de ces lois, il faut avoir le courage de poser les problèmes, et de chercher les moyens de les résoudre. Un des meilleurs moyens, c'est de passer de l'analyse progressive à l'analyse systématique de l'unité complexe de la vie épicosmique, comme nous l'avons fait pour l'étude de la vie de l'homme individuel ; ainsi :

UNITÉ ÉPICOSMIQUE.

Principes ontologiques.
- Z. *Principes, forces et lois.*
- Y. Conditions d'équilibre statique et dynamique.
- X. Créations ou produits épicosmiques.
- W. Créateurs de produits artificiels.

SCHÉMA ORGANIQUE.

Monde organique.	VII. Règne des animaux vertébrés. 7. Règne des animaux articulés. VI. Règne des animaux mollusques. 6. Règne des animaux rayonnés. V. Règne des plantes phanérogames. 5. Règne des plantes cryptogames.
Monde inorganique.	IV. Règne ipnosphérique, électro-moléculaire. III. Règne géosphérique (roches plutoniques). 2. Règne reliquial (roches neptuniennes). II. Règne océanique (thalattosphérique). 1. Règne pluvial (médiosphérique). I. Règne atmosphérique.

Chacun de ces règnes forme une unité complexe d'ordre secondaire. Quelques mots suffiront pour expliquer la table.

Z. Les forces indestructibles du monde épicosmique sont les forces vitales des règnes organiques et les forces physiques des sphères inorganiques :

Forces vitales.	H. *Hominales.* O. Animales. U. Zoophytales. N. Végétales.
Forces physiques.	H. *Barologiques.* U. Photologiques. O. Thermologiques. N. Electrologiques.

Y. Les conditions de l'équilibre statique et dynamique des forces vitales et physiques, dans ce monde et dans le monde potentiel de la vie, sont les suivantes :

Conditions de la vie évolutive.	H. *Dans le monde potentiel.* U. Dans le monde de l'incarnation. O. Dans le monde naturel. N. Dans le monde de la résurrection.

On ne sait pas quelles sont les conditions de la vie dans le monde invisible; nous connaissons les conditions de la vie embryonnaire dans le monde limbique et les conditions de la vie dans le monde naturel; mais on ne connaît que très imparfaitement les conditions de la vie de l'âme après la mort du corps.

X. Créations organiques et inorganiques.
- H. *Produits du règne sociologique.*
- U. *Produits des règnes inorganiques.*
- N. *Produits des règnes mixtes.*
- O. *Produits des règnes organiques.*

W. Créateurs organiques et inorganiques.
- H. *Producteurs sociologiques.*
- U. *Producteurs inorganiques.*
- N. *Producteurs des règnes mixtes.*
- O. *Producteurs organiques.*

On sait que les végétaux ont produit d'énormes dépôts de charbons fossiles, exploités aujourd'hui par l'homme sur divers points du globe ; les animaux ont produit d'énormes quantités de conques et d'autres restes fossiles de leurs corps, laissés dans les couches de roches superposées dans la croûte du globe ; les animalcules zoophytes ont produit des bancs de corail et d'autres substances organisées au fond de la mer, plus ou moins près de la surface ; la race humaine a produit des instruments et des monuments de son industrie sur tous les points de la terre pendant la succession des âges historiques et même préhistoriques.

Le règne pluvial a produit des deltas de sables à l'embouchure des fleuves ; la fournaise volcanique et ipnosphérique soulève et abaisse successivement les surfaces de la croûte solide du globe, comme les marées soulèvent et abaissent les surfaces de l'Océan. Les roches plutoniques sont effritées par les vagues de la mer et les pluies. Ces dépôts accumulent les couches stratographiques des roches neptuniennes qui forment les cimetières des restes fossiles des règnes organiques.

Les créateurs sociologiques et leurs produits sont les suivants :

X. Créations sociologiques.
- H. *Créations industrielles.*
- U. *Créations artistiques.*
- N. *Créations scientifiques.*
- O. *Créations socio-politiques.*

W. Créateurs sociologiques.
- H. *Corporations industrielles.*
- U. *Corporations artistiques.*
- N. *Corporations scientifiques.*
- O. *Classes, sociétés, autorités,* etc.

LES DOUZE RÈGNES.

Dans la nature inorganique, l'atmosphère entoure la planète; l'Océan entoure la terre solide presque entièrement; la croûte solide entoure la fournaise ipnosphérique, qui, à son tour, enveloppe le noyau du globe. Voilà donc quatre sphères concentriques de constitutions physiques différentes, et de fonctions distinctes dans l'unité cosmique de la planète.

Le règne *pluvial* est intermédiaire entre l'Océan et l'atmosphère; et le règne *reliquial* est intermédiaire entre l'Océan et les roches ignées du globe. C'est-à-dire que les formations neptuniennes de la croûte sont tout à fait distinctes des formations plutoniennes; et de plus, les couches géologiques, formées par les détritus de roches ignées, contiennent en même temps les fossiles d'animaux et de végétaux qui ont paru successivement et disparu pendant l'évolution de la vie sur notre planète. Les roches neptuniennes contiennent les fossiles qui sont l'objet principal des investigations géologiques et paléontologiques, comme la météorologie est l'étude des phénomènes du règne pluvial.

En outre de ces trois sphères distinctes et des deux quasi-sphères intermédiaires, on peut distinguer le règne de la fournaise ipnosphérique. On sait que l'incandescence isole les éléments simples de la matière. Nous verrons par l'analyse systématique que les éléments simples indivisibles par la chimie sont des individualités électro-magnétiques aussi distinctement arrangées en classes, ordres, genres et espèces, que les diverses classes, ordres et familles des autres règnes.

Cela nous donne six règnes naturellement divers dans la section inorganique; et nous trouverons le même nombre de règnes distincts dans la section organique.

Le type structural des animaux *vertébrés* diffère du type des animaux *articulés*; tous les deux diffèrent du type des *mollusques*, qui, à leur tour, diffèrent des types des animaux *rayonnés*. Ceci nous donne quatre types de structure qu'on a nommés sous-règnes, ou « embranchements ».

Le « règne végétal » a été subdivisé par les botanistes en embranchements, sous les noms de plantes *phanérogames* et de plantes *cryptogames*.

Ces plantes sont des organismes physiologiques pouvant se reproduire tout comme les animaux, qui sont des organismes physiologiques pouvant se reproduire de génération en génération.

Ces quelques mots suffiront pour faire comprendre nos définitions de l'unité épicosmique des règnes de la nature sur notre globe. Les subdivisions du tableau synoptique feront voir l'universalité de l'analyse.

TABLEAU SYNOPTIQUE.

SECTION CONNECTIVE.

Z. Forces indestructibles, lois invariables.
1. *Forces physiques*, etc.
2. Forces vitales, physiologiques, etc.
3. Lois mathématiques (physiques).
4. Lois biotechniques (vitales).

Y. Conditions dans temps et espace.
1. *Conditions de la vie invisible*.
2. Conditions de la vie embryonnaire.
3. Conditions naturelles de la vie.
4. Conditions résurrectionnelles de la vie.

X. Créations sociologiques.
1. *Création des instruments*.
2. Création des arts.
3. Création des sciences.
4. Création des sociétés.

W. Créateurs sociologiques.
1. *Créateurs : Inventeurs*, etc.
2. Créateurs : *Poètes, artistes*.
3. Créateurs de sciences : *Philosophes*.
4. Créateurs de sociétés : *Prophètes*, etc.

SCHÉMA ORGANIQUE.

SECTION DU MONDE ORGANIQUE.

- **VII. Règne des vertébrés.**
  1. *Classe des mammifères.*
  2. Classe des oiseaux.
  3. Classe des reptiles.
  4. Classe des poissons.

- **7. Règne des articulés.**
  1. *Classe des crustarachnides.*
  2. Classe des insectes.
  3. Classe des myriapodes.
  4. Classe des annélides.

- **VI. Règne des mollusques.**
  1. *Classe céphalique.*
  2. Classe acéphale : lamellibranches.
  3. Classe acéphale : brachiopodes, etc.
  4. Classe acéphale : polyzoaires.

- **6. Règne des radiés.**
  1. *Classe des échinodermes.*
  2. Classe des scolesciformes.
  3. Classe des cœlentérés.
  4. Classe des protozoaires.

- **V. Règne des phanérogames (De Jussieu).**
  1. *Classe des dicotylédonées.*
  2. Classe des monocotylédonées périanthes.
  3. Classe des monocotylédonées apérianthes.
  4. Classe des monocotylédonées aquatiques.

- **5. Règne des cryptogames (Lindley).**
  1. *Classe des « acrogenales ».*
  2. Classe des « lichenales ».
  3. Classe des « fungales ».
  4. Classe des « algales ».

SECTION DU MONDE INORGANIQUE.

- **IV. Règne ipnosphérique.**
  1. *Sphère incandescente, ondulatrice.*
  2. Zones équatoriales volcaniques.
  3. Zones tempérées volcaniques.
  4. Zones polaires volcaniques (?), aurores (?).

- **III. Règne géosphérique (roches ignées).**
  1. *Roches volcaniques : basaltes, etc.*
  2. Roches plutoniques : granits, etc.
  3. Roches métamorphiques.
  4. Roches polaires, primitives.

- **2. Règne reliquial (fossiles, etc.).**
  1. *Monuments archéologiques, etc.*
  2. Fossiles organiques paléontologiques.
  3. Roches madréporiques, etc.
  4. Roches neptuniennes, etc.

- **II. Règne thalattosphérique (l'Océan).**
  1. *Couches synorganiques de l'Océan.*
  2. Couches souterraines azoïques.
  3. Couches profondes azoïques.
  4. Glaces polaires azoïques.

- **1. Règne pluvial.**
  1. *Aqua-pluvial, neige, grêle, etc.*
  2. Météoro-pluvial : bolides, etc.
  3. Pulvéro-pluvial : germes organiques, etc.
  4. Gazo-pluvial : acide carbonique, etc.

- **I. Règne atmosphérique.**
  1. *Couches synorganiques, zoïques.*
  2. Altitudes pluviales, azoïques.
  3. Altitudes alpestres, azoïques.
  4. Altitudes polaires, azoïques.

RÈGNES ORGANIQUES.

On a écrit de nombreux livres sur la classification des animaux et des plantes. Tout le monde peut consulter ces ouvrages pour les détails, qu'il serait superflu de répéter ici. Notre but est d'indiquer brièvement les principes d'unité qui caractérisent les règnes.

Dans l'unité complexe du corps humain, les tissus connectifs sont plus ou moins simples en comparaison avec les systèmes associés; dans l'unité collective d'un règne organique, les classes ovipares sont inférieures à la classe des mammifères. C'est le type le plus parfait qui donne le nom au règne, tandis que parfois les espèces inférieures ont à peine le caractère nettement indiqué du type. Néanmoins les organismes rudimentaires appartiennent à des types distincts, autant que les embryons appartiennent aux types développés de leurs espèces.

Les poissons sont inférieurs aux mammifères dans le type des vertébrés; les vers sont inférieurs aux crustacés dans le type des articulés; les mollusques acéphales sont inférieurs aux mollusques céphaliques; les protozoaires ne sont que des formes rudimentaires du type des formes rayonnées. Les classes inférieures, dans chaque règne, ne sont donc que des classes connectives dans l'organisme collectif, analogues aux tissus connectifs de l'organisme individuel.

Ces quelques mots suffiront pour faire comprendre l'arrangement des classes dans l'échelle organique de chaque règne collectif.

RÈGNE DES VERTÉBRÉS.

Les vertébrés sont divisés en cinq classes par les zoologistes modernes; mais nous ne distinguons que quatre classes, comme Cuvier, avec des sections définies dans chaque classe :

1° La classe des mammifères (vivipares);
2° La classe des oiseaux (ovipares);
3° La classe des reptiles (ovipares et ovovivipares);
4° La classe des poissons (ovipares et ovovivipares);

Dans l'unité complexe d'un organisme individuel, les cellules organiques sont des éléments de tissus associés dans les organes. Les groupes d'organes sont associés dans les appareils, et ceux-ci sont associés dans les systèmes distincts de chaque section générale.

Dans l'organisme collectif d'un règne, les individus sont les éléments des espèces, associées dans les genres appartenant à une même « famille », d'un ordre défini dans une section de classe.

Les classes se subdivisent naturellement en sections, ordres, familles, genres et espèces, faciles à faire comprendre dans l'enseignement; mais au point de vue de l'unité organique, le règne des vertébrés, analysé, sera classé de la manière suivante :

Section des connectifs.
- Z. *Forces vitales des vertébrés.*
- Y. Conditions de la vie en milieux divers.
- X. Sécrétions des ovipares.
- W. Classes des ovipares
  - 11. Vertébrés éteints.
  - U. Classe des oiseaux.
  - N. Classe des reptiles.
  - O. Classe des poissons.

Section des onguiculés.
- VII. Ordre des primates.
- 7. Ordre des lémuriens.
- VI. Ordre des canins *digitigrades.*
- 6. Ordre des félins *digitigrades.*
- V. Ordre des ursidés *plantigrades.*
- 5. Ordre des marsupiaux plantigrades.

Section des ongulés.
- IV. Ordre des solipèdes (chevaux, etc.).
- III. Ordre des ruminants à cornes.
- 2. Ordre des ruminants sans cornes.
- II. Ordre des ruminants à bois.
- 1. Alliance des rongeurs.
- I. Ordre des pachydermes.

Les rongeurs sont pour la plupart onguiculés, mais nous les plaçons dans la section des ongulés, parce qu'ils ont de nombreuses affinités avec les pachydermes. Les deux ordres sont liés par l'espèce *Hyrax*, qui ressemble au lièvre ; le grand *capybara*, qui ressemble au cochon, n'est qu'un rongeur. Du reste, on appelle « *cochon d'Inde* » une petite espèce de la famille des *Cavidæ*, qui sont des rongeurs.

Dans l'organisme individuel, les membranes muqueuses sont des continuations de la peau externe ; dans l'organisme collectif, les rongeurs suivent les pachydermes.

(Voir la théorie des parallèles organiques dans le cinquième livre du volume.)

La classe des mammifères tient le haut rang, tandis que les trois classes ovipares ne forment qu'une catégorie de vertébrés inférieurs, dont les ordres secondaires sont moins importants. Les zoologistes sont peu d'accord sur la classification des ordres et espèces dans les quatre classes. Nous n'indiquerons ici que les distinctions les plus évidentes dans les classes ovipares.

Les poissons : 4 sections : les cyclostomes, les cartilagineux, les ganoïdes et les poissons osseux.

Les reptiles : 4 sections : les amphibiens, les chéloniens, les ophidiens et les sauriens.

Les oiseaux : 4 sections : les raptores, les conirostres, les cursores et les natatores. Ces quatre alliances de formes d'oiseaux peuvent être divisées en ordres et en familles distincts comme suit :

Raptores
- 1er ordre.
  1. *Falconidæ*.
  2. *Vulturidæ*.
  3. *Strigidæ*.
  4. *Fissirostridæ*.
- 2 ordre.
  1. *Laridæ*.
  2. *Colymbidæ*.
  3. *Pelicanidæ*.

CONIROSTRES	1ᵉʳ ordre. Scansores.	1. *Cuculidæ.* 2. Picidæ. 3. Psittacidæ. 4. Rhamphastidæ.
	2ᵉ ordre. Conirostres.	1. *Paradiseidæ.* 2. Sturnidæ. 3. Corvidæ. 4. Conirostridæ.
CURSORES	1ᵉʳ ordre.	1. *Grallidæ.* 2. Cursoridæ. 3. Dentirostridæ.
	2ᵉ ordre.	1. *Rallidæ.* 2. Columbidæ. 3. Tenuirostridæ.
NATATORES.	1ᵉʳ ordre.	1. *Phenicopteridæ.* 2. Anatidæ. 3. Anseridæ. 4. Cycnidæ.

L'absence d'amnios que l'on a constatée chez les batraciens ne suffit pas pour en faire une classe distincte de celle des reptiles. L'amnios, en effet, serait inutile à l'embryon dans l'eau. Les batraciens ne diffèrent pas des sauriens plus que les chéloniens n'en diffèrent.

Voici maintenant le tableau développé du règne des vertébrés :

RÈGNE DES VERTÉBRÉS.

SECTION CONNECTIVE.	Z. Principes et forces.	H. *Principes des forces indestructibles.* U. Principes des lois invariables. N. Principes des lois architectoniques. O. Principes des limites évolutives.
	Y. Conditions de la vie.	H. *Vie potentielle invisible.* U. Vie fœtale dans ce monde. N. Vie naturelle en ce monde. O. Vie résurrectionnelle.
	X. Produits des ovipares.	H. *Sécrétions et reliques d'espèces éteintes.* U. Sécrétions et reliques d'oiseaux. N. Sécrétions et reliques de reptiles. O. Sécrétions et reliques de poissons.
	W. Classes connectives.	H. *Espèces vertébrées éteintes.* U. Classe des oiseaux. N. Classe des reptiles. O. Classe des poissons.

SECTION DES ONGUICULÉS VIVIPARES.

VII. Ordre des primates.
- H. *Anthropidæ.*
- U. *Cebidæ.*
- O. *Simiadæ.*
- N. *Hapalidæ.*

7. Ordre des lémuriens.
- H. *Cheiroptera.*
- U. *Galeopithecus.*
- O. *Lemuridæ.*
- N. *Cheiromys.*

VI. Ordre des canins.
- H. *Espèces éteintes (?).*
- U. *Hyenidæ* (hyènes).
- O. *Canidæ* (chiens, loups, etc.).
- N. *Enhydridæ* (phoques, morses).

6. Ordre des félins.
- H. *Procyonidæ.*
- U. *Felidæ* (chats).
- O. *Viverridæ* (civette, etc.).
- N. *Mustelidæ* (furets, etc.).

V. Ordre des oursaux.
- H. *Tardigrades et gravigrades?*
- U. *Ursidæ* (ours).
- O. *Edentidæ* (pangolins, etc.).
- N. *Insectivoridæ* (taupes, etc.).

5. Ordre des marsupiaux.
- H. *Marsupiaux éteints (?).*
- U. Opossum, phalangistidæ, etc.
- O. Kanguroo, peramelidæ, etc.
- N. Monotremes, echidna et platipus.

SECTION DES ONGULÉS VIVIPARES.

IV. Ordre des solipèdes.
- H. *Hybrides stériles.*
- U. Chevaux.
- N. Zèbres.
- O. Anes.

III. Ordre des ruminants à cornes.
- H. *Ovicapridæ.*
- U. *Antilocapridæ.*
- N. *Bovidæ.*
- O. *Bufallidæ.*

2. Ordre des ruminants sans cornes.
- H. *Girafe et chameau.*
- U. *Tragulidæ.*
- N. *Moschidæ.*
- O. *Auchenidæ* (lama, etc.).

II. Ordre des ruminants à bois.
- H. *Rennes.*
- U. Elans.
- N. Cerfs.
- O. Daims.

I. Alliance des rongeurs.
- H. *Onguiculés*
  - VII. Écureuils dendrophiles.
  - 7. Écureuils terriens.
- U. *Capybara*
  - VI. Dasyporongeurs (lapins, etc.).
  - 6. Muridæ (rats, etc.).
- N. Agouti
  - V. Rongeurs hypnotiques.
- O. Cavidæ
  - 5. Espèces anomales.

I. Ordre des pachydermes.
- H. *Sirènes et cétacés.*
- U. Rhinocéros, sus, hyrax.
- N. *Pseudoproboscidæ* (tapirs, etc.).
- O. *Proboscidæ* (éléphants, etc.).

La structure des vertébrés descend par degrés des organismes supérieurs aux organismes inférieurs du même type général (mammifères, oiseaux, reptiles, poissons). Les espèces, en chaque classe, descendent jusqu'aux formes rudimentaires, qui sont des liens de classe à classe : ainsi les *monotrèmes* sont des mammifères dont la structure approche sur quelques points à celle des oiseaux ; l'*apteryx*, est un oiseau dont les ailes sont rudimentaires ; le *lepidosiren* (mudfish) est une forme rudimentaire de reptile qui en certains points de structure diffère peu de celle des poissons ; l'*amphioxus* est une forme de poisson qui descend tout près de la simplicité structurale d'un règne inférieur.

Il n'est pas nécessaire de descendre aux détails de structure dans chaque rang d'organisme individuel ou collectif ; nous pouvons nous limiter aux indications générales de l'échelle organique de chacun des douze règnes de l'épicosme. Le lecteur peut toujours consulter les traités d'anatomie et de physiologie comparées pour les détails que nous négligeons ici.

RÈGNE DES ARTICULÉS.

On peut distinguer une classe principale et trois classes secondaires dans ce règne comme dans les autres :

1° *Classe des articulés ; crustarachnides ;*
2° Classe des insectes ;
3° Classe des myriapodes ;
4° Classe des vers annélides.

Les deux grandes sections de la classe principale sont les crustacés et les arachnides.

Les divisions des classes secondaires sont diversement données par les naturalistes ; voici l'une des plus simples :

Insecta.
- VII. Papillons heterocerca.
- 7. Papillons rophalocerca.
- VI. Hymenoptera.
- 6. Neuroptera.
- V. Orthoptera.
- 5. Hemiptera.
- I. Coleoptera.

Myriapodes.
- 1. Millipèdes.
- 2. Centipèdes.

Annelida (Huxley, 1864).
- 1. Hirudinés.
- 2. Vers de terre.
- 3. Lob-worm (ver des pêcheurs).
- 4. Sea-mouse (oursin de mer).
- 5. Polynoë.
- 6. Serpules.
- 7. Spirobis.
- 8. Sipuncules (?).

Plus tard, M. Huxley a changé sa classification des vers, en plaçant quelques espèces dans le règne inférieur des annuloïda.

TABLEAU SYNOPTIQUE.

Connectifs.
- Z. Principes et forces vitales.
- Y. Conditions de la vie.
- X. Sécrétions physiologiques.
- W. Classes connectives
  - 1. Espèces éteintes.
  - 2. Classe des insectes.
  - 3. Classe des myriapodes.
  - 4. Classe des annélides.

Arachnides.
- VII. Aranea sedentaria et leurs alliés.
- 7. Aranea vagabundia et leurs alliés.
- VI. Scorpiona et leurs alliés.
- 6. Solpugia et leurs alliés.
- V. Holetra et leurs alliés.
- 5. Acarida et leurs alliés.

Crustacés.
- IV. Entomostraca (?) et leurs alliés.
- III. Caridina (?) et leurs alliés.
- 2. Multipedia (?) et leurs alliés.
- II. Locustina (?) et leurs alliés.
- 1. Brachyura (?) et leurs alliés.
- I. Astacina (?) et leurs alliés.

RÈGNE DES MOLLUSQUES.

Connectifs.
- Z. Principes et forces de la vie.
- Y. Conditions de la vie des mollusques.
- X. Sécrétions des mollusques (conques, sepia, etc.).
- W. Classes de mollusques acéphales.
  - H. Espèces éteintes.
  - U. Lamellibranches.
  - N. Palliobranches.
  - O. Hétérobranches.

Céphalophores odontophores.
- VII. Céphalopodes.
- 7. Opisthobranches.
- VI. Buccinoïda et leurs alliés.
- 6. Conoïda et leurs alliés.
- V. Scutibranches et leurs alliés.
- 5. Cyclobranches et leurs alliés.

Céphalophores odontophores.
- IV. Dentalia (?) et leurs alliés.
- III. Paludinia et leurs alliés.
- 2. Limacida et leurs alliés.
- II. Pulmonaria et leurs alliés.
- 1. Pyramidalia et leurs alliés.
- I. Turbinata et leurs alliés.

Cette échelle n'est qu'une ébauche provisoire qui pourra être modifiée par des connaissances plus complètes que celles qu'on possède aujourd'hui.

La classification de Cuvier pour les classes connectives diffère un peu de celle de de Blainville; ainsi :

Tunicata ascidiis (acéphales);

Brachyopodes (acéphales);

Lammellibranches (acéphales).

RÈGNE DES RAYONNÉS (*annuloïda*).

Les naturalistes les plus éminents de nos jours distinguent quatre classes de formes dans ce règne :

1° Protozoaires agastrea (Huxley);

2° Cœlenterata (Huxley); coralliaires, polyzoaires, bryozoaires;

3° Scolescimorpha (Huxley);

4° Echinodermata (Cuvier).

Les trois premières classes sont inférieures à la quatrième qui est la principale, et doit nous offrir deux sections de l'échelle du règne entier, tandis que les classes inférieures de formes rudimentaires ne forment qu'une section connective.

Dans la classe des scolescimorphes, M. Huxley place les *Turbellaria*, les *Nematoïdea*, les *Trematoda*, les *Hirudinea*, les *Oligocheta*, les *Rotifera* (?), les *Gephyrea* (?). Toutes ces formes, plus ou moins rudimentaires, s'approchent du type des rayonnés de la première classe par les gephyrea que nous plaçons dans l'un des ordres inférieurs de la section des synaptes et des holothurida. Dans la classe des *Cœlenterata*, sont les sections des *Ctenophora*, des *Anthozoa* et des *Hydroïdea*. Dans la classe des *Protozoa*, nous plaçons les *Agastrea* (cestoïdea et acanthocephala), les *Spongida* et les *Protozoa* (monera et endoplastica).

M. de Blainville considère les holothurides comme supérieurs aux autres échinodermes, et cela nous a amené à former une classe principale de cette catégorie seule en 1864. En revoyant la classe des échinodermes, nous pensons que les holothurides ne forment qu'une section de cette classe.

Connectifs.	Z. Principes de la vie. Y. Conditions de la vie. X. Sécrétions des rayonnés. W. Classes connectives de rayonnés.	H. Espèces éteintes. U. Scolescimorpha. N. Cœlenterata. O. Protozoaires, agastrea, etc.
Échinodermes annuloïda.	VII. Holothuria veretilliformes (sporadipodes). 7. Holothuria ascidiformes (hypopodes). VI. Holothuria cucumiformes (peripodes). 6. Holothuria fusiformes (heteropodes). V. Sinapta (apodes). 5. Gephyrea (?) (apodes).	
Échinodermes radioïda.	IV. Crinoïdea. III. Asteridea. 2. Ophiurida et comatulida (?). II. Euryalida (?). 1. Echinoïdea (?) (spatangus, clypeastres). I. Echinoïdea (ciderites).	

Cette échelle pourra être modifiée pour une plus ample connaissance d'espèces à trouver.

Du règne animal nous passons au règne végétal. Les graines de la classe principale du type phanérogame sont dicotylédonées, celles des classes secondaires sont monocotylédonées. Les dicotylédonées sont aussi appelées *exogens*, à cause de la structure des tiges en couches concentriques. Les monocotylédonées sont nommées *endogens* parce que la structure des tiges se développe intérieurement, en modes confus plutôt qu'en couches successives, s'ajoutant de l'intérieur à l'extérieur.

Adrien de Jussieu distingue trois classes secondaires de phanérogames endogens et une classe principale d'exogens, que nous classons en échelle organique de la manière suivante :

Les dicotylédonées exogens forment la classe principale du règne des plantes phanérogames, et les monocotylédonées endogens, trois classes secondaires.

PLANTES PHANÉROGAMES.

Connectifs. (De Jussieu.)
- Z. Forces indestructibles et lois invariables.
- Y. Conditions de la vie des plantes.
- X. Sécrétions physiologiques.
- W. Classes connectives (endogens).
  - 1. Espèces éteintes.
  - 2. Endogens périanthes.
  - 3. Endogens apérianthes.
  - 4. Endogens aquatiques.

Monopétales et polypétales. (Lindley.)
- VII. Composites et leurs alliées.
- 7. Cinchonales et leurs alliées.
- VI. Daphnales et leurs alliées.
- 6. Rosales et leurs alliées.
- V. Solanales et leurs alliées.
- 5. Bignonales et leurs alliées.

Polypétales et apétales. (Lindley.)
- IV. Conifères et alliés (Betulaceæ).
- III. Diclines euphorbiacées et alliées.
- 2. Diclines cucurbitacées et alliées.
- II. Diclines amentacées et alliées.
- 1. Hypogynes herbacées et alliés.
- I. Hypogynes arborescentes.

(Voir des ouvrages de classification botanique, et surtout l'ouvrage du botaniste anglais Lindley, pour les ordres et les alliances des plantes phanérogames, ainsi que pour les familles naturelles et les espèces dans chaque ordre.)

PLANTES CRYPTOGAMES.

Connectifs.
- Z. Forces indestructibles.
- Y. Conditions de la vie des cryptogames.
- X. Sécrétions physiologiques.
- W. Classes connectives (thallogens).
  - 1. Cryptogames éteints.
  - 2. Classe des lichénales.
  - 3. Classe des fungales.
  - 4. Classe des algales.

Muscales et filicales.	VII. Filicales polypodiacées (danœacées). 7. Filicales ophioglosses. VI. Marsiliacées. 6. Lycopodiacées. V. Bryacées. 5. Andracées.
Hepaticarum, etc.	IV. Ricciacées (crystalworts). III. Marchantiacées (liverworts). 2. Targioniacées (liverworts). II. Astromarchantiacées ? (liverworts). 1. Jungermanniacées (scale-mosses). I. Équisétacées (prèles, etc.).

Ces tableaux synoptiques doivent donner une idée générale de l'unité organique de chaque type d'organisme collectif, et des rapports de connexité entre les classes inférieures et la classe principale dans chaque règne. Une analyse semblable nous donnera des idées d'unité synthétique dans chacune des sphères de la section des règnes inorganiques.

RÈGNES INORGANIQUES.

Dans cette catégorie il y a quatre règnes et deux sous-règnes, savoir : les règnes atmosphérique, océanique, géosphérique et ipnosphérique; les sous-règnes pluvial et reliquial.

Dans l'atmosphère il y a de l'air respirable pour les animaux et les plantes, et des couches d'air irrespirable ; dans l'Océan, une profondeur habitable, et des couches d'eau inhabitables. Dans la croûte solide des roches ignées ou plutoniques, il y a des roches granitiques, et des roches métamorphiques ; dans la fournaise incandescente sous la croûte solide, il y a une couche mobile et ondulatrice qui fait hausser et abaisser périodiquement la croûte solide au-dessus et au-dessous du niveau de la mer ; puis des conduits volcaniques en rapport avec les règnes de l'atmosphère, de l'Océan et de la croûte solide.

Dans le sous-règne pluvial il y a une classe de phénomènes aqua-pluviaux et plusieurs classes de phénomènes gazo-pluviaux, pulvéro-pluviaux, etc. Dans le sous-règne reliquial, il y a une classe de reliques organiques et plusieurs classes de reliques inorganiques et artificielles.

Atmosphère.	1. Couche d'air respirable. 2. Couche d'air moyenne. 3. Couche d'air la plus élevée. 4. Couche d'air polaire.
Océan.	1. Profondeurs habitables. 2. Profondeurs inhabitables. 3. Profondeurs souterraines. 4. Glaces polaires.
Croûte solide.	1. *Roches volcaniques et filons métalliques.* 2. Roches granitiques ? 3. Roches métamorphiques ? 4. Roches polaires.
Ipnosphère.	1. *Couche gazeuse ondulatrice.* 2. Couche visqueuse moins mobile. 3. Couche pâteuse peu mobile. 4. Couches polaires.
Pluvial.	1. *Aqua-pluvial.* 2. Gazo-pluvial. 3. Pulvéro-pluvial météorique. 4. Germino-pluvial organique.
Reliquial.	1. *Fossiles paléontologiques.* 2. Reliques de stratifications géologiques. 3. Reliques de périodes glaciaires. 4. Reliques de monuments artificiaux.

Il n'est pas nécessaire d'analyser chaque classe de couches et de phénomènes dans ces règnes, mais nous pouvons faire observer que les *zones de climats* diffèrent par rapport à la diathèse nutritionnelle des animaux et des plantes, depuis l'équateur jusqu'aux pôles dans chaque hémisphère ; et la distribution des races est adaptée à ces différences de climat. Dans chaque zone, il y a aussi des hauteurs alpestres, des plateaux élevés, des terres au niveau de la mer, et des profondeurs souterraines, avec leurs caractères physiques et physiologiques.

RÈGNE ATMOSPHÉRIQUE.

Connectifs.
- Z. *Forces indestructibles, lois invariables.*
- Y. Conditions climatologiques.
- X. Échanges de l'atmosphère.
- W. Altitudes azoïques
  - H. États primitifs azoïques.
  - U. Altitudes polaires azoïques.
  - N. Altitudes ultra-alpestres.
  - O. Altitudes pluviales azoïques.

Zones centrales.
- VII. Zones torrides.   Latitudes 0° à 7° N. et S.
- 7. Zones sous-torrides.   id.   7° à 14° —
- VI. Zones ardentes.   id.   14° à 21° —
- 6. Zones sous-ardentes.   id.   21° à 28° —
- V. Zones tropicales.   id.   28° à 35° —
- 5. Zones sous-tropicales.   id.   35° à 42° —

Zones extra-centrales.
- IV. Zones extra-tropicales variables. id.   42° à 49° —
- III. Zones tempérées.   id.   49° à 56° —
- 2. Zones et altitudes variables.   id.   56° à 63° —
- II. Zones et altitudes très variables. id.   63° à 70° —
- 1. Zones et altitudes frigivariables.   id.   70° à 77° —
- I. Zones et altitudes glaciales.   id.   77° à 90° —

On sait que les lignes isothermes ne suivent pas régulièrement les zones de latitude, mais il serait difficile de les donner exactement pour chaque climat, puisqu'elles sont variables de siècle en siècle, et même plus ou moins d'année en année.

Dans chaque zone de latitude, on peut distinguer quatre degrés d'altitude *climatérique* et *diathésique* pour la vie des animaux et des plantes; sous l'équateur même il y a des hauteurs alpestres et des niveaux de la mer, propres à la vie des races différentes de plantes et d'animaux.

VII. Zone torride.
- H. *Hauteurs alpestres de l'air.*
- U. Niveau des plateaux élevés.
- O. Niveau de la mer.
- N. Niveaux souterrains, mines.

Les plantes qui fleurissent au niveau de la mer ne pourraient pas vivre dans les hauteurs alpestres des montagnes; celles qui prospèrent sur les plateaux élevés ne pourraient pas fleurir au niveau de la mer; et encore moins dans les cavernes humides et les mines profondes privées de la circulation d'un air pur.

Ce qui est vrai pour la zone équatoriale l'est pour les altitudes différentes dans toutes les autres latitudes du globe.

Pour connaître les détails de la *distribution diathésique* des animaux et des plantes dans toutes les zones de latitudes et dans les plaines et les montagnes de chaque zone, on n'a qu'à lire les ouvrages d'histoire naturelle.

Les mêmes distinctions de zones, de latitudes et hauteurs d'altitudes se présentent dans tous les règnes inorganiques, depuis l'équateur jusqu'aux pôles de chaque hémisphère.

Il serait donc utile d'en donner des tableaux synoptiques ; mais il faut analyser le règne ipnosphérique.

RÈGNE IPNOSPHÉRIQUE.

Ipnos (*fournaise*) : matière à l'état incandescent, au-dessous de la croûte solide. Les soulèvements et abaissements de la terre sur divers points de la surface, au-dessous et au-dessus du niveau de la mer, sont probablement causés par les ondulations périodiques de la sphère sous-jacente de matière incandescente, constamment agitée par les attractions électro-magnétiques du soleil et de la lune, comme les flux et reflux de la mer.

Les avis sont divisés sur la constitution de la matière à l'intérieur du globe, mais il est certain qu'il y a une couche de matière incandescente, immédiatement au-dessous de la croûte solide ; et cette fournaise alimente les vomissements volcaniques.

Sir William Thomson est d'avis que, « quel que soit
« l'âge de notre planète, nous devons être assurés que la
« terre est solide dans son intérieur, non pas dans sa
« totalité, car dans certaines régions volcaniques il y a
« incontestablement des espaces remplis de lave liquide.
« Mais, dit-il, quelle que soit l'étendue de la portion

« liquide, soit les eaux de l'Océan, soit les matières en
« fusion de l'intérieur, cette portion est petite en com-
« paraison de l'ensemble, et nous devons rejeter toute
« l'hypothèse généalogique qui représente le globe ter-
« restre comme une enveloppe solide de 30, de 100, de
« 500 ou de 1,000 kilomètres d'épaisseur, recouvrant une
« masse liquide interne, en vue d'expliquer la chaleur
« souterraine d'anciens soulèvements ou abaissements
« de sa croûte solide, ou encore des volcans en activité. »
(*Bulletin de l'Association scientifique de France*. Novembre 1876.)

Il n'est pas nécessaire de discuter cette hypothèse pour constater l'existence d'une sphère de matière incandescente, immédiatement au-dessous de la croûte géosphérique, comme celle-ci est au-dessous de la sphère liquide de l'Océan. Cette matière en fusion est une espèce de fournaise (*ipnos*), que nous appelons règne ipnosphérique. Les ondulations de la matière incandescente soulèvent et abaissent la croûte solide dans toutes les latitudes du globe, comme la couche supérieure de la mer est constamment soulevée et abaissée par les flux et reflux de la marée. Les vagues, produites par l'influence des vents, sont moins importantes que les marées, comme les irruptions volcaniques, comparées aux soulèvements de la croûte solide.

Nous ne pouvons suivre les ondulations de la matière incandescente de chaque zone de latitude aujourd'hui; mais on a pu constater les effets de ces ondulations dans le passé par la stratification des roches.

On connaît la constitution physique de l'atmosphère, de l'Océan et des roches, mais on ne connaît pas celle de la fournaise ipnosphérique, ni celle du noyau central du globe. Cependant tous les éléments simples de la matière connue se trouvent combinés de diverses manières dans les gaz, les liquides et les solides des règnes périphériques, et probablement dans le noyau du globe. On sait que la chaleur et l'électricité peuvent décomposer les matières et isoler les éléments simples indécomposables par la chimie.

Envisageant le règne ipnosphérique à trois points de vue, nous avons : 1° l'analyse des couches concentriques et des zones de latitude dans chaque couche ; 2° l'analyse des caractéristiques des couches et des zones ; 3° l'évolution paléontologique du règne entier ; ainsi :

1° Sphères concentriques.
- H. *Couches polaires.*
- U. Couche ondulatrice.
- N. Couche moins mobile.
- O. Couche peu mobile (?).

2° Caractéristiques des couches.
- H. *Aurores boréales et australes.*
- U. Ondulations périodiques.
- N. Incandescence fluidique.
- O. Mélanges des éléments.

3° Evolution paléontologique.
- H. Origine de l'incandescence.
- U. Généalogie élémentaire.
- N. Evolution métamorphique.
- O. Evolution développementale.

Nous n'aurons que peu de chose à dire sur les diverses couches structurales et leurs caractéristiques fonctionnelles, et presque rien sur l'évolution du règne.

Nous pouvons noter le phénomène de la décomposition des molécules de la matière par l'incandescence de la fournaise, et demander quel est le nombre des éléments simples connus, et quelles sont les conditions de la matière dans les planètes et le soleil.

L'analyse des caractéristiques des couches de la fournaise est analogue à celle des couches des autres sphères inorganiques. On sait que les soulèvements et les abaissements de la masse atmosphérique sont produits par l'influence du soleil, tout comme ceux des oscillations périodiques des marées de l'Océan. La rotation de la terre est considérée comme la cause de la forme sphéroïdale du globe, mais cela n'explique pas la cause des soulèvements et des abaissements périodiques de la croûte solide, qui ont souvent changé les positions statiques des roches au-dessus et au-dessous du niveau de la mer dans toutes les zones de latitude.

On ne sait pas si ou non les influences du soleil et de la lune sont pour quelque chose dans ces ondulations géologiques, mais on sait que les influences de la fournaise ipnosphérique sont manifestes dans les phénomènes volcaniques et les tremblements de terre.

Nous laissons de côté l'analyse des mouvements physiques et mécaniques de la fournaise pour nous occuper de l'une des caractéristiques du règne : c'est-à-dire de la séparation des molécules par la chaleur, qui nous donne la clef de la diversité des éléments simples indécomposables par la chimie. Ces éléments chimiques sont combinés en molécules physiques dans tous les règnes ; et dès lors doivent être étudiés comme bases de tous les corps.

La principale caractéristique de l'incandescence est la décomposition et la recomposition des molécules de la matière, avec des changements de volume dans leurs états physiques (gazeux, liquide, solide).

Le refroidissement des roches au-dessus de la fournaise nous fournit le moyen d'analyser la matière qui n'est plus dans l'état incandescent, et par là nous pourrons juger indirectement de la nature des éléments contenus dans la fournaise.

L'évolution des règnes inorganiques par la fixation de l'atmosphère gazeuse, de l'Océan liquide et de la croûte solide (tous trois dérivés de l'incandescence primitive de la matière), nous donne une idée de la mobilité de la matière incandescente, changeant de volume relatif par le changement perpétuel des états physiques des molécules en mouvement de décomposition et de recomposition thermo-chimique. Ces alternats de volume doivent être pour une grande part dans les phénomènes des exhaussements et abaissements périodiques de la croûte solide au-dessus et au-dessous du niveau de la mer. Les nombreux strates superposés de la croûte solide du globe indiquent assez clairement le nombre des convulsions successives qui ont produit ces couches stratifiées des terres neptuniennes et autres. On ne sait pas à quelles profondeurs s'étendent les couches de la fournaise, ou si tout le centre du globe est à l'état de fournaise incandescente ; on sait qu'une chaleur très forte décompose les matières solides ou liquides ou gazeuses : voilà tout.

Ne pouvant pas faire d'expériences dans la fournaise elle-même, nous sommes réduits à l'analyse des éléments simples de la matière moléculaire, fixés par refroidissement dans les roches de la croûte solide. La chimie fait voir aussi quels sont les changements de volume d'une même somme de matière solide mise en état de fusion, et d'une même somme d'eau liquide mise à l'état de vapeur par la chaleur. De là on peut concevoir les changements d'états physiques et de volumes relatifs dans la matière incandescente qui, par ces changements de volumes et de mouvements, peuvent causer des soulèvements et des abaissements de la croûte solide au-dessus de la fournaise.

On ne peut pas savoir le nombre d'éléments contenus dans la fournaise, mais on peut énumérer les éléments connus dans l'état d'isolement chimique.

La chimie nous fait connaître les *éléments simples* de la matière *pondérable*; la physique révèle les *caractéristiques* des *forces impondérables*, telles que la chaleur, la lumière et l'électricité inhérentes à la matière.

On sait que « les forces physiques de la chaleur et de l'électricité sont convertibles » ; on sait que « les éléments conducteurs de l'électricité sont en même temps conducteurs de la chaleur ; les différences de température excitent les courants et commotions électro-moléculaires ». Nous pouvons donc induire de là, qu'il y a des rapports intimes entre les phénomènes de chaleur dans la fournaise et les phénomènes d'électricité dans les couches concentriques de l'extérieur du globe, tels que les courants magnétiques et les aurores boréales et australes. Ce sont ces éléments de la matière pondérable qui sont la base des phénomènes de la chaleur, de la lumière, de l'électricité et de la gravitation dans les planètes et les systèmes solaires. On ne sait encore presque rien sur la nature de la *substance éthérée* dans l'espace infini, qui est invisible et impondérable, mais capable de transmettre des forces de la chaleur, de la lumière, de la gravitation et de l'électricité, dont l'essence est inconnue autrement que par leurs *modes de mouvement* dans les espaces interplanétaires et intermoléculaires.

Les chimistes ont déjà classé les éléments de la matière pondérable, en métaux et en métalloïdes. Selon nous, les métaux forment une classe *principale* et les métalloïdes plusieurs classes *secondaires*. La science n'est pas encore assez avancée pour que nous puissions faire une classification définitive des éléments déjà connus ; le tableau suivant n'est donc qu'une tentative de classification naturelle, en parallèle avec les classes, les ordres et les familles de l'échelle schématique.

M. Lockyer a émis une hypothèse suggérée par ses expériences spectroscopiques ; à savoir, que les éléments indécomposables par la chimie ne sont pas des éléments absolument simples, mais composés d'éléments éthérés de la matière radiante ou éthérée pour former la diversité des métaux et des métalloïdes tels que nous les trouvons sur notre globe. D'après cette hypothèse les éléments réputés simples, ayant des *propriétés spéciales*, ont dû être des *créations architectoniques* tout comme les plantes et les animaux, avec des propriétés définies. La classification naturelle des éléments, aux points de vue chimique, physique et mécanique, est un problème insoluble dans l'état actuel de la science.

Mais on peut poser la question sous forme approximative dans l'échelle suivante :

ÉLÉMENTS DE FORCE ET DE MATIÈRE.

CONNECTIFS DE LA MATIÈRE.

- Z. Forces occultes de la matière.
  - H. *Forces barologiques.*
  - U. Forces photologiques.
  - N. Forces thermologiques
  - O. Forces électrologiques.

- Y. Conditions éthérées de la matière.
  - H. *Dans l'espace infini.*
  - U. Dans l'espace intersidéral.
  - N. Dans l'espace interplanétaire.
  - O. Dans l'espace intermoléculaire.

- X. Etats variables de la matière.
  - H. *Etats plastiques cellulaires.*
  - U. Etats gazeux et vapeurs.
  - N. Etats liquides et visqueux.
  - O. Etats solides et sablonneux.

- W. Classes connectives métalloïdes.
  - H. Carbone, azote, oxygène (*Hydrogène ?*).
  - U. Tellurium, soufre, selenium (*Chrome ?*).
  - N. Silicium, arsenic, phosphore (*Bore ?*).
  - O. Chlore, iode, brome (*Fluor ?*).

SECTION DES MÉTAUX ALCALINS, ETC.

- VII. Métaux alcalins.
  - H. *Cæsium.*
  - U. Sodium.
  - O. Potassium.
  - N. Rubidium.

- 7. Métaux alcalins.
  - H. *Lithium.*
  - U. Calcium.
  - O. Strontium.
  - N. Baryum.

- VI. Métaux terreux.
  - H. *Vanadium.*
  - U. Tantalium.
  - O. Ilmenium.
  - N. Lanthanum.

- 6. Métaux terreux.
  - H. *Thorium.*
  - U. Zirconium.
  - O. Dydimium.
  - N. Magnesium.

- V. Métaux peu connus.
  - H. *Yttrium* (*cerium ?*)
  - U. Erbium (*hollum ?*)
  - O. Terbium.
  - N. Yterbium.

- 5. Métaux peu connus.
  - H. *Samarium (?).*
  - U. Norium.
  - O. Olucinium.
  - N. Philippium.

SECTION DES MÉTAUX MÉTALLURGIQUES.	IV. Métaux conducteurs.	H. *Zinc.* U. Cuivre. N. Argent. O. Uranium.
	III. Métaux cassants.	H. *Manganèse.* U. Molybdène. N. Niobium. O. Titanium.
	2. Métaux diamagnétiques?	H. *Antimoine.* U. Bismuth. N. Thallium O. Plomb.
	II. Métaux malléables.	H. *Etain.* U. Indium. N. Gallium. O. Aluminium.

	1. Métaux incorrodibles?	H. *Congénères* ..... VII. Ruthenium.
		  7. Osmium.
		U. Mercure? VI. Rhodium.
		  6. Irridium.
		N. Tungstène? V. Platine.
		O. Or. 5. Palladium.

	I. Métaux magnétiques.	H. *Fer.* U. Cadmium. N. Nickel. O. Cobalt.

Nous avons distingué quatre classes de métalloïdes qu'on pourrait nommer :

H. *Éléments plastigènes*, carbone, etc.
U. *Éléments tellurigènes*, tellurium, etc.
O. *Éléments lithogènes*, silicium, etc.
N. *Éléments halogènes*, chlore, etc.

Les principaux éléments qu'on trouve dans le protoplasme sont le carbone, l'azote, l'oxygène et l'hydrogène, qui sont évidemment *plastigènes*.

Dans la *Revue scientifique* du 28 août 1880, il est question de minerai à raies spectroscopiques inséparables. Ainsi la r... du nouveau métal « *holium* » est inséparable de celle des deux corps yterbium et erbium. Il paraît qu'il y a beaucoup de ressemblance entre l'ytria, la cérite, l'erbium et l'holium (ou holinium?).

Il y a donc de l'incertitude sur un certain nombre de métaux, et notre tableau synoptique ne peut être qu'un synopsis provisoire des éléments simples de la matière universelle.

SOUS-RÈGNE PLUVIAL.

Dans l'atmosphère il y a constamment des *vapeurs* d'eau ; des *gaz* d'acide carbonique et autres ; des *poussières* et des fumées qui circulent, emportées par le vent. Ce sont là trois classes distinctes de phénomènes pluviaux qui ont une grande influence sur l'économie des règnes organiques.

Les poussières sont encore à distinguer en deux classes : organiques et inorganiques. Le pollen des fleurs phanérogames, les spores des champignons, ainsi que les germes des microbes, bactéries et autres poussières microscopiques, flottent dans l'air, et forment une classe germino-pluviale, différente de la classe pulvéro-pluviale des substances minérales.

Il est donc facile de reconnaître une classe principale et trois classes secondaires. La classe *aqua-pluviale* tient le premier rang, tandis que les *gaz*, les *poussières* minérales et les *germes microscopiques* sont de rangs secondaires dans l'échelle systématique du règne.

Dans l'économie de la vie, les pluies qui tombent du ciel sont incessamment renouvelées par les vapeurs qui montent pour former les nuages ; le gaz acide carbonique et autres qui servent à la nutrition des plantes, sont constamment renouvelés par la respiration animale et par la combustion des matières organiques ; les germes microscopiques transportés par le vent d'une région à l'autre sont renouvelés de saison en saison pour continuer la circulation de la vie à la surface du globe.

Les poussières météoriques qui circulent dans les régions interplanétaires, tombent parfois comme bolides sur la terre, et cela nous donne une idée de la matière des comètes et des météorites du système solaire, tandis que les autres classes de phénomènes pluviaux se rapportent à la vie des règnes organiques sur notre globe.

Les phénomènes de la classe aqua-pluviale doivent être distingués en zones de latitudes et d'altitudes pour former une échelle complète. Cette échelle doit aussi contenir une indication générale des *fonctions* utiles de la pluie; des *conditions* naturelles des phénomènes pluviaux; des causes naturelles qui président à l'origine et à la perpétuation de ces phénomènes. Les rayons du soleil pompent les vapeurs d'eau; les changements de température sont les principales conditions atmosphériques des mutations de vapeurs en eaux de pluie; les mouvements du vent font circuler les nuages. Le changement des saisons a beaucoup d'influence sur la floraison des plantes et l'origine des poussières organiques.

Un traité de météorologie devrait procéder à l'investigation et à l'explication de tous ces phénomènes, mais ici nous ne voulons qu'indiquer brièvement l'analyse générale et la classification méthodique du sous-règne pluvial. Pour former le tableau synoptique on peut diviser les zones de latitudes en deux grandes sections; ainsi : climats chauds et climats tempérés ou variables. Dans chaque zone de latitude, il y a des neiges et des glaces alpestres en permanence; des nuages flottants dans l'atmosphère; des pluies tombantes pour alimenter les rivières et les fleuves d'eau douce, pour la nutrition des plantes et des animaux, et pour retourner les eaux courantes à la mer, d'où elles ont été tirées par l'évaporation. Il y a aussi des nappes d'eaux douces souterraines et des lacs au milieu des montagnes et des plateaux élevés de la terre. Ces quatre ordres de phénomènes aqua-pluviaux sont plus ou moins variables dans chaque zone de latitude des deux hémisphères, depuis l'équateur jusqu'aux pôles nord et sud.

SOUS-RÈGNE RELIQUIAL.

Les reliques des temps passés sont un registre historique de tous les règnes, depuis le commencement de l'évolution épicosmologique sur notre planète. La géologie et la paléontologie s'occupent de l'étude de ce registre ; mais ici nous ne voulons que définir les limites de ce règne, en parallèle avec la classification des autres règnes.

Dans les couches superficielles de la croûte solide on trouve des projections de toutes les couches concentriques de roches neptuniennes, formées successivement par l'action de la mer et des pluies sur les roches ignées.

Dans leurs stratifications superposées, ces roches contiennent des reliques de toutes les formes organiques qui ont existé dans les temps passés : reliques de l'état primitif de la surface du globe ; reliques de l'état passé des règnes organiques ; reliques des organismes qui ont vécu dans l'Océan et sur la terre ; reliques de l'évolution de l'humanité depuis les temps préhistoriques. Le tableau suivant forme donc un cadre général de l'étude des sciences géologique et paléontologique.

Connectives.
- Z. *Forces indestructibles, lois invariables des phénomènes historiques du règne reliquial.*
- Y. Conditions cosmiques des phénomènes de stratifications géologiques et de reliques paléontologiques.
- X. Reliques des créations sociologiques de l'humanité.
- W. Fossiles conservés du corps humain.

Paléontologiques.
- VII. Reliques des organismes vertébrés.
- 7. Reliques des organismes articulés.
- VI. Reliques des types mollusques.
- 6. Reliques des types rayonnés.
- V. Reliques des plantes phanérogames.
- 5. Reliques des plantes cryptogames.

Géologiques.
{
IV. Registres ipnosphériques.
III. Registres géosphériques.
2. Registres stratigraphiques.
II. Registres océaniques.
1. Registres pluviaux.
I. Registres atmosphériques.
}

La croûte solide contient des registres de phénomènes ipnosphériques, géosphériques stratégraphiques, océaniques, pluviaux et atmosphériques, qui ont eu lieu dans l'évolution de tous les règnes sur le globe dès le commencement de son refroidissement.

Ce tableau demande peu d'explications.

Les forces physiques et vitales qui ont formé les règnes inorganiques et organiques dans le passé sont semblables à celles qui régissent les phénomènes analogues aujourd'hui; les lois invariables qui ont contrôlé les phénomènes d'évolution dans le passé sont identiques à celles qui les contrôlent aujourd'hui.

Les conditions cosmiques des phénomènes sur notre planète dans le passé sont analogues à celles qui existent à présent. Les stratifications successives des roches neptuniennes ont été produites par les mêmes mouvements de flux et de reflux dans la mer; dans la fournaise ipnosphérique; dans les soulèvements et abaissements de niveau de la croûte solide. La mort des individus, animaux et plantes, dans chaque génération du passé, pendant que les espèces collectives continuaient de vivre, n'est qu'un phénomène semblable à celui de nos jours; l'extinction successive de certaines races de plantes et d'animaux dans le passé est analogue à celle de l'extinction de l'espèce *Dodo* par l'homme (?) pendant le cours du XVIII⁰ siècle.

La *mue* des plumes d'un oiseau pendant la vie du corps et le renouvellement de ces plumes est un phénomène analogue à la *mort* des individus qui n'est que la mue des corps matériels pendant la vie continuelle de l'espèce. L'extinction de quelques races à certaines époques de l'évolution métamorphique universelle est analogue à l'absorption ou la mue des membranes caduques de l'embryon individuel d'un animal ou d'un insecte, pendant l'évolution métamorphique de son organisme. Les conditions de l'évolution des règnes épicosmiques dans le passé sont donc semblables à celles de l'évolution épicosmique aujourd'hui. L'évolution métamorphique des règnes inorganiques et organiques paraît être très avancée déjà, tandis que l'évolution métamorphique du règne sociologique de l'humanité collective n'est encore que peu avancée.

L'évolution d'un monde doit avoir des limites de temps fixes comme celle d'un organisme individuel quelconque.

En faisant le parallèle entre l'évolution métamorphique de l'homme individuel et de l'humanité collective, on voit que les mois dans un cas sont analogues à des milliers d'années dans l'autre.

Depuis six mille ans l'évolution sociologique de l'humanité collective n'a parcouru que deux des grandes phases nécessaires à l'évolution complète :

1re période : formation de familles et de tribus nomades ;
2e période : formation de villes industrielles et de nations civilisées ;
3e période : formation de fédérations d'états pacifiques et de l'unité universelle.

En mettant trois mille ans pour chaque période, on peut voir que l'évolution métamorphique de l'organisme collectif de l'humanité est encore loin d'être réalisée autant que l'évolution du fœtus individuel au bout de six mois.

La période préhistorique a dû être relativement courte, ne laissant que peu de traces ; la période historique plus longue ; la période à venir moins longue (?).

Les reliques des créations humaines dans le passé peuvent être ainsi classées en ordre régulier :

H. Reliques de monuments et d'instruments.
U. Reliques de langues, littératures, etc.
N. Reliques de théories, philosophies, etc.
O. Reliques de croyances religieuses, etc.

Les reliques des races humaines ensevelies dans la terre ou dans les tombeaux sont peu nombreuses pour les époques préhistoriques ; assez nombreuses dans les pyramides de l'Égypte, où on les avait conservées comme des momies ; plus nombreuses dans les cimetières des nations modernes ; et d'après les investigations anthropologiques ces reliques n'offrent pas des types de formes plus variées que ceux des races vivantes sur le globe aujourd'hui.

On ne peut observer que les reliques du passé qui se trouvent dans les couches de terre au-dessus du niveau de la mer ; celles qui se trouvent dans les couches submergées sont inaccessibles pour le moment. On peut imaginer qu'il y ait des reliques nombreuses et diverses dans les couches submergées par la mer océanique ; par des mers intérieures ou lacustres ; par des glaces polaires. Ces trésors sont peut-être réservés pour les explorations des siècles à venir, quand les ondulations périodiques de la croûte solide auront soulevé des couches submergées et abaissé des couches accessibles aujourd'hui.

La géologie et la paléontologie sont des sciences toutes nouvelles depuis un siècle et destinées à jeter une grande lumière sur l'histoire de la planète.

L'analogie suggère que l'évolution métamorphique des règnes est presque terminée sur notre planète, comme celle d'un fœtus humain au bout de cinq mois ; et que le développement des règnes, après la complète formation de l'organisme social, sera semblable à celui de l'enfant après la naissance jusqu'à la sénilité.

DEUXIÈME PARTIE.

CARACTÉRISTIQUES DES RÈGNES.

L'une des caractéristiques des plus notables, c'est la loi de l'unité organique de tous les organismes connus, individuels et collectifs :

Unité épicosmique.	H. *Règnes sociologiques.* O. Règnes organiques. U. Règnes inorganiques.
Règne des vertébrés.	H. *Section des classes connectives.* O. Section des mammifères onguiculés. U. Section des mammifères ongulés.
Unité sociologique.	H. *Autorités.* O. Sociétés. U. Classes.
Unité biologique.	H. *Connectifs du corps.* O. Systèmes de la vie organique. U. Systèmes de la vie de relation.

Ces détails techniques ont été déjà expliqués dans leur diversité infinie de types et de complexité structurale.

Les règnes inorganiques sont différenciés en raison de leur emploi, tout comme les règnes organiques.

Les caractéristiques de l'atmosphère diffèrent de celles de l'Océan et celles-ci diffèrent de celles de la croûte solide.

Sous l'influence du soleil les règnes inorganiques sont mis en mouvement jour et nuit. L'atmosphère est agitée par les vents ; l'Océan par les marées et les courants d'eau ; la terre est chauffée sous l'équateur et gelée sous les pôles.

La vapeur d'eau est puisée dans les mers pour former des nuages et retomber en forme de pluies. Ces mouvements des vents, des pluies et des marées affectent les roches pour former de nouvelles couches au fond de la mer; les couches de roches ont été submergées périodiquement, et soulevées au-dessus du niveau des eaux, tandis que d'autres ont été de nouveau submergées au fond de la mer.

Ces mouvements d'élévation et d'abaissement périodiques de la croûte solide, paraissent être soumis à l'influence des ondulations de la fournaise ipnosphérique sous l'influence d'une cause inconnue, hélio-magnétique (?), tandis que les mouvements de la pluie et des marées sont soumis à l'influence du soleil. Les deux centres de chaleur ont de l'influence sur les modes de mouvement électro-moléculaire dans tous les règnes. On conçoit que des renouvellements périodiques des couches de terre à la surface du globe soient utiles et même nécessaires à l'entretien perpétuel de nouvelles générations de plantes et d'animaux, qu'une terre épuisée ne pourrait plus nourrir.

Les phénomènes de soulèvements périodiques ont eu lieu dans le passé, ont lieu même aujourd'hui, et pourront bien continuer dans l'avenir, tout comme les renouvellements périodiques des plumes d'un oiseau, ou la fourrure d'un animal, ou l'épiderme de la peau de l'homme.

On sait que les modes de mouvement de la terre autour du soleil ont une grande influence sur les règnes à la surface du globe. La rotation de la terre autour de son axe excite des courants électro-magnétiques latitudinaux dans le sens de l'équateur, que Faraday a nommés *courants diamagnétiques*. On sait que ces courants à leur tour excitent des courants longitudinaux ou polaires qu'on nomme courants magnétiques.

On sait que la révolution de la terre autour du soleil dans le sens de l'écliptique cause des changements de saisons; les variations de température qui en résultent ont une grande influence sur les éléments moléculaires des règnes.

Tout le monde connaît les chocs nerveux donnés par

une machine électrique en contact avec le corps d'un homme ou d'un animal. Ce qui prouve qu'au fond il y a une espèce d'unité cosmique qui lie les forces physiologiques aux forces physiques électro-moléculaires, dans tous les règnes.

Le système nerveux du corps est plus spécialement en rapport avec les éléments métalliques dans les courants électro-magnétiques physiques et physiologiques.

Des filons de métaux sont déposés dans les couches de roches, mais on ne sait pas de quelle manière ces filons sont distribués sur le globe comme les nerfs périphériques sont distribués dans le système du corps. On sait qu'il y a des filons aurifères, argentifères, plombifères, cuprifères, stannifères, etc., dans les différentes régions. Mais on ne sait pas si les régions polaires sont plus abondamment pourvues de couches métallifères que les autres régions en rapport avec la chaleur intérieure du globe, pour donner lieu aux phénomènes des aurores boréales et australes. Nous sommes donc obligé de renoncer à l'analyse de la distribution des couches métallifères dans la croûte du globe.

Cette question étant insoluble pour le moment, nous venons à l'analyse des *qualités* des métaux libres artificiellement extraits des couches métallifères, accessibles à l'industrie de l'homme. C'est une question qui a été déjà étudiée par la chimie et la physique, et nous pouvons essayer de classer les *caractéristiques* des éléments simples, comme nous l'avons fait pour les éléments eux-mêmes.

Cette analyse ne peut être que provisoire en ce qui regarde les facteurs des sciences encore peu avancées de la chimie, de la physique et de la mécanique moléculaire. On ne sait rien sur l'essence de la lumière, comme force, autrement que par ses modes de mouvement; il en est de même de l'essence de la chaleur, de l'électricité et de la gravitation. On sait que les modes de mouvement de ces forces sont plus ou moins convertibles, et que les commotions moléculaires sont variables en raison de ces changements de modalité dans les forces. Il en est de même pour les forces vitales qui ne sont connues que par leurs modes de mouvements physiologiques et psychologiques.

En formant une échelle systématique des propriétés caractéristiques de la matière en combinaison chimique, cohésion physique, vibration moléculaire, etc., nous ne ferons qu'indiquer quelques-uns des faits déjà connus dans la chimie, la physique et la physiologie.

CARACTÉRISTIQUES ÉLECTRO-MOLÉCULAIRES.

Z. Unité des forces occultes.
- H. *Interplanétaire.*
- O. Organique épicosmique.
- U. Inorganique épicosmique.

Y. États des molécules.
- H. *Éléments organiques.*
- U. États instables.
- N. États de mutation.
- O. États stables.

X. Propriétés physiques des molécules.
- H. *Densités relatives.*
- U. Ténacités relatives.
- N. Fusibilités, volatilités, etc.
- O. Flexibilités, élasticités, etc.

W. Caractères spécifiques des éléments simples.
- H. *Poids spécifique.*
- U. Lumière spécifique.
- N. Chaleur spécifique.
- O. Électro-magnétisme spécifique.

VII. Conformations électro-moléculaires.
- H. *Physiologiques.*
- U. Gazeuses.
- O. Liquides.
- N. Solides.

7. Mouvements électro-moléculaires.
- H. Des *Éléments physiologiques.*
- U. Des gaz.
- O. Des liquides.
- N. Des solides.

VI. Cohésions électro-moléculaires.
- H. *Cohésions physiologiques.*
- U. Adhésions magnétiques.
- O. Cohésions des solides.
- N. Viscosité des fluides.

6. Équivalents substitutifs (*Gerhardt*).
- H. *Substitutions physiologiques.*
- U. Substitutions métalloïdales.
- O. Substitutions métaleptiques.
- N. Substitutions composées.

V. Affinités électro-moléculaires.	H. *Affinités physiologiques.* U. Affinités cohésives. O. Affinités chimiques. N. Affinités occlusives (platine-hydrogène).
5. Atomacités électro-moléculaires. (Wurtz).	H. *Physiologiques bicomposées.* U. Chimiques (paires). O. Chimiques (impaires). N. Chimiques, mixtes (paires et impaires).
IV. Complexité élémentale.	H. *Cellules organiques*, etc. U. Corps simples (moléculaires). O. Corps composés (moléculaires). N. Corps bicomposés (moléculaires).
III. Structure moléculaire.	H. *Physiologiques.* U. Atmosphère et gaz. N. Eau et liquides. O. Corps solides.
2. Mode d'action électro-moléculaire.	H. *Courants nerveux.* U. Conduction électro-magnétique. N. Insulation électrique. O. Induction électro-magnétique.
II. Protéismes électro-moléculaires.	H. *Physiologiques.* U. Dynamiques (eau, vapeur, etc. N. Physico-chimiques (solutions, etc.). O. Allotropiques (soufre, carbone, etc.).
1. Isomorphismes de corps divers.	H. *Physiologiques.* U. Corps gazeux divers. N. Corps liquides divers. O. Corps solides divers.
I. Types de formes.	H. *Cellules animales et végétales.* U. Cristaux rectangulaires. N. Cristaux octoèdres, etc. O. Cristaux rhombangulaires.

Ce tableau provisoire des caractéristiques chimiques et physiques des éléments simples, en connexité avec les commotions électro-moléculaires des cellules organiques, nous fait passer de l'étude de la matière à celle de la vie.

UNIVERSALITÉ DE LA FORCE.

Les forces vitales indestructibles comme les forces physiques.

Une des caractéristiques les plus universelles de la force est manifestée par les attractions et les répulsions spontanées des corps organiques et inorganiques ; telles que les affinités chimiques des *atomes ;* les affinités physiques des *molécules ;* les affinités *physiologiques* des cellules organiques ; les affinités *biologiques* des sexes individuels ; les attractions et répulsions des globes du système solaire ; les attractions et répulsions des systèmes solaires les uns pour les autres ; et ainsi des forces et des lois de l'association dans toute la création. »

Les types architectoniques des atomes, molécules, cellules, organismes individuels, globes et systèmes solaires sont diversifiés en rapport avec ces attractions et répulsions caractéristiques.

Avant d'entrer dans cette question nous engageons le lecteur à lire un chapitre sur « *la Sensibilité dans le règne animal et dans le règne végétal* » du livre de Claude Bernard, qui a pour titre « LA SCIENCE EXPÉRIMENTALE » (Paris, 1878), et le célèbre discours de M. Huxley sur « *les Bases physiques de la vie* », dans un volume sur « LES SCIENCES NATURELLES » (Paris, 1877), dont nous donnons ici les extraits suivants :

Huxley dit : — « Il y a une sorte de matière unique
« commune à tous les êtres vivants. Ceux qui savent que
« la matière et la vie se relient d'une façon inséparable
« ne sont pas préparés à admettre cette conclusion claire-
« ment indiquée par mon expression les « *bases physiques*
« *de la vie* », qu'il y a une sorte de matière unique com-
« mune à tous les êtres vivants, et qu'une unité physique
« aussi bien qu'une unité idéale réunit leurs diversités
« infinies... Si nous considérons la substance ou la com-
« position matérielle, quel lien caché peut-il y avoir entre
« cette fleur qui orne la chevelure d'une jeune fille et le
« sang généreux qui coule dans ses veines ? Qu'y a-t-il
« de commun entre la masse dense et résistante du chêne,
« la structure si compacte d'une tortue, et ces larges dis-
« ques de gelée transparente dont on connaît les pulsa-
« tions sous les eaux d'une mer calme, mais qui s'écoulent

« en bave dans les mains de celui qui cherche à les re-
« tirer de leur élément?...

« Je me propose de vous montrer qu'une triple unité se
« manifeste dans toute l'étendue du monde vivant : unité
« de puissance, ou de faculté, unité de forme, et unité de
« composition substantielle..... En dernière analyse, la
« parole, le geste, et toutes les autres formes d'actions
« humaines peuvent se réduire en contractions muscu-
« laires; et la contraction musculaire n'est qu'un change-
« ment transitoire dans la position relative des parties
« d'un muscle. Mais si cette manière de voir est assez
« large pour inclure les activités des formes supérieures
« de la vie, elle embrasse celle de toutes les créatures
« inférieures. La plante et l'animalcule les plus bas dans
« l'échelle se nourrissent, s'accroissent et reproduisent
« leur espèce. De plus, tous les animaux manifestent ces
« changements transitoires de formes que nous classons
« sous les titres d'*irritabilité* et de *contractilité*, et il est
« infiniment probable que, quand nous aurons exploré à
« fond le monde végétal, nous reconnaîtrons qu'à un mo-
« ment ou l'autre de leur existence, toutes les plantes
« possèdent ces mêmes puissances.....

« Vous savez tous assurément que l'ortie ordinaire
« doit sa propriété de piquer à des poils innombrables,
« raides, en formes d'aiguilles excessivement fines qui en
« recouvrent toute la surface. Chacun de ces petits aiguil-
« lons s'amincit de la base au sommet, et bien que ces
« sommets soient arrondis, ils sont d'une finesse micro-
« scopique telle qu'ils pénètrent facilement dans la peau
« et s'y rompent. Tout le poil se compose d'une enveloppe
« ligneuse extérieure fort délicate; une couche de ma-
« tière semi-fluide (pleine de granules innombrables d'une
« petitesse extrême) est intimement appliquée contre la
« surface interne de l'enveloppe. Cette couche semi-fluide
« est du *protoplasme*, qui forme ainsi une sorte de sac

« plein d'une liqueur limpide, et il correspond assez
« régulièrement à l'intérieur du poil qu'il remplit. Quand
« on examine la couche de protoplasme du poil d'ortie à
« un grossissement suffisant, on y reconnaît un mouve-
« ment continuel. Des contractions locales de toute
« l'épaisseur de la substance des poils se propagent len-
« tement et graduellement d'une pointe à l'autre, comme
« des vagues successives, semblables aux ondulations que
« produit le vent en courbant les uns après les autres les
« épis d'un champ de blé.

« Mais, indépendamment de ces mouvements, on en
« reconnaît d'autres. Les granules sont poussés en cou-
« rants relativement rapides à travers des canaux de pro-
« toplasme, et ce mouvement, paraît-il, persiste d'une
« façon remarquable. Le plus souvent les courants des
« parties adjacentes du protoplasme prennent la même
« direction, et l'on voit sur un des côtés du poil un cou-
« rant général ascendant, et un autre courant descen-
« dant de l'autre côté. Mais ceci n'empêche pas la pro-
« duction de quelques courants partiels prenant des routes
« différentes ; quelquefois on voit des trains de granules
« courant rapidement en sens inverse à un ou deux mil-
« lièmes de millimètre l'un de l'autre. Parfois il se pro-
« duit des collisions entre courants opposés, et après une
« lutte plus ou moins longue un des courants l'emporte.

« Ces courants, semble-t-il, sont causés par des contrac-
« tions du protoplasme limitant les canaux dans lesquels
« les courants se produisent, mais les contractions
« sont si minimes qu'on ne peut les voir à l'aide des
« meilleurs microscopes qui nous montrent seulement
« leurs effets.

« Le spectacle de ces énergies merveilleuses renfermées
« dans les limites du poil microscopique d'une plante que
« nous regardons habituellement comme un organisme
« purement passif, est une chose que n'oublie pas facile-

« ment celui qui l'a observée pendant des heures succes-
« sives, sans qu'il s'y manifeste aucun signe d'arrêt. On
« commence alors à entrevoir la complexité possible de
« beaucoup d'autres formes organiques, aussi simples en
« apparence que le protoplasme de l'ortie, et l'idée d'un
« éminent physiologiste, qui comparait un protoplasme
« de ce genre à un corps muni d'une circulation interne,
« perd beaucoup de son étrangeté...

« Parmi les plantes inférieures il n'est pas rare, il est
« même plutôt de règle, que la contractilité se manifeste
« plus évidemment encore à quelque moment de leur
« existence. Le protoplasme des algues et des fongus
« s'échappe complètement ou partiellement, dans bien
« des circonstances, de son enveloppe ligneuse, et nous
« montre des mouvements de totalité de sa masse, ou se
« meut par la contractilité d'un ou plusieurs prolonge-
« ments en forme de poils, et que l'on appelle des cils
« vibratiles. Et en tant qu'on a étudié jusqu'ici les condi-
« tions de la manifestation des phénomènes de contracti-
« lité, ces conditions sont les mêmes pour la plante et
« pour l'animal. Dans les deux cas, la *chaleur* et les *com-*
« *motions électriques* l'influencent et dans le même sens,
« quoique cette affection puisse différer en degré. » (*Les*
« *sciences naturelles;* traduit de l'anglais de Huxley.
Paris, 1877.)

Les phénomènes de *contractilité* sont le résultat de
commotions électriques de molécules de *protoplasme* dans
les organismes vivants ; les phénomènes de mouvement
dans l'atmosphère, l'Océan et la terre sont le résultat de
commotions électriques de molécules élémentaires dans les
règnes inorganiques. Les atomes infiniment petits dans
les corps individuels des règnes sur notre globe sont en
mouvements perpétuels, tout comme les globes infiniment
grands dans notre système solaire régis par des lois
invariables de la nature.

Sensibilité. — Dans un article sur la *sensibilité* Claude Bernard dit (page 233) : « Puisque les animaux
« et les plantes possèdent tous une même sensibilité
« révélée par l'action des anesthésiques, il faut que cette
« sensibilité réside dans quelque chose de *matériel*, dans
« une substance qui se trouve chez tous ces êtres. Pour
« atteindre ce siège de la sensibilité, il faut d'abord savoir
« que tous les tissus organiques, animaux ou végétaux,
« sont uniformément composés de cellules microscopi-
« ques infiniment petites, qui constituent le véritable
« siège de la vie et des phénomènes vitaux élémentaires.
« C'est dans ces cellules qu'est le siège de la sensibilité.
« Il s'y trouve une matière protéique, le *protoplasme*, qu'un
« naturaliste anglais, M. Huxley, a nommée avec raison
« la *base physique de la vie.* »

Les deux physiologistes sont d'accord sur ce point, et Claude Bernard (page 222) dit que « Bichat distinguait
« trois expressions de la sensibilité :

« 1° La *sensibilité consciente*, qui préside à la vie de
« relation ou aux mouvements extérieurs ;

« 2° La *sensibilité inconsciente*, qui se traduit par les
« mouvements internes ;

« 3° La *sensibilité insensible*, c'est-à-dire insaisissable
« à l'œil, parce qu'elle se manifeste autrement que par
« des mouvements ; par exemple, par des actions nutri-
« tives ou trophiques. »

« En un mot, dit Claude Bernard (page 223), la sensi-
« bilité est la propriété de réagir d'une façon appréciable,
« mais plus ou moins visible, sous l'influence d'une solli-
« citation extérieure. Prise dans un sens général, la
« sensibilité se confond avec l'irritabilité. »

Les mouvements de la matière dans les molécules infiniment petites et dans les globes infiniment grands sont des phénomènes intéressants ; la circulation des globules du sang dans le corps est également remarquable en rapport avec la vie, qu'on peut étudier en même temps. On peut néanmoins faire observer que l'étude de l'homme révèle autre chose que les molécules en mouvement : les paroles de Hamlet dans la bouche d'un artiste dramatique révèlent autre chose que la contraction des muscles et la sensibilité de la langue.

La question posée par nos deux physiologistes implique l'hypothèse que la matière est partout douée de force et de mouvement automatiques *comme* dans le corps humain ; d'où il suivrait que l'esprit humain n'est qu'une force comme une autre dans la nature universelle. C'est là une hypothèse matérialiste qu'on peut interpréter à volonté au point de vue panthéiste ou bien au point de vue athéiste. Dans cette hypothèse on confond l'esprit avec la matière ; le principe créateur avec la force et la matière indestructibles dans la création d'un mécanisme automatique comme une locomotive ; le principe archiontologique de l'Esprit omniscient avec les forces de la matière éternelle dans la création des organismes physiologico-automatiques comme les plantes et les animaux.

Les éléments physiques ont de l'énergie spontanée sous l'influence d'une sollicitation *chimique* ou électrique ; les éléments anatomiques ont de l'énergie spontanée sous l'influence d'une sollicitation *physique* ou *physiologique*. Il faut donc essayer d'établir des degrés d'attraction spontanée entre la force et la matière pour comparer les phénomènes de *sensitivité* physico-chimique et physiologique avec les degrés de *sensibilité* psychologique. On sait que la *sensibilité consciente* n'existe à un haut degré que chez l'homme ; la *sensibilité inconsciente* gouverne la plupart des fonctions physiologiques chez l'homme et les animaux supérieurs, sans parler des végétaux dépourvus de nerfs, mais doués d'une sensitivité contractile végétale ou physiologique.

Il faut aussi faire observer que tous les organes et

toutes les cellules organiques du corps, comme « *bases physiques de la vie* », existent dans le cadavre aussi bien que dans le corps pendant la vie. La matière et la force physique restent quand la vie physiologique n'y est plus, comme « base *métaphysique* de la vie ».

Les définitions de Bichat sur la sensibilité *consciente*, *inconsciente* et *insensible*, ne peuvent suffire à la science aujourd'hui. La *sensitivité* d'un aimant ne doit pas être confondue avec l'*irritabilité* d'une plante sensitive ; l'irritabilité d'un tissu animal ne doit pas être confondue avec la *sensibilité* psychologique.

Les éléments simples ont des *affinités* chimiques et des modes de mouvement spontanés ; les plantes ont des affinités sexuelles et physiologiques comme les animaux.

La sensibilité du système nerveux est peu développée chez les poissons et les reptiles ; faiblement chez les oiseaux et même chez les mammifères rongeurs et marsupiaux ; beaucoup plus chez les animaux supérieurs, mais vingt fois plus chez l'homme que dans aucun animal.

On pourrait les comparer en degrés relatifs, comme suit :

Degrés de sensibilité psychologique.
1. Ichthyosensitif = 1 degré (?).
2. Reptisensitif = 2 degrés (?).
3. Avisensitif = 3 degrés (?).
4. Mammisensitif = 4 degrés (?).
5. Homosensitif = $1 \times 2 \times 3 \times 4 = 24$ degrés (?).

Tous les degrés de sensibilité consciente et d'excitabilité nutritive peuvent être suspendus par l'éthérisation.

Ici nous pouvons introduire quelques citations des opinions des physiciens modernes sur ce qu'on appelle la *matière radiante*. (Voir la *Revue scientifique* du 25 octobre 1879. Paris, Germer Baillière et C⁰.)

« Je puis signaler ici, dit Faraday, une progression
« remarquable dans les propriétés physiques qui accom-
« pagnent les changements d'état ; peut-être suffira-t-elle

« pour amener les esprits inventifs et hardis à ajou-
« ter l'état radiant aux autres états de la matière déjà
« connus.

« A mesure que nous nous élevons de l'état solide à
« l'état liquide, et de celui-ci à l'état gazeux, nous voyons
« diminuer le nombre et la variété des propriétés physi-
« ques des corps, chaque état en présentant quelques-unes
« de moins que l'état précédent. Quand des solides se
« transforment en liquides, toutes les nuances de dureté ou
« de mollesse cessent nécessairement d'exister; toutes les
« formes cristallines ou autres disparaissent. L'opacité
« et la couleur sont souvent remplacées par une transpa-
« rence incolore, et les molécules des corps acquièrent
« une mobilité, pour ainsi dire, complète.

« Si nous considérons l'état gazeux, nous voyons s'a-
« néantir un plus grand nombre de caractères évidents
« des corps. Les immenses différences qui existent entre
« leurs poids ont presque disparu; les traces des diffé-
« rences de couleur qu'ils avaient conservées s'effacent.
« Désormais tous les corps sont transparents et élastiques.
« Ils ne forment plus qu'un même genre de substances
« (le genre gazeux) et les différences de densité, de du-
« reté, d'opacité, de couleur, d'élasticité et de forme qui
« rendent presque infini le nombre des solides et des li-
« quides sont désormais remplacées par de très faibles
« variations de poids et quelques nuances de couleur sans
« importance. » Nous ferons observer ici que c'est l'âme
qui, dans la substance semi-liquide de l'œuf, donne à
cette substance tous les degrés de solidité et de dureté qui
se trouvent dans les os, et les autres organes du corps
de l'oiseau. La chaleur de l'incubation ne suffirait pas
seule pour effectuer des transformations aussi étonnantes.
La matière de l'œuf durcie par la chaleur ne ressemble
guère à un oiseau. La matière de l'œuf est la « *base phy-*
« *sique de la vie* », mais voilà tout.

Faraday continue: « Ainsi pour ceux qui admettent « l'état radiant de la matière, la simplicité des propriétés « qui caractérisent cet état, loin d'être une difficulté, est « bien plutôt un argument en faveur de son existence. Ils « ont constaté jusqu'alors une disparition graduelle des « propriétés de la matière, à mesure que celle-ci s'élève « dans l'échelle des formes et seraient surpris que cet « effet s'arrêtât à l'état gazeux. Ils ont vu la nature faire « de plus grands efforts pour se simplifier à chaque chan- « gement d'état, et pensent que dans le passage de l'état « gazeux à l'état radiant cet effort doit être plus grand « qu'auparavant. » (*Vie et correspondance de Faraday*, vol. I*er*, p. 108.)

La conférence de M. W. Crookes, au *Congrès de Sheffield* (Association britannique pour l'avancement des sciences, 1879), suggère l'idée que, même dans l'état radiant de la matière, les molécules indivisibles infiniment petites conservent chacune leur individualité propre en *affinités chimiques.*

« *Chimie de la matière radiante.* — On conçoit faci- « lement, dit-il, que dans une atmosphère aussi raréfiée « (que dans le vide), il doit être difficile de reconnaître « les différences chimiques qui peuvent exister entre les « *diverses espèces de matière radiante.* Les propriétés « physiques que nous venons d'étudier semblent être « communes à toutes les substances à un degré de den- « sité si faible. Que nous opérions sur de l'hydrogène, « de l'acide carbonique ou de l'air ordinaire, la phospho- « rescence, les ombres, la déviation magnétique, et tous « les autres phénomènes sont identiques ; seulement ils « apparaissent à des degrés de raréfaction différents. « Mais d'autres faits indiquent que, même avec de si « faibles densités, les *molécules conservent leurs carac-* « *tères chimiques.* Par exemple, en introduisant dans les « tubes (où on a fait le vide) des substances capables

« d'absorber les résidus gazeux, je puis constater que
« l'attraction chimique subsiste longtemps après que la
« raréfaction a été portée au degré le plus favorable à la
« manifestation des phénomènes que nous venons d'étu-
« dier (phénomènes physiques) ; ce fait me permet même
« de pousser le vide bien plus loin que je ne pourrais le
« faire en employant seulement la machine pneuma-
« tique..... On m'objectera peut-être qu'il y a presque
« de l'inconséquence à attacher une importance particu-
« lière à la présence de la *matière* après m'être donné
« une peine extrême pour faire disparaître des boules et
« des tubes de verre autant de matière que possible, et
« avoir si bien réussi qu'il n'y reste plus guère qu'un mil-
« lionième d'atmosphère. Sous pression ordinaire l'atmo-
« sphère n'a déjà pas une densité considérable, et la re-
« connaissance de sa matérialité ne date que des temps
« modernes. Il semblerait qu'en divisant sa densité par
« un million, il doit rester dans nos tubes une quantité
« de matière si faible qu'elle est parfaitement négligeable,
« et que nous sommes en droit de donner le nom de *vide*
« à l'espace d'où l'air a été ainsi presque absolument
« retiré. Mais ce serait une erreur grave, qui vient de ce
« que nos facultés bornées ne saisissent pas bien les nom-
« bres très élevés.....

« Dans l'étude de ce quatrième état de la matière, il
« semble que nous ayons saisi et soumis à notre pouvoir
« les petits atomes indivisibles, qu'il y a de bonnes rai-
« sons à considérer comme formant la base physique de
« l'univers. Nous avons vu que par quelques-unes de ses
« propriétés la matière radiante est aussi matérielle que
« la table placée ici devant moi, tandis que par d'autres
« propriétés elle présente le caractère d'une force de ra-
« diation. Nous avons donc en réalité atteint la limite sur
« laquelle la matière et la force semblent se confondre,
« le domaine obscur situé entre le connu et l'inconnu.....

« J'ose croire que les plus grands problèmes scientifiques
« de l'avenir trouveront leur solution dans ce domaine
« inexploré où se trouvent sans doute les réalités fonda-
« mentales, subtiles, merveilleuses et profondes. »

Ici les atomes de la matière radiante se confondent avec les « centres de force sans dimensions ». Les éléments simples, isolés par la chaleur dans la fournaise ipnosphérique, sont en rapport électro-moléculaire avec les éléments combinés dans les autres règnes, comme les cellules organiques du système nerveux sont en rapport électro-moléculaire avec les éléments anatomiques de tous les autres systèmes du corps.

Les éléments simples des métaux et des métalloïdes dans les quatre états, solide, liquide, gazeux et radiant, sont les mêmes que ceux des autres planètes du système solaire. Sont-ils distribués en mêmes classes, ordres, etc., dans tous les globes ? ou sur un clavier plus étendu et en espèces bien plus nombreuses dans le soleil que dans les planètes ? On n'en sait rien.

Cependant la matière radiante est en rapport direct avec l'électricité, tout comme la matière visible, et les expériences de M. Crookes sur les phénomènes électro-magnétiques dans cette matière sont extrêmement intéressantes.

Les forces physiologiques sont intimement unies aux forces physiques dans le corps humain, mais, tandis que les forces physiques sont plus ou moins convertibles dans leurs modes d'actions barologiques, photologiques, thermologiques et électrologiques, les forces vitales ne sont aucunement convertibles, que nous sachions, dans leurs modes d'actions physiologiques, instinctuels, rationnels et sociaux. On ne peut pas convertir le mode d'action *physiologique* d'un végétal en mode d'action *instinctuel* d'un animal, ni en mode d'action *scientifique* moral et religieux, *consciencieux* et judiciaire. On suppose qu'il est possible de développer, dans un homme sauvage, les facultés de la raison et de la conscience morale qui sont momentanément à l'état latent chez lui comme chez un enfant ; mais développer une force latente de cette nature n'est pas la même chose que de convertir un organisme végétal en zoophyte ou en insecte, un animal en homme, avec des facultés et les modes d'agir de la raison et de la conscience.

L'analyse ne peut donc pas refuser de distinguer les modalités des forces vitales dans les règnes organiques, comme elle distingue celles des forces physiques dans les règnes inorganiques.

FORCES VITALES. — Sans entrer dans les détails de l'anatomie comparée, nous pouvons analyser les principales caractéristiques des forces vitales différenciées dans les organismes.

On sait que la *conformation* des organes de la respiration et de la circulation diffère beaucoup dans les quatre classes des vertébrés. Les poissons respirent lentement et en petite quantité, au moyen de *branchies*, l'air dissout dans l'eau ; la circulation est lente et faible chez eux. Les reptiles respirent, lentement aussi, l'air libre dans les *poumons*, mais leur circulation est plus complexe que celle des poissons. Les mammifères ont la respiration et la circulation beaucoup plus développées que les reptiles ; et les oiseaux ont la respiration et la circulation plus actives que les mammifères. Les *tempéraments vasculaires* sont donc très divers chez les poissons, les reptiles, les mammifères et les oiseaux.

Il en est de même, à des degrés inférieurs, chez les animaux invertébrés et les plantes.

Il y a des nuances de *tempérament vasculaire* très distinctes chez l'homme.

Les *constitutions* alimentaires sont diversifiées aussi fortement que les tempéraments vasculaires. Dans la classe des mammifères, il y a des constitutions alimentaires *herbivores, carnivores, insectivores* et *omnivores;* il en est de même chez les oiseaux, les reptiles et les poissons. Les carnivores sont nombreux chez les poissons; les insectivores sont nombreux chez les reptiles; les granivores très nombreux chez les oiseaux, et les herbivores assez nombreux chez les mammifères.

Dans les règnes inférieurs, animal et végétal, il y a des espèces qui sont ou carnivores, ou herbivores, ou insectivores, ou omnivores.

Les *conformations sexuelles* et les mœurs sont diverses dans tous les règnes organiques : les individus sont unisexuels (mâles ou femelles) dans la classe des mammifères, ainsi que dans la classe des oiseaux, et dans celle des reptiles, mais on dit qu'il y a des individus bisexuels dans quelques espèces de poissons.

La bisexualité individuelle, qui existe dans certaines espèces d'invertébrés, est presque universelle chez les plantes.

Les caractères et les mœurs procréatifs sont très divers dans les espèces différentes. Les renards sont *monogames;* certaines espèces de phoques, *polygames;* les chiens ont des mœurs de *promiscuité;* les femelles seules ont soin des petits. Dans la classe des oiseaux les tourterelles sont monogames (au moins pour une couvée); les faisans polygames. Les coucous ont le caractère insouciant et les mœurs vagabondes; les femelles pondent leurs petits œufs dans les nids de petits oiseaux et laissent ainsi les soins de l'incubation à des étrangers.

Les mœurs de beaucoup de reptiles et de poissons sont peu connues. Quelques espèces sont ovovivipares, bien que la majorité soient ovipares. Les soins de l'incubation, dans beaucoup de cas, sont abandonnés à la température du milieu ambiant, et cette habitude, très commune chez les poissons et les reptiles, est presque universelle dans les règnes inférieurs. Cependant il y a de nombreuses exceptions chez les insectes sociables. On sait que les abeilles ont soin de leur progéniture, tandis que la plupart des insectes déposent leurs œufs par instinct, dans des lieux convenables pour l'éclosion et la nourriture des larves, après la mort des progéniteurs.

Les soins artificiels de la culture viennent en aide à la nature pour la propagation et l'amélioration des races de plantes et d'animaux inférieurs, et même pour les mammifères d'ordres supérieurs, telles que les chevaux et les bêtes à corne.

Toutes ces combinaisons de la force avec la matière dans les règnes périphériques de la nature font partie de la planète.

La croûte du globe n'est pas plus épaisse que la peau d'un éléphant, en proportion avec le volume entier du corps. L'extérieur du globe est animé de forces vitales; pourquoi pas l'intérieur? Tous les animaux ont des parasites.

La force vitale est combinée avec les forces physiques dans les diatomes et dans les animalcules invisibles à l'œil nu, dans les insectes minuscules et dans les animaux très grands, tels que les baleines. Pourquoi pas dans l'organisme cosmique tout entier, comme intelligence supérieure, ainsi que dans les organismes minuscules, doués d'instincts et d'intelligence?

La puce suce le sang de l'homme sans pouvoir causer avec lui; l'homme se nourrit du corps de la planète sans pouvoir se mettre en rapport avec l'âme du monde, bien qu'il soit en rapport de science avec l'Omniscient. Les extrêmes se touchent, et l'esprit fini, créateur de mécanismes automatiques, est en rapport avec l'Éternel, créateur des mondes.

L'âme de la puce qui suce le sang de l'homme ne fait pas partie de l'âme humaine. L'âme humaine ne fait pas partie de l'âme de la planète.

Dans le sens collectif, l'âme individuelle de l'homme fait partie de l'âme collective de l'humanité, qui à son tour fait partie de l'âme collective des règnes organiques de la nature; mais cela n'implique pas l'identité d'une âme individuelle avec une âme collective, d'espèce et de rang différents.

Les créatures cosmiques et épicosmiques, en tous degrés de puissance relative, sont inférieures à l'esprit infini, archionlologique, créateur et régulateur de tous les organismes et de tous les mondes évolutifs, naturels et surnaturels.

TROISIÈME PARTIE.

ÉVOLUTION DES RÈGNES.

Rien ne vient de rien; toute évolution est donc la formation de quelque chose, telle que la construction d'un édifice avec de la substance qui existe déjà, et d'après le plan d'une idée conçue avant la formation.

Nous avons l'édifice des règnes de la nature devant nous, et le plan de cet édifice est révélé dans la structure; mais nous n'avons pas assisté à la formation de l'atmosphère, de l'Océan, de la croûte du globe, ni à la formation première d'une plante ou d'un animal.

Il y a cependant des traces de périodes successives de la formation des couches de roches dans la croûte du globe, et ces traces indiquent les caractères d'une évolution géologique et paléontologique assez clairement, pour que la science puisse en lire l'histoire.

On sait que la matière et la force sont indestructibles; les forces et la matière d'une horloge existent avant la construction. L'idée du mécanisme existe potentiellement dans l'esprit de l'inventeur avant la formation de l'horloge.

Pour comprendre le plan de la nature il faut l'analyser.

Avant d'entrer dans les détails, il faut avoir une idée générale de l'ensemble des phénomènes subordonnés les uns aux autres.

On peut commencer par former des parallèles entre le monde cosmique et le monde épicosmique.

Monde cosmique.
- U. Orbites des globes.
- O. Globes du système solaire.
- H. Centre recteur du système.

Monde épicosmique.
- U. Règnes inorganiques.
- O. Règnes organiques.
- H. Règne sociologique.

Entre ces parallèles on peut discerner des analogies de caractère structural et fonctionnel. Par exemple les orbites sont des milieux dans lesquels se meuvent les globes du système ; les globes eux-mêmes sont des corps qui circulent dans ces orbites ; les règnes inorganiques sur notre planète sont des milieux dans lesquels se meuvent les organismes des règnes organiques.

Le centre du système solaire est le soleil, qui est lui-même un des globes du système ; le centre du monde épicosmique est l'humanité sociologique, qui est elle-même une espèce du type des vertébrés.

Les fonctions du centre solaire sont à la fois rectrices et stimulatrices, au point de vue physique et physiologique :

1° Centre de gravitation : rectrice mécanique ;

2° Centre de radiation luminique : stimulatrice physique et physiologique ;

3° Centre de radiation calorique : stimulatrice physique et physiologique ;

4° Centre des influences électro-magnétiques : stimulatrice physique et physiologique.

Les fonctions connues du centre sociologique sont à la fois créatrices et rectrices, savoir :

1° Création de machines industrielles : culte de l'utile;
2° Création des arts esthétiques : culte du beau ;
3° Création des sciences abstraites : culte du vrai ;
4° Création des sociétés religieuses et politiques : culte du bien.

Nous supposons que le *plan* de notre système solaire a dû exister dans d'autres mondes avant que le nôtre ait été formé ; le *plan structural* de notre planète a dû exister avant que la matière du globe ait pris son état actuel ; le *plan schématique* de l'unité épicosmique des règnes inorganique, organique et sociologique, a dû exister comme un concept logique dans la raison omnisciente, avant que ces règnes n'aient été ébauchés sur notre globe, comme nous les trouvons réalisés aujourd'hui dans les diverses *classes, sections, ordres, familles, genres, espèces, races, sexes* et *organismes individuels* en chaque règne.

Tous nos raisonnements auront pour but de démontrer la légitimité de cette hypothèse par l'analyse des phénomènes connus, et par la coordination méthodique des principes et des lois révélés par les phénomènes.

Nous ne connaissons aucune autre hypothèse qui puisse être soutenue par une analyse intégrale des phénomènes connus de la nature. On peut donc poser la question de la manière suivante, dans un tableau synoptique de tous les termes du problème :

ÉVOLUTION DES RÈGNES.

Ontologie.
- Z. *Préexistence des forces et des lois.*
- Y. Origine des règnes.
- X. Évolution des règnes.
- W. Perpétuation des règnes.

Paléontologie.
- VII. Évolution du règne des vertébrés.
- 7. Évolution du sous-règne des articulés.
- VI. Évolution du règne des mollusques.
- 6. Évolution du sous-règne des rayonnés.
- V. Évolution du règne des phanérogames.
- 5. Évolution du sous-règne des cryptogames.

Géologie..
{
IV. Evolution du règne ipnosphérique.
III. Evolution du règne géosphérique.
2. Evolution du sous-règne reliquial.
II. Evolution du règne thalattosphérique.
1. Evolution du sous-règne pluvial.
I. Evolution du règne atmosphérique.
}

ÉVOLUTION DES RÈGNES INORGANIQUES.

Pour nous guider dans l'analyse des phénomènes inconnus de l'évolution d'un monde, nous pouvons prendre l'évolution d'un organisme quelconque dont l'embryogénie métamorphique est connue. L'évolution d'un embryon d'oiseau a été observée jour par jour, et heure par heure, depuis le commencement de l'incubation jusqu'à l'éclosion. Dans ces phénomènes, on a noté que tous les rudiments de systèmes et d'organes commencent à être formés en même temps, et sont peu à peu développés parallèlement pendant toute la durée de l'incubation ; seulement le vêtement de l'oiseau (le plumage) n'est formé qu'après l'éclosion.

Nous supposons donc que le *refroidissement* de la couche externe du globe a dû affecter également la sphère gazeuse, la sphère liquide et la croûte solide, pendant que les *principes de mécanisme* qui ont dû présider à la combinaison chimique des éléments de l'atmosphère, de l'Océan et des roches plutoniques, ont dû continuer leur action *pari passu*, pendant toutes les phases de l'évolution, jusqu'à l'époque où les rudiments des règnes organiques (animal et végétal) ont commencé à paraître dans l'eau et sur les surfaces marécageuses de la terre.

On sait que les vapeurs d'eau et les masses d'acide carbonique étaient plus volumineuses dans l'atmosphère pendant les premiers temps de l'évolution des règnes organiques qu'elles ne le sont aujourd'hui ; les immenses masses de charbon de terre, qu'on trouve dans les gisements de houille, ont été formées en grande partie à l'aide de ces abondantes ressources. La géologie et la paléontologie nous donnent le moyen de suivre en quelque sorte les phases successives de cette évolution des sphères distinctes depuis le commencement de l'évolution des règnes organiques, mais ne disent presque rien du règne ipnosphérique au-dessous de la croûte solide du globe. On voudrait cependant avoir une idée de cette fournaise de matières encore à l'état incandescent, aussi bien que des sphères concentriques extérieures.

On sait que la croûte solide a été soumise à l'influence de cette fournaise depuis le commencement du refroidissement, et que les soulèvements et les abaissements successifs ont altéré les niveaux de la surface, comme les flux et reflux de la mer altèrent les niveaux de l'Océan. Une des fonctions de la fournaise souterraine est donc de produire des ondulations d'abaissements et d'exhaussements souvent répétés, en sens inverse sur les mêmes points de la surface. Comment peut-on concevoir les mouvements de la matière incandescente au-dessous de la croûte solide ? Les astronomes ont déjà pu constater qu'il y a des mouvements de la matière incandescente à la surface du soleil. Voici ce qu'on lit dans le petit volume de Zurcher et Margollé (p. 208) :

« Kepler plaçait la puissance calorifique au centre du
« soleil, et n'attribuait à la surface que la propriété de la
« disperser régulièrement. Wilson, surtout préoccupé de
« l'explication de la figure des taches, admit l'existence
« d'un corps central opaque, obscur et froid, entouré
« d'une mince photosphère. W. Herschell modifia cette
« hypothèse en imaginant une atmosphère dans laquelle
« flottaient deux couches concentriques : une couche in-
« terne non lumineuse et une externe incandescente, que
« des éruptions gazeuses trouaient çà et là.....

« Le 7 septembre 1871, le professeur Young, de
« Boston, observait avec le spectroscope une très grande

« protubérance qui se maintenait sur le bord oriental du
« soleil depuis un jour, et avait près de 4 minutes
« de largeur et 2 minutes de hauteur. A midi et demi,
« elle présentait l'aspect d'une vaste bande nuageuse
« disposée en arcades au-dessus d'une série de piliers.
« Une épouvantable explosion se produisit alors. Des
« débris flottants en grand nombre furent projetés avec
« une vitesse considérable qui les éleva jusqu'à l'altitude
« de 7′ 49″; c'était l'hydrogène incandescent surtout qui
« s'élevait à cette grande hauteur. M. H. de Parville
« ajoute : Cet hydrogène, qui ne paraît être ici que le
« résultat d'une décomposition, emporterait avec lui de
« l'électricité positive qui se répand dans les espaces
« planétaires, puis dans l'atmosphère terrestre, et même
« dans la terre, en diminuant toujours d'intensité, à cause
« de la mauvaise conductibilité des couches d'air de plus
« en plus denses, et de celle de la croûte superficielle de
« la terre. Telle serait, suivant l'opinion soutenue à l'A-
« cadémie par M. Becquerel, l'origine de l'électricité
« atmosphérique.....

« M. Respighi, directeur de l'observatoire du Capi-
« tole, a constaté que, sauf aux époques de grande acti-
« vité, ces apparences ne sont pas aperçues sur les deux
« calottes polaires, mais que leur domaine s'étend du
« cercle de 70 degrés de latitude australe au cercle de
« 70 degrés de latitude boréale, ce qui constitue une nota-
« ble différence avec les taches, toujours distribuées entre
« des limites tellement étroites qu'il est tout à fait rare
« qu'on en aperçoive à 45 degrés de l'équateur, et qu'il
« n'y en a jamais au delà du 51ᵉ degré. ».

Dans le chapitre XI du même volume sur la météorologie cosmique, nous lisons : « Les astronomes et les
« physiciens sont loin d'être d'accord relativement à la
« température existante à l'intérieur du soleil. A l'époque
« de la formation de l'astre, elle était, selon le P. Secchi,

« de 500 millions de degrés, et à présent encore ce serait
« à une dizaine de millions qu'il faudrait l'évaluer.
« M. H. Sainte-Claire Deville pense qu'elle ne s'éloigne
« guère de 2,800 degrés. Un astronome allemand,
« M. Zœlner, déduisant de la hauteur des protubérances
« la vitesse avec laquelle le jet d'hydrogène traverse la
« photosphère, calcule la différence de température de ce
« gaz à l'intérieur et à l'extérieur de cette photosphère,
« différence qui, ajoutée à la température de la surface
« solaire, déduite d'un autre calcul, donne environ 85,000
« degrés pour la température interne.

« Par l'effet de cette chaleur élevée, bien qu'une
« énorme pression due à la gravitation favorise l'affinité,
« aucune combinaison ne peut subsister à l'intérieur du
« soleil, et les différents corps simples y sont dissociés.
« Les combinaisons ont lieu à la surface où la radiation
« abaisse la température. Mais cette déperdition est con-
« sidérablement retardée par l'intervention de la chaleur
« latente de dissociation, et nous ne pouvons en consta-
« ter les effets qu'après des milliers d'années. »

Cette complication des effets de la chaleur qui dissocie les éléments simples du soleil et les affinités qui, sous l'influence de la pression, les associe dans la photosphère, nous donne une idée de la nature des phénomènes analogues à la surface de notre planète, entre l'hydrogène incandescent de la fournaise et la matière refroidie des sphères extérieures. Mais la pression de la gravitation, qui favorise la combinaison des éléments selon la nature de leurs affinités, ne suffit pas seule pour nous expliquer les principes architectoniques qui règlent les combinaisons différentes, sous les mêmes degrés de pression. Quel est donc le principe qui détermine la combinaison de l'azote et de l'oxygène dans les mêmes proportions relatives à toutes les hauteurs de l'atmosphère? La même combinaison de l'hydrogène et de l'oxygène à toutes les profondeurs de l'Océan? Les nombreuses différences de combinaison chimique entre tous les éléments simples dans les roches, à toutes les hauteurs des Alpes et à toutes les profondeurs accessibles des roches plutoniques?

La radiation de la chaleur intérieure du globe et le refroidissement progressif des couches extérieures ne suffisent pas pour expliquer les phénomènes de l'évolution des règnes inorganiques de notre planète, et encore moins celle des règnes organiques.

On sait déjà que toutes les forces de la nature sont *indestructibles*, qu'aucune force ne peut *se perdre*, quels que soient ses modes de mouvement et les *transformations* de ces modes de mouvement dans des phases successives des évolutions phénoménales. Il est inutile de parler de causes premières et de causes secondes dans ce cas, car les mêmes forces sont dans tous les temps des causes premières et des causes secondes. Il y a des époques successives d'évolution pour les phénomènes temporaires, mais jamais des commencements d'existence pour des forces qui sont éternellement indestructibles. Les forces qui engendrent des phénomènes passagers sont toujours des causes premières.

L'intelligence qui a conçu l'idée architectonique des constitutions chimiques différentes pour les trois sphères concentriques de l'atmosphère, de l'Océan et de la croûte solide du globe, sous les mêmes conditions de radiation de la chaleur et de pression de la gravitation, peut être regardée comme une cause première par rapport aux forces automatiques mises en œuvre dans la construction de ces règnes ; et *a fortiori*, pour l'intelligence qui a conçu les idées architectoniques qui distinguent les types structuraux des classes, ordres et espèces des organismes connus, des règnes organiques.

Les radiations de la chaleur ne suffisent donc pas pour expliquer l'action de toutes les forces qui ont coopéré dans la formation distincte de l'atmosphère, de l'Océan et de la croûte solide ; les calculs du temps qu'il a fallu pour arriver progressivement au degré de refroidissement actuel, depuis la fournaise intérieure jusqu'à la surface de la terre, ne pouvaient pas être basées sur les seuls phénomènes de l'irradiation de la chaleur, pas plus que le temps de la formation d'un embryon d'oiseau ne pourra être calculé d'après les phénomènes de la chaleur qui ont lieu pendant l'incubation de l'œuf.

Il faut donc renoncer à tous ces calculs de millions de siècles supposés nécessaires au refroidissement de l'écorce du globe ; et plus encore à toutes ces centaines de millions d'années supposées nécessaires pour la formation des roches neptuniennes, et l'évolution paléontologique des règnes organiques.

Nous ne pouvons découvrir les *principes architectoniques* de la formation des règnes inorganiques, que dans la *constitution physique*, *chimique* et *mécanique* de l'atmosphère, de l'Océan, et des roches plutoniques, ainsi que des éléments du règne pluvial et des roches neptuniennes. On ne peut découvrir les principes qui ont présidé à la formation des règnes organiques, que par l'analyse des forces vitales et sous-vitales qui sont manifestées dans la vie et l'organisation des types si divers des animaux et des végétaux. L'évolution paléontologique nous donne une idée des modes de formation des règnes organiques, plus ou moins analogues aux modes de formation des organismes individuels.

Il serait inutile de nous étendre davantage sur les phénomènes de l'évolution des règnes inorganiques, mais il faut examiner de plus près les documents nombreux qui révèlent les phases successives de l'évolution des règnes organiques.

ÉVOLUTION DES RÈGNES ORGANIQUES.

La géologie et la paléontologie sont les deux branches des sciences modernes qui s'occupent de l'évolution des formes de la vie sur notre globe, nettement indiquées par la stratification des roches, contenant des reliques d'organismes éteints, à des époques successives de cette évolution.

D'après ces documents, on a formé nombre de théories sur l'origine de la vie et sur l'évolution des types si divers, depuis la simple cellule végétale, jusqu'aux organismes les plus complexes des règnes cryptogamiques et phanérogamiques ; depuis la cellule animale la plus simple jusqu'aux organismes les plus complets des types radiaires, mollusques, annelés et vertébrés.

Les paléontologistes ont observé qu'il y a eu des fossiles d'espèces aquatiques dans les couches paléozoïques, avant qu'aucune espèce terrestre ait laissé des traces de son existence dans les couches successives des roches neptuniennes.

On peut donc former deux grandes périodes d'évolution organique sur la terre, savoir :

1° Période océanique de l'évolution de la vie ;
2° Période aéroterrestre de l'évolution organique.

Il y a probablement une période intermédiaire pour le développement des espèces amphibies, telles que les batraciens, les chéloniens et les cétacés.

Les géologues ont formé une série de périodes évolutives que nous pouvons adopter, avec une légère modification. Ils ont distingué trois grandes époques : paléozoïque, mésozoïque et néozoïque, en séparant des stratifications secondaires dans chacune de ces époques. Voici notre tableau des époques et des stratifications :

Section paléozoïque.	1. Strates laurentiennes. 2. Strates cambriennes. 3. Strates siluriennes. 4. Strates devoniennes. 5. Strates carbonifères. 6. Strates permiennes.
Section mésozoïque.	7. Strates jurassiques. 8. Strates liasiques. 9. Strates oolithiques. 10. Strates crétacées. 11. Éocènes. 12. Pliocènes.
Section anthropozoïque. Évolution sociologique.	A. Dispersion préhistorique des races. B. Évolution municipale et nationale. C. Évolution internationale. D. Évolution définitive, confédération universelle.

Personne ne sait ni comment les êtres ont été créés dans le monde invisible des forces potentielles, avant d'être organisés dans le monde visible, ni comment les espèces connues ont été formées pendant les périodes successives de l'évolution épicosmique. Nous n'aurons donc que peu de chose à dire sur l'origine de la vie, et les hypothèses qu'on a formulées sur cette question.

Dans la philosophie ancienne il y avait deux hypothèses sur l'origine et le développement de la vie : 1° que les atomes de la matière ont donné origine à l'organisation des mondes et des êtres vivants; 2° que l'Omniscience donne origine à la création des êtres et des mondes. Démocrite, d'Abdère, et Platon, l'Athénien, sont les philosophes les plus éminents de ces deux écoles.

Ces deux hypothèses ont dominé toutes les spéculations philosophiques de nos jours, avec plus ou moins de confusion dans l'esprit des hommes très éminents dans la science; ici il faut descendre dans le monde des détails.

Dans le volume de M. Huxley « *The elements of comparative anatomy* » (1864, p. 10), se trouvent ces deux phrases :

« It seems difficult to imagine a stage of organisation lower than that of *gregarinida*, and yet many of the *Rhi-*

opoda are still simpler. Nor is there any group of the animal kingdom which more admirably illustrates a very *well founded doctrine*, and one which was often advocated by Hunter himself, that *Life is the cause*, and not the *consequence of organization*. » C'est-à-dire que « *la vie est la cause* et non *la conséquence* de l'organisation ». La vie, pour être la cause de l'organisation, doit exister dans des formes bien définies dans un monde invisible avant d'organiser des corps de formes spécifiques, par évolution organique, dans le monde visible. Cette doctrine est admise pour l'évolution des organismes les plus simples, telle que la formation des protozoaires, et pour l'évolution de la vie dans l'œuf d'un oiseau, ou d'un animal quelconque ; mais alors, d'où vient la vie au commencement de l'évolution paléontologique? On sait qu'actuellement les forces occultes sont les *causes* automatiques de l'organisation chimique et physique d'un cristal, ou d'une molécule d'eau ; des *forces vitales* sont les *causes* automatiques de l'organisation d'un embryon d'oiseau; dans la matière d'un œuf. Les forces potentielles de la vie existent donc toujours avant de s'unir à des forces physiques sous-vitales dans les organismes ; les principes architectoniques de tous les types possibles existent dans les forces potentielles de la raison, avant les évolutions multiples des règnes de la nature dans ce monde et dans tous les mondes. C'est là notre hypothèse.

ORIGINE DE LA VIE.

La vie semble résulter de l'organisation; le soleil semble tourner autour de la terre.

L'origine de la vie sur notre globe est un problème qu'il faut envisager à trois points de vue distincts, savoir :

1° Origine ontologique potentielle des âmes ;

2° Origine cosmologique initiale des corps ;
3° Origine généalogique actuelle.

M. *Pasteur* soutient avec raison, que l'origine généalogique seule peut être constatée par l'expérience de nos jours, bien qu'on soit obligé d'admettre que la « génération spontanée » peut seule être conçue comme l'origine initiale de la vie sur notre globe. M. *Pouchet* soutient au contraire que la génération spontanée est un phénomène perpétuellement répété, en parallèle avec l'origine généalogique des espèces. La génération spontanée implique l'existence potentielle d'une force vitale et d'une forme spéciale qui se manifestent dans le phénomène primitif, autant que pour l'origine des nouvelles générations.

M. *Darwin*, dans sa théorie de l'*origine des espèces*, pose le mot Dieu comme origine ontologique potentielle de la vie « soufflée dans une cellule primordiale » de matière protoplasmique, sur notre planète ; de cette origine initiale cosmologique, il déduit la théorie d'une origine généalogique modifiée par les influences du milieu ambiant.

Ce n'est pas par un souffle de son haleine que l'homme a créé une locomotive, mais par une idée de son esprit.

Laplace dit dans le chapitre I" de son *Astronomie:*
« Les apparences trompeuses des phénomènes réels
« ont souvent engendré des illusions dans l'esprit hu-
« main que les méthodes scientifiques sont chargées de
« corriger. »

Dans le domaine de la « philosophie naturelle », ce sont les méthodes *mathématiques* qui corrigent les illusions engendrées par les phénomènes, tandis que dans le domaine de la *philosophie organique*, ce sont les méthodes *biotechniques* qui sont chargées de corriger les illusions engendrées par les apparences trompeuses des phénomènes de la vie. L'idée potentielle d'une machine automatique (horloge ou locomotive) est conçue dans l'esprit de l'homme avant la réalisation; la force physique existe dans la matière avant la construction du mécanisme.

Le principe idéal de la vie, ainsi que la substance des corps existent avant l'évolution des organismes. Cette hypothèse fondamentale a été très bien posée par l'illustre John Hunter, savoir, que « *la vie est la cause et non la conséquence de l'organisation* ». Cette hypothèse est vraie à tous les points de vue possibles : généalogique et ontologique. Les principes architectoniques de la vie déterminent les limites fixes des types, dans la création divine et dans l'évolution des mondes; tout comme les principes architectoniques de mécanisme déterminent les limites naturelles des machines automatiques dans les inventions et constructions humaines.

Nous avons des exemples des lois architectoniques et des limites évolutives des types fixes de la création :

1° Dans les éléments simples et indivisibles de la matière indestructible;

2° Dans les sphères inorganiques sur notre globe;

3° Dans les organismes individuels de types spécifiques;

4° Dans les règnes distincts de types différents dans l'unité épicosmique.

Tous ces types de forces et de formes préexistent potentiellement dans les idées ontologiques de la raison, avant d'être réalisés dans le monde cosmologique par des évolutions physiques et physiologiques primitives, et par des évolutions généalogiques des générations successives. La vie est donc la *cause* et non la *conséquence* de l'organisme dans tous les mondes et dans toutes les évolutions spontanées ou généalogiques.

Qu'est-ce que la vie potentielle et invisible qui est la cause de l'organisation des corps visibles? M. Darwin la définit par les mots « *souffle de Dieu* »; cela n'est pas facile à comprendre.

M. Durand de Gros, dans son volume sur « *les Origines animales de l'homme* », éclairées « par la physiologie et l'anatomie comparatives » (Paris, 1871), pose la question autrement, dans son dernier chapitre, intitulé « Origine et Finalité » :

« Le fait d'un premier commencement de la vie sur le
« globe, dit-il, est certain ; comment réussir à se rendre
« compte de ce fait unique, sans admettre l'intervention
« d'un agent surnaturel quelconque?...

« Spiritualistes et Matérialistes, Théistes et Athées,
« tous reconnaissent que les individus actuels de chaque
« espèce tirent leurs caractères spécifiques de leurs pa-
« rents, et que ces caractères sont contenus en puissance
« dans chacun *des germes respectifs,* la nature spécifique
« du poulet étant virtuellement entière dans le germe de
« l'œuf de poule, la nature spécifique du chêne étant vir-
« tuellement entière dans le germe du gland, etc.

« Voici encore deux vérités biologiques fondamentales
« hors de conteste :

« *Premièrement*, la transmissibilité des caractères
« spécifiques par la voie de la génération ;

« *Secondement*, l'existence *potentielle* et latente de
« tous les caractères dans un *germe*, qui par lui-même
« n'en possède *actuellement* aucun ; c'est-à-dire, le double
« fait, en apparence contradictoire, de l'*existence vir-*
« *tuelle* de ces caractères et de leur *non-existence actuelle*
« dans une certaine masse de matière appelée œuf,
« graine, spore, bourgeon, cellule, etc.

« Eh bien, il ne faut pas d'autre postulat pour rendre
« compte de l'apparition première sur la terre des diffé-
« rentes formes spécifiques de la vie. Toutes ces formes
« diverses, toutes ces espèces végétales, toutes ces es-
« pèces animales, et tous ces organismes élémentaires
« peuvent être considérés d'une manière fort plausible
« comme les organes distincts et diversiformes d'un

« même grand organisme, dont le germe aurait été inhé-
« rent au noyau du globe terrestre.

« Objecterez-vous que ce noyau — une bulle de gaz
« peut-être — ne présentait aucune analogie de compo-
« sition avec aucune des innombrables formes vivantes
« qui ont apparu à la fois ou se sont succédé sur la surface
« de la terre.

« Qu'importe! vous répondrai-je; auriez-vous décou-
« vert par hasard, dans la constitution d'un germe hu-
« main, une similitude, une analogie de conformation, de
« structure et de composition quelconque avec l'homme
« lui-même, et pouvant vous faire comprendre comment
« celui-ci est contenu virtuellement tout entier dans
« celui-là?...

« On me dira que le germe cosmique dont je parle ne
« pouvait donner, conformément à l'analogie sur laquelle
« se fonde mon hypothèse, qu'une seule et même espèce
« vivante, les germes que nous connaissons étant tous
« exclusivement propres à une seule et même espèce dé-
« terminée, respectivement, le germe pigeon à l'espèce
« pigeon, le germe prunier à l'espèce prunier, etc. Je
« réponds :

« Chaque germe spécifique, soit dans le règne animal,
« soit dans le règne végétal, donne naissance à des formes
« *simultanées* multiples, plus ou moins différentes, et quel-
« quefois très différentes entre elles, et, qui plus est, à
« des formes *successives* différant quelquefois les unes
« des autres de toute la différence qui sépare les espèces,
« les genres, les ordres, et les classes elles-mêmes. C'est
« ainsi que d'un seul et même genre d'homme sort une
« tête, un tronc, des bras, des jambes, un cerveau, un
« cœur, des poumons, un foie, un estomac, etc. ; et c'est
« ainsi encore que du même et unique germe renfermé
« dans l'œuf d'un papillon, il sortira progressivement
« une chenille, une chrysalide, un lépidoptère, trois or-

« ganismes entiers, qui ont entre eux une dissemblance
« profonde. Eh bien, je vous le demande, pourquoi l'œuf
« cosmique de notre globe ne porterait-il pas dans son
« germe toutes nos espèces animales et végétales, vi-
« vantes ou fossiles, comme autant de formes simulta-
« nées ou successives d'un grand organisme collectif?

« Si la perpétuation des espèces par voie de génération
« ne doit pas être considérée comme un miracle perma-
« nent, leur formation originelle peut aussi, dès lors, se
« concevoir sans miracle, car il nous est possible de la
« ramener à un fait d'évolution organique.....

« Ainsi, prédétermination (mais prédétermination lo-
« gique et éternelle) d'un plan germinal, et réalisation de
« ce plan par l'action morphogénique des circonstances
« agissant par voie de transformation, telle serait la
« grande loi de genèse régissant à la fois la production
« des individus et la production des espèces, et excluant,
« de part et d'autre, le miracle d'une création surnatu-
« relle. »

Ici, nous sommes embarrassé pour comprendre l'auteur. Que veut dire : « prédétermination logique et éter-
« nelle d'un plan germinal, et réalisation de ce plan par
« l'*action morphogénique* des circonstances, agissant par
« voie de transformation ». *Prédétermination logique*
doit être une idée d'une volonté; de qui? *Plan germinal*
de quel principe architectonique rationnel? Plan réalisé
par *quelles circonstances* agissant par voie de transformation? Soit dans l'incubation d'un œuf d'oiseau; ou
dans la germination d'une graine de plante? Ou dans
l'évolution des espèces nombreuses et diverses de plantes
et d'animaux?

Dans les trois cas de cette hypothèse, comment faut-il
concevoir la distinction entre « *l'existence potentielle* et
« latente *de tous les caractères* dans un *germe*, qui par
« lui-même *n'en possède actuellement aucun?* » D'où

l'auteur conclut que c'est le *fondement* d'une « *grande* « *loi de genèse*, régissant à la fois la production des individus et la production des espèces, et *excluant*, de part et d'autre, le *miracle* d'une *création surnaturelle*. »

Au fond, cette hypothèse est d'accord avec celle de Hunter, mais la forme est amphigourique et sophistique, en substituant les mots *virtuel* et *morphogénique* pour les mots miracle et surnaturel.

C'est une manière de plaider pour les idées à la mode du jour.

Que toutes les forces vitales et les forces physiques des règnes épicosmiques fussent dans la planète dès l'origine et avant l'évolution, c'est notre hypothèse ; mais cette hypothèse ne change rien à la question de l'évolution métamorphique des règnes.

EXISTENCE POTENTIELLE. — On sait ce qu'est un germe, un œuf d'oiseau ; on sait d'où il vient. On sait de plus qu'il ne contient pas la forme d'un oiseau en miniature. On sait que la *chaleur* de l'oiseau, qui couve l'œuf pendant l'incubation, n'est qu'une force physique ; cette chaleur de l'incubation est la seule *circonstance externe* qu'on puisse observer pendant l'incubation ; cette circonstance n'est pas du tout *morphogénique*. Quand on fait cuire un œuf la chaleur n'est aucunement morphogénique.

Il y a donc, dans le phénomène de l'évolution d'un embryon d'oiseau dans l'œuf, des *circonstances internes* qui forment les tissus et les organes de l'embryon, et qui les transforment au fur et à mesure de l'évolution métamorphique de l'organisme vivant. Ces circonstances internes sont des forces vitales potentielles, ayant déjà la forme de l'espèce Oiseau ; et ces forces vitales, préexistantes dans le monde invisible, s'incarnent peu à peu dans la matière transformée de l'œuf ; laquelle matière du germe prend *actuellement* les caractères de la forme *virtuelle* de l'espèce. Cette force vitale était actuellement et potentiellement dans le monde invisible ou surnaturel avant de venir s'incarner dans la matière de l'œuf; les plumes, qui n'étaient pas formées dans la matière de l'œuf pendant l'incubation, étaient dans la force vitale de l'oiseau qui les a formées de la matière du sang après l'éclosion.

Les forces virtuelles de la vie, « cause de l'organisation » viennent du monde invisible, non seulement dans l'évolution d'un germe d'oiseau, mais dans l'évolution primitive, et dans l'évolution actuelle de génération en génération, de tous les organismes individuels dans toutes les espèces d'animaux et de plantes.

Voilà notre hypothèse :

« L'œuf cosmique » a bien pu contenir les forces occultes et fournir la *matière* de tous les corps vivants, mais les forces vitales et les formes qui s'incarnent dans ces corps préexistent, et viennent de génération en génération s'incarner dans les germes préparés par les sécrétions physiologiques des animaux et des plantes.

L'origine des forces vitales, qui sont les *causes de l'organisation*, est donc surnaturelle; et la *création* de ces âmes potentielles dans le monde invisible doit être l'œuvre du Tout-Puissant.

L'hypothèse de la préexistence de tous les types d'organismes dans un monde invisible, avant leur incarnation dans les corps mortels ici-bas, peut s'accorder avec la théorie de l'évolution métamorphique embryonnaire, soit homogène d'espèce comme à présent, ou bien hétérogène à certaines époques dans le passé.

Il y a beaucoup d'exemples d'arrêts de développement pendant l'évolution métamorphique des animaux et de l'homme. On a vu des cas d'enfants naissant sans membres, ou avec plusieurs membres non développés; avec le trou de Botal non fermé dans la cloison du cœur; et avec bien d'autres imperfections congénitales. Il en est de même chez les animaux de toute espèce. On peut donc imaginer des modifications de formes par voie de métamorphose embryologique en moins ou en plus.

C'est par l'hétérogenèse embryologique qu'on peut imaginer l'origine des espèces plutôt que par le transformisme des types après la naissance des individus. On n'a jamais vu un aptéryx développer ses rudiments d'ailes après être sorti de l'œuf, ni une autruche non plus ; mais on peut concevoir la possibilité d'un œuf d'aptéryx donnant origine à une espèce d'oiseau ayant des ailes bien développées ; et même d'un œuf de serpent donnant origine à une espèce de lézard ; un œuf de lézard donnant origine à une espèce d'oiseau ; un œuf d'aptéryx donnant origine à une espèce d'échidna ; un œuf de chimpanzé suffisant physiologiquement pour l'incarnation d'un fœtus de l'espèce humaine. Toutefois on n'en sait rien, et les croisements de races ne changent pas les types d'espèces ; car les hybrides connus sont toujours incapables de reproduire la forme hybride.

M. Edm. Perrier, professeur de zoologie au Muséum d'histoire naturelle de Paris, croit avoir trouvé le mot de l'énigme. Voici comment il explique son idée dans la *Revue scientifique* du 8 janvier 1881 :

« La synthèse, qui oserait le nier ? est le but su-
« prême de la science, pour ne pas dire la science même.
« Comment reconnaîtrait-on qu'elle est possible si ja-
« mais aucun esprit n'était assez présomptueux pour la
« tenter ?...

« Rassemblons des faits pour nous donner des idées,
« disait Buffon. Telle a été constamment notre méthode.
« Nous avons réuni des faits similaires ; nous avons étu-
« dié leurs rapports et nous avons cherché l'expression
« grammaticale de ces rapports. Cette expression gram-
« maticale est ce qu'on nomme une *loi*. La loi une fois
« établie sur des faits incontestables, nous en avons fait
« ressortir les conséquences logiques, et nous avons

« trouvé que la formule déduite de l'étude des orga-
« nismes les plus simples comprenait aussi les plus com-
« pliqués...

« Sans doute nous avons admis le transformisme
« comme une hypothèse nécessaire. *Tout se passe*, avons-
« nous supposé, *comme si les organismes étaient capables*
« *d'éprouver des modifications qui les transforment les*
« *uns dans les autres.*

« Ce principe ne saurait être récusé par les adversaires
« les plus déclarés de la doctrine de l'évolution. Lorsque
« l'on dit que les mandibules d'une araignée ne sont que
« des antennes modifiées, lorsque l'on dit que les antennes
« d'un crustacé sont des pattes détournées de leur fonc-
« tion, lorsque l'on démontre que les animaux composant
« un embranchement peuvent se ramener au même type,
« n'est-ce pas admettre que tout se passe comme si ces
« animaux pouvaient se transformer les uns dans les
« autres, comme si les antennes d'un articulé ordinaire
« pouvaient devenir des mandibules, ou ses pattes des
« antennes. La seule différence entre les transformistes et
« ceux qui ne le sont pas consiste donc simplement en ce
« que les premiers ajoutent à la proposition principale les
« mots : *et cela s'est réellement fait ainsi*, tandis que les
« seconds nous disent : *mais ces transformations ne se*
« *sont jamais réellement produites.* Supprimons ces res-
« trictions, la méthode reste la même, le langage n'a be-
« soin d'aucune modification : les uns le prennent au pied
« de la lettre ; les autres au sens métaphorique. Il est
« donc facile de s'entendre ; nous pouvons nous débar-
« rasser, à l'exemple des physiciens, des formules hypo-
« thétiques, et énoncer cette loi, que nous n'hésitons pas,
« pour notre part, à considérer comme ayant son sens
« réel : *les organismes supérieurs sont tous le résultat de*
« *l'association d'un nombre variable d'organismes plus*
« *simples.* »

Autant dire que les machines automatiques créées par l'homme sont toutes le résultat de l'association d'un nombre variable de roues et de leviers plus simples, spontanément réunis ensemble, sans l'intervention d'aucune idée d'inventeur, créateur du mécanisme.

« La vie, continue l'auteur, on le sait aujourd'hui, n'est
« pas, comme on l'a souvent affirmé, le résultat de l'or-
« ganisation, au sens propre du mot. C'est une propriété
« d'une classe particulière de substances très nombreuses,
« aux propriétés fort diverses, se distinguant par les mou-
« vements intimes dont sont animées leurs particules con-
« stitutives. On nomme ces substances des *protoplasmes*.
« Les protoplasmes, en dehors des fonctions et des pro-
« priétés qui sont le propre de la vie, offrent deux carac-
« tères qui sont la cause de tous les phénomènes de l'é-
« volution organique : 1° Ils ne peuvent dépasser certaines
« dimensions, se divisent dès qu'ils les atteignent, et n'exis-
« tent par conséquent qu'à l'état d'*individus* distincts,
« appelés *plastides*. 2° Les plastides sont éminemment *va-*
« *riables*, se modifient sous l'influence du milieu dans le-
« quel ils vivent, des circonstances dans lesquelles ils se
« développent, et transmettent ces modifications à leur
« descendance.

« De là des conséquences importantes : les êtres vivants,
« quels qu'ils soient, ne peuvent être que des aggloméra-
« tions de plastides ; c'est ce que confirme pleinement
« l'histologie. Les plastides engagés dans des organismes
« conservent leur autonomie ; c'est la conclusion de la
« physiologie expérimentale. En raison des conditions
« extrêmement variées, que leur crée le milieu extérieur
« ou qu'ils se créent réciproquement, les plastides revê-
« tent des formes très diverses dans les organismes ;
« leur variabilité entraîne celle des organismes qu'ils
« constituent.

« Les *plastides* peuvent vivre isolés : tels sont les

« monères, les bactéries, les rhizopodes, les infusoires
« flagellifères, les algues mono-cellulaires, les grégari-
« nes, tous êtres microscopiques ou à peu près.

« L'association directe des plastides peut former des
« organismes assez compliqués. Toutefois l'observation
« démontre que ces organismes auxquels, pour les raisons
« qui apparaîtront tout à l'heure, nous donnerons le nom
« de *mérides*, n'atteignent ordinairement que de faibles
« dimensions. On doit considérer comme des mérides les
« infusoires ciliés, les acinétiens, les dicyémides, les or-
« thonectides, les rotifères, les gastérotriches, les chœto-
« gnates, les turbellariés et les trématodes. La larve
« d'éponge et l'olynthus qui en provient ; la planule qui
« sort de l'œuf d'une méduse et l'hydre qu'elle produit ;
« la trochosphère qui deviendra plus tard soit un bryo-
« zoaire, soit un annélide, soit un mollusque ; peut-être
« même le nauplius qui deviendra crustacé, sont égale-
« ment des mérides.

« Tous les mérides possèdent une faculté commune qui
« prépare l'avènement d'organismes plus élevés, les plus
« importants de tous, et que nous désignerons sous le nom
« de *zoïdes*. Cette dénomination comprend tous les ani-
« maux qui ont un *type* déterminé, tous ceux qui sont
« franchement des rayonnés, des articulés, des mollus-
« ques ou des vertébrés. Les mérides ne sont en définitive
« que leurs parties constitutives : de là le nom que nous
« leur avons donné.

« En dehors de la reproduction sexuée qui manque aux
« plastides, mais qui paraît générale chez les mérides,
« les mérides possèdent un autre mode de reproduction
« qu'on désigne sous les noms plus ou moins appropriés
« *de reproduction par division, reproduction* par *bour-*
« *geonnement, reproduction agame*, ou sous celui plus
« commode de *métagenèse* dont nous nous servirons plus
« particulièrement. Lorsqu'un méride a atteint une cer-

« taine taille, les principaux tissus qui le composent se
« groupent de manière à constituer une sorte de bour-
« geon qui s'isole de plus en plus du reste de l'organisme,
« constitue peu à peu un méride semblable à celui sur le-
« quel il a pris naissance et finit souvent par se détacher
« complètement pour vivre indépendant. Ce dernier phé-
« nomène se produit chez les infusoires ciliés, les ortho-
« nectides, diverses sortes d'éponges, l'hydre d'eau douce,
« divers turbellariés; mais, dans un nombre de cas plus
« grand encore, l'individualisation du méride formé par
« métagenèse ne va pas jusqu'à la séparation complète.
« Le méride générateur et le méride engendré demeurent
« unis, continuent chacun à produire de nouveaux mérides
« qui se reproduisent à leur tour, et l'ensemble des mérides,
« nés ainsi les uns des autres, constitue ce qu'on nomme
« ordinairement une *colonie*, ce que quelques auteurs
« désignent sous le nom de *cormus*.

« Mais tous les mérides n'ont pas le même mode
« d'existence, et la forme liée d'une façon intime au mode
« d'existence du méride générateur que nous appellerons,
« pour abréger le discours, le *protoméride*. Tantôt ce
« protoméride, après une courte existence vagabonde,
« se fixe par un de ses pôles aux corps submergés, le
« reste de son corps étant soutenu par le liquide ambiant;
« tantôt, au contraire, plus lourd que l'eau, il tombe sur
« le sol, et passe sa vie à ramper à sa surface. Dans le
« premier cas, le protoméride n'a pas ordinairement de
« symétrie déterminée; des bourgeons peuvent se former
« sur toute sa surface; il donne naissance à des *colonies*
« *irrégulières*, qui tantôt revêtent d'une croûte plus ou
« moins épaisse le corps sur lequel elles se développent,
« tantôt se dressent de manière à former des arbores-
« cences plus ou moins élégantes ; dans le second cas —
« nous l'avons démontré ailleurs — le protoméride finit
« toujours par présenter une symétrie bilatérale bien

« nette; il ne forme de bourgeons qu'à sa partie posté-
« rieure et ne produit par conséquent que des *colonies*
« *linéaires*.

« Cette corrélation entre la façon dont s'exerce la mé-
« tagenèse et le mode d'existense du protoméride est
« particulièrement frappante chez les infusoires ciliés.
« La plupart de ces infusoires demeurent libres; ils se
« partagent par le travers, et les individus résultant de
« leur segmentation formeraient, par conséquent, s'ils
« demeuraient unis, des colonies linéaires. Les vorticelles
« sont, au contraire, fixées; elles se partagent longitu-
« dinalement, et plusieurs espèces forment des colonies
« arborescentes. Une opposition semblable est manifes-
« tée par la trochosphère; la trochosphère des bryo-
« zoaires se fixe et produit des colonies arborescentes;
« celle des annélides demeure libre et donne lieu à des
« colonies linéaires.

« Quelle que soit la forme de la colonie, les mérides
« qui la composent, primitivement tous identiques entre
« eux, peuvent éprouver des modifications diverses et
« semblent remplir plus ou moins exclusivement certaines
« catégories de fonctions. On dit alors que les mérides
« associés sont devenus *polymorphes*, qu'il s'est fait entre
« eux une *division du travail physiologique*. La consé-
« quence forcée de cette division du travail, c'est qu'il
« s'établit entre les membres de la colonie une *solidarité*
« plus ou moins étroite. La prospérité de l'association
« est le but commun vers lequel tendent tous les efforts.
« Il en résulte que l'individualité des mérites tend à pas-
« ser au second plan : ils semblent agir dans l'unique
« intérêt de la colonie dont ils font partie; tout se coor-
« donne en vue de la force et de la puissance de celle-ci.
« La colonie nous apparaît dès lors comme un véritable
« individu dont les mérides ne sont plus vraiment que
« des parties, et, de fait, c'est bientôt à elle que nous

« donnons le nom d'animal. Entre ce qu'on nomme or-
« dinairement des *colonies* et les organismes auxquels on
« applique d'un commun accord le nom *d'animaux*, il
« n'existe aucune ligne de démarcation ; c'est pourquoi
« nous réunissons l'ensemble de ces formations sous la
« dénomination commune de *Zoïdes*.

« Naturellement les phénomènes qui conduisent à l'in-
« dividualisation des colonies de mérides sont différents
« dans les colonies irrégulières et dans les colonies li-
« néaires. Une condition commune d'existence, la fixa-
« tion au sol, a déterminé entre les premiers et les végé-
« taux une ressemblance générale qui a frappé depuis
« longtemps les naturalistes, et qui a valu le nom de
« zoophytes, d'animaux-plantes aux colonies sédentaires.
« Cette ressemblance n'est pas seulement superficielle.
« Comme les végétaux rameux, les colonies arbores-
« centes présentent d'ordinaire une tige qui n'appartient
« en propre à aucun méride et qui correspond à l'axe
« des végétaux, tandis que les mérides eux-mêmes cor-
« respondent aux feuilles. Le raccourcissement de l'axe
« qui porte les mérides les conduit à former des groupes
« rayonnés, exactement comme le raccourcissement de
« l'axe végétal amène les feuilles à constituer cet appa-
« reil essentiellement radié que nous nommons la *fleur*.

Graine { Tige. Rameaux.

GRAINES { Fleurs. Fruits.

« Ainsi naissent, se forment, au moyen des hydres,
« les méduses et, par un procédé un peu différent, les
« polypes coralliaires, dont la ressemblance avec les fleurs
« s'exprime par leur nom vulgaire d'anémones de mer
« dont les parties sont groupées en rayon comme les or-
« ganes floraux et dont la fonction physiologique est

« aussi la reproduction sexuée. Mais ces fleurs animales
« sont mobiles; elles peuvent se détacher de l'axe sur
« lequel elles se sont produites et se comportent alors
« comme des organismes autonomes. »

Comme les fruits se détachent des arbres pour propager l'espèce.

« Le protoméride d'où sont dérivés les échinodermes
« était, lui aussi, un protoméride fixe, comme le dé-
« montre toute l'histoire des crinoïdes. La constitution de
« ces animaux correspond exactement à celle des mé-
« duses et des polypes coralliaires; ils sont formés, eux
« aussi, d'un individu nourricier entouré d'un nombre
« variable d'individus reproducteurs. Voilà donc deux
« formes différentes d'organismes rayonnés qui sont liés
« de la même façon à une même condition d'exis-
« tence.

« Aussi bien que les mérides, certains zoïdes ont con-
« servé la faculté de se reproduire par voie agame; tels
« sont les méduses, les polypes coralliaires, les ascidies,
« dont nous verrons bientôt l'origine; ils peuvent, eux
« aussi, former des colonies irrégulières. Les animaux
« qui mènent ce mode d'existence sont, au total, les
« suivants: spongiaires, hydraires, coralliaires, bryo-
« zoaires, tuniciers; il faut y ajouter un certain nombre
« d'infusoires flagellifères, d'acinétiens, tels que les *den-*
« *drosoma*, ou d'infusoires ciliés fixés, tels que les *épi-*
« *styles*, les *carchesium* et les *zoothamnium*. Les échi-
« nodermes ne sont connus qu'à l'état de colonies
« rayonnées.

« Dans tous ces groupes il existe certaines formes co-
« loniales qui, au lieu de demeurer fixées au sol, recou-
« vrent leur liberté, nagent librement dans le liquide
« ambiant, rampent sur les végétaux ou se terrent dans
« la vase: tels sont les siphonophores dans le groupe
« des hydraires, les pennatulides dans celui des coral-

« liaires, les cristatelles parmi les bryozoaires, les chaînes
« de salpes, et les pyrosomes parmi les tuniciers. Dans
« tous ces cas la solidarité devient plus étroite entre les
« individus associés, une coordination remarquable s'éta-
« blit entre leurs mouvements ; une sorte de communauté
« apparaît dans les sensations ; c'est le prélude de la
« naissance de la volonté et de la conscience coloniales
« qui continueront la transformation de la colonie en
« individus.

« Mais ces phénomènes ne se produisent pas seuls, e
« ils ont un contre-coup important sur les phénomènes
« d'évolution.

« Tandis que la métagenèse assure le développement
« de la colonie, les mérides associés ont conservé le pou-
« voir de se reproduire par voie sexuée, et leurs œufs
« fécondés sont le point de départ d'autant de colonies
« nouvelles. Les deux modes de reproduction ont donc
« leur rôle bien défini : l'œuf fécondé est le fondateur des
« colonies ; il apparaît non plus comme propriété parti-
« culière du méride qui l'a produit, mais comme un véri-
« table organe colonial. Toutes les modifications de
« formes que les individus composant la colonie peuvent
« éprouver viennent se répercuter en lui. »

Ici nous ferons observer à l'auteur, qu'il confond l'évolution psychogonique avec l'évolution physiologique ; la création architectonique du type potentiel de l'organisme avec l'évolution métamorphique des appareils du corps.

Il confond l'individualité des cellules organiques simples avec l'individualité des organes composés, d'appareils composés, de systèmes composés, dans l'unité organique complexe d'un organisme individuel, de haut type, car il va jusqu'à l'homme individuel pour établir sa théorie de colonie physiologique. — Continuons nos citations.

« Dans la plupart des colonies hydraires et dans les
« organismes qui en sont dérivés, les individus repro-
« ducteurs ou *gonomérides* ont une forme bien différente
« de celle des individus nourriciers ou gastromérides ;
« d'autres sortes d'individus viennent encore s'ajouter à
« celles-là. Il semblerait que l'œuf dût reproduire les
« gonomérides dans lesquels il s'est formé : point du tout.
« Il reproduit généralement un gastroméride, et de plus
« toutes les sortes différentes d'individus associés. »

C'est comme si l'on disait que la graine devrait reproduire le fruit dans lequel elle s'est formée. Point du tout ;
elle reproduit l'arbre, qui reproduira le fruit, qui con-
tiendra la graine. C'est pourtant bien simple de comprendre l'analogie des modes de vie et de la reproduction
de l'espèce entre les organismes du règne végétal et
ceux du règne zoophytal ; la graine et le fruit ne doivent
pas être confondus avec l'arbre qui produit le fruit et la
graine.

« L'œuf représente donc, non pas un individu déter-
« miné de la colonie, mais bien la colonie tout entière. Il
« est le symbole vivant de cette unité que nous avons
« vue se dégager lentement dans la colonie, et qui finit
« par en faire un animal.

« .... Le nombre des colonies linéaires qui sont
« demeurées à l'état de colonie est rare aujourd'hui,
« presque toutes sont individualisées et le sont haute-
« ment ; les cestoïdes, les arthropodes, les vers annelés,
« les mollusques et les vertébrés sont le résultat de cette
« individualisation...... Ainsi les principes que nous
« avons dégagés de l'étude des organismes inférieurs
« nous *expliquent* l'origine des formes les plus élevées du
« règne animal ; un même phénomène, la métagenèse,
« nous montre comment ont pu se constituer graduelle-
« ment les organismes les plus compliqués. »

L'énigme de la création est donc maintenant devinée

par le transformisme, en confondant le principe architectonique des types potentiels morphogéniques avec les phases de l'évolution métamorphique des embryons physiologiques. Mais d'autres écoles de transformisme trouvent le problème plus compliqué.

DEUX ÉCOLES D'ÉVOLUTIONNISTES.

Il y a deux écoles d'évolutionnistes : celle du hasard et celle de la prévision omnisciente. M. Edm. Perrier appartient à la première; nous, à la seconde.

« Rassemblons des faits pour nous donner des idées, » disait Buffon. « Telle a été constamment notre méthode, » dit M. Perrier. Nous rassemblons les faits autrement que M. Perrier, comme on va voir, et notre méthode est différente.

Les hommes de science aujourd'hui supposent que les éléments simples ont dû être composés, dans l'origine, d'atomes de matière radiante semblable à celle de l'éther interplanétaire. Qui donc a créé les éléments simples ?

La chimie et la physique ont découvert que les molécules d'eau sont composées de deux éléments simples en proportions relatives constantes et définies. Qui donc a transformé l'oxygène et l'hydrogène en molécules d'eau, puis associé ces molécules en « masses » assez vastes pour former l'Océan? On répond : La nature inconsciente, transformatrice. Nous disons : Le Créateur conscient, transformateur.

On a découvert par l'analyse chimique que les cellules organiques sont composées d'éléments et de molécules simples; qui donc a pu transformer la matière élémentale en substance organique? La nature ou le Créateur? L'homme ne peut rien faire de la sorte, bien qu'il ait su fonder une « chimie organique » inférieure à celle de la nature. L'homme ne peut pas transformer la matière brute en un simple *plastide* ou cellule organique.

Les plastides vivent isolés ou en colonies végétales ou animales, sous des constitutions sociales de formes très diverses, qu'on nomme espèces de plantes cryptogames; espèces de plantes phanérogames; espèces d'animaux zoophytes; espèces d'animaux mollusques; espèces d'animaux articulés; espèces d'animaux vertébrés.

M. Perrier dit que « l'association directe des plastides
« peut former des organismes assez compliqués, qu'il
« appelle *mérides*, qui n'atteignent ordinairement que de
« faibles dimensions. On doit considérer comme des mé-
« rides les infusoires ciliés, les acinétiens, les dicyémides,
« les orthonectides, les rotifères, les gastérotriches, les
« chœtognathes, les turbellariés et les trématodes. La
« larve d'éponge et l'olynthus qui en provient; la planule
« qui sort de l'œuf d'une méduse et l'hydre qu'elle pro-
« duit; le pluteus qui se transforme en échinoderme; la
« trochosphère qui deviendra plus tard soit un bryozoaire,
« soit un annélide, soit un mollusque; peut-être même le
« nauplius qui deviendra crustacé, sont également des
« mérides.

« Tous ces mérides possèdent une faculté commune qui
« prépare l'avènement d'organismes plus élevés, les plus
« importants de tous que nous désignerons sous le nom
« de *zoïdes*. Cette dénomination comprend tous les ani-
« maux qui ont un type déterminé, tous ceux qui sont
« franchement des rayonnés, des articulés, des mollusques
« ou des vertébrés. Les mérides ne sont, en définitive,
« que leurs parties constituantes : de là le nom que nous
« leur avons donné. »

Ici les mots *mérides* comme « *parties constituantes* » de tous les types d'organisme, sont beaucoup trop vagues, puisque les appareils et les systèmes d'organes dans un échinoderme, un insecte, un céphalopode, un requin, une baleine, un éléphant et un chien, sont fort loin d'être semblables comme *mérides*.

Dans la théorie de M. Perrier il n'est question que de *cellules* physiologiques et de *mérides* agrégés en forme de *colonies* végétales ou animales, sans distinction de forces vitales quelconques, instinctuelles ou rationnelles, avec ou sans conscience morale. Pas une idée de principe architectonique autre que le mot vague de « colonie », ou de « zoïdes ».

Dans le règne végétal on distingue le mycélium d'une plante cryptogame, du champignon qu'il produit, et des spores contenues dans le champignon. On distingue de même le fruit d'un arbre de l'arbre lui-même. La graine d'une plante n'est pas une plante ; l'œuf d'un insecte n'est pas un insecte ; l'œuf d'un oiseau n'est pas un oiseau. La semence d'une plante ou d'un animal n'est qu'une sécrétion de substance physiologique, non encore douée du principe vital, qui doit plus tard s'incarner dans cette substance pour la transformer en organisme vivant.

Qu'est donc le principe vital d'un type potentiel quelconque ? D'où vient-il ? Combien de modalités y a-t-il dans ce principe, qui ne sont pas convertibles les unes dans les autres par l'homme, comme les modalités convertibles de la force physique ? La chaleur, l'électricité, la lumière et la gravitation sont des modes de mouvement convertibles les uns dans les autres ; la vitalité physiologique, la vitalité instinctuelle, la vitalité rationnelle ne sont pas convertibles les unes dans les autres, par l'homme. Qui donc les a associées toutes avec la force physique dans la nature humaine ? Quelles sont les parties constituantes du corps humain douées des quatre modalités de la force vitale dans l'âme humaine ?

La vie des plastides et des cellules organiques est seulement physiologique, même dans le corps humain ; et quand ce corps est mort, les cellules organiques se trouvent toutes arrangées en colonies dans les divers tissus du cadavre. Qui les a d'abord arrangées en fibres et en tissus, en organes et appareils ? C'est l'âme de l'homme qui les a maintenant abandonnées ; car sans l'âme spirituelle du type humain, la vie physiologique des cellules n'aurait jamais suffi pour l'évolution métamorphique de l'organisme. La vie physiologique d'un plastide ou d'une cellule organique est une chose, mais la vie de l'âme humaine est autre chose ; la vie d'une âme animale est autre chose ; la vie d'une âme végétale d'un type d'espèce quelconque est autre chose.

Il ne faut pas substituer le mot *méride* pour le mot *type* de vie organique ; *type* d'organisme complexe ; type de principe architectonique ; type de force instinctuelle et rationnelle.

Tout le monde sait que les éléments simples ont des affinités spontanées autonomiques ; que la spontanéité autonomique des éléments chimiques est soumise à celle des molécules physiques de l'eau. Ces molécules et celles d'autres espèces sont subordonnées à l'autonomie des cellules organiques, qui à leur tour sont subordonnées à l'autonomie des types organiques, à l'automonie de types architectoniques de toutes les espèces phytologiques, à l'autonomie de toutes les espèces zoophytales, de toutes les espèces de mollusques, de toutes les espèces d'annélides et d'arthropodes, de toutes les espèces de poissons, de reptiles, d'oiseaux et de mammifères. L'autonomie de la vie physiologique des cellules est donc subordonnée à celle de tous les types animiques dans tous les règnes organiques, et surtout dans le type psychologique de l'espèce humaine.

Qui donc a créé les types architectoniques des éléments chimiques, des molécules physiques, des cellules organiques, des espèces de plantes et des espèces d'animaux ? La nature, dit-on, mais quelle nature ? La nature physique et matérielle? ou la nature psychologique et rationnelle? Voilà une question que les évolutionnistes de la petite école ne posent pas, mais qui est posée par la grande école, qui soutient que l'autonomie de la nature physique est subordonnée à l'autonomie de l'Esprit omniscient.

L'homme a soin de la santé des éléments anatomiques de son corps; la Providence suprême a soin de la santé physique et morale des individus de l'espèce humaine, et si l'homme peut paralyser l'action autonomique des cellules organiques dans un tissu quelconque de son corps par des moyens artificiels, Dieu peut paralyser l'action autonomique des individus d'une classe quelconque de la société, par des moyens naturels de l'arrêt de développement dans le corps politique et social. Comment cela? Par l'envoi continu d'esprits bornés naître de génération en génération dans cette société ou cette classe.

Dans la petite école du transformisme morphologique il n'est question que d'éléments anatomiques, et de l'association de ces éléments dans les tissus et les organes du corps, sous l'influence physique du milieu externe, et l'influence interne de la force physiologique. On ne compte pour rien l'influence de la force psychologique dans les organismes des animaux supérieurs. Il n'est question dans la petite école que d'une seule espèce de force vitale en union avec les forces physiques.

Dans la grande école on tient compte de toutes les modalités de la force vitale dans l'évolution métamorphique des espèces dans tous les règnes organiques. La morphologie de l'âme physiologique donne la loi de l'évolution morphologique d'une plante; le type de l'âme psychologique donne la loi et la limite de l'évolution morphologique d'un animal ou d'un homme.

Les modes de mouvement internes et externes d'un corps physique sont déterminés par des forces purement physiques ; les modes de mouvement internes et externes d'un végétal sont déterminés par l'action des forces physiques externes et des forces vitales physiologiques internes ; les modes de mouvements d'un animal sont déterminés par des forces physiques des milieux externes et par des forces psychologiques et physiologiques internes. Les forces physiques et physiologiques sont seules morphologiques selon la petite école ; les forces psychologiques sont morphogéniques, selon la grande école. La raison archiontologique crée tous les types d'organismes individuels et collectifs, dans tous les règnes.

Le corps n'est que l'instrument de l'âme dans tous les cas. L'âme forme elle-même son corps avec la substance physiologique préparée d'avance par les progéniteurs. L'âme phytologique d'une plante forme le corps de la plante, selon le type de son espèce ; l'âme zoologique d'un animal forme son corps, selon le type morphologique de son espèce. L'âme rationnelle de l'homme forme son corps selon le type de la race. Le type morphologique de l'âme préside à l'évolution morphologique du corps. La force instinctuelle gouverne dans l'âme d'un animal ; la force rationnelle et morale gouverne l'âme d'un homme qui est devenu supérieur à l'animal.

Puisque la substance physiologique des œufs et des graines est préparée d'avance pour le commencement de l'évolution métamorphique des animaux et des plantes, et que l'âme typique doit donner sa forme spéciale au corps, on conçoit, à la rigueur, la possibilité d'une âme humaine formant son corps dans la substance amorphe physiologique préparée d'avance par une femelle de singe anthropoïde, assez semblable à la substance physiologique amorphe de la semence tirée du sang humain ; mais cela ne résout pas le problème de l'origine des « plastides » et des cellules organiques, avant l'évolution des organismes supérieurs. Ici l'hypothèse de l'intervention de la raison architectonique est indispensable, car rien ne vient de rien, et la matière indestructible avec laquelle l'homme peut construire une machine automatique ne donnerait jamais origine à ce mécanisme, sans l'intervention de l'esprit de l'inventeur. L'hypothèse des transformistes ne répond pas à toutes les difficultés de la question de l'évolution paléontologique. Le corps d'un animal quelconque, une fois formé, devient l'instrument de l'âme instinctuelle et vocationnelle de l'individu dans son espèce. Les membres du corps d'une espèce donnée ne pourraient pas servir à la vocation naturelle d'une espèce différente, dans la même classe de type structural, et encore moins d'un type différent. Dans tous les types, le caractère de l'instinct domine la forme du corps. L'instinct de la chenille diffère de celui du papillon, mais cela n'explique pas la question des instincts différents des espèces complètement formées à la fin de l'évolution métamorphique; ni la différence des formes de corps qui servent d'instrument pour l'instinct vocationnel de l'animal, d'un type quelconque.

On peut supposer que les cellules organiques se forment spontanément en société physiologique dans une plante, comme les individus de l'espèce humaine se forment spontanément en société politique; mais cela soulève une autre question. Les individus de l'espèce humaine, sous l'influence des seules conditions physiques du climat et des moyens de vivre, ne forment spontanément que des tribus sauvages, qui ne sont pas des sociétés organisées. Ce qui a formé la société religieuse et politique des Israélites, ç'a été la révélation de la loi à Moïse par une intelligence céleste. L'inspiration d'en haut est nécessaire à la formation d'un organisme social et à l'évolution métamorphique de l'humanité sociologique.

On a supposé que l'hérédité suffisait pour transmettre de génération en génération les perfectionnements acquis par un organisme quelconque, individuel ou collectif; mais cela ne dépasse pas les limites de l'organisme physiologique; car dans la race humaine les hommes de génie ne transmettent pas leur esprit à leurs enfants, et les hommes d'une intelligence hors ligne ont généralement des père et mère d'une intelligence bornée. L'homme de génie, poète ou artiste, savant ou philosophe, n'a de véritable génie qu'autant qu'il est inspiré. Le génie ne s'apprend pas par le travail, bien que l'esprit puisse être cultivé par l'étude.

La question des aptitudes héréditaires n'est pas la même que celle du génie inventif ou poétique. (Voir l'*hypothèse des alternats de réincarnations sociologiques*, livre II, page 202.)

Dans toutes ces études il faut se méfier du dogmatisme. Les papes et les cardinaux du moyen âge, très érudits en histoire et en théologie (utiles dans le monde de leur temps), n'avaient pas assez de connaissances en mécanique rationnelle et pratique pour comprendre la théorie de la rotation de la terre sur son axe, et sa révolution autour du soleil. Les papes et les cardinaux de la petite école transformiste de nos jours, très savants en anatomie et physiologie descriptives, n'ont pas assez de connaissances en psychologie biotechnique pour comprendre la hiérarchie des forces vitales de l'âme invisible dans le corps, et des forces potentielles indestructibles dans le monde invisible. Cette école est néanmoins très utile aujourd'hui, et très respectable par l'honorabilité des adeptes dans tous les pays.

Elle nie l'existence d'un plan quelconque de la nature, parce qu'elle n'a pu le trouver.

Voici les paroles de M. Paul Bert, dans son volume sur la *Zoologie* (page 133) :

« Il ne faudrait pas croire que toutes les variétés de
« forme des dents et des mâchoires puissent s'expliquer

« par l'utilité qu'en tire l'animal. A quoi servent à l'élé-
« phant ses énormes incisives (défenses)? Pourquoi les
« ruminants n'ont-ils pas d'incisives à la mâchoire supé-
« rieure? De quelle utilité sont pour les lapins les deux
« petites dents placées en arrière de leurs longues inci-
« sives supérieures? Pourquoi une des incisives du nar-
« val avorte-t-elle, l'animal n'en ayant qu'une qui s'al-
« longe démesurément? On pourrait à l'infini multiplier
« ces questions insolubles? Il faut constater les harmo-
« nies naturelles lorsqu'on les rencontre, mais non les
« chercher de parti pris et vouloir trouver partout un
« plan, un dessein prémédité. »

Quand on n'a pas une méthode adéquate à une telle recherche, il est difficile de trouver un plan des lois de la nature. On a vu que notre échelle schématique de l'ordre organique du corps humain nous a révélé le plan structural de cet organisme et de tous les autres types de l'unité organique. On a vu aussi que ce plan est infiniment variable en détail, pour adapter l'organisme physiologique à la vocation spéciale de l'espèce dans l'unité universelle.

Les exceptions à la règle générale de la structure d'un type quelconque d'organisme, vertébré ou autre, sont des phénomènes qui attirent l'attention de l'homme curieux, et le forcent à s'occuper du pourquoi, jusqu'à ce qu'il puisse en trouver une explication rationnelle, ou remettre à plus tard le débrouillement de l'énigme, qui ne doit jamais être écartée par une fin de non-recevoir. Les difficultés sont là : c'est à l'esprit humain à les vaincre, ou mourir à la tâche.

L'évolution métamorphique de l'unité complexe du corps humain suggère l'idée d'une semblable évolution complexe d'un règne collectif. Les conditions de l'incubation d'un œuf d'oiseau sont assez uniformes pendant l'évolution métamorphique, et on peut supposer que les conditions de température extérieure ont été peu variables pendant l'évolution paléontologique des règnes organiques.

Les transformistes supposent au contraire que ces conditions ont été extrêmement variables d'une époque à une autre.

L'idée de la transformation des espèces après l'évolution métamorphique des individus n'est pas d'accord avec les phénomènes connus de la formation des cellules organiques dans l'organisme individuel. Une fois formée, aucune espèce de cellule n'est transformée en une autre espèce. Les mêmes espèces de cellules sont associées pour former les nerfs, et d'autres espèces pour former les muscles. Il n'y a donc que la période de l'évolution embryologique individuelle pour opérer tous les changements de formes connus dans un organisme quelconque. La métamorphose des insectes n'est qu'un exemple de transformation embryologique.

Le problème de l'évolution paléontologique est bien compliqué, et sera pendant longtemps encore difficile à résoudre d'une manière définitive. La science a néanmoins fait d'immenses progrès depuis les recherches nombreuses et variées suscitées parmi les naturalistes par la théorie de Darwin et les spéculations de ses disciples. Nous apprécions beaucoup l'importance de leurs travaux, tout en suivant une méthode différente. C'est ici le cas de faire observer que la *connaissance* des phénomènes de la nature dans les règnes sur notre planète n'est pas la même chose que la *science* des *principes* et des *lois* qui régissent les phénomènes. Il faut pourtant admettre que les instincts et vocations naturels d'un animal quelconque étant l'œuvre de la raison divine dans l'Esprit du Créateur sont nécessairement en accord rationnel avec les facultés de la raison dans l'Esprit humain, et dans la science organique des lois invariables de la nature universelle.

En étudiant les lois de l'ordre divin dans la structure et les fonctions organiques de tous les types d'organisme sur notre globe, l'Esprit humain apprend à lire les pensées du créateur au moment de la création des règnes de la nature sur notre globe.

L'analyse de cette création, au degré actuel de son évolution métamorphique fait voir que les révélations de la nature épicosmique confirment celles de l'Evangile du Christ; et quand on voit combien c'est difficile de bien analyser les règnes, et de bien comprendre cette analyse une fois faite, on doit être heureux d'avoir à côté du livre de la création, le livre de l'Ecriture sainte (la Bible) pour guide de l'humanité ignorante pendant les phases ténébreuses de l'évolution sociale métamorphique.

On voit dans l'économie physiologique des règnes de la nature pourquoi « le mal » (la peste, la famine, et la guerre) existe pour accélérer les progrès de l'évolution métamorphique des organismes, et surtout de l'humanité sociale, par les alternats plus rapides de la vie, dans les générations successives d'individus dans chaque race d'hommes, dans chaque climat à la surface du globe.

INSTINCT ET RAISON.

Les instincts et les vocations naturelles des animaux, étant l'œuvre de la raison dans l'Esprit du Créateur dans le plan de la création, sont nécessairement en accord avec les Principes de la raison dans la nature humaine, et dans la science organique des lois de la nature universelle.

On peut dire la même chose de la structure, des fonctions physiologiques, et des habitudes de tous les types d'organisme végétal.

En étudiant les lois de l'ordre divin dans la structure et les fonctions de tous les types organiques dans les règnes de la nature épicosmique sur notre globe, l'Esprit humain peut apprendre à lire les pensées qui ont existé dans l'Esprit du Créateur avant la création de notre Planète : et tel est l'objet de ce volume sur l'HOMME ET LA NATURE.

CRÉATION ET ÉVOLUTION.

Le type complet de la forme humaine existe dans l'âme qui organise le fœtus pendant l'évolution métamorphique. Les organes n'ont presque pas de fonction physiologique pendant la vie utérine. Les poumons ne respirent pas avant la naissance, la circulation placentaire suffit pour renouveler le sang, l'estomac ne digère pas. D'où nous concluons que les théories des naturalistes sur le *transformisme* des types après la naissance, chez les animaux supérieurs, sont purement imaginaires.

La création des forces vitales et des types d'organismes différents a lieu dans le monde invisible avant l'incarnation, dans le monde visible par l'évolution métamorphique. La création dans le monde invisible doit donc précéder l'évolution dans le monde visible.

L'évolution métamorphique des insectes ne prouve rien de contraire à cette idée. L'évolution *perfective* d'un organisme quelconque, après la naissance et la transmission héréditaire des qualités acquises, n'a rien à faire dans la théorie du transformisme, telle qu'elle est comprise par les naturalistes modernes.

LIVRE QUATRIÈME

ONTOLOGIE

> « Dans le jour où le Seigneur Dieu fit les cieux et la terre et toutes les plantes des champs avant qu'il y en eût en la terre, et toutes les herbes des champs avant qu'elles eussent poussé. »
>
> (Genèse II, 4-5).

Après la *connaissance* des règnes de la nature sur notre globe vient la *science* des principes et des lois qui animent et qui régissent les phénomènes : après l'épicosmologie, l'ontologie.

L'Esprit humain peut analyser les Principes Éternels et les forces indestructibles aussi bien que les phénomènes temporaires et variables.

Tout ce qui est éternel est ontologique.

L'Esprit créateur est archiontologique. Ce qui est éternel est du domaine de la raison, de la science abstraite, de la philosophie transcendante.

Il y a deux espèces de raison dans la nature humaine : la raison pratique et la raison théorique. Elles sont presque également imparfaites chez l'homme dans toutes les phases de l'évolution sociale, métamorphique, sans être d'accord sur les vérités théoriques et pratiques.

La raison pratique a fondé tous les arts de la vie industrielle, sociale, religieuse et politique ; la théorie vient constamment troubler les idées simples du bon sens, par des *idées spéculatives* sur les *principes* de la vie, les *causes* de la création, les *fins* de l'existence, et autres questions plus ou moins insolubles pour la raison pratique.

La raison théorique a fondé des méthodes et des sciences abstraites.

La foi religieuse et la vie morale peuvent bien se rallier à la raison pratique, sans s'inquiéter des incertitudes de la raison théorique dans les spéculations ontologiques.

Il y a deux espèces de foi intuitive : la *foi religieuse* et la *foi philosophique*. La première croit intuitivement à l'existence de l'âme invisible et du monde invisible, dit surnaturel ; la seconde croit à l'existence de l'univers visible, dit naturel. Ces deux espèces de foi sont, comme les deux espèces de raison, rarement d'accord dans les ténèbres ; elles le seront sans doute plus tard dans la lumière.

Les sciences théoriques ne peuvent pas prétendre régenter les croyances pratiques dans l'état actuel de l'ignorance générale des savants sur tout ce qui a rapport au monde surnaturel.

Si la demi-science moderne a été parfois utile aux arts pratiques de la vie, elle leur a souvent été nuisible. Prenons pour exemple les arts de la préparation culinaire des aliments et la préparation chimique des remèdes thérapeutiques. Le bon sens pratique a découvert bien des arts culinaires très utiles à la santé ; la demi-science chimique a fait beaucoup de mal en faisant voir comment on peut frelater les produits naturels et frauder le public ignorant, au détriment de la santé.

Le bon sens pratique a inventé l'art de la médecine, et découvert beaucoup de remèdes simples et naturels ; la demi-science chimique est venue analyser les éléments physiques des tissus organiques, y découvrir diverses proportions de matières azotées et non azotées, bâtissant là-dessus des théories de la nutrition animale et végétale, dont elle ne connaît pas le premier mot, ni en théorie ni en pratique; excepté l'idée que telle ou telle substance élémentaire est nécessaire à la nutrition de telle ou telle espèce de plante.

Elle ne sait pas du tout comment la matière radiante a dû être primitivement affectée à la création des éléments simples, indécomposables par la chimie; elle ne sait pas comment les éléments simples dissociés par la chaleur intense primitive ont été combinés en molécules composées sur une grande échelle, pendant le refroidissement des couches périphériques, dans l'atmosphère, dans l'Océan et dans la croûte solide. Elle ne sait pas non plus comment les molécules physiques, une fois formées, ont dû être combinées en substance organique ou protoplasmique comme base de la vie physiologique. La chimie ne peut rien faire de semblable, et ne sait enfin rien de rien sur les principes et les modalités de la vie universelle.

Les mots « *méthodes scientifiques* » sont aujourd'hui des ogres du despotisme théorique, comme autrefois les mots « orthodoxie et hétérodoxie » du despotisme théologique.

Les orthodoxies ne sont nullement d'accord dans le monde ecclésiastique; les méthodes « scientifiques » ne sont pas d'accord non plus dans le monde des sciences naturelles.

La raison pratique est souvent en conflit avec la raison théorique. Comment faire pour les justifier l'une et l'autre? Ayant été toutes les deux développées dans les ténèbres de l'ignorance, elles ne pourront être accordées que par des lumières suffisantes qui sont encore à venir dans le courant des siècles.

La raison pratique a organisé la société et la religion; la raison théorique est venue fonder utilement les sciences et les méthodes abstraites, diversement des systèmes imaginaires de théologie et de philosophie, utiles pour l'exercice des facultés de l'entendement, mais nullement autorisés comme formules définitives de la vérité.

VÉRITÉS ABSOLUES ET RELATIVES.

Ce chapitre s'adresse aux prêtres de toutes les religions.

I. *a.* L'espace infini est rempli de substances infinies.

b. Toutes les formes de la matière sont interperméables.

c. Les gaz pénètrent dans l'eau ; les liquides dans les solides ; les poissons se meuvent librement dans l'Océan ; les oiseaux dans l'air ; les planètes dans l'espace éthéré interplanétaire.

d. Toutes les forces connues physiques et vitales sont associées dans la nature : forces physiques et physiologiques dans les plantes ; [physiques, physiologiques et instinctuelles dans les animaux ; plus, raison et conscience dans l'humanité.

II. La substance infinie est connue sous quatre formes distinctes :

1° Matière à l'état solide, visible, individualisé ;

2° Matière à l'état liquide, visible, individualisé ;

3° Matière à l'état gazeux, peu visible, individualisé ;

4° Matière à l'état éthéré, invisible, individualisé ;

III. Les forces physiques et vitales animent la matière et lui donnent du mouvement dans l'espace.

La gravitation réside dans les corps distincts :

a. Les corps solides et visibles ;

b. Les corps liquides et visibles ;

c. Les corps gazeux et visibles ;

d. Les corps éthérés ? invisibles ?

L'influence de la gravitation est instantanée à des distances infinies.

IV. Les forces vitales animent les corps organiques dans tous les mondes visibles et invisibles.

L'influence de l'esprit omniscient est-elle instantanée à des distances infinies ?

V. Les âmes invisibles occupent les corps visibles et pondérables dans les mondes visibles : les corps éthérés et impondérables dans les mondes invisibles.

VI. D'où il suit que les *spiritualistes* sont en même temps et nécessairement *matérialistes*, dans le sens absolu et relatif des définitions de la science et de la philosophie organique.

LES CROYANCES.

On ne croit plus à rien, à moins que ce ne soit à l'argent. Et cependant on parle de la nature comme autorité suprême partout et en tout.

Quelle nature ? Le Soleil et la Lune, Jupiter et Saturne, Vénus et Mars, Mercure et la Terre, surtout cette dernière, plus près de nous que les astres ? Les autres nous envoient de la lumière à travers l'espace des millions de millions de lieues, mais ils ne disent que ça pour le moment. Que disent notre soleil et les planètes de son système ? peu de chose. Que nous dit la terre elle-même ? A qui parle-t-elle ? Que disent les règnes de la nature sur notre globe ? Ils disent ce que nous avons écrit dans ce volume, car l'humanité fait partie de ces règnes, et elle nous parle du monde surnaturel, qui est au-dessus du monde naturel, non seulement sur notre globe, mais sur tous les globes de l'univers.

Ah ! voilà qui commence à être intéressant ! L'humanité céleste qui parle à l'humanité terrestre pour lui révéler les mystères de la vie au delà de la tombe, voilà l'origine de la religion : le culte des ancêtres d'outre-tombe.

Oui, mais l'homme a fait tant de méchancetés et de bêtises au nom de la religion qu'on en est dégoûté : « Rien de mystique ! » disent les esprits forts.

L'homme est un animal, sans doute ; mais il n'est pas

nécessaire que tous les hommes soient bêtes jusqu'à la fin des siècles.

L'humanité céleste est la providence de l'humanité terrestre dans le sens religieux du mot ; l'Homme-Dieu venu du ciel est un avec le Dieu du monde céleste dans le sens de la divinité, c'est-à-dire de la perfection spirituelle. C'est là la religion éclairée de l'Évangile, la religion de la conscience, et c'est la nôtre. La nature cosmique ne parle pas à la conscience de l'homme : elle ne parle qu'à l'intelligence, en disant quelques mots au chimiste, qui l'interroge pour savoir quels sont les éléments simples contenus dans la matière.

La cellule organique est aujourd'hui l'oracle du jour, pour les naturalistes, mais elle ne dit rien de moral, ni rien de scientifique. Les cellules organiques se groupent ensemble pour former des plantes et des zoophytes, nous dit-on ; et de là on conclut qu'elles *président* à la formation des corps des animaux supérieurs.

Les cellules organiques ont une autonomie physiologique, sans doute, comme les éléments simples de la matière ont une autonomie chimique ; mais cela ne parle pas à la conscience morale de l'homme comme parle l'Évangile. Quelle différence ! La religion parle à la conscience, c'est là son rôle. Nous avons à parler principalement à la raison, ici, incidemment de la conscience. Il s'agit de l'étude des forces *indestructibles*, des lois *invariables* et des principes *omnipotents* dans la nature.

S'il est question de principes éternels archiontologiques, créateurs de mondes périssables, ce n'est pas au point de vue moral et religieux, mais au point de vue rationnel et philosophique.

PHILOSOPHIE TRANSCENDANTE.

Tout ce qui est accessible à l'observation dans la nature visible est objectif pour l'homme ; tout ce qui est occulte pour les sens n'est discernable que par l'esprit invisible et la conscience subjective.

La connaissance des phénomènes transitoires et l'art descriptif de ces phénomènes peuvent être très développés, sans pénétrer dans la science des lois invariables qui président à l'ordre des mouvements de la matière par des forces qui déterminent ces mouvements. La *connaissance* des phénomènes objectifs est superficielle, tandis que la *science* des lois invariables et des forces occultes est à la fois positive et subjective.

Les phénomènes accessibles à l'observation sont biologiques ou *cosmologiques;* les principes occultes de la force indestructible et des lois invariables sont *ontologiques.* Quand on a fait l'analyse de tout ce qui est transitoire dans l'existence d'un organisme quelconque, individuel ou collectif, il faut chercher à comprendre ce qui est indestructible en essence et invariable en lois qui dominent tous les modes d'existence temporaire. Cela peut se faire sans formuler des hypothèses sur l'Être absolu à la manière du panthéisme. Toutes les sciences des lois invariables de la nature visible et invisible sont basées sur les principes de la raison une et éternelle, dans l'esprit de l'homme et de Dieu.

Dans l'unité des sciences, nous avons noté les sciences méthodiques, les sciences cosmologiques et les sciences ontologiques. Inutile de parler d'ontologie à ceux qui passent leur vie à l'étude *microscopique* de l'infiniment petit ; ou l'étude *médioscopique* de ce qui est accessible à l'observation directe des sens; ou à ceux qui passent leur vie à l'étude *télescopique* de l'infiniment grand. Nous ne parlons ici qu'à ceux qui ont l'habitude de l'étude *ontoscopique* de l'unité universelle des forces indestructibles et des lois invariables. Nous avons déjà donné une idée générale de la philosophie organique, de la philosophie évolutive et de la philosophie perfective. Ici nous nous occupons de la philosophie transcendante, c'est-à-dire des principes éternels de la vie et du mouvement dans l'homme et dans l'univers.

Deux hypothèses partagent le monde des idées philosophiques sur ces questions depuis le commencement de l'histoire ; ces hypothèses ont donné origine à deux systèmes inconciliables, à savoir le système matérialiste et le système spiritualiste :

1° Le système des atomes tourbillonnant *au hasard* dans l'espace infini pour former les mondes ;

2° Le système de l'Esprit omniscient, créateur et régulateur des mondes.

Le premier part du fond de la matière brute et de la forme atomique ; le second part du génie créateur et de l'homme pour arriver à l'Esprit absolu omniscient.

L'hypothèse des atomes en tourbillons ne donne aucune idée architectonique du plan de la création, tandis que l'idée de création implique l'existence de l'Esprit et de la Volonté éternels.

L'hypothèse la plus simple est celle de Protagoras : « L'homme est la mesure de toutes choses. » C'est l'idée que l'homme est un organisme complexe, créé par l'Esprit omniscient selon les lois d'ordre universel, et sur un plan commun à tous les organismes de l'univers. L'homme serait ainsi un type d'unité organique intermédiaire entre les organismes infiniment petits et les mondes infiniment grands, et par conséquent un étalon organique qui peut servir à mesurer les degrés hiérarchiques de la variété infinie dans l'unité absolue de l'existence. La méthode biologique devient ainsi la clé d'une méthode ontologique ; le fini une image connue de l'infini inconnu.

D'après cette hypothèse, l'Esprit omniscient invisible est le créateur des âmes invisibles à tous les degrés de l'existence ; les âmes invisibles sont les créateurs de leurs corps visibles, dans tous les règnes de la nature cosmiques et épicosmiques.

La vie, c'est l'âme invisible; la mort, c'est le cadavre visible sans âme.

« La vie est la cause et non la conséquence de l'organisation. »

L'âme invisible de l'homme forme son corps visible; l'âme invisible de l'oiseau forme son corps visible avec la matière de l'œuf, fournie par ses progéniteurs.

L'origine spirituelle de l'âme invisible est antérieure à l'origine naturelle du corps visible.

LE FINI ET L'INFINI.

Quels sont les moyens des sciences *mathématiques* d'établir des rapports de lois invariables de modes de mouvement entre les formes et les forces physiques, depuis le fini jusqu'à l'infini, en astronomie? Les moyens des sciences *biotechniques* d'établir des rapports de lois invariables de l'unité organique entre les formes vitales depuis le fini jusqu'à l'infini, en biologie, en sociologie et en ontologie?

En *géométrie*, les formes d'une sphère, d'un cylindre, d'un cône, d'un cube ou d'un solide quelconque peuvent être mesurées, et leurs poids calculés, quelle que soit la densité spécifique de la matière de l'un ou de l'autre de ces corps finis. En *astronomie*, on sait que les corps célestes sont généralement des sphéroïdes dont on peut mesurer la grandeur; on sait que leurs orbites sont des courbes qui ressemblent à celles des sections coniques ou à d'autres formes géométriques. On peut les observer dans leurs mouvements périodiques, dans les limites de la vue télescopique; au delà de ces limites on ne peut pas imaginer d'autres modes de mouvements astronomiques, ni d'autres lois de rotations et de translations des corps individuels, ou des systèmes sidéraux. En philosophie naturelle, les forces indestructibles de la gravitation, de la lumière, de la chaleur et de l'électricité, ainsi que les lois invariables de leurs modes de mouvement, sont accessibles à la science mathématique.

Les forces vitales indestructibles et les lois invariables qui régissent leurs modes de mouvement sont accessibles à la science biotechnique; une méthode technique, qui est un instrument de la raison humaine pour observer et mesurer les rapports qui peuvent exister entre le fini et l'infini ontologique.

Les forces vitales du monde épicosmique sur notre planète sont accessibles à la science biotechnique, et on ne peut pas imaginer d'autres genres de forces vitales indestructibles dans la nature ontologique infinie.

On ne peut pas connaître l'essence des forces occultes qui donnent origine à tous les modes de mouvements électro-moléculaires, chimiques, physiques et mécaniques de la matière visible et de l'éther invisible dans l'espace infini et le temps infini. On sait seulement que :

Les forces automatiques donnent origine :

1° Aux modes de mouvements de la gravitation ;

2° Aux modes de mouvements de la lumière;

3° Aux modes de mouvements de la chaleur;

4° Aux modes de mouvements de l'électricité.

On sait de plus que l'idée du Créateur est révélée dans toute la création.

Les principes architectoniques de la raison donnent origine à toutes les formes de mécanismes et d'organismes automatiques.

Les mêmes principes dans le système solaire donnent origine :

1° Aux divers types de globes dans ce système;

2° Aux orbites convenables aux mouvements de ces globes ;

3° Aux fonctions solaires régulatrices de ces mouvements.

Les mêmes principes dans l'unité épicosmique sur notre globe donnent origine :

1° Aux divers types de structure des règnes inorganiques ;

2° Aux divers types de formes et de structures des règnes organiques ;

3° Aux diverses fonctions sociologiques de l'espèce humaine à la tête de tous les règnes.

On sait de plus que :

LES LOIS INVARIABLES de la raison architectonique règlent à la fois les modes de mouvement des forces automatiques, et les modes de groupement des éléments de structure dans tous les types de mécanismes cosmiques, et dans tous les types d'organismes épicosmiques ; ces lois sont :

1° Des lois de nombre structural dans les mécanismes ;

2° Des lois d'association organique ;

3° Des lois de mesure proportionnelle dans les éléments de structure ;

4° Des lois de limites organiques et évolutives dans la hiérarchie des rangs associés en unité.

Tous ces problèmes sont aujourd'hui abordés par la science, et n'effrayent plus les hommes habitués à l'étude des lois et des forces de la nature.

La science ontologique peut donc pénétrer dans les profondeurs de la nature des forces occultes physiques et vitales, par l'analyse de leurs modes de mouvement dans les phénomènes visibles, sans avoir besoin de les observer dans toute l'étendue de l'espace infini.

On connaît la forme d'une plante et les modes de mouvements des forces physiologiques qui l'animent ; ce sont des forces phytomorphiques ; on connaît de même les formes zoomorphiques des animaux et les forces psychologiques qui les animent ; on connaît la forme de l'homme et des forces anthropomorphiques qui l'animent ; quelle serait donc la conception d'un être infini, théomorphique? et des principes de la raison omnisciente, sinon la forme de l'Esprit créateur, analogue au génie créateur dans l'esprit de l'homme?

L'idée la plus complète que l'homme puisse obtenir de la pensée créatrice de l'Omniscience dans la *diversité infinie de l'unité absolue* est celle des forces occultes et des modes de mouvements de ces forces, observables dans l'unité de l'âme humaine.

L'idée la plus nette qu'on puisse obtenir des phénomènes de l'*évolution des mondes dans l'univers*, c'est l'*évolution de la vie dans les organismes* des règnes organiques sur la terre.

Les éléments les plus simples et les organes les plus complexes sont *associés* dans le corps humain, sous la forme humaine; les forces les plus occultes de la nature connue sont *réunies* dans l'âme humaine, savoir : les forces physiques et les forces vitales.

L'origine évolutive de chaque génération nouvelle sur notre planète n'est pas l'origine de la vie dans l'univers. Tout ce que renferme le globe en fait de formes individuelles de la vie a dû y exister en puissances de formes et de mouvements spontanés dans la masse incandescente de la planète, avant le refroidissement de la croûte solide, et le commencement de l'évolution paléontologique des règnes organiques. — Il faut ici définir les mots *potentialité, existence, création* et *évolution*.

EXISTENCE. — Tout ce qui est indestructible existe depuis l'éternité. La force et la matière sont indestructibles, éternelles en *existence*.

L'espace infini est un *plenum* de matière et de forces invisibles contenant des mondes visibles. Le mot conscience n'est pas le seul qui implique l'idée d'existence.

CRÉATION. — En thèse générale ce mot veut dire conception d'une idée d'organisme ou de mécanisme, en combinant les éléments de la force et de la matière en types de formes distinctes, visibles ou invisibles : tels que ceux des éléments simples de matière visible (métaux et métalloïdes), réunis en corps minéralogiques ; des cellules organiques réunies en formes distinctes de plantes cryptogamiques et phanérogamiques ; en formes d'organismes zoophytiques, molluscoïdes, annuloses et vertébrés, telles qu'on les trouve sur la terre ; la formation des globes tels que le soleil et les planètes réunis en systèmes solaires et en univers sidéral.

D'après l'expérience des créations artificielles de l'homme, qui peut isoler une certaine somme de matière et de force pour en former une machine automatique (telle qu'une horloge, un moulin à vent, une locomotive de chemin de fer), on suppose que des idées architectoniques dans l'Esprit infini ont dû produire tous ces phénomènes de limitation de la force et de la matière, dans ces *types* de formes isolées, comme les *astres*, réunis en *systèmes cosmiques* dans l'univers ; et les *organismes vivants* à la surface des globes ; tels que les plantes et les animaux à la surface de la terre.

Toutes les créations de formes distinctes ne sont que *des conceptions d'idées et des combinaisons* ordonnées de matière et de force déjà existantes, depuis l'Éternité, mais on ne voit apparaître et disparaître les organismes dans le monde visible que par générations successives et passagères. La naissance et la mort de l'homme sont des phénomènes de cet ordre ; ce sont des phénomènes d'évolution actuelle, mais non de l'origine primitive de la vie dans l'univers.

ÉVOLUTION. — Les limitations de la matière et de la force dans des formes de globes et de systèmes solaires ont dû exister depuis l'éternité, mais ces formes visibles ne sont individuellement que temporaires en durée : elles ont eu un commencement chacune dans le temps, et elles auront chacune une fin. Ce n'est que la forme visible qui a dû commencer et finir par évolution dans le temps, puisque la matière et la force (isolées dans ces formes) sont indestructibles et éternelles. Quand la forme visible disparaît, la force occulte conserve toute sa *potentialité* de mouvement et *de forme* dans l'espace invisible, et pourra de nouveau, à un moment donné, recommencer une évolution de forme et de mouvement dans le monde visible.

Nous postulons que ceci est vrai pour toutes les formes de la création : pour les éléments simples ? pour les cellules organiques ? pour les types d'espèces d'organismes vivants (hommes, animaux et plantes) ? pour les types de soleils et de planètes ? pour des systèmes solaires de l'univers ?

Ce qui légitime cette hypothèse, c'est le fait connu de l'existence de l'âme humaine avec sa forme spécifique, en substance éthérée après la mort du corps visible ; la possibilité de rendre le corps transparent des revenants plus ou moins opaque et visible pendant quelques instants dans certaines conditions de l'atmosphère physique de notre planète, a été souvent démontrée.

Ceux qui n'ont jamais vu de pareils phénomènes peuvent hésiter à croire. Ils sont dans leur droit. Nous parlons de notre expérience.

POTENTIALITÉ veut dire force et matière impondérables et invisibles en formes définies capables de s'associer avec une somme donnée de matière visible, et de la garder par renouvellement journalier, pendant une durée de temps, fixée d'avance pour chaque type de forme distincte.

Les idées architectoniques du Créateur qui ont déterminé les formes spécifiques de forces potentielles ont aussi déterminé les *limites* de la durée temporaire des évolutions en formes visibles. La *création* de ces types de formes est donc simultanée avec les *limitations* primitives de leurs mouvements dans l'espace. Chaque système sidéral, chaque organisme animal, occupe un volume donné de matière et de force dans l'espace. Ce volume peut varier dans de certaines limites soumises à des lois invariables d'équilibre général et spécial.

La forme humaine peut avoir le volume de l'enfant nouveau-né, ou celui de l'adulte le plus grand; d'où il suit que le corps spirituel de l'homme peut se contracter ou se dilater dans les limites connues de la croissance du corps matériel et mortel.

D'après ces définitions, « il n'y a rien de nouveau sous le soleil ». Les créations finies dans l'espace infini existent depuis l'éternité. Les évolutions et les révolutions de la vie existent depuis l'éternité. Il n'y a de nouveau dans l'expérience de l'humanité, que les sensations de phénomènes dont l'âme avait perdu la mémoire.

Les conceptions inventives de l'homme lui viennent par suggestion ou inspiration. Les idées architectoniques des constructions de machines automatiques existent depuis l'éternité dans une infinité de mondes, elles ne sont nouvelles pour l'humanité terrestre que parce qu'elle a perdu le souvenir de ses innombrables évolutions et révolutions d'existence, avant de venir en ce monde.

Telles sont les conditions de la circulation de la vie de génération en génération, de mondes invisibles à mondes visibles et *vice versa*, d'éternités en éternités.

L'*évolution épicosmique* sur le globe implique :

U. L'évolution des règnes inorganiques ;

O. L'évolution des règnes organiques ;

H. L'évolution sociologique de l'humanité.

L'*évolution cosmique* du système solaire implique :

O. L'évolution des globes.	VII. Le soleil. 7. Les planètes simples. VI. Les planètes lunigères. 6. Les lunes. V. Les astéroïdes. 5. Les comètes.
U. La limitation des orbites.	IV. Orbite du soleil. III. Orbites des lunigères. 2. Orbites lunaires. II. Orbites des planètes simples. 1. Orbites cométaires. I. Orbites astéroïdales.
H. Evolution perfective des forces vitales.	1. Physiologiques. 2. Instinctuelles. 3. Rationnelles. 4. Morales.

On n'ose pas supposer ouvertement que les soleils et les planètes sont des êtres animés, mais on peut le supposer secrètement. Dans tous les cas la terre contient des organismes vivant dans la mer et sur le sol.

Ces conditions préliminaires nous mènent à poser la question d'une manière générale, afin de séparer le mystère de l'*existence des âmes* de celui de l'*évolution* des corps. Il y a beaucoup de malentendu dans les esprits aujourd'hui, à cause de la confusion de ces deux problèmes parfaitement distincts.

Tous les règnes de la nature *sur la terre* font partie de la planète, et ont dû exister intégralement en puissance, avant d'être réalisés en formes visibles par l'évolution paléontologique. Prenons donc pour point de départ de cette évolution celle de la planète elle-même; en faisant observer toutefois que des millions de millions d'astres de toutes sortes ont dû exister complètement développés avant la formation de notre système solaire avec son cortège de planètes, de lunes et de comètes.

D'après l'hypothèse des astronomes, notre terre a commencé par être une masse de matière incandescente, animée d'une force de rotation diurne sur son axe et de révolution annuelle autour du soleil, ainsi:

1° Une masse de matière incandescente visible;
2° Une somme de force motrice invisible.

Ces modes de mouvement visibles révèlent la présence de trois sortes de forces invisibles : force et mouvement *centrifuges*, force et mouvement *centripètes*, force de mouvement vibratoire intermoléculaire qui existent depuis le commencement, et qui fonctionnent aujourd'hui. Ces forces physiques et leurs mouvements révolutifs ont précédé tous les phénomènes de l'évolution des règnes à la surface du globe. Il y a eu donc la matière incandescente dès l'origine ; puis des forces occultes de *mouvement* externe et de *formation* interne.

Cette force invisible a formé à l'extérieur des combinaisons électro-moléculaires d'éléments simples en couches concentriques, par des *mélanges* réguliers d'oxygène et d'azote dans l'atmosphère ; des *fusions* savantes d'oxygène et d'hydrogène dans l'eau ; des *amalgames* architectoniques d'éléments simples de toutes sortes dans la croûte solide ; des *agitations* électro-moléculaires d'éléments simples et libres dans la fournaise incandescente au dessous de la croûte refroidie. Ces couches atmosphérique, océanique, géologique et ipnosphérique ont été formées simultanément et successivement, pendant un temps plus ou moins long, et maintenues en mouvements d'oscillations perpétuelles bien équilibrés.

Quand ces formations de sphères concentriques ont été assez avancées, d'autres forces se sont manifestées par la formation des organismes vivants, végétaux et animaux, simultanément et successivement, dans l'Océan d'abord ; puis sur le sol élevé au-dessus des eaux. Ces forces ont dû avoir des modes de mouvement potentiels et spontanés très divers, et elles ont donné leurs caractères spécifiques à toutes les espèces de plantes cryptogames, à toutes les variétés de plantes phanérogames, à toutes les diversités de formes zoophytales, à toutes les espèces de mollusques, à toutes celles des organismes vermiculaires et articulés, à toutes les classes du règne des vertébrés, et finalement à l'homme lui-même. L'homme individuel est le principe élémentaire du règne de l'humanité sociologique, prédestinée à cultiver et améliorer tous les autres règnes de la nature sur cette planète.

Toutes ces forces évolutives ont dû exister en puissance à l'état invisible, dès l'origine, avec les forces motrices de la masse du globe, car rien ne peut venir de rien. Les forces physiques sont manifestées dans les éléments simples, mais les principes architectoniques ne deviennent manifestes que dans les règnes organiques.

D'où il suit que les principes formatifs des règnes épicosmiques existent d'avance dans toutes leurs diversités spécifiques et potentielles de combinaisons électro-moléculaires, atmosphériques, océaniques, géologiques et ipnosphériques, végétales, animales et hominales, dans l'unité cosmique de la masse incandescente primitive de la planète.

D'où il suit encore que les forces qui animent les formes diverses de la vie animale et végétale existent avant l'évolution visible des espèces. Ce que nous appelons l'âme d'un organisme vivant existe en puissance avant l'évolution visible du corps, qui représente cette âme.

On sait que toutes les forces de la nature sont à la fois invisibles et indestructibles. Leurs modes de mouvement dans la matière visible sont variables à l'infini, mais ces modes sont toujours soumis à des lois invariables d'évolution et d'équilibre, dans tous les états possibles de la température physique. Les forces vitales toutefois ne se sont manifestées visiblement sur la terre qu'après un certain degré de refroidissement de la matière planétaire.

Quant à la théorie de l'incandescence de la matière nébuleuse à l'origine du système solaire, la rotation en sens inverse des satellites d'Uranus et de Neptune fait douter à la fois de l'incandescence de la masse primitive et de la rotation en même direction de toutes les masses secondaires détachées.

Cette difficulté de la théorie reçue n'affecte aucunement notre hypothèse de l'existence potentielle de toutes les forces et de toutes les formes réalisées par l'évolution paléontologique, car l'état physique de la matière ne peut détruire ni les forces physiques occultes, ni les forces vitales.

Voilà où nous voulions en venir avant de commencer l'analyse des phénomènes de l'évolution de la vie passagère, et des rapports de l'âme invisible avec le corps visible des organismes vivants sur la terre. Tout cela découle naturellement du principe connu de l'indestructibilité des forces physiques et vitales, quels que soient leurs modes de mouvement ou d'équilibre dans les phénomènes variables de la nature.

LOIS DE LA VIE.

En partant du connu de la vie dans l'homme individuel, il faut aller vers l'inconnu de la vie dans l'humanité collective, et de là, à la vie des êtres inférieurs à l'homme.

Dans cette recherche de la vérité ontologique, il faut :

1° Faire des analyses de phénomènes connus ;

2° Faire des hypothèses raisonnables en soi ;

3° Vérifier expérimentalement les hypothèses ;

4° Faire des inductions rationnelles.

Après l'analyse des phénomènes connus telle qu'on la trouve dans les trois premiers livres de ce volume, il faut tracer une synthèse théorique de l'unité universelle, telle que la suivante, pour se faire une idée de la philosophie ontologique.

UNITÉ UNIVERSELLE.

1° *Unité individuelle;* partie constituante de
2° L'unité collective de l'humanité ; partie de
3° L'unité du règne des vertébrés ; partie de
4° L'unité du monde épicosmique; attachée à
5° L'unité du globe terrestre; membre de
6° L'unité du système solaire; inférieure à
7° L'unité polycosmique; partie constituante de
8° L'unité zodiacosmique; dans
9° L'univers galatocosmique; membre de
10° L'unité nébulocosmique; dans
11° L'omnivers pancosmique; contenu dans
12° L'UNITÉ ABSOLUE INFINIE;

  A. Régie par l'ESPRIT ABSOLU OMNISCIENT,
  B. Selon des *lois invariables* de l'harmonie,
  C. Qui limitent les mouvements des mondes,
  D. Dans des *orbites* mesurés de l'*espace*, et des *cycles* mesurés du *temps*.

C'est par des *analyses* des phénomènes connus sur notre globe que nous pouvons espérer découvrir quelques-unes des lois de la vie ; et par la *vérification expérimentale* des phénomènes connus, nous pouvons établir une science biologique suffisante pour nous permettre de faire des *inductions philosophiques* sur l'unité ontologique universelle.

D'après l'expérience de la vie et de l'organisation, on sait :

1° Que la *matière brute* dans les minéraux est douée d'une espèce de *sensitivité inconsciente* et d'énergie spontanée dans les combinaisons chimiques ; une *vitalité* physique ou électro-magnétique ;

2° Que la *matière organique* dans les végétaux est douée d'une *sensitivité inconsciente;* une énergie spontanée dans les phénomènes de la nutrition et de la sécrétion ; une *vitalité* physiologique électro-magnétique;

3° Que les animaux inférieurs sont doués d'une *sensitivité inconsciente* à la fois physiologique et psychologique. On peut leur détacher un membre, et ce membre se régénérera d'une manière naturelle; l'ablation des lobes cérébraux d'une grenouille n'empêche pas la régénération complète de cet organe;

4° Que la vie physiologique est *inconsciente* chez l'homme lui-même, et que la sensibilité de la conscience et de la vie rationnelle ne se manifeste que dans les lobes du cerveau ; tandis que la *sensitivité physiologique* qui a lieu dans tous les autres centres nerveux est tout à fait *inconsciente*. On sait de plus que la *sensibilité* de la conscience rationnelle de l'homme peut être temporairement oblitérée par l'éthérisation du sang qui circule dans les lobes cérébraux.

De tous ces phénomènes connus de la *sensitivité inconsciente* et de l'*énergie spontanée* de la force et de la matière brutes, ainsi que de la force et de la matière vivante sur notre planète, nous concluons que tout l'univers vit d'une *vie sensitive inconsciente* avec des énergies spontanées dans tous les règnes ; et que la SENSIBILITÉ CONSCIENTE et RATIONNELLE ne commence à se manifester que dans la nature humaine, sur la terre visible et au ciel invisible.

L'unité absolue de la nature est donc vivante de *sensitivité inconsciente*, régie par l'*Esprit absolu conscient et omniscient* qui gouverne, selon les lois invariables de la raison, tous les phénomènes de la création, dans les mondes visibles et les sphères invisibles; c'est là une induction philosophique tirée du fait connu que le corps humain n'est qu'un mécanisme physiologique et automatique, comme instrument de travail physique au service de l'âme consciente et responsable.

Tout le monde sait :

1° Que la force et la matière sensitives et inconscientes existent dans notre planète, depuis sa première formation, et que la race humaine, douée d'une *sensibilité consciente et rationnelle*, n'a existé en chair sur ce globe que depuis une dizaine de mille ans, tout au plus ;

2° Que la force et la matière inconsciente de la planète n'ont jamais créé une horloge, ni une locomotive automatique, sans l'intervention de l'esprit humain ;

3° Que la raison humaine est la créatrice et la directrice des machines automatiques inventées et construites par le génie de l'homme, qui n'a aucunement créé la force et la matière de ces machines douées d'une espèce de sensitivité physique inconsciente. D'où nous pouvons induire que la force et la matière sensitives inconscientes existent depuis l'éternité sans aucun pouvoir de créer et de gouverner des organismes tels que les globes et les systèmes sidéraux, sans l'intervention d'un Esprit suprême conscient et omniscient, pour former et gouverner ces organismes.

On peut donc rationnellement définir Dieu comme Esprit conscient et omniscient au-dessus de la force et de la matière indestructibles ; Esprit suprême, créateur et gouverneur de tous les mondes depuis l'éternité dans l'espace infini ; Esprit omniscient aussi distinct de la force et de la matière inconsciente que l'esprit de l'homme est distinct de l'horloge qu'il a construite, et qui marche cependant toute seule comme machine automatique.

Ici le théisme providentiel se distingue nettement du panthéisme mécanique qui confond les forces physiques dans l'univers avec l'omniscience créatrice et régulatrice. Le théisme providentiel admet l'esprit créateur dans l'homme et dans tous les êtres intelligents, en hiérarchie régulière diversifiée à l'infini dans l'unité absolue omnisciente.

On peut définir le mot Dieu en plusieurs sens : par

exemple, l'homme est un Dieu créateur de machines automatiques et gouverneur providentiel des règnes de la nature sur la terre; Jésus-Christ est le fils par excellence du Dieu moral et spirituel de l'humanité au ciel et sur la terre. Tous les hommes sont fils de Dieu.

Le soleil est le Dieu cosmique, recteur des planètes de son système dans l'univers; on ne sait pas si la raison est associée avec la force physique dans le sol...

L'Esprit absolu omniscient, créateur et r... ..ar de tous les êtres et de tous les mondes, est le Dieu de tous les esprits dans tous les mondes, visibles et invisibles, naturels et spirituels.

Ces définitions sont plus simples que celles des déistes et des panthéistes, des monothéistes et des polythéistes. C'est la *raison* chez l'homme qui le rend capable de créer; mais la raison n'est qu'un des attributs de la Divinité; l'autre, c'est la *perfection morale* et spirituelle que l'homme terrestre n'a pas encore atteinte. L'humanité céleste peut l'avoir réalisée dans un degré suffisant pour le « règne de Dieu », dans le sens donné à ces mots par Jésus-Christ, qui est venu du monde céleste pour inspirer l'humanité terrestre.

L'esprit fini de l'homme ne peut comprendre l'Esprit infini, autrement que par les rapports de ressemblance entre la raison finie et la raison absolue; cette ressemblance se trouve dans les *Principes architectoniques* révélés dans les organismes vivants créés par Dieu et les machines automatiques créées par l'homme.

En analysant une horloge pour en découvrir tous les rouages et la force qui les met en mouvement, on finit par découvrir les principes mécaniques de la structure, et les lois cinématiques qui en règlent les mouvements; et bien que la force et les mouvements des pièces soient des facteurs automatiques, les principes architectoniques de la combinaison des leviers mécaniques ne sont pas des résultats d'une rencontre de force et de matière, par hasard, mais bien le résultat d'un *concept rationnel* qui a pris la force et la matière, pour leur donner des formes convenables et un ordre artificiel de combinaison qui réalise le but de l'inventeur.

En analysant un organisme vivant et les forces automatiques qui l'animent, on finira par y découvrir les principes rationnels de la structure, et le but du Créateur qui l'a mis sur la terre pour une fin préconçue, coordonnée à l'œuvre générale de la création. C'est là le but de la biologie analytique et de la philosophie ontologique.

HYPOTHÈSES ONTOLOGIQUES. — Après avoir poussé les analyses pratiques aussi loin que possible, on a recours aux définitions et aux axiomes théoriques pour établir les principes et les lois de la science. Les hypothèses sont des postulats de la raison théorique, basés sur les connaissances déjà acquises par la raison pratique.

L'homme ne peut faire aucune hypothèse qui ne soit le résultat naturel de son intuition, et son intuition ne peut être que le reflet du monde *objectif* dans son esprit *subjectif*, d'où il suit que ces idées, vraies ou fausses, ne peuvent être que des idées ayant la forme que l'esprit leur donne; une forme parfaite ou imparfaite, mais toujours humaine ou anthropomorphique.

Ceux qui critiquent la philosophie anthropomorphique doivent se rappeler qu'il ne peut y avoir d'idées en dehors des formes que l'esprit humain leur donne. Voici donc des hypothèses ontologiques imaginées par l'esprit humain :

1° L'homme ne peut rien ôter ni rien ajouter à tout ce qui existe depuis l'éternité; 2° l'homme ne pourra jamais voir dans la nature universelle que ce qui se reflète dans son esprit; 3° l'unité absolue de la nature infinie contient toutes les unités de mondes finis, visibles et invisibles; 4° les lois invariables de l'unité organique sont les mêmes pour les unités finies et pour l'unité absolue.

Corollaire général. — L'unité individuelle de la nature humaine est un type fini de toutes les forces connues dans l'unité universelle et de tous les principes de la vie dans l'unité absolue. D'où l'axiome de Protagoras : « *L'homme est la mesure de toute chose.* »

SCIENCE ET FORCE. — Il y a des rapports connus entre les forces de la nature et l'intelligence de l'homme ; peut-on imaginer des rapports analogues entre les forces physiques et l'Esprit omniscient, supérieur en puissance à tout ce qui est matière et force infinies ?

Les faits connus dans un monde quelconque doivent nous suggérer des idées sur les faits analogues, inconnus dans tous les mondes.

Nous voyons dans notre planète que la puissance de l'intelligence est supérieure à la force de la matière ; la science de l'homme peut maîtriser la force de la vapeur dans une locomotive, assez forte pour entraîner des millions de kilogrammes de marchandises sur un chemin de fer, avec une vitesse de cinquante kilomètres à l'heure ; quoique le corps de l'homme ne possède pas la millième partie de cette force physique. D'où nous pouvons conclure que l'omniscience de l'Esprit infini doit être infiniment plus puissante que la force et la matière de l'univers ; en d'autres mots, les forces physiques de l'infini sont soumises au contrôle de l'Esprit infini.

L'instinct animal n'a de puissance physique qu'en raison de la force du corps. Un cachalot peut avaler un requin ; le requin peut avaler des poissons moins forts que lui, et ainsi de suite, des plus forts aux plus faibles, depuis les plus grands jusqu'aux plus petits.

Il en est de même pour les animaux terrestres : l'éléphant est plus fort que le chameau ; le lion peut maîtriser le bœuf ; mais l'homme intelligent peut maîtriser l'éléphant, le chameau, le lion et le bœuf, et même le cachalot, le requin, le serpent et le crocodile, tant la raison est supérieure en puissance à l'instinct animal et à la force physique de la matière.

Un mécanisme automatique, tel que celui d'une locomotive créée par l'esprit humain, peut se transporter rapidement d'un lieu à un autre, dans un milieu ambiant peu dense; un organisme automatique instinctuel, tel que celui d'un oiseau créé par l'Esprit omniscient, peut se transporter rapidement d'un lieu à un autre dans l'atmosphère; une baleine peut se transporter rapidement d'un point à un autre dans l'Océan; un mécanisme automatique tel qu'une planète créée par l'Omniscient peut se transporter avec une vélocité merveilleuse d'un point à un autre de son orbite, dans le milieu éthéré de l'espace interplanétaire; un soleil de même; un univers de même; des milliers d'univers de même dans l'espace infini. Tous ces mécanismes automatiques, avec ou sans instinct, sont partout et toujours équilibrés et régularisés dans leurs modes de mouvement par des lois invariables de l'ordre et de l'harmonie, sous le contrôle de l'Esprit absolu. L'Esprit et la Science infinis sont donc plus puissants que toutes les forces physiques des mondes dans l'espace infini.

On sait que la science humaine existe, supérieure à la force physique dans notre monde; on ne peut douter que l'Omniscience n'existe, supérieure à toutes les forces physiques dans tous les mondes.

On suppose que l'espace infini est constitué comme l'espace interplanétaire. L'espace infini peut être occupé par l'Esprit infini omniprésent, ainsi conditionné par l'espace et la substance éthérés.

L'espace infini contient tous les mondes habités par des animaux, des plantes et des races humaines, doués d'âmes physiologiques et psychologiques qui animent les corps.

Les âmes et les corps finis vivent dans l'espace infini et sont à divers degrés animés par l'Esprit infini.

L'idée religieuse ontologique sera toujours vraie, en disant :

« Tous les êtres vivants se meuvent, et ont l'existence en Dieu. »

« In Him we live and move and have our being. »

IDÉALISME ANTHROPOMORPHIQUE.

L'anthropomorphisme ontologique, c'est de l'idéalisme transcendant.

Il y a des similitudes *physiomorphiques* et des similitudes *idéomorphiques* dans les équations mathématiques, par exemple $3 + 6 = 4 + 5 = 9$. Ici la somme de $3 + 6 = 9$; la somme de $4 + 5 = 9$; il y a donc dissemblance dans les chiffres et similitude dans les sommes de l'équation. Différence *physiomorphique;* similitude *idéomorphique.* Il en est de même en méthode biotechnique, par exemple.

Le *schéma organique* est le même pour tous les organismes, quelles que soient les différences physiomorphiques. Le plan idéomorphique est le même pour une cellule organique végétale; pour une plante développée; pour un insecte; un animal supérieur; un homme, une femme; pour l'espèce humaine sociologique; pour un règne organique d'un type quelconque : vertébré, articulé, mollusque ou rayonné; pour une planète, un soleil, un système solaire, un univers galactocosmique, un monde naturel ou un monde surnaturel ; pour l'unité organique la plus simple et pour l'unité ontologique infinie. Ce n'est pas de la similitude physiomorphe, mais idéomorphe. L'ontologie idéomorphique est donc un idéalisme anthropomorphique. Et cela parce que l'esprit humain ne pourra jamais découvrir, dans les forces et les phénomènes de la nature, que les lois invariables de la science, et, dans la science limitée de l'homme, que le reflet de l'Omniscience.

La variété infinie dans l'unité absolue est donc une *variété* physiomorphe dans l'UNITÉ idéomorphe ; une variété de fractions dans une somme d'unité ; une diversité infinie de substances, de formes, de forces, de modes de mouvements, de combinaisons dans la hiérarchie universelle de l'unité éternelle.

Unité éternelle de principes.
Equilibre éternel de mouvements.
Stabilité éternelle de l'Absolu.

ANALYSE ONTOLOGIQUE.

La théorie de l'existence absolue n'est pas simple. La valeur des mots n'est pas bien déterminée.

L'analyse devient difficile quand il s'agit de l'infini. Pour la simplifier on a commencé par des mots : connaissable et inconnaissable, conditionné et inconditionné ; mais cela ne fait que substituer une difficulté pour une autre, en confondant les définitions positives et négatives, comme dans les mots *tout* et *rien*.

Comment peut-on définir les distinctions idéomorphes entre *les forces* pondérables et impondérables ; matérielles et spirituelles ; physiques et physiologiques ; ontologiques et archiontologiques ; entre *les formes* physiomorphes et psychomorphes ; entre *les limites* finies, indéfinies et infinies ; entre *les images* réelles et idéales, objectives et subjectives ; entre *les idées* positives et négatives ; entre *les entités* connaissables et inconnaissables ; entre *les unités* commensurables et incommensurables ?

Nous engageons le lecteur à étudier la théorie des nombres dans les VII°, VIII°, IX° et X° livres d'Euclide pour s'habituer à ce genre d'analyse.

Euclide commence par faire une distinction entre l'unité et le nombre. L'unité est simple comme définition ; le nombre est assez compliqué dans les contrastes, entre :

1° Les nombres pairs et les nombres impairs ;

2° Les nombres égaux et les nombres inégaux ;

3° Les nombres commensurables et les nombres incommensurables.

Les derniers sont surtout difficiles à comprendre.

L'analyse biotechnique a ses difficultés comme l'analyse mathématique.

Dans l'analyse ontologique de l'existence infinie nous avons l'unité absolue de l'Être infini ; et les nombres indéterminés des êtres finis. Il y a dans ces nombres :

1° Des êtres pairs ;

2° Des êtres impairs ;

3° Des êtres commensurables et des êtres incommensurables.

Euclide fait voir qu'il y a des lignes mathématiques commensurables en grandeur et commensurables en puissance ; des lignes incommensurables en grandeur et incommensurables en puissance. Nous avons à démontrer qu'il y a des forces indestructibles commensurables et des forces indestructibles incommensurables.

Les forces physiques sont indestructibles et les forces vitales sont indestructibles, mais ces deux natures de forces sont inconvertibles et incommensurables dans les individus et dans les règnes.

Les forces physiques sont incommensurables avec les forces vitales ; les forces physiologiques incommensurables avec les forces instinctuelles ; celles-ci avec les forces rationnelles et scientifiques ; et celles-là, à leur tour, avec les forces morales et spirituelles.

Les forces physiques ont quatre modes de mouvement qu'on nomme chaleur, lumière, électricité et gravitation ; les forces vitales ont quatre modes de mouvement nommés physiologique, instinctuel, rationnel et moral ou spirituel.

Les forces physiques sont commensurables depuis le fini

jusqu'à l'infini ; les forces vitales sont incommensurables entre elles depuis le fini jusqu'à l'infini.

Toutes les modalités connues des modes de mouvement des forces physiques et toutes celles des forces vitales sont associées dans la nature humaine. Jusqu'à quel point peut-on regarder cette *unité radicale* de la nature humaine comme une *racine* commensurable avec toutes les *puissances* de cette même unité de forces dans la nature universelle ?

Nous venons de voir que l'homme physiomorphe ne peut pas être donné comme type de l'unité physiomorphe universelle, mais que l'homme psychomorphe peut être accepté comme type idéomorphe de l'anthropomorphisme universel.

Les théologiens ont défini Dieu comme un, ou comme multiple ; ou comme étant à la fois un et multiple.

Les philosophes ont défini l'Être comme absolu ou infini, « inconnaissable » et « inconditionné ».

Nous avons donné des analogies psychomorphes, à la fois anthropomorphes et idéomorphes en accord avec le texte de la Bible qui dit que Dieu créa l'homme à son image : c'est-à-dire lui donna la raison, principe de la science, image de l'Omniscience.

La géométrie nous donne les moyens de faire des approximations arithmétiques, telles que celles des racines carrées de nombres 2, 3, 5, 7, 8, etc.

Les échelles organiques de la biotechnie pour les organismes individuels et collectifs nous donnent les moyens de faire des parallèles et similitudes entre les limites d'unités organiques finies et l'unité vitale infinie de l'unité absolue ontologique et archiontologique.

LIBERTÉ, NÉCESSITÉ ET RESPONSABILITÉ.

All finite creatures live under the fascination of spells and voices of one kind or another.

Ce qui prouve qu'une volonté suprême gouverne le monde, c'est la détermination des conditions qui limitent la LIBERTÉ des êtres dans tous les mondes possibles. Le hasard n'a rien à faire dans la création des formes de la vie et des conditions nécessaires à l'existence des êtres.

1° *Les conditions climatologiques :* climats et saisons.

2° *Les conditions physiques,* atmosphériques, océaniques, etc.

3° *Les conditions physiologiques :* alimentation, etc.

4° *Les conditions sociologiques :* agrégations et vocations des espèces.

Tous les types d'organismes connus sont adaptés à des conditions d'existence prédéterminées par une NÉCESSITÉ absolue, qui ne peut être qu'une loi de la volonté suprême de l'Omniscient.

Toute créature est RESPONSABLE aux lois de la vie, car la moindre infraction entraîne, tôt ou tard, la souffrance de l'organisme qui se trouve en contravention des conditions climatologiques, ou physiques, ou physiologiques, ou psychologiques, ou sociologiques de l'ordre établi par la nature.

Tous les types d'organismes sont adaptés à des conditions d'existence, mais ce qui prouve que les conditions seules ne déterminent pas la forme d'un organisme, c'est que tous les types de formes connues dans les règnes de la nature sur notre globe vivent dans les mêmes conditions climatologiques et physiques, dans les mêmes latitudes des mêmes milieux ambiants, Océan ou atmosphère ; beaucoup d'espèces différentes de plantes vivent dans le même milieu, dans les mêmes conditions ; beaucoup d'espèces d'animaux inférieurs ou d'animaux supérieurs vivent dans le même milieu, sous les mêmes conditions, de générations en générations, sans changer de forme spécifique, en subissant les métamorphoses embryologiques de chaque espèce, sauf exceptions possibles ?

La *liberté* des êtres est donc soumise à la *nécessité* des conditions de la vie dans tous les règnes de la nature, et dans tous les mondes de l'existence actuelle ou potentielle naturelle et surnaturelle.

« L'homme s'agite et Dieu le mène ».

A ce point de vue l'homme, comme l'animal, n'est qu'un organisme automatique conduit par l'Esprit divin sans le savoir, comme une locomotive automatique conduite par l'esprit humain. La faculté de la raison donne à l'homme toute la liberté qu'il possède dans le choix des moyens qu'il préfère pour obéir à ses besoins ou à ses impulsions, dans les conditions qui l'entourent. Tous les êtres sont dominés par un magnétisme quelconque, ou par une fascination spéciale dans leurs habitudes de vie : l'oiseau qui couve ses œufs est fasciné par un magnétisme particulier qui le fixe en place, au point de se laisser prendre plutôt que de quitter ses œufs (le magnétisme des âmes d'oiseaux invisibles qui veulent s'incarner dans les œufs ?) ; la femme qui allaite son enfant est fascinée par l'amour maternel, au point de ne pouvoir s'en délivrer ; l'homme qui cherche la popularité est fasciné par l'amour de l'approbation publique, au point de ne pouvoir être heureux dans l'obscurité sociale.

Le poète subit l'influence d'une voix mystique, qui lui dicte la musique et les paroles de son chant ; l'artiste ne peut se soustraire au charme de créer des formes de beauté qui lui sont données par des visions idéales ; l'homme qui cherche à découvrir des lois de la nature est poussé par le charme mystique de l'inconnu, qu'il veut faire rentrer dans la lumière du connu.

Personne n'est capable de se délivrer de l'influence des voix mystiques de l'idéal, et des magnétismes physiologiques et psychologiques qui déterminent les habitudes et les préférences des individus dans toutes les conditions de la vie.

La nature force les êtres à faire ce qu'ils veulent et à vouloir ce qu'elle veut. Ils sont libres de choisir ce qui plait le mieux à leur instinct ou à leur raison, dans les limites étroites de la nécessité imposée par elle.

Il y a donc une certaine *liberté* de choix soumise à la *responsabilité* des individus de bien ou mal choisir, dans les limites de la *nécessité :* liberté relative ; responsabilité relative ; nécessité absolue des conditions de la vie et des lois de la vie.

Dans ces conditions de l'évolution sociale et religieuse, on a formé des sociétés spirituelles distinctes dans l'unité politique de l'État, surtout dans les États constitutionnels. Il y a des douzaines de sectes religieuses en Angleterre et dans les États-Unis de l'Amérique, sans parler des sectes de libres-penseurs, de socialistes et de franc-maçons ; nous proposons le nom de SOCIÉTÉS FRATERNELLISTES, pour les disciples de l'Evangile qui ne sont ni papalistes, ni luthériens, ni calvinistes. Ils pourront organiser un culte religieux simple et fraternel, sans autres dogmes que l'Evangile, et sans confusion avec le déisme et le spiritisme sporadique.

SYSTÈMES D'IDÉES.

Il y a de grands et de petits *théologiens* qui ont fait des systèmes d'idées : tels que saint Paul, saint Thomas d'Aquin, Martin Luther, Jean Calvin, et d'autres, plus ou moins célèbres.

Il y a de grands et de petits *métaphysiciens* qui ont fait des systèmes d'idées : tels que Descartes, Spinoza, Kant, Hegel, Cousin, et d'autres plus ou moins célèbres.

Il y a de grands et de petits *psychologues* qui ont fait des systèmes d'idées : tels que Platon et Aristote, Fourier, Saint-Simon, Rob Owen, Auguste Comte, Herbert Spencer, et d'autres plus ou moins célèbres.

Nous avons fait un système d'idées ontologiques, biologiques et sociologiques que nous croyons conforme à la vérité.

Chaque système a dû être relativement suffisant pour un certain nombre d'esprits dans le passé et dans le présent ; notre système doit être relativement suffisant pour un certain nombre d'esprits dans l'avenir. Ce sera là l'utilité du livre, jusqu'à ce que l'esprit humain ait pu trouver mieux et plus complet.

ESPRITS FORTS.

Il y a des individus qui sont dupes du bon sens pratique. Ils supposent qu'ils ont l'esprit fort, parce qu'ils ont le cœur tendre et l'entendement dur.

Quand on leur dit que la terre tourne journellement sur son axe, et annuellement autour du soleil, ils disent : « Bast ! c'est là une des âneries théoriques des astro-
« nomes ; tous les hommes du bon sens savent que le so-
« leil tourne autour de la terre, tous les jours. »

Si on leur dit que Newton a pesé les planètes qui sont à des millions de lieues de la terre, ils disent que « c'est encore là une des illusions de la théorie, en contradiction avec le bon sens pratique ». On aurait beau leur dire que la force qui fait tomber une planète vers le soleil est de la même espèce que celle qui fait tomber de l'arbre une pomme sur la terre ; et que c'est par cette *similitude* des forces et des modes de mouvement que Newton a décou vert le moyen de peser les astres. Cette idée de similitude entre des forces et des phénomènes si infiniment petits d'une part, et si infiniment grands d'autre part, leur semble une idée qu'il leur est impossible d'admettre.

Il y a même des mathématiciens qui savent comment Newton a pu peser les planètes, par l'application de la loi de la pesanteur universelle, et qui ne peuvent discerner aucune similitude entre la raison de l'esprit fini et celle de l'Esprit infini ; entre la science et les lois invariables dans les mondes finis, et la science des lois invariables dans la création entière.

La science pour eux n'a aucun rapport avec l'Omniscience. C'est-à-dire des hommes de science qui ne peuvent concevoir aucun rapport entre le fini et l'infini d'une force vitale quelconque, bien qu'ils puissent très bien voir un rapport de similitude entre une forme infiniment petite et la même forme infiniment étendue, comme un triangle par exemple, ou un cercle, ou une sphère infiniment petite et une sphère infiniment grande.

L'homme borné en bon sens pratique ne veut pas « perdre son temps à l'étude des âneries de l'astronomie », le mathématicien « positiviste ne veut pas perdre son temps « à l'étude des chimères de l'ontologie. Tous les esprits « forts doués de bon sens pratique savent que la raison « finie n'a rien en commum avec la raison absolue ; la « science finie, aucun rapport de similitude avec l'Omni« science ». Les positivistes « ne veulent écouter rien de « théologique ni de métaphysique ». Libre à eux de croupir dans les ténèbres.

Newton explique les lois de pesanteur universelle ; nous expliquons les lois de vie universelle. Newton ne connaissait pas l'essence de la force physique ; nous ne connaissons pas l'essence de la force vitale.

Ceux qui admettent que Newton a pu peser la lune dans sa loi de la gravitation n'en ont que des preuves intellectuelles; ceux qui admettent qu'il y a de la similitude entre la raison humaine, créatrice de mécanismes automatiques périssables, et la Raison divine, créatrice d'organismes cosmiques et épicosmiques périssables, en ont des preuves aussi rationnelles et scientifiques.

Au point de vue de l'évolution sociale métamorphique de *l'humanité terrestre* sous le gouvernement de la *Providence céleste*, nous pouvons croire que tout est pour le mieux dans le meilleur des mondes possibles pour le moment ; c'est-à-dire la phase actuelle du progrès social, politique et religieux, en attendant la paix universelle de l'avenir.

COUP D'ŒIL PHILOSOPHIQUE sur les représentants de l'esprit humain en Orient et en Occident depuis l'antiquité jusqu'à nous :

ÉVOLUTION D'ÉCOLES DISTINCTES.

A. REPRÉSENTANTS *de l'esprit oriental.*
    1° Zoroastre, Brahma, Bouddha, Confucius.
    2° Abraham, Moïse, Mahomet (Mormon ?).
B. REPRÉSENTANTS *de l'esprit occidental.*
    1° Pythagore, Socrate, Platon, Aristote, Protagoras, Proclus, etc.
    2° Démocrite d'Abdère, Epicure, Lucrèce, etc.

Do. L'ÉVANGILE : Jésus-Christ et les Apôtres (ère nouvelle).
  . Eglises primitives nommées dans l'Apocalypse.
RE. *Catholicisme* : Les Papes et les conciles.
  . Protestantisme : Luther, Calvin, Zwinglius, Wesley, etc.
MI. *Spiritisme* : Geo Fox, Swedenborg, Southcott, A.-J. Davis, etc.
FA. *Scientisme* : Bacon, Descartes, Spinoza, Locke, Leibnitz, Kepler, Galilée, Newton, Laplace, etc.
  . Scepticisme : Bolingbroke, Voltaire, Diderot, Hume, Kant, etc.
SOL. *Economisme* : Physiocrates, Adam Smith, etc.
  . Socialisme : Ch. Fourier, Saint-Simon, Rob Owen, etc.
LA. *Positivisme* : Hobbes, Aug. Comte, Littré, Stuart Mill, etc.
  . Matérialisme : Tyndal, Wurz, Ch. Robin.
SI. *Evolutionisme* : Lamarck, Darwin, Spencer, Haeckel, etc.
Do. *Philosophie organique* : Doherty (tonique d'une ère nouvelle).

Dans toutes les catégories d'églises et d'écoles, il y a des imperfections de la nature humaine qui doivent disparaître peu à peu avec le temps nécessaire à l'évolution métamorphique sociale de l'organisme collectif de l'humanité.

Les imperfections naturelles sont temporaires et transitoires chez le fœtus individuel : il doit en être de même pour le fœtus collectif : imperfections physiologiques et industrielles ; instinctuelles et artistiques ; mentales et scientifiques ; morales et sociologiques. Quant à l'évolution épicosmique des espèces supérieures dans le règne animal, on voit comment l'âme humaine s'incarne dans la substance organique d'un simple ovum : il en est de même pour tous les types de vertébrés inférieurs à l'homme et pour tous les types nombreux et divers dans les règnes d'articulés, de mollusques et de rayonnés. Il est donc facile de concevoir l'incarnation possible d'un type potentiel supérieur dans l'œuf d'une espèce inférieure dans chacun de ces règnes, pour effectuer l'évolution générale et successive de toutes les espèces dans chaque règne ; bien qu'à l'heure qu'il est, de tels enjambements de procédés incarnatifs ne soient peut-être plus nécessaires pour l'introduction de nouvelles espèces potentielles inconnues depuis plusieurs mille ans.

LIVRE CINQUIÈME

MÉTHODE BIOTECHNIQUE

L'invention de nouvelles méthodes est aussi importante pour les progrès de la science, que l'invention de nouvelles machines pour les progrès de l'industrie. La découverte de la nouvelle méthode d'analyse mathématique a donné à Newton les moyens d'expliquer les « principes mathématiques de la philosophie naturelle » ; la découverte de la nouvelle méthode d'analyse biologique nous a donné les moyens d'expliquer les « principes biotechniques de la philosophie organique ».

Avec des connaissances très étendues des phénomènes physiques, chimiques, mécaniques et astronomiques, on ne pourrait jamais découvrir les lois invariables de la science de tous ces phénomènes, sans une étude suffisante des méthodes de l'*analyse mathématique*.

Avec une connaissance étendue des phénomènes biologiques, sociologiques et cosmologiques, on ne pourrait jamais découvrir les lois invariables de la vie, sans une étude suffisante des méthodes de l'*analyse biotechnique*.

Si l'on voulait analyser une machine automatique créée par l'homme, il faudrait examiner toutes les pièces du mécanisme, leurs manières de fonctionner, et le genre de travail effectué, afin de comprendre l'idée de l'inventeur et les procédés de la construction de la machine.

Il en est de même pour l'analyse d'un organisme quelconque dans la nature.

Dans la méthode biotechnique, il y a quatre opérations principales :

I° *Définir les limites* naturelles d'un organisme complexe quelconque, individuel ou collectif, cosmique ou épicosmique, avec les conditions de la vie dans un milieu donné, ou dans plusieurs milieux.

II. *Analyser progressionnellement* les forces *occultes, vitales et autres*, qui animent cet organisme; avec tous ses organes, jusqu'aux éléments les plus simples dans les tissus et les cellules des organes du corps, (Voir exemple, page 362)?

III. *Formuler l'échelle structurale* des systèmes et appareils constituant l'unité organique de chaque catégorie des forces occultes; soit physiologique, instinctuelle, rationnelle et spirituelle chez l'homme individuel ou l'humanité collective; ou les règnes de nature sur notre globe.

IV. *Décrire le cycle évolutif* de la vie phénoménale de l'organisme, dans un milieu quelconque, ou dans plusieurs milieux.

Ces quatre procédés de l'étude biotechnique nous donnent les moyens de tout découvrir dans les règnes de la nature; ce qu'il y a de plus facile dans cette étude, c'est de *formuler l'échelle structurale* d'un organisme complexe quelconque, et de décrire le *cycle évolutif* de la vie de cet organisme.

BIOLOGIE ANALYTIQUE. — Les diversités des formes sont innombrables, pour ainsi dire, dans le seul règne animal, sans parler du règne végétal. Dans la description des variétés infinies, la mémoire est écrasée par la multiplicité des détails, et ne peut que difficilement porter un tel fardeau. L'anatomie comparée ne fait que multiplier les complications de la zoologie.

La biologie analytique ne s'occupe que de ce qui se trouve dans tous les organismes, quelles que soient les différences qu'il peut y avoir entre un type et un autre. Ainsi, chez l'homme, il y a :

1° Une peau qui enveloppe tout le corps;
2° Un système de muscles sous la peau;
3° Un système osseux (le squelette);
4° Un système nerveux.

Les homologues de ces systèmes se trouvent dans tous les animaux, et forment un ensemble approprié à la vie de relation de l'animal.

Dans le corps humain il y a de plus un système d'organes approprié à la propagation de l'espèce; un système d'organes approprié à la digestion des aliments, et un système d'appareils approprié à la circulation et à la purification du sang. Ces trois systèmes se trouvent, avec des formes différentes, dans tous les types de corps des règnes organiques. Cela forme une échelle de systèmes qu'on trouve dans tous les organismes bien développés :

Vie de relation.
U.
{ I. Système cutané.
II. Système musculaire.
III. Système osseux.
IV. Système nerveux. }

Vie organique.
O.
{ V. Système génératif.
VI. Système digestif.
VII. Système vasculaire. }

Vie unitaire.
H
{ W. Tissus sécréteurs dans tout le corps.
X. Sécrétions des tissus.
Y. Aliments ingérés dans le corps.
Z. Principes occultes de la vie. }

Dans les organismes rudimentaires les appareils ne sont que partiellement développés. Il faut tenir compte des conditions de l'existence, sans lesquelles la vie serait impossible dans le corps d'un animal quelconque. Ces éléments connectifs sont communs à tous les systèmes, et ne doivent pas être comptés comme *nombre* additionnel dans l'échelle schématique.

Dans la description d'un orgue comme instrument de

musique, on ne doit pas confondre, avec le nombre des tuyaux, l'*homme* qui joue de l'instrument, ni les *conditions acoustiques* de l'air qui transmet les vibrations, ni la *mélodie* donnée par les vibrations de l'air ambiant, ni les vibrations de l'air dans les tuyaux. Dans l'analyse du corps humain, comme instrument de l'âme, on ne doit pas compter l'*âme* elle-même parmi les systèmes, ni les conditions de la vie physiologique, ni les tissus connectifs déjà comptés comme parties constituantes des systèmes, ni les sécrétions qui sont éliminées du corps. C'est pour cela que nous mettons les quatre lettres de l'alphabet à la tête de l'échelle des systèmes comme éléments connectifs de l'organisme, en dehors des systèmes. Ainsi, en dehors du clavier de l'orgue :

Z. Le musicien qui joue de l'orgue;
Y. Les conditions acoustiques;
X. Les mélodies données par l'orgue;
W. L'air vibrant dans les tuyaux.

Il y a des appareils attachés aux sept grands systèmes du corps qui font partie de l'échelle, sans occuper le même rang que les systèmes principaux : ce sont les organes des sens de la vue, de l'ouïe, de l'odorat, du goût et du toucher.

La *bouche* est attachée au système digestif; le *nez* est attaché à l'appareil pulmonaire; la *vue* est en rapport avec le système cutané; l'*ouïe* est un sens des mouvements de vibration dans le corps. Les sens de la température et du toucher proprement dit, sont aussi en rapport avec la peau; mais il y a un sens spécial qui est en rapport avec le système génératif; c'est ce dernier qui doit prendre le rang de cinquième appareil des sens.

Les appareils divers des sens sont assez complexes et doivent être placés à part dans l'échelle schématique, comme les demi-tons dans l'octave, en harmonie avec la sensibilité de l'âme.

L'échelle schématique est applicable à tous les organismes possibles, comme la *gamme des sons* est applicable à toutes les mélodies possibles.

Quel que soit le nombre de gammes dans un clavier, il n'y a jamais qu'une octave de notes dans chaque gamme. Ce qui est vrai pour un instrument de musique est vrai pour un type organique quelconque, homme, animal ou plante. Cela rend la biologie analytique aussi simple que la géométrie analytique.

Il y a des instruments qui ne donnent pas toutes les notes de la gamme, comme il y a des organismes rudimentaires, qui ne contiennent pas tous les systèmes de l'échelle organique. Cela ne change rien à la loi de l'octave.

Ce qui est vrai en musique pour un seul instrument est vrai aussi pour un orchestre complet; ce qui est vrai en biotechnique pour un organisme individuel d'un type quelconque est vrai pour l'unité collective du règne entier du même type, et pour l'unité universelle du même monde.

Les analyses biotechniques sont aussi régulières que les analyses mathématiques.

On peut se demander en quel sens l'analyse mathématique diffère de l'analyse biotechnique.

Les deux méthodes sont des créations de l'esprit humain, suggérées par les formes de la création et appliquées, d'une part, à l'étude des forces et de la matière; d'autre part, à l'étude des forces vitales et des formes organiques; ainsi :

1° Analyse mathématique des forces physiques ;
2° Analyse biotechnique des règnes organiques ;
3° Analyse philosophique de l'unité universelle.

La *méthode philosophique* s'applique à l'étude des *premiers principes* de la nature qui sont les principes des forces indestructibles et des lois invariables, dans tous les mondes et dans toutes les évolutions possibles.

ANALYSE MATHÉMATIQUE.

On divise les mathématiques en plusieurs branches, savoir : l'arithmétique, la géométrie, l'algèbre, le calcul infinitésimal et la mécanique rationnelle, mais cette classification n'est pas assez catégorique. On a déjà divisé la mécanique rationnelle en trois branches distinctes, savoir : la dynamique, la statique et la cinématique.

Nous mettons les mathématiques en parallèle avec l'échelle naturelle des facultés de l'esprit ; ainsi :

MÉTHODES MATHÉMATIQUES.

Connectifs.
- Z. *Matière, forces et lois.*
- Y. Phénomènes physiques et mécaniques.
- X. Sciences mathématiques.
- W. Logistique mathématique.

Catégories de fonctions.
- VII. La dynamique.
- 7. La cinématique.
- VI. La statique.
- 6. Algèbre et calculus.
- V. Géométrie (trigonométrie, etc.).
- 5. Arithmétique et théorie des nombres.

Théories de relations.
- IV. Théorie des parallèles et des similitudes.
- III. Théorie des progressions et des séries.
- 2. Théorie des sommes et des différences.
- II. Théorie des raisons et proportions.
- 1. Théorie des notations symboliques.
- I. Théorie des limites et des infinis.

Ces facteurs de l'échelle sont déjà bien connus ; nous n'en parlons que pour mémoire.

Les méthodes mathématiques s'appliquent à l'étude des phénomènes de la nature ; à l'étude des phénomènes physiques, mécaniques et astronomiques. Les méthodes biotechniques s'appliquent à l'étude des phénomènes de la nature biologique et sociologique, qui sont tout aussi positifs que les phénomènes astronomiques.

ANALYSE BIOTECHNIQUE.

Principes connectifs.
- Z. *Principes et lois ontologiques.*
- Y. Conditions de la vie (ou 4 mondes).
- X. Sciences organiques.
- W. Logistique biotechnique.

Méthodes biotechniques.
- VII. Dynamique des forces vitales.
- 7. Cinématique vitale (mo1 s de mouvement).
- VI. Statique vitale (équilibre de santé), etc.
- 6. Equations structurales, etc.
- V. Biométrie générale (anatomie comparée).
- 5. Statistiques de la vie.

Théories biotechniques.
- IV. Parallèles et similitudes organiques.
- III. Progressions analytiques.
- 2. Diversité dans l'unité.
- II. Balancement d'organes.
- 1. Notations symboliques.
- I. Limites de formes et d'évolutions.

Les diverses méthodes indiquées dans cette échelle ont été appliquées à la biologie, la sociologie et l'épicosmologie dans ce volume. Nous n'en aurons à expliquer ici que les formules techniques les plus usitées, c'est-à-dire celle de la *progression analytique*, les *parallèles analytiques*, les *cycles évolutifs*.

L'analyse philosophique ne pouvant pas être expérimentale, ne peut être qu'intuitive et analogique. Elle est basée sur l'hypothèse de l'unité universelle de la création.

Dans cette hypothèse, les lois invariables de l'unité organique universelle sont identiques avec les lois invariables du plan schématique de l'unité architectonique dans un organisme intégral quelconque, et dès lors on peut se faire une idée de l'unité absolue de la nature.

Voici donc un plan schématique des facteurs de l'unité idéomorphique universelle de la création polymorphe.

ANALYSE PHILOSOPHIQUE.

Principes.
- Z. *Principes éternels de l'existence absolue.*
- Y. Conditions infinies de temps et d'espace.
- X. Créations périssables incessantes.
- W. Créateurs et procréateurs diversifiés à l'infini.

Nombres.	VII. Forces vitales et physiques indestructibles. 7. Mouvements perpétuels des forces. VI. Equilibre universel de la création. 6. Équations universelles de naissances et de morts. V. Créations et dissolutions successives. 5. Nombres finis des créations simultanées.
Ordre.	IV. Providence universelle de la création. III. Hiérarchie universelle dans l'unité. 2. Diversité architectonique dans l'unité schématique. II. Proportions réglées dans la diversité. 1. Phénomènes transitoires révélant forces occultes. I. Totalité absolue en unité éternelle.

L'homme ne pouvant concevoir d'autres idées de la nature que celles qui sont réflétées dans son esprit, ne peut imaginer qu'une philosophie anthropomorphique. Le chien ne pourrait faire que des imaginations caninomorphiques ; le chat ne peut avoir que des intuitions félinomorphiques ; l'âne n'aurait que des intuitions asinomorphiques.

Nous reviendrons plus loin sur l'analyse philosophique.

FORMULES D'ANALYSE.

Il y a trois grandes formules d'analyse dans la méthode biotechnique, savoir :

1° L'analyse progressive, qui donne les éléments de
2° L'analyse schématique, et de
3° L'analyse évolutive.

La première de ces formules est très importante, mais rarement nécessaire en pratique. Il faut tout de même la connaître, et parfois l'appliquer pour avoir les bases théoriques des deux autres formules, qui sont le plus généralement appliquées dans ce volume.

Ce qu'on nomme ordinairement les trois règnes de la nature sont des règnes *épicosmiques*, qu'il ne faut pas confondre avec le globe lui-même. A ce point de vue nous aurons quatre ordres d'unités organiques construites sur un seul et même plan général, qu'on peut nommer microcosmes ou *épicosmons*, savoir :

1° Epicosmon *individuel* — l'homme individuel ;
2° Epicosmon *social* — l'humanité collective ;
3° Epicosmon général — règne des vertébrés ;
4° Epicosmon universel — tous les règnes.

ANALYSE PROGRESSIVE DE L'ÉPICOSMON INDIVIDUEL.

Connectifs.
- A. Rang organique de l'homme.
- B. Origine de l'homme.
- C. Évolution fœtale du corps.
- D. Évolution développementale de la vie.

Systèmes associés en organismes.
- 1. Organismes concentriques (corps et âme)
- 2. Hémialités dans chaque organisme.
- 3. Sections dans chaque hémialité.
- 4. Systèmes distincts dans les sections.

Organes associés en systèmes.
- 5. Appareils divers dans un système.
- 6. Série des groupes dans un appareil.
- 7. Groupes d'organes dans une série.
- 8. Organes individuels dans un groupe.

Éléments associés en organes.
- 9. Tissus distincts dans un organe.
- 10. Cellules organiques dans un tissu.
- 11. Molécules composées dans une cellule.
- 12. Éléments simples dans une molécule.

Ici l'analyse descend jusqu'aux éléments les plus simples de l'unité organique, mais, une fois faite pour l'acquit de la conscience, l'application devient rarement nécessaire, tandis que les autres formules techniques sont partout et toujours utiles.

Chaque ligne, dans cette échelle progressive, représente en fractions la somme totale de l'unité organique.

L'analyse progressive divise l'unité en parties constituantes, d'abord peu nombreuses ; puis ces parties elles-mêmes en parties constituantes ; et ainsi de suite, depuis l'unité intégrale jusqu'aux fractions les plus minimes de cette unité. Les quatre quarts valent l'unité, et les fractions des quarts de plus en plus divisées valent toujours la même somme que l'unité, sous des formes de plus en plus différenciées.

En arithmétique, 100,000 francs valent :

10 fois 10,000 francs qui, à leur tour, valent :

100 fois 1,000 francs, qui valent :

1,000 fois 100 francs, etc. ; jusqu'au nombre des francs et des centimes élémentaires, qui font la somme de 100,000 francs.

Il suffit de prendre une partie de l'*échelle progressive*, pour former l'*échelle schématique* et le *cycle évolutif* que nous avons appliqués partout dans ce volume.

L'unité intégrale du corps est une association de parties constituantes très nombreuses ; l'élément physiologique le plus simple est une *cellule organique*. On sait que la cellule organique est composée d'éléments physiques et physiologiques, tels que l'eau et l'albumen qui sont eux-mêmes composés d'éléments plastiques, tels que l'hydrogène et l'oxygène, le carbone, l'azote, etc. ; mais on ne sait pas comment la nature créatrice fait la synthèse des éléments simples dans une cellule physiologique.

L'unité organique du corps individuel est une association très complexe de cellules, tissus, organes, appareils systèmes, sections et hémialités, dont on peut trouver les lois de la synthèse dans l'analyse systématique, depuis l'unité complète jusqu'à l'unité élémentaire de la cellule organique. En décomposant la cellule, on y trouve de l'eau et de l'albumen, qui sont des racines plus ou moins sourdes de l'unité cellulaire. Ces éléments sont eux-mêmes composés d'éléments simples de la matière comme racines encore plus sourdes de la substance albumineuse. L'analyse biotechnique de l'unité physiologique individuelle s'arrête là où commence l'analyse chimique des « *éléments simples* » de la matière.

L'analyse chimique est arrêtée à son tour à la distinction des éléments simples. On sait pourtant qu'il y a des *atomes* assez nombreux, d'un ordre plus radical dans l'élément simple d'un métal, à l'état de molécule solide, liquide ou gazeux ; mais ces *atomes* sont, pour la chimie, des racines sourdes de MOLÉCULES élémentaires, tout comme ces molécules sont, pour la physiologie, des racines sourdes de cellules organiques.

L'unité vitale indivisible de l'homme et l'unité matérielle indivisible de l'élément simple d'un métal, sont également des synthèses fixes de la nature, des forces potentielles incorporées dans les types d'organismes visibles. L'analyse de l'unité vitale est facile à faire jusqu'à la cellule organique, et même depuis la molécule physique jusqu'à l'élément simple qui entre dans la molécule, comme racine sourde de la cellule.

Les chimistes ont une idée des mouvements des *atomes invisibles* dans des *molécules visibles*, mais ils ne peuvent pas les définir en forme et en substance. Dans la *Revue scientifique* du 10 janvier 1880, M. Berthelot s'exprime ainsi : « Jusqu'à ces dernières années, les molécules ont
« été regardées, en chimie, comme immobiles, sinon en
« principe, du moins dans les interprétations et discus-
« sions des réactions. On a proposé de donner aux der-
« nières particules des éléments le nom d'atomes, c'est-
« à-dire de particules indivisibles et insécables.... Cette
« notion est purement hypothétique et contraire même à
« l'expérience directe, ainsi qu'aux indications que nous
« donnent l'étude mécanique des gaz et la spectroscopie.
« En effet, nous sommes ainsi conduits à regarder les
« prétendus atomes comme formés en réalité par un
« *grand nombre de parties plus petites*, seules susceptibles
« d'expliquer l'existence des mouvements vibratoires dans
« les particules élémentaires de la chimie...

« Ainsi donc, au lieu de considérer seulement la nature
« et le poids des corps qui peuvent entrer en réaction, et
« de nous borner à expliquer les réactions par de simples
« *équations pondérables*..., nous cherchons à faire inter-
« venir une notion de plus, celle de l'énergie des molé-

« cules et des mouvements dont elles sont animées pour
« expliquer les travaux accomplis dans les transforma-
« tions chimiques...

« Il suffit pour cela d'étendre aux particules dernières
« qui composent les corps de la nature, les notions que
« nous possédons sur les masses de dimensions finies.

« Une telle masse est susceptible de trois sortes de
« mouvements :

« 1° *Un mouvement de translation rectiligne;*

« 2° *Un mouvement de rotation* autour d'un axe fixe,
« ou variable pendant la durée du mouvement. Ce sont
« là des mouvements d'ensemble, mais il en existe aussi :

« 3° *Des mouvements de vibration,* éprouvés par les
« parties plus petites qui constituent la masse totale et qui
« oscillent individuellement autour de certaines positions
« d'équilibre, sans pourtant se séparer les unes des
« autres.

« Si nous transportons ces notions aux particules invi-
« sibles qui développent les phénomènes chimiques, nous
« observerons d'abord que les atomes, considérés par une
« masse unique et indivisible, pourraient être animés des
« deux premières sortes de mouvement, mais non du
« mouvement de vibration, lequel supposerait une subdi-
« vision de l'atome en parties plus petites, ce qui est con-
« tradictoire avec la notion même de l'atome. En effet,
« les phénomènes physiques et chimiques montrent que ce
« mouvement intestin, qui constitue le mouvement vibra-
« toire, existe jusqu'aux dernières particules de la ma-
« tière pondérable qui jouent le rôle d'unités dans la
« chimie; ces particules dernières sont donc elles mêmes
« divisibles. La notion d'atome devra donc disparaître
« complètement, lorsque la théorie mécanique des phéno-
« mènes chimiques sera plus répandue dans l'enseigne-
« ment...

« Les forces qui agissent sur les *corps solides* peuvent

« produire, soit un changement dans le mouvement vibra-
« toire des particules, soit un arrangement nouveau de ces
« particules. La chaleur, en particulier, a pour effet
« d'augmenter l'amplitude des vibrations. Quand cette
« amplitude acquiert une grandeur suffisante, les par-
« ticules deviennent indépendantes, et la liquéfaction se
« produit.

« *État liquide*. — Le volume occupé par la masse est
« constant dans l'état liquide, à une température et sous
« une pression donnée, aussi bien que dans l'*état solide ;*
« mais la masse liquide prend la forme des vases qui la
« renferment. Dans un tel état, les particules sont assu-
« jetties encore à rester à des distances constantes ou à
« peu près constantes les unes des autres, mais leur dis-
« tribution relative peut être quelconque... Ainsi, les mo-
« lécules des liquides peuvent être animées de deux sortes
« de mouvements : les mouvements de translation (limitée)
« et de rotation,...

« *État gazeux*. — Les molécules, une fois délivrées de
« l'action attractive qui les maintient rapprochées dans
« l'état solide ou liquide, tendent à s'écarter indéfiniment
« sous l'influence de la moindre impulsion les unes des
« autres ; c'est ce qui aurait lieu dans le vide illimité,
« avec un gaz soustrait à l'action de la pesanteur. Mais
« si elles sont renfermées dans un vase clos, les molécu-
« les vont choquer les parois, rebondissent en conservant
« ainsi un mouvement de translation indéfini, dont la di-
« rection change à chaque réflexion oblique qu'elles
« éprouvent, ou bien encore par suite des chocs récipro-
« ques des particules. La résultante de ces actions exer-
« cées sur les parois constitue la pression des gaz...

« Ainsi les molécules gazeuses peuvent être animées
« par les trois espèces de mouvement...

« L'eau peut être décomposée en deux gaz : l'hydrogène
« et l'oxygène... Une telle décomposition représente la

« limite de la division qu'il est possible de produire par
« les procédés actuels ; mais *chacune* des particules d'hy-
« drogène et d'oxygène est elle-même composée d'*une*
« *multitude* de parties plus petites ; c'est ce que la spec-
« troscopie et l'étude des propriétés physiques paraissent
« nous indiquer ; c'est ce que la thermochimie établit
« également.

« Ces dernières parties sont peut-être identiques au fond
« avec la *matière éthérée* elle-même ; les résultats nou-
« veaux, auxquels la science semble appelée, nous con-
« duiront peut-être, sous ce rapport, à une théorie ana-
« logue à celle des tourbillons de Descartes, théorie qui
« serait applicable à la représentation de chacune des par-
« ticules élémentaires de notre chimie présente ; mais
« cela n'est encore qu'à l'état de pure hypothèse. »

Voilà une hypothèse posée par l'analyse chimique qui arrive à l'idée de *racines atomiques* des éléments simples de la matière pondérable ; racines sourdes de l'élément physique, analogues aux racines sourdes de l'élément physiologique. Les unités les plus simples et les plus complexes de la nature sont donc formées de parties constituantes, groupées en ordre systématique, selon des lois invariables de la synthèse organique.

Les *atomes invisibles* sont groupés en ordre pour former des molécules d'éléments simples, d'oxygène, hydrogène, etc.

Les *éléments physiques* sont groupés en ordre régulier dans les molécules physiologiques, qui sont groupées en ordre dans les *cellules organiques* de diverses espèces (muscles, os, nerfs, tendons, glandes, etc.).

Les tissus formés par des cellules organiques sont développés en systèmes cutané, musculaire, osseux, nerveux, etc., dans un organisme individuel. Les espèces sont groupées en genres, familles, ordres et alliances, dans chaque règne organique ; les règnes sont coordonnés en sections inorganique, organique, et sociologique.

Tous ces règnes épicosmiques font parties constituantes du globe, qui est un membre de l'association des planètes et des lunes dans le système solaire.

L'analyse systématique de ces unités nous révèle les lois de la synthèse de l'infiniment petit et de l'infiniment grand.

Architectonique. — L'analyse biotechnique de l'organisme individuel nous donne les mêmes lois d'ordre architectonique que l'organisme collectif de l'humanité sociologique; les mêmes lois que l'unité collective d'un règne organique; les mêmes lois que l'unité universelle des règnes épicosmiques sur notre planète; les mêmes lois que l'unité collective des éléments simples des métaux et des métalloïdes, en système de classification naturelle.

Au delà des limites de ces unités complexes, les formules de la méthode deviennent impuissantes. On ne peut plus remonter de l'analyse artificielle à la synthèse naturelle. On ne peut pas réunir les éléments simples de matière physique pour former des cellules organiques. On ne peut pas décomposer les éléments simples pondérables pour définir les atomes éthérés de ces molécules.

On peut bien établir des parallèles d'unités complexes connues, et démontrer la similitude des lois d'ordre architectonique qui régissent la structure de ces unités, mais on ne peut pas déterminer la nature des atomes radicaux des éléments simples de la matière minérale, ni combiner les éléments plastigènes en cellules organiques. Les éther-atomes sont, pour la chimie, des racines sourdes des éléments simples de la substance physique, et les éléments simples sont, à leur tour, des racines sourdes de la substance physiologique. La création des éléments est un mystère insondable; la création des cellules organiques est un mystère insondable; la création des organismes individuels et des règnes organiques est un mystère impénétrable; la création des planètes et des systèmes solaires est un mystère encore plus impénétrable à l'esprit humain; l'analyse de toutes ces unités complexes est praticable jusqu'aux limites des racines sourdes des cellules organiques, mais pas jusqu'aux racines éther-atomiques des éléments simples.

On sait qu'un élément simple est doué de *quatre sortes de forces occultes* (pesanteur, chaleur, électricité, lumière), et l'analyse théorique peut demander quelles sont les subdivisions éther-atomiques, comme le demande l'hypothèse de la thermochimie; mais la réponse est impossible pour le moment.

L'analyse biologique est limitée par les types de formes et de systèmes organiques, d'une part, par les éléments simples de la substance physiologique, d'autre part. On sait, néanmoins, qu'il y a des éléments simples dans les cellules organiques, et des *atomes invisibles* dans les « éléments simples ».

En analyse mathématique, il y a des quantités rationnelles et des quantités irrationnelles ou incommensurables; en analyse biotechnique, il en est de même. Cela prouve que ce qui est incommensurable pour l'esprit humain ne l'est pas pour l'Esprit absolu; car le Créateur peut composer des *éléments pondérables* avec des atomes d'éther, qui sont des racines sourdes; des *molécules physiologiques* (albumen, etc.), avec des éléments simples qui sont des racines sourdes des *cellules organiques*; l'âme potentielle d'un oiseau peut former des tissus musculaire, nerveux, etc., avec des molécules d'un œuf, qui sont des racines sourdes pour l'homme, incapable de convertir les éléments physiques en molécules physiologiques; les molécules physiologiques en cellules organiques. D'où il suit que l'esprit humain créateur est inférieur en puissance créatrice à l'Esprit divin, et que l'homme terrestre n'est pas le Créateur de l'univers, n'est pas Dieu.

Pour connaître les phénomènes, il faut consulter les analyses descriptives et l'expérience pratique ; mais pour découvrir les lois invariables de la science qui régissent les phénomènes, il faut étudier les mécanismes et les formules techniques qui révèlent les principes de l'*ordre distributif;* des *nombres constitutifs ;* des *associations concentriques* et *paralléliques ;* les *proportions morphologiques* équilibrées, dans une *unité complexe* quelconque, individuelle, sociologique, réalmologique ou épicosmologique.

En pratique, la méthode biotechnique peut se réduire à deux formules, faciles à vérifier dans tous les règnes, et faciles à retenir dans la mémoire, savoir :

1° L'*échelle organique ;*
2° Le *cycle évolutif.*

Ces deux formules ont été souvent appliquées dans l'analyse des règnes et des organismes dans les premiers livres du volume.

Ce n'est pas à dire que la mémoire de ces formules constitue la science de la vie et de l'organisation, pas plus que les formules de « l'attraction en raison directe des masses et inverse du carré des distances » ne constituent la science de l'astronomie ; mais il est bon de savoir que les deux formules techniques de la biologie analytique s'appliquent avec certitude de vérification pratique à l'étude de tous les organismes connus de la nature.

Ce n'est que pour mémoire que nous parlons de la formule de l'analyse progressive. Il est néanmoins nécessaire de la connaître comme origine de l'échelle schématique ou organique.

ANALYSE PROGRESSIVE DE L'HUMANITÉ COLLECTIVE.

Connectifs.
{ A. Rang cosmologique de l'humanité.
B. Origine généalogique de l'humanité.
C. Évolution sociale de l'humanité.
D. Œuvre de l'humanité sur la planète.

ARCHITECTONIQUE. 371

Groupements vocationnels.
1. Organismes sociologiques concentriques.
2. Distribution sphérique des races humaines.
3. Sections naturelles des fonctions sociologiques.
4. Divisions naturelles dans chaque section.
5. Spécialités dans chaque profession.
6. Corporations de métiers dans chaque profession.
7. Groupes coopératifs dans chaque corporation.
8. Individus de sexes et d'âges différents.

Éléments procréatifs.
9. Races humaines distinctes sur le globe.
10. Tribus distinctes dans chaque race.
11. Familles dans chaque tribu.
12. Individus de sexes et d'âges différents.

Cette formule générale d'analyse est plus abstraite que celle de l'échelle organique, qui représente la même unité sociologique à un point de vue plus spécial.

Dans une échelle schématique de l'unité sociologique de l'humanité collective, il y a trois choses à représenter, savoir : les *sociétés organisées*, les *classes distinctes* dans les sociétés et les *autorités* qui organisent et gouvernent la société. Les autorités connectives représentent les principes sociaux nécessaires à toute organisation collective, tels que : *unité, charité, justice, autorité :*

Unité : sanctuaires, inspiration, vérification.

Charité : temples, consolation, médication.

Justice : tribunaux, conciliation, pacification.

Autorité : trône, organisation, direction.

Le but de l'organisation sociale est de tendre de plus en plus vers le perfectionnement de la nature, vers l'idéal du *bien*, du *vrai*, du *beau* et de l'*utile*.

Les caractères sociaux sont distribués chez les individus diversement doués pour les vocations diverses dans les fonctions sociales, et surtout pour celles de l'inspiration, de la charité, de la justice et du gouvernement : ainsi les *prophètes*, les *philosophes*, les *poètes* et les *inventeurs* sont des hommes de génie, inspirés par l'humanité céleste, pour la découverte progressive des principes du *bien*, du *vrai*, du *beau* et de l'*utile*. Les prêtres des temples et les médecins des hospices sont les ministres de la

charité et de la consolation des malades et des faibles ;
les juges et les juristes sont les ministres de la justice
dans les sociétés ; les chefs de famille, les maires et les
conseils de communes, les rois et les ministres d'État,
sont les organisateurs et les gouverneurs des familles,
des communes et des nations. Il faut donc classer toutes
ces fonctions connectives dans une échelle schématique de
l'organisme collectif de l'humanité.

ÉCHELLE DE L'ORGANISME COLLECTIF.

Autorités.
- Z. *Prophètes, philosophes, poètes, inventeurs.*
- Y. Prêtres, professeurs, artistes, constructeurs.
- X. Juges, juristes, critiques, inspecteurs.
- W. Rois, proviseurs, impresarii, entrepreneurs.

Sociétés.
- VII. Confédération universelle, viatoriale, etc.
- 7. Fédération internationale, commerciale, etc.
- VI. Nationalités politiques, colonisatrices, etc.
- 6. Corporations professionnelles, de métiers, etc.
- V. Municipalités provinciales, urbaines, rurales, etc.
- 5. Familles domestiques, hospitalières, etc.

Classes.
- IV. Classes administratives, conservateurs, etc.
- III. Classes propriétaires, rentiers, etc.
- 2. Classes récréatives, instructives, etc.
- II. Classes opératives, artisans, cultivateurs, etc.
- 1. Classes protectives, milice, police, etc.
- I. Classes législatives, électeurs, sénateurs, etc.

Dans l'évolution historique de l'humanité, il y a des
races différentes plus ou moins organisées en tribus sauvages et en nationalités politiques, sur divers points du
globe. Dans les nations civilisées, il est facile de reconnaître les classes indiquées dans l'échelle ci-dessus, ainsi
que les sociétés domestiques, munipales, professionnelles
et nationales, mais les fédérations commerciales et la confédération universelle ne sont encore que des intuitions de
l'esprit sur les évolutions sociales de l'avenir. La confédération internationale n'est encore que faiblement organisée sur quelques points (comme pour les cantons suisses
en Europe et les États-Unis de l'Amérique du Nord), mais
on peut prévoir une tendance naturelle, qui sera peu à peu

généralisée, et qui amènera par la suite une fédération universelle pour les besoins du commerce, de la circulation viatoriale et des communications télégraphiques, etc., sans parler de la culture nécessaire de tous les règnes de la nature sur notre planète.

Dans toute société il faut des autorités responsables pour administrer et gouverner les affaires de la communauté. Dans la famille, c'est le *père* qui est « prophète, prêtre et roi », providence de la société domestique, et la *mère* qui est « reine, prêtresse et prophétesse ». Dans une communauté municipale, il faut des autorités de la religion, de la justice et de l'administration économique, sans parler de l'éducation des enfants. Dans une nation politique, il en est de même, et en thèse générale on peut distinguer quatre classes de fonctions autoritaires de natures différentes, savoir :

L'autorité des *prophètes*, comme Moïse, fondateur de religion politique et sociale pour la race des Israélites; l'autorité des *philosophes*, comme Newton, fondateur de la science de l'astronomie par la découverte des lois de la gravitation universelle ; l'autorité des *poètes* et des artistes pour la création des langues, les littératures, les beaux-arts et le raffinement du goût de la race ; l'autorité des *inventeurs*, comme Watt et Stephenson, qui ont créé la machine à vapeur fixe, et la locomotive, sans lesquelles on n'aurait pas pu organiser les grandes usines de l'industrie et les chemins de fer ; toutes ces autorités du *genre créateur* sont des intermédiaires entre un monde supérieur, où les sciences et les arts sont connus depuis l'éternité, et notre monde inférieur, où les arts et les sciences sont introduits peu à peu, selon les besoins de l'évolution sociale.

Après l'autorité des *créateurs* et des révélateurs vient celle des *consolateurs*, ministres de la *charité* morale et matérielle, prêtres et médecins, hospitaliers et garde-malades, dans les églises et les hôpitaux, les prisons et les asiles des pauvres.

Après l'autorité des consolateurs et régénérateurs des membres faibles de la société, viennent les *conciliateurs*, ministres de la *justice*, magistrats et hommes de lois.

Avant l'autorité de la justice, vient celle des chefs organisateurs et régulateurs de la société, les *chefs* de communauté dans la famille, dans la commune, dans la nation.

L'autorité des *chefs* ou rois est, comme celle de Guillaume-le-Conquérant, qui a organisé la constitution féodale de l'Angleterre au XI° siècle, la base de l'autorité unitaire dans la constitution anglaise aujourd'hui. Dans cette constitution, la reine est la source de tous les honneurs, le centre de l'unité nationale d'où émanent toutes les hiérarchies politiques, ecclésiastiques, administratives, militaires, judiciaires, fiscales, dans l'État, dans l'Église.

Il n'est pas nécessaire d'entrer dans les détails de cet ordre de questions, dans une simple note sur les théorèmes analytiques de la méthode. L'échelle organique ne peut qu'indiquer les principaux facteurs d'un organisme quelconque, sans noter les détails contenus dans chaque degré de l'échelle. Nous pouvons toutefois faire observer que le *génie* de l'inventeur lui vient de la nature, et ne peut pas être donné par l'éducation ; la *vocation* du prêtre ou du médecin doit aussi lui être naturelle, bien qu'on puisse apprendre à exercer plus ou moins médiocrement ces fonctions sans aptitude spéciale. Il en est de même des fonctions de la magistrature : les uns sont nés avec des aptitudes naturelles pour l'administration de la justice, tandis que beaucoup de magistrats en titre n'ont pas ces aptitudes. L'autorité des *chefs* de famille vient de la nature, tandis que celle des chefs de commune doit être élective ; car, là où la vocation naturelle pour organiser une commune, ou une armée, ou une nation, se manifeste d'une manière évidente à tout le monde, l'organisateur sera élu chef par la voix publique, comme le premier Napoléon en France, et Cromwell en Angleterre, tandis que la vocation naturelle d'un chef de municipalité ou de nationalité ne dépend pas nécessairement de l'hérédité dans une famille.

Dans un temps de révolution, le chef naturel se fait connaître par sa capacité, et prend sa place par l'aveu de tout le monde; dans les temps de paix, on se prémunit contre les inconvénients de l'hérédité par l'organisation d'un système parlementaire et d'une royauté limitée par la constitution politique.

Nous limitons nos recherches aux règnes de la nature sur notre planète, sans entrer dans les questions d'évolution cosmiques des soleils et des systèmes solaires.

Prenant l'homme adulte pour *type* d'unité organique, on y trouve les données de l'*analyse biotechnique*. Dans l'évolution métamorphique du fœtus individuel, on trouve les données de la synthèse progressive de l'humanité sociologique.

L'unité complexe de l'organisme physiologique nous donne la clef des unités sociologique, réalmologique et épicosmologique. Les phénomènes de l'évolution fœtale de l'individu présentent le tableau analogique des évolutions sociologique et paléontologique. C'est ce que nous avons cherché à expliquer dans la biologie analytique, qui nous donne la clé de l'analyse du problème de l'unité universelle de la nature.

La méthode biotechnique de poser les questions est très simple, et on sait « qu'une question bien posée est à moitié résolue », sinon à moitié, au moins en partie.

Ainsi, par la théorie des limites avec celle des parallèles et des similitudes entre des unités d'ordres divers, on peut d'abord analyser les phases successives de l'évolution métamorphique d'un organisme individuel quelconque connu sur notre globe, puis la durée connue de la vie de cet organisme.

De là la question des parallèles et des similitudes entre les phases de l'évolution métamorphique et la carrière complète d'un organisme collectif comme celui de l'humanité terrestre sur le globe; puis les phases de l'évolution métamorphique paléontologique des règnes organiques sur la terre; et la durée probable de ces règnes sur la planète; puis la question cosmique de l'évolution métamorphique de la planète elle-même et sa durée probable dans le système solaire; puis la question de la genèse du soleil lui-même dans l'univers sidéral, etc., etc., *ad infinitum*.

La méthode biotechnique nous donne les moyens de poser toutes les questions possibles d'une manière rationnelle et de les résoudre en partie, au moins approximativement.

DÉFINITIONS ET AXIOMES.

Nous avons à voir comment on peut arriver à former des axiomes en partant des définitions de la science.

L'analyse d'une machine fait comprendre les *principes* du mécanisme; les modes de mouvement dans le travail accompli révèlent le *but* de l'inventeur. Cette définition des principes et du but du créateur d'un mécanisme connu nous donne la base des définitions et des axiomes philosophiques.

Nous ne donnerons ici que des mots généralement acceptés comme définitions des mondes connus et de l'existence des âmes individuelles et collectives, dans ces mondes.

Nous ferons de même pour les définitions des principes et des lois de l'existence.

Définitions.

1° Le monde potentiel ou surnaturel de l'existence;
2° Le monde limbique de l'incarnation;
3° Le monde naturel de l'existence;
4° Le monde limbique de la résurrection;
5° Ame, esprit, instinct, corps;
6° Morale, raison, goûts, appétits;
7° Bien, vrai, beau, utile;
8° Ethique, logique, esthétique, économique;
9° Unité, sanctuaire, inspiration, vérification;
10° Charité, hospices, consolation, médication;
11° Justice, tribunaux, conciliation, pacification;
12° Autorité, trônes, organisation, direction;
13° Prophètes, philosophes, poètes, inventeurs;
14° Prêtres, professeurs, artistes, constructeurs;
15° Juges, censeurs, critiques, inspecteurs;
16° Rois, proviseurs, impresarii, entrepreneurs;
17° Lois, sciences, arts, industrie;
18° Temples, écoles, théâtres, ateliers;
19° Sénats, universités, académies, compagnies;
20° Cabinets, conseils, bureaux, directeurs.

Toutes ces définitions de principes, de lois, d'institutions, d'autorités et de génies créateurs, sont assez connues pour nous permettre d'en déduire des idées philosophiques sur l'unité universelle de la nature.

Axiome 1er. — L'analyse d'un organisme d'un type architectonique quelconque dans les règnes de la nature fait connaître la structure de cet organisme, et les lois de l'unité organique. Les fonctions du mécanisme révèlent le but du Créateur dans la création de l'organisme.

Axiome 2. — D'après son expérience du monde connu, l'esprit humain ne peut concevoir l'unité absolue inconnue autrement qu'une totalité organique, infiniment étendue dans l'espace infini.

Axiome 3. — Les rapports de proportion dans les parties constituantes des organismes connus suggèrent l'idée que les parties constituantes sont nécessairement balancées dans un monde équilibré quelconque, infiniment petit ou infiniment grand.

Axiome 4. — Dans les unités organiques limitées en forme, la diversité des parties constituantes est presque infinie, d'où l'on conçoit l'idée de la diversité infinie dans l'unité absolue.

Axiome 5. — Les éléments d'un organisme fini sont coordonnés en nombres définis; les mondes sont créés en nombres définis; tous les éléments d'unité organique sont donc distribués en nombres déterminés dans toutes les unités organiques de la création.

Axiome 6. — Les créations connues sont organisées en types architectoniques tels que les éléments simples et les règnes distincts sur notre planète; il en est de même des globes distincts dans le système solaire, et des systèmes divers dans l'univers.

Axiome 7. — La hiérarchie des organismes est visible dans les règnes de la nature sur notre planète et dans les globes du système solaire; elle doit être universelle dans l'unité absolue.

Axiome 8. — L'équilibre des forces et des mouvements dans les mondes est une nécessité comme base de stabilité universelle.

Axiome 9. — Les forces indestructibles sont des *causes* de mouvement perpétuel; les lois invariables sont les principes de la stabilité éternelle.

Axiome 10. — Les principes de la raison sont les mêmes dans l'Esprit infini et dans l'esprit fini; sans cela l'homme ne comprendrait pas les principes de la science.

Axiome 11. — Les lois invariables de la science humaine et de l'Omniscience absolue sont réalisées dans tous les organismes de la nature, dans toutes les évolutions et révolutions possibles dans les sphères visibles et invisibles.

Axiome 12. — Les mêmes lois président à la structure et à l'évolution métamorphique de l'organisme le plus simple et de l'organisme le plus complexe dans les règnes de la nature sur notre globe, et dans la nature universelle, sans quoi la science serait impossible à la raison humaine.

Postulat Z. — La raison humaine est un prototype de la Raison omnisciente, capable de comprendre théoriquement les lois révélées dans la création.

Postulat W. — L'unité de la nature humaine reflète diversement l'unité de la nature universelle ; les hommes diffèrent les uns des autres comme miroirs réflecteurs et comme médiums pour la transmission de la lumière scientifique.

Postulat X. — On sait que la lumière blanche, transmise par les verres de couleur, est décomposée en rayons jaunes ou bleus, rouges ou orangés, pourpres ou violets ; la vérité pure est plus ou moins décomposée en traversant les esprits humains diversement colorés, comme conscience religieuse et morale, et comme puissance de vision mentale.

Les uns ont une vision microscopique, les autres macroscopique ; les uns sont myopes, les autres presbytes. Autant d'hommes alors, autant de miroirs divers pour refléter la lumière de la nature, autant de lentilles diverses pour élargir ou rétrécir la vue des phénomènes et des lois.

Postulat Y. — Les phénomènes de la nature sont divers sous tous les rapports : les mêmes phénomènes sont diversement vus par des esprits différents ; les inductions philosophiques sont naturellement colorées par l'esprit de l'auteur, et délimitées par l'étendue de sa vision.

Les rapports de proportion dans la nature elle-même ne sont pas toujours des rapports simples ; par exemple :

une puce saute à plus de dix fois sa hauteur ; un éléphant aurait de la peine à sauter à la hauteur de sa propre taille ; un homme peut tourner sur lui-même en moins d'une seconde, et parcourir plus de trois kilomètres en une heure, bien que le diamètre de son corps soit moins d'un mètre. La terre, dans sa course autour du soleil, ne parcourt que seize fois le diamètre de son corps dans une heure, et ne fait qu'une rotation sur son axe en vingt-quatre heures. Et cependant les mouvements de la planète sont infiniment plus rapides en réalité que ceux de l'homme.

L'esprit humain est parfois distrait au milieu de tant de diversités, mais les lois de l'unité sont toujours là pour le guider. Toutes ces diversités ne font qu'enrichir les variétés dans l'unité universelle.

L'esprit humain peut établir des équations téléologiques entre la force et la matière, entre l'âme et le corps, entre la raison et la science, entre les causes et les effets, entre le monde naturel et le monde surnaturel, entre la création et le Créateur.

On peut former des parallèles analogiques et homologiques entre toutes les unités de la nature, entre toutes les variétés d'évolution et de révolution, entre l'évolution métamorphique d'un fœtus individuel et l'évolution sociale métamorphique de l'humanité collective. C'est ce que nous allons faire dans les pages suivantes, en faisant des inductions du monde connu aux phénomènes inconnus.

INDUCTIONS PHILOSOPHIQUES. — On sait par expérience que la *synthèse évolutive* du corps d'un oiseau dans la matière d'un œuf se fait par la transformation des molécules de substance protoplasmique en cellules organiques, au fur et à mesure de la formation des tissus dermique, musculaire, osseux, nerveux, et pendant la transformation graduelle des organes formés par l'involution successive de ces tissus dans chaque organe. Les organes sont ébauchés en modes séparés d'abord, puis réunis en groupes et en systèmes de plus en plus complexes dans l'unité intégrale de l'organisme. Il en est de même pour l'évolution fœtale du corps humain.

Nous avons à nous demander quels sont les phénomènes analogues dans la synthèse évolutive de l'organisme sociologique, savoir :

1° La formation progressive des classes distinctes de la société, et les groupements de ces classes dans les organes et les systèmes de l'organisme social, c'est-à-dire les familles, les tribus, les corporations professionnelles, les nationalités politiques, les fédérations commerciales et internationales, et les confédérations viatoriales et télégraphiques universelles.

Les molécules individuelles du jaune d'œuf ne ressemblent guère aux cellules organiques des tissus d'un muscle ou d'un os, du corps de l'oiseau qui sort de l'œuf; les molécules du sang ne ressemblent pas aux organes du corps ; les individus d'une race humaine à l'état sauvage ne ressemblent guère aux membres d'une corporation civilisée, industrielle ou commerciale, artistique ou scientifique. Dans l'évolution sociologique, il faut donc que les individus ignorants et impulsifs de l'animalité hominale soient peu à peu perfectionnés par l'*éducation morale* et religieuse et par l'*instruction progressive* dans les arts et les sciences nécessaires à la vie sociale.

Les cellules organiques, formées dans la substance de l'œuf, ne sont jamais transformées ; elles restent toujours de même espèce que les tissus. La cellule organique d'un muscle ne devient jamais la cellule d'un nerf. La formation primitive des cellules et des tissus est tout à fait distincte des groupements d'organes en systèmes distincts. Il en est de même des vocations innées des individus de l'espèce humaine.

Ces phénomènes d'évolution fœtale peuvent nous guider dans nos spéculations philosophiques sur les phénomènes inconnus de l'évolution paléontologique et sociologique, dans le passé et dans l'avenir.

Les types primitifs de cellules organiques de chaque espèce de tissu ne se transforment pas pendant l'évolution métamorphique de l'organisme, de quelque type que ce soit; d'où l'induction que les individus d'une espèce quelconque, de plante ou d'animal, ne se transforment pas pendant les successions paléontologiques de l'ensemble des règnes organiques. La perfectibilité d'une race par la culture et les croisements est une question tout autre.

L'évolutionnisme moderne serait donc basé sur une hypothèse gratuite; car le peu de changement qu'on a pu observer dans la forme et les proportions d'un corps d'oiseau ou de mammifère, produit par les croisements de races ou par la nourriture et les soins de la culture, n'affecte pas le type de l'espèce : le pigeon, modifié, est toujours pigeon ; le bœuf, toujours bœuf; comme la cellule du nerf est toujours nerf; la cellule du muscle, toujours muscle.

Au lieu de l'hypothèse du *transformisme*, nous posons celle de l'*hétérogenèse*. Le corps d'un singe a pu fournir les conditions physiologiques du sang de la sécrétion ovulaire, de la gestation utérine et de l'allaitement d'un enfant de forme humaine supérieure au type de singe anthropoïde. Néanmoins les singes sont toujours restés singes jusqu'aujourd'hui.

Etant donnée l'âme d'un oiseau, pour transformer les substances protoplasmiques de l'œuf en cellules organiques, avec des formes définies pour chaque espèce de tissu (peau, muscles, os, nerfs, etc.), dans le corps de l'oiseau, on conçoit la possibilité d'une âme d'oiseau d'une espèce qui a des ailes bien développées, s'incarnant dans la substance physiologique d'un œuf de l'espèce Apteryx. On pourrait, de même, concevoir la possibilité d'une âme de l'espèce humaine, s'incarnant dans la substance physiologique, sécrétée par une femelle de singe anthropoïde, puisque la gestation utérine et la lactation du nouveau-né, chez l'espèce Singe, sont assez semblables à la gestation et à la lactation d'un enfant de l'espèce humaine.

La nature de la substance physiologique, qui sert de « base physique de la vie des cellules », est tout à fait distincte de la force vitale formative des cellules ; la nature des aliments du corps est distincte de la vie formative du type de l'animal qui mange (qu'il soit herbivore ou carnivore, n'importe).

Toutes les espèces de plantes et d'animaux ont pu être dérivées d'une seule ou de plusieurs sortes de protoplasme amorphe dans l'origine de la vie sur la planète, plutôt que d'une seule espèce de « *cellule* » organique, selon l'hypothèse de M. Darwin.

M. Ch. Robin a prouvé que la substance protoplasmique est transformée en cellules organiques, mais que les cellules, une fois formées, ne se transforment pas. L'expérience prouve que les embryons se transforment en types spécifiques, mais les types une fois formés ne se transforment pas.

La formation des cellules se renouvelle tous les jours dans le corps individuel, comme la formation des individus se renouvelle de génération en génération dans le corps social. Dans les deux cas le sang donne origine à la substance qui est transformée en cellules et en organismes.

Les aliments qu'on prend sont transformés en substance propre à entrer dans le sang, qui est une espèce de protoplasme pour la nutrition des organes, et chaque tissu renouvelle ses cellules en transformant la substance du sang. Un même sang suffit pour la formation de toutes les espèces de cellules (peau, muscles, os et nerfs, glandes et membranes séreuses), comme un même protoplasme dans l'œuf sert pour la formation de toutes les espèces de cellules dans le corps de l'embryon d'un oiseau. La substance même de l'œuf a été tirée du sang par la sécrétion.

Dans le corps social les individus naissent et meurent comme les cellules dans le corps individuel. Toutes les cellules de l'organisme individuel sont renouvelées en quelques mois (trois, six, neuf ou douze, tout au plus), probablement six mois (non tous les sept ans comme on l'a supposé).

Les individus sont renouvelés tous les trente ans en moyenne, dans l'organisme collectif de la société fœtale, bien que la durée naturelle d'une vie soit de trois ou quatre fois trente ans.

On ne sait pas quelle est la durée moyenne de la vie des cellules dans le corps individuel, ni quelles sont les limites extrêmes de la vie cellulaire; mais il est probable qu'il y a des différences notables pendant l'état fœtal et l'état adulte; l'état de santé et l'état de malaise; l'état de repos et l'état de fatigue prolongé. On sait que le corps est renouvelé par la nourriture qu'on prend, qui dépasse le poids du corps en peu de mois. Ainsi 4 livres par jour pendant 3 mois $= 4 + 90 = 360$ livres de substance, dont la plupart absorbée et le reste éliminé comme résidu de la digestion.

Toutes ces questions de la formation des cellules, dans les organismes individuels et des individus dans les organismes collectifs sont intéressantes comme données de problème de l'évolution des règnes de la nature. On ne peut pas faire autrement que de prendre le connu pour guide de l'inconnu, et le présent pour conséquent du passé. Quels sont donc les rapports entre la formation et le renouvellement des éléments d'un organisme complexe individuel et d'un organisme complexe sociologique ? Entre les évolutions biologique, sociologique et paléontologique ?

ÉVOLUTION SOCIALE. — L'évolution paléontologique est un problème insoluble pour le moment, car les deux hypothèses de transformisme et de l'hétérogenèse sont également gratuites, étant sans exemples connus.

L'évolution sociale est plus intéressante, parce qu'il y a plus de données pour nous guider dans nos inductions sociologiques. Ici nous voyons qu'il n'y a jamais eu de *transformation* de la forme humaine pendant tout le cours de l'histoire des *perfectionnements* des facultés de l'homme, par l'évolution des arts et des sciences de la civilisation. L'évolution métamorphique de la société n'entraîne que le perfectionnement des individus de chaque génération nouvelle comme éléments simples de l'organisme collectif semblable à l'organisme individuel?

Un simple parallèle fait voir les rapports de similitude qu'il y a entre les deux, ainsi :

Unité biologique.
{ Modes d'action physiologiques et industriels.
Modes d'action instinctuels et artistiques.
Modes d'action rationnels et scientifiques.
Modes d'action passionnels et sociologiques. }

Unité sociologique.
{ 1° Occupations industrielles et commerciales.
2° Occupations artistiques et littéraires.
3° Recherches des sciences et philosophies.
4° Évolutions politiques et sociales. }

On voit bien que les individus ont des facultés qui se rapportent à toutes les occupations de la société (industrie, arts, sciences et religion).

On voit ainsi que les caractéristiques de l'organisme collectif de l'humanité, intégralement développé, auront beaucoup d'analogie avec celles de l'organisme individuel développé, mais cela ne fait pas prévoir de quelle manière cet idéal pourra être finalement réalisé.

Charles Fourier a imaginé un système d'unité organique et des moyens d'évolution sociale; mais ce système est déjà reconnu illusoire dans beaucoup de détails tracés d'avance. Ses pronostications de nouvelles créations d'animaux (anti-lions et anti-baleines) sont déjà mises à néant par les inventions humaines des locomotives, des chemins de fer, des bateaux à vapeur et de la télégraphie électrique ; ses plans de phalanstères sont irréalisables par ses disciples les plus dévoués, qui n'ont pas encore atteint le degré de perfection morale et religieuse qu'il faudrait pour vivre dans une telle société.

Auguste Comte a tracé le plan d'un système social également illusoire, qui n'a aucune chance d'être jamais réalisé.

Il faut donc se garder de faire des synthèses imaginaires de l'organisme sociologique définitif. Tout ce qu'on peut faire d'utile en ce genre, c'est d'indiquer d'une manière générale la nature des caractéristiques d'un organisme collectif plus ou moins analogues à celles d'un organisme individuel. Les progrès de la société évolutive dépendent de nouvelles idées et de nouvelles inventions, dont on n'a jamais une connaissance complète d'avance dans le monde naturel, bien qu'on sache d'avance toutes les sciences dans le monde céleste.

Fourier a analysé les passions de l'homme animal, et, partant de cette analyse de l'homme individuel, il a construit une synthèse imparfaite de l'humanité sociale, par trop animale et sans idéal céleste. Auguste Comte n'a fait qu'une analyse de l'histoire politique, ecclésiastique et féodale du moyen âge, qu'il a copiée dans son système sociologique, avec peu de portée scientifique.

Ni Fourier, ni Comte ne se sont occupés de l'évolution métamorphique du fœtus individuel, ni des transformations analogues du fœtus collectif sociologique.

Tout en regardant les utopies socialistes comme illusoires en théorie et en pratique, nous reconnaissons l'utilité de ces ébauches comme moyens d'attirer l'attention des penseurs sur l'importance des problèmes sociaux de l'avenir, et sur la possibilité d'organiser dès à présent des sociétés coopératives de production et de consommation. Les ouvrages de Charles Fourier surtout sont remarquables pour la manière compréhensive de poser les problèmes, et pour des aperçus pratiques sur les assurances économiques et sur les garanties contre les fraudes du commerce, ainsi que sur l'éducation des enfants. Il lui manquait des connaissances sur les sciences naturelles pour le guider dans les spéculations sur l'évolution sociale. Nous appelons l'attention du lecteur surtout sur les phénomènes de l'évolution physiologique.

On sait que tous les systèmes du corps individuel sont commencés, presque en même temps, par la formation des cellules et des tissus dans les rudiments d'organes ; il doit en être de même dans l'organisme sociologique. Le développement des rudiments d'organes se continue dans le fœtus individuel par des groupements et des perfectionnements successifs pendant toute la période de l'évolution métamorphique. Quels sont les premiers rudiments de la société collective de l'humanité qui doivent être développés de plus en plus par l'évolution sociologique ?

On sait que les familles et les races distinctes existaient sur divers points du globe, dans les temps préhistoriques, comme éléments nécessaires d'organisation ; les rudiments d'une société contenaient des classes et des fonctions distinctes, dès le commencement des nationalités politiques. Aux Indes, en Chaldée, en Assyrie, en Syrie, en Égypte, il y avait des castes libres et des familles esclaves pour les fonctions de travail et de gouvernement, ainsi :

Institutions et autorités.
- Z. Religions, sciences, arts et instruments.
- Y. Prêtres, savants, artistes et ouvriers.
- X. Magistrats, juristes, plaideurs et litigants.
- W. Organisateurs d'armées, soldats, etc.

Facteurs organiques.
- VII. Routes et rivières, chameaux, ânes, etc.
- 7. Marchés et commerce d'échanges.
- VI. Conservateurs de graines et de fruits.
- 6. Procureurs de vivres, chasse, pêche, etc.
- V. Tribus et clans municipaux.
- 5. Sexes et familles domestiques.

Classes distinctes.
{
IV. Administrateurs des domaines.
III. Propriétaires d'esclave.
2. Musiciens, danseurs, acteurs, etc.
II. Esclaves pour le travail.
1. Soldats pour la défense et la conquêtes.
I. Législateurs pour la société.
}

Une des plus importantes applications de la méthode philosophique est celle de former des parallèles entre l'analyse et la synthèse de l'unité dans les organismes complexes de la nature :

1° Analyse et synthèse des unités biologiques ;
2° Analyse et synthèse des unités sociologiques ;
3° Analyse et synthèse des unités réalmologiques ;
4° Analyse et synthèse de l'unité épicosmologique.

Ces parallèles sont importants parce qu'ils montrent que trois de ces quatre unités sont déjà réalisées.

Nous avons les données de l'unité du corps individuel bien développé, et la synthèse évolutive du fœtus, depuis la conception jusqu'à la naissance de l'enfant, cela prouve que le type structural de l'unité doit se trouver réalisé par l'évolution métamorphique du fœtus, avant la fin de la gestation, tandis que nous n'avons pas l'expérience de l'évolution métamorphique des autres unités.

Nous sommes forcés de prendre le *corps humain* pour type de l'unité organique de tous les organismes complexes, et de regarder la *raison humaine* comme *principe* de l'ordre universel, identique avec les lois invariables de l'ordre dans tous les mondes.

Les rudiments d'une société existent depuis les commencements les plus élémentaires d'un organisme social dans l'antiquité la plus reculée ; tous les siècles d'évolution n'ont fait que transformer et développer ces rudiments de systèmes et de fonctions sociales. Les *prophètes* ont développé des révélations religieuses de plus en plus idéalement nobles et consolantes ; les *philosophes* ont formulé des systèmes d'idées de plus en plus rationnels ; les poètes, depuis Homère jusqu'à Shakespeare, ont conçu des poèmes de plus en plus sublimes ; les inventeurs de machines et d'instruments ont imaginé et fait construire des armes de guerre, de chasse et de pêche, de transport et de culture, de filature et de tissage de plus en plus parfaits dans chaque genre.

Les juristes et les magistrats ont fait progresser les idées de droit et de justice sociale ; les prêtres et les médecins sont devenus de plus en plus éclairés, ou de moins en moins ignorants ; les rois et les maîtres d'esclaves sont devenus de moins en moins despotiques. Les transformations successives de ces autorités et des institutions sociales impliquent un changement de noms avec les mutations de fonctions caractéristiques.

L'organisme militaire pour la guerre fratricide sera transformé pour la conquête des animaux indociles, des plantes sauvages, des marécages incultes, des déserts stériles, et des intempéries de saisons.

Les magistrats et les plaideurs seront des ministres de la conciliation des intérêts sociaux, etc.

Le commerce trompeur et anarchique sera remplacé par le commerce honnête et véridique.

Les moyens de transport et de circulation sont infiniment développés depuis le moyen âge. Les échanges du commerce et du crédit se sont multipliés à l'infini. Les moyens de procurer la nourriture et d'éviter les famines sont très supérieurs à ceux de l'antiquité. La manière de conserver les récoltes et de veiller à la santé publique s'est beaucoup améliorée ; les familles sont mieux logées et mieux vêtues de nos jours et les affaires municipales sont mieux soignées que par les clans d'autrefois.

Les ouvriers salariés sont émancipés de l'esclavage antique, et mieux rétribués pour leur travail dans les champs et dans les manufactures. Les soldats sont mieux armés pour la défense, sans que le système militaire soit encore dirigé vers la conquête des pays incultes, et la destruction des marais pestilentiels, ennemis de la santé publique. Les artistes dramatiques et chorégraphiques, les peintres et les musiciens, sont bien supérieurs à ceux de l'antiquité. Les hommes libres, électeurs et législateurs, sont relativement plus instruits et plus nombreux aujourd'hui en France que dans l'ancienne Grèce. La propriété est mieux distribuée, et les affaires nationales sont mieux administrées. Il y a donc progrès en tout et partout, mais il n'y a rien de nouveau comme facteurs primordiaux d'un organisme social. Le système des rudiments était plus ou moins complet dès l'origine, et les transformations ne sont que des développements des éléments essentiels d'un fœtus qui deviendra de moins en moins imparfait dans toutes ses parties constituantes, au fur et à mesure de leurs transformations progressives.

Avant la révélation de la *loi* de Moïse, les sociétés, en Égypte et ailleurs, étaient dans un état embryonnaire; la loi du Décalogue, venant de là-haut, réunit l'humanité terrestre à la loi céleste, comme l'embryon individuel devient fœtus par la formation du placenta.

La révélation de la liberté par le Christ dans l'Évangile est un immense progrès dans l'évolution du fœtus collectif.

Moïse et Mahomet : théocratie agressive, conquérante, femme esclave, *polygamie* ; L'Évangile : la femme épouse, *monogamie*, démocratie pacifique (?).

Le fœtus collectif, comme le fœtus individuel, est principalement occupé à former son organisme au complet, avant d'exercer pleinement toutes les fonctions physiologiques. Les poumons ne fonctionnent pas, ni les reins, ni le système digestif, pendant la vie embryonnaire. L'intelligence est dans les ténèbres d'un monde obscur. La circulation est active pendant la formation des organes. La nourriture est reçue par absorption automatique.

Il en est de même de l'embryon collectif. Les saisons fournissent en abondance des fruits de la terre, et des renouvellements de gibier ; on n'a qu'à les prendre, sans rien faire pour les produire dans les premiers temps de l'évolution sociale. Les poumons de la société ne respirent presque rien d'une atmosphère céleste extérieure au monde naturel. Le peu d'air vivifiant nécessaire au sang du fœtus individuel arrive par la voie mystérieuse de la circulation maternelle ; le peu de respiration régénérative de la vie sociologique arrive au fœtus collectif par la voie mystérieuse de la révélation surnaturelle venant de l'humanité célester. On organise des facultés de sciences, qui font bien quelques petits mouvements péristaltiques, mais sans rien ajouter à la lumière supérieure des révélations religieuses qui descendent de l'autre monde. L'interprétation des lois de la création naturelle n'est guère plus avancée par les savants que celle de révélations surnaturelles par les théologiens ; en d'autres mots, les systèmes philosophiques des savants sont aussi imparfaits que les systèmes théologiques des prêtres.

La civilisation se développe sur des points limités du globe, avant de s'étendre et de fonctionner pleinement sur tous les continents dans les deux hémisphères.

On ne sait rien de l'évolution de l'instinct et de la conscience dans le fœtus humain, bien que l'instinct de sucer le lait de la mère se manifeste dans le nouveau-né. En étudiant l'histoire de l'humanité terrestre vivant dans les ténèbres de l'ignorance depuis six mille ans, on est étonné de la lenteur des progrès de l'art et de la science dans toutes les races de l'espèce humaine. Dans les nations les plus civilisées, les idées et les inventions nouvelles sont repoussées d'abord par le savant et les érudits, autant que par le vulgaire. L'esprit de routine domine dans toutes les classes de la société.

Peu à peu, quelques individus se décident à examiner

les idées nouvelles et, là où elles sont fondées en principes, les adoptent et les propagent. Les vieilles générations, encroûtées par les idées dominantes de l'époque, meurent et disparaissent avec leurs préjugés. Les nouvelles générations libres et non incrustées d'avance par des notions surannées, ne trouvent rien d'antipathique dans les vérités nouvellement développées ; avec le temps les ci-devant nouvelles idées deviennent à leur tour la cause d'un nouvel arrêt de développement de l'esprit qui repousse toute espèce d'innovation.

Aujourd'hui même, en l'année 1884, les médecins et les naturalistes dédaignent les nouveautés de la méthode biotechnique. Ils ne voient rien de fécond dans les formules et les tableau analytiques, qu'ils ne peuvent s'assimiler. Que ces formules soient indigestes pour les hommes de lettres et les professeurs de philosophie, qui ne connaissent pas les sciences biologiques, il n'y a rien là d'étonnant; pour les professeurs de sciences naturelles (dont le siège est déjà fait), la position est semblable, et ne changera pas pour la génération actuelle. Dans l'année 1980, les hommes intelligents auront de la peine à s'imaginer comment les formules analytiques de la nouvelle méthode aient pu être inassimilables pour les savants du XIX° siècle ; car, au fond, notre grammaire universelle des sciences n'est pas plus difficile à comprendre que la grammaire universelle des langues.

Telles sont pourtant les caractéristiques de l'évolution métamorphique des arts et des sciences du fœtus sociologique, au milieu des ténèbres de l'ignorance des races humaines, depuis le commencement de l'histoire jusqu'à nos jours. Il faut que les novateurs en prennent leur parti, en reconnaissant la loi du progrès métamorphique dans l'ignorance relative de l'humanité terrestre.

Il faut faire observer ici que les conditions de la vie de l'enfant, complètement organisé à la naissance, diffèrent de celles du fœtus, et nous pouvons prévoir que les conditions de l'évolution de l'humanité seront changées du tout au tout, après la fin de l'évolution métamorphique du fœtus collectif, bien que nous ne puissions pas deviner d'avance ni quand ni comment ce changement aura lieu.

Les organes caducs du fœtus individuel sont abandonnés à la naissance, et on peut supposer que certaines institutions de la société collective seront abandonnées comme inutiles à la fin de l'évolution métamorphique. Quelles seront donc ces *institutions temporaires* du fœtus collectif?

C'est là un problème de la philosophie évolutive.

On sait que les organes, complètement formés, de l'enfant nouveau-né ne ressemblent aucunement à la forme monstrueuse des rudiments de ces mêmes organes dans le fœtus; nous pouvons en conclure par induction que les formes rudimentaires de l'organisme social, imparfait jusqu'ici, n'ont que peu de ressemblance avec les institutions définitives de l'avenir. On sait que l'amnios protecteur du fœtus individuel in utero et le placenta vasculaire sont des organes caducs et temporaires, inutiles après la naissance de l'enfant complètement formé : les organes sociologiques protecteurs des sociétés ou nations sont des *armées* et les milices analogues à l'amnios ; les corporations ecclésiastiques analogues au placenta intermédiaires entre les mondes naturel et surnaturel inutiles après la naissance de l'homme collectif en rapport direct avec l'humanité céleste.

UNITÉ AMPHICOSMIQUE.

Les hommes, les animaux et les plantes meurent et sont remplacés de génération en génération. On sait que la matière des corps retourne à la terre et que les germes des nouveaux corps sont formés par les sécrétions des progéniteurs de chaque nouvelle génération ; mais on ne sait d'où viennent les forces vitales qui organisent et animent les nouveaux organismes. Ces âmes viennent sans doute d'un monde potentiel plus ou moins inconnu aux mortels. Des révélations mystiques parlent d'un monde spirituel qui reçoit les âmes trépassées, les énergies vitales indestructibles conservées, et ce monde invisible doit être le monde potentiel d'où viennent les âmes nouvelles.

Monde potentiel. — Si toutes les forces de la nature sont indestructibles, les forces vitales ont dû exister en rapport avec notre globe avant le refroidissement de la surface ; elles pourront donc exister dans ce même monde potentiel, après l'extinction des espèces dans le monde naturel. Les forces vitales des règnes organiques aujourd'hui existent simultanément et alternativement, dans le monde visible et dans le monde invisible.

Cette unité des forces occultes doit être tout entière dans le monde potentiel, avant le commencement et après l'extinction de la vie dans le monde naturel.

Les générations qui se perdent par la mort, ici-bas, sont constamment renouvelées par la naissance de nouveaux individus venant du monde invisible. Il y a donc échange perpétuel d'âmes de toutes espèces entre le monde naturel et le monde surnaturel, pendant toute la période de l'existence de la vie sur la terre. Quand la vie cesse pour une espèce dans le monde naturel, les nombres d'âmes sont augmentés d'autant dans l'autre monde. D'où il suit que les espèces qui n'existent plus ici-bas doivent se réunir à leurs congénères dans l'autre monde pour coopérer avec elles dans leurs fonctions éthérées de la vie ultramondaine. (Questions psychogoniques, etc.)

Nous ne savons pas quelles sont les fonctions des forces vitales des animaux et des plantes de toutes espèces, dans le monde éthéré, en parallèle avec celles de leurs congénères dans le monde naturel, pendant la coexistence des deux sphères de la vie, en rapport avec notre planète ; et encore moins quelles étaient les fonctions des âmes de toutes les espèces pendant l'état incandescent de la matière du globe, avant le refroidissement de la surface ; mais nous pouvons imaginer que les fonctions utiles des corps éthérés ont toujours été en rapport avec la matière incandescente, en contraste avec les fonctions des corps mortels, en rapport avec la matière refroidie de la planète. Cette idée se trouve nettement formulée dans le dernier discours de Socrate. (Voir le Phédon de Platon.)

Dans cet ordre de spéculations on peut se laisser aller à perte de vue, mais nous ne voulons qu'indiquer l'utilité de la formule technique de la circulation de la vie et la conservation des énergies dans le monde amphicosmique.

L'évolution intégrale de la vie est à peine commencée sur notre planète, puisque l'évolution métamorphique de l'humanité sociologique n'est pas encore complète, et que l'évolution paléontologique des autres règnes organiques ne peut être considérée comme une période close, jusqu'à ce que le règne sociologique soit complètement organisé. Le perfectionnement relatif des règnes inférieurs dépend du développement des arts et des sciences de l'homme collectif, et ces arts et ces sciences sont encore à l'état rudimentaire comme l'organisme collectif de l'humanité. La première période plénière du perfectionnement des races et des climats ne pourra commencer qu'après la constitution complète de l'organisme sociologique universel ; car alors seulement les arts et les sciences, les instruments automatiques et les méthodes de l'expérience seront assez intégralement développés pour donner à l'homme collectif les moyens d'assainir tous les climats et de perfectionner les races utiles dans tous les règnes. Ce n'est pas par centaines d'années qu'on compte l'histoire des périodes géologiques, mais par centaines de mille et même par millions, et d'ici à la fin de l'évolution sociale métamorphique de l'humanité (qui doit clore la période de l'évolution paléontologique du globe), il pourrait se passer bien des siècles. A cette époque la vie collective, ici-bas, ne sera arrivée qu'au terme de la période métamorphique qui correspond à l'époque de la naissance de l'homme individuel.

Il n'est pas nécessaire de croire que les espèces éteintes pendant l'évolution paléontologique, ou celles qui doivent disparaître (comme les tigres et les loups) dans l'avenir, sont des créations inutiles dans le monde potentiel, avant leur existence temporaire dans le monde naturel et après leur extinction ici-bas ; car on voit que l'âme individuelle de l'homme possède des facultés nécessaires pour organiser des annexes temporaires du fœtus, en outre des organes permanents du corps mortel. Il peut en être de même de l'âme potentielle collective des règnes organiques par rapport aux espèces temporaires en plus que les espèces définitivement permanentes dans les milieux atmosphérique et océanique du monde naturel.

L'âme humaine individuelle est douée de toutes les facultés nécessaires pour vivre et travailler dans les conditions très différentes de la vie dans les quatre mondes de l'existence; il doit en être de même pour toutes les espèces dans tous les règnes.

Ces idées n'ont que peu d'intérêt pour les esprits pratiques, mais on ne peut pas les négliger dans une analyse de l'unité amphicosmique.

Quant à l'importance de l'existence passagère des espèces de plantes et d'animaux qui ont disparu pendant l'évolution paléontologique, on peut noter l'utilité des immenses *couches de houille* déposées par les plantes sur tous les points du globe, des énormes roches calcaires et siliceuses déposées par les fossiles d'animaux disparus.

Quant aux espèces de vertébrés qui ont disparu, on peut supposer qu'elles ont pu servir à l'introduction des espèces supérieures dans chaque classe, par voie d'hétérogenèse, jusqu'à l'arrivée de l'espèce humaine par l'intermédiaire de l'espèce Singe, qui ne sert plus à rien aujourd'hui et doit disparaître plus tard, avec d'autres espèces terrestres, inutiles à l'humanité définitivement organisée dans l'avenir sur toute la surface habitable de la planète. Y a-t-il transformation des types animiques dans l'autre monde ?

A ce point de vue on pourrait supposer que les gorilles ont donné origine morphologique à la race nègre ; les chimpanzés à la race blanche ; les gibbons, aux races faibles de l'Asie boréale ; les ourangs-outangs, aux races humaines de l'hémisphère australe ; mais après tout on n'en sait rien, et la genèse biblique vaut mieux pour les ignorants que les hypothèses gratuites des savants sans connaissances suffisantes.

SPÉCULATIONS THÉORIQUES.

Lumières et ténèbres. — Il y a des degrés de lumière dans le monde physique et dans le monde de l'intelligence. La lumière du soleil diffère de la lumière artificielle, et toutes les deux diffèrent des lueurs de l'aurore boréale. La lumière spirituelle de l'humanité céleste diffère de celle de l'humanité terrestre, et celle de l'instinct de l'homme individuel après la naissance diffère de celle du fœtus dans les ténèbres de la vie utérine.

La lumière de l'intelligence pendant l'évolution métamorphique de l'organisme collectif doit être plus ou moins analogue aux ténèbres de la vie utérine du fœtus, pendant les phases de l'évolution métamorphique de l'organisme individuel.

L'histoire nous montre que des illusions de l'intelligence se sont succédé de siècle en siècle, pendant l'évolution métamorphique de la société, non seulement dans les idées théoriques, mais dans la vie pratique, dans les arts et dans les sciences, dans les spéculations théologiques et philosophiques, dans les utopies sociologiques et dans les théories cosmogoniques.

Cependant toutes les forces de la nature sont douées de spontanéités suffisantes pour réaliser des modes de mouvement appropriés à l'évolution des formes définies de corps physiques et physiologiques, sociologiques et cosmologiques dans la création.

Le fœtus individuel est doué de toute la spontanéité nécessaire : 1° pour réaliser successivement d'une manière automatique, sous l'influence du magnétisme de la mère, les transformations de la matière protoplasmique de l'œuf et du sang, en cellules organiques ; 2° pour relier ces cellules en tissus cellulaires et en membranes connectives (chorion, etc.) ; 3° pour combiner divers tissus en rudiments d'organes isolés, contenus dans une enveloppe générale et mis en rapport avec le placenta de la mère ; 4° pour relier les rudiments d'organes, faiblement articulés en groupes séparés, et réunir ces groupes en appareils physiologiques et mécaniques ; 5° pour conjuguer les appareils distincts en systèmes congénériques et associer les systèmes en sections distinctes pour la vie organique, la vie de relation et l'unité connective de l'ensemble ; 6° pour souder et fusionner les deux hémialités bilatérales du corps en unité intégrale biologique ; 7° pour grandir et fortifier le fœtus suffisamment pour qu'il puisse naître avec chance de vie.

Le magnétisme de la mère est nécessaire à la spontanéité du fœtus, pendant toutes ces phases de l'évolution métamorphique, comme le magnétisme du soleil est nécessaire à la spontanéité de la graine d'une plante, pendant les phases de la germination et pendant toute sa vie physiologique.

L'énergie vitale de l'humanité collective est douée de la

spontanéité nécessaire pour organiser le fœtus collectif, pendant les phases de l'évolution sociale; mais on voit, dans l'histoire de ces phénomènes, à quel point l'inspiration de l'humanité céleste (mère de l'humanité terrestre), est nécessaire pour venir en aide à la spontanéité du fœtus collectif dans les ténèbres de la vie purement animale; car, là où il n'y a pas d'inspiration de poètes et d'inventeurs, de prophètes et de philosophes, point de progrès dans les arts et dans les sciences; point de transformation des tribus sauvages en sociétés éclairées; point d'illumination de l'instinct animal par la lumière rationnelle; point de régénération de l'âme passionnelle par l'inspiration morale et religieuse; point de lueurs célestes dans les ténèbres de la vie terrestre.

L'âme potentielle de l'humanité collective a été douée de spontanéité suffisante pour s'incarner dans la matière protoplasmique fournie par la nature, d'une manière inconnue, probablement par le sang de plusieurs espèces de singes anthropoïdes. Les diverses races humaines, une fois formées en individus des deux sexes, ont dû se grouper en familles pour continuer l'espèce; ces familles se sont naturellement agrégées en tribus, comme d'autres animaux s'agrègent en troupeaux.

Cette première période de l'évolution sociale correspond à la période embryonnaire de l'évolution métamorphique de l'organisme individuel. L'histoire peut ainsi nous suggérer un parallèle de similitude entre les phases de l'évolution métamorphique de l'organisme individuel et de l'organisme collectif.

Ce ne sera qu'une esquisse théorique pour aider le lecteur à comprendre la manière d'appliquer la théorie des parallèles et similitudes en méthode biotechnique, comme on les applique en méthode mathématique; toujours sous bénéfice d'inventaire ou de vérification dans l'avenir.

ÉVOLUTION SOCIALE MÉTAMORPHIQUE. — Hétérogenèse

des races humaines par singes anthropoïdes? 1° Réunion des sexes pour former des familles et les agréger en tribus nomades, avec culte des ancêtres trépassés? 2° Après la dispersion des tribus nomades sur les continents, formation des sociétés politiques et religieuses, polythéistes et monothéistes de l'antiquité, en Asie et en Afrique? 3° Sociétés grecque et romaine, avec le développement des beaux-arts et de l'art militaire en Europe? 4° Le moyen âge chrétien et mahométan, succédant à l'Empire romain? 5° L'âge moderne de la grande industrie et de la grande colonisation, depuis la découverte du nouveau monde, et la réformation religieuse, avec le régime constitutionnel en politique; la libre pensée et la liberté du travail; la liberté civile et religieuse dans les nations civilisées, en Europe et en Amérique? 6° Le commencement de l'époque des fédérations d'États unis en Europe et en Amérique; des traités de commerce international et des voies de transport par terre et par mer de plus en plus généralisés; l'organisation du crédit et des compagnies d'assurances partout; l'éducation pratique et théorique de plus en plus répandue dans les nations avancées; les guerres internationales de plus en plus détestées par les peuples civilisés, et redoutées par les gouvernements; les théories de fédérations internationales et de confédération universelle de plus en plus à la mode, et l'espoir que l'unité fraternelle de l'humanité se réalisera, à la fin, par les progrès de l'évolution sociale? 7° La rapide augmentation de la population sur tous les points habitables du globe, après l'organisation de l'unité universelle, analogue à la croissance du fœtus individuel, déjà complètement formé au bout de six mois. La naissance de l'organisme collectif de l'humanité terrestre à la vie intelligente de l'humanité céleste, comme l'enfant individuel né à la vie consciente de la mère qui l'a mis au monde.

En supposant la période de temps nécessaire pour l'évolution métamorphique de l'organisme collectif, déterminée d'avance par la nature, comme celle de l'évolution fœtale de l'organisme individuel, quelles seraient les proportions relatives entre les deux périodes? Quarante semaines d'un côté. Combien de siècles pour l'autre? Deux fois quarante siècles? trois fois quarante siècles? on ne le sait, mais on peut conjecturer.

Mille ans pour la formation des races et la dispersion des tribus sauvages préhistoriques? *Quatre mille* ans pour l'évolution des sociétés politiques de l'antiquité historique? *Deux mille* ans pour l'évolution des sociétés de l'ancienne Grèce artistique et l'Empire romain militaire? *Mille* ans pour le moyen âge catholique et féodal? *Mille* ans pour l'évolution fédérale des nations modernes? *Mille* ans pour la confédération universelle des nations fédéralisées sur les continents? *Deux mille* ans pour la consolidation des sociétés réunies en unité collective, et l'augmentation des populations nécessaires pour agir avec puissance sur les règnes de la nature, analogues à la croissance en volume et en force du fœtus individuel, avant l'époque de la naissance de l'enfant bien formé, dans le monde naturel, en rapport de communion consciente avec la mère qui l'a mis au monde.

$$1+4+2+1+1+1+2 = 12 \text{ mille ans.}$$

On peut imaginer d'autres rapports de proportion entre les deux ordres de phénomènes, tout en croyant à la fixité des limites évolutives; mais on n'est jamais sûr de ne pas être sous l'influence des illusions dans un milieu ténébreux pour l'intelligence, pendant la durée de l'évolution métamorphique.

On voit que nous ne sommes pas de l'avis des géologues sur la durée des temps préhistoriques et la dispersion des races humaines sur les continents, avant l'organisation des sociétés politiques et religieuses de l'antiquité historique. Ils se fient aux trouvailles de la géologie ; mais il faut voir avec quelle rapidité les races sauvages de chevaux se sont multipliées en Amérique, depuis leur première introduction sur le continent, il y a moins de quatre siècles. D'après ce phénomène, les familles, agrégées en tribus sauvages comme des troupeaux d'animaux, ont pu se multiplier et se disperser sur les continents en moins de mille ans.

Ces questions, du reste, n'ont que la valeur de spéculations théoriques, basées sur un petit nombre de faits connus, dans des conditions d'espaces connus, mais non de *temps* actuel ou relatif, dans la succession des phénomènes.

On peut se demander quels sont les rapports de proportion entre la vie individuelle et la vie collective de l'humanité dans le monde naturel? Cent ans pour l'individu; cent millions de siècles pour l'humanité terrestre?

Cette question mène à celle de la cosmogonie. Quelle est l'origine de notre planète? La durée de son évolution métamorphique? La durée de son existence entière dans le système solaire? Questions oiseuses pour le moment, mais non finalement inaccessibles à l'esprit humain, dans les mondes de l'univers.

Les illusions des sens sont peu à peu expliquées par la lumière de la raison théorique; et la raison pratique, dans les ténèbres de la vie fœtale de l'organisme collectif, sera peu à peu illuminée par la lumière du soleil spirituel, après la naissance de l'humanité collective, à la vie consciente d'une communion avec l'humanité céleste.

RECTIFICATIONS.

L'analyse du corps humain a été faite d'une manière tellement complète qu'elle est facile à vérifier dans les moindres détails ; mais il n'en est pas de même de l'analyse de l'âme. De là vient une certaine hésitation dans les définitions des facultés de l'instinct et de la raison, et dans le choix des mots pour représenter ces facultés, en parallèle avec les systèmes et les appareils du corps.

L'âme anime tous les systèmes et toutes les cellules organiques des tissus de chaque système; les facultés de l'âme peuvent être mise en parallèle avec les tissus et les systèmes du corps; mais les mots en usage n'ont pas été formés d'après une analyse régulière des modes d'action des facultés de l'âme. Il faut donc définir les facultés et limiter le sens des mots en usage. Ces limitations sont difficiles à faire accepter par le public littéraire peu familier avec les formules de la science.

La difficulté de l'emploi des mots techniques devient encore plus grande, quand on sort de l'étude d'un organisme compact dans son intégralité, tel que le corps humain, pour entrer dans l'analyse d'un organisme collectif dont les parties constituantes sont dispersées sur tous les points du globe, comme les règnes collectifs de la nature animale et végétale.

Aucun des règnes organiques n'est assez connu dans son intégralité au point de vue purement descriptif pour qu'on puisse être sûr des limites précises de chaque classe d'un règne quelconque, ni de chaque ordre dans une classe naturelle. Les formes encore peu connues, ou mal étudiées, ne pourront être définitivement classées en échelle générale que plus tard, quand la science de l'anatomie comparée aura été complétée par l'étude de toutes les espèces encore inconnues.

Nous avons souvent dû hésiter dans le choix de mots dont le sens est trop peu précis pour les appliquer à nos définitions; quelquefois nous avons changé de mots pour une même définition, ou appliqué le même mot à des définitions différentes. Il s'ensuit que la *terminologie biotechnique* n'est pas définitivement arrêtée dans nos écrits. Il on est de même pour nos *classifications* des règnes de la nature. La science descriptive fait des progrès tous les jours, et ce qui paraissait assez complet dans une branche de la science l'année dernière, ne l'est plus cette année, ou ne le sera plus à la fin du siècle. Nos classifications ne sont donc que des *approximations systématiques*, notre terminologie, une approximation en *langage technique*. La néologie n'est pas facilement acceptée, et les mots en usage n'ont pas souvent un sens assez précis ; c'est là une cause d'embarras pour les définitions conformes à une analyse nouvelle. On trouvera plusieurs exemples de ces changements de mots terminologiques dans nos écrits. Les tâtonnements sont utiles pour arriver à des approximations de plus en plus complètes. Heureusement, les formules de la méthode sont tellement compréhensives que les détails secondaires peuvent varier en plus ou en moins, sans rien changer à l'exactitude des formules.

PARALLÈLES ET SIMILITUDES. — Il faut se méfier de la première vue des similitudes dans les parallèles organiques ; nous nous y sommes plus d'une fois trompé nous-même. Nous avons supposé, par exemple, que le système nerveux tenait le premier rang dans les fonctions physiologiques du corps humain, mais c'est le système vasculaire qui prime les autres ; les parallèles erronés formés à ce point de vue, dans l'ouvrage anglais, ont été rectifiés dans ce volume.

Le soleil semble tourner autour de la terre, mais c'est la terre qui tourne sur son axe et autour du soleil.

Le système vasculaire est l'intermédiaire direct entre le corps et l'âme ; l'oxygène est l'intermédiaire le plus immédiat entre le corps spirituel et les cellules organiques de tous les tissus. Le cerveau n'est qu'un organe sensor et motor du corps, avec l'aide de l'oxygène du sang.

D'où il suit que le système nerveux est physiologiquement inférieur au système vasculaire, et les types supérieurs d'un règne organique doivent être placés dans l'organisme collectif, en parallèle avec le système vasculaire de l'organisme individuel. Ce point de vue des parallèles et des similitudes a dû modifier toutes nos classifications des parties constituantes des unités collectives dans les règnes organiques, telles que nous les avions coordonnées en 1864, et dont on trouvera les rectifications ici faites en 1880.

Dans l'unité intégrale des règnes épicosmiques, on voit aussi que les règnes organiques sont plus richement doués de forces automatiques que les règnes inorganiques, puisque les énergies vitales y sont combinées avec les forces occultes purement physiques.

Nous signalons ces erreurs dérivées de notre propre défaut de connaissances pratiques et d'analyses théoriques, pour engager l'étudiant à se méfier des pièges des apparences illusoires. Mieux vaut mettre des points d'interrogation en face des symboles de l'échelle théorique, là où les faits sont peu connus, que de s'efforcer de compléter l'échelle par des fractions qui ne répondent pas aux conditions de l'intégralité.

En terminant nous pouvons faire observer que ce volume comme résumé ontoscopique des sciences naturelles, est trop difficile à comprendre pour ceux qui ne connaissent pas les sciences ; et comme philosophie, c'est incompréhensible pour les matérialistes qui ne croient pas à l'existence d'une matière invisble, ou le « corps spirituel » admis par Sant-Paul.

RÉSUMÉ GÉNÉRAL

Après la lecture d'un volume d'études sur l'homme et la nature, on a de la peine à se rappeler les détails de l'analyse des phénomènes. Un résumé général facile à retenir sera donc très utile.

Phénomènes analysés.

1° Organisme unitaire individuel : biologie ;
2° Organisme unitaire collectif : sociologie ;
3° Organisme unitaire morphologique : régnologie ;
4° Organisme unitaire épicosmique : épicosmologie.

Méthodes biotechniques appliquées aux phénomènes.

1° Analyse progressive différentielle (page 362) ;
2° Échelle schématique d'un organisme quelconque ;
3° Cycle évolutif d'un organisme quelconque.

Principes de la physiologie organique.

1° Unité universelle de la nature ;
2° Indestructibilité de la matière et de la force ;
3° Variété infinie dans l'unité universelle ;
4° Harmonie préétablie dans la création ;
5° Invariabilité des lois de la nature ;
6° Analogie universelle entre les modalités de la vie.

C'est-à-dire similitude des lois d'association dans tous les organismes unitaires de la nature.

Les quatre modalités de la vie humaine individuelle sont les mêmes que celles de la vie collective de l'humanité terrestre et céleste.

Le corps humain est organisé sur le *même plan* que l'âme humaine; les corps de la nature universelle sur le *même plan* que les forces occultes qui les animent. C'est ainsi que l'homme est théoriquement la mesure de toutes choses. Unité de plan dans tous les organismes, depuis l'infiniment petit jusqu'à l'infiniment grand, depuis l'infiniment simple jusqu'à l'infiniment complexe.

L'homme n'aura jamais que les facultés (plus ou moins développées) de son esprit, pour y caser toutes les idées qu'il pourra se faire de l'*unité absolue* des forces de la nature et de la *diversité infinie* des phénomènes qui manifestent les modes de mouvement de ces forces. L'échelle des facultés est la même chez tous les hommes, mais les facultés ne sont pas également développées chez tous. Tous les oiseaux ont des ailes, mais les ailes ne sont pas également développées chez tous. Dans les organismes rudimentaires, il n'y a que peu d'organes ou de facultés développés comme chez le fœtus sociologique.

Pour fixer la mémoire sur le sens conventionnel d'un mot dont le sens est plus ou moins oublié, on n'a qu'à consulter le dictionnaire ; pour se rappeler les détails d'une échelle organique quelconque, on n'aura qu'à consulter le tableau synoptique de cette échelle dans notre volume. Les méthodes linguistiques ont leurs lois de coordination verbale : analyse et syntaxe, comme les méthodes scientifiques ont leurs méthodes d'analyse et de synthèse.

Cette nouvelle méthode sera plus ou moins repoussée ou négligée d'abord, comme tout ce qui est nouveau ; mais dans le XXe siècle on sera bien obligé d'appliquer cette méthode à l'étude des sciences biologiques et sociologiques dans les écoles supérieures, de même qu'on a l'habitude d'appliquer les mathématiques à l'étude des sciences physiques, chimiques et mécaniques.

GLOSSAIRE BIOTECHNIQUE

L'Absolu et le Relatif. — Ce qui est *infini* en espace, *éternel* en durée, *indestructible* en essence, *invariable* en loi, est absolu. Ce qui est limité en forme et en structure, en espèce et en durée, est *relatif* en *position* dans un milieu naturel ou surnaturel. L'Esprit omniscient invisible anime l'éther invisible dans l'espace infini, et donne origine à la forme et au mouvement de la matière visible dans l'univers indéfini.

La science s'occupe des lois invariables et des forces indestructibles.

Elle s'occupe de ce qui est limité en forme, en structure, en position et en modes de mouvement dans un monde limité quelconque; la philosophie s'occupe des principes de la vie et du mouvement dans l'univers amphicosmique, c'est-à-dire naturel et surnaturel.

Ame. — Il n'y a pas d'âmes sans corps dans le monde naturel, ni dans le monde surnaturel. Les forces physiques sont des forces occultes ou âmes physiques; les forces vitales sont des forces occultes ou âmes psychologiques. Voir les deux premiers chapitres du livre de M. Ed. Perrier, sur « *les colonies animales et la formation des organismes* » dans lesquels l'auteur distingue les forces occultes qui donnent origine aux mouvements physiques et chimiques dans les éléments de la nature, des forces occultes qui donnent origine aux mouvements physiologiques de la vie et de la nutrition dans les molécules du protoplasme et des cellules organiques des plantes et des animaux. (Paris, G. Masson, éditeur, 1881.)

Ame veut dire forces vitales et occultes en formes spécifiques ; *corps* veut dire matière et force physiques en alliance avec l'âme.

La mue de plume d'un oiseau est un échange partiel du vêtement matériel de l'âme.

La mort est un échange complet du vêtement matériel, pour un vêtement éthéré, ou de substance impondérable.

La mue des plumes de l'oiseau nous montre que l'âme peut changer la matière du corps sans s'éteindre. La matière et la force physique déjà organisées sont donc distinctes du principe organique de l'âme dans le monde naturel. Il doit en être de même dans le monde surnaturel. Le vêtement éthéré doit être adapté aux mouvements de l'organisme dans un milieu éthéré, tout comme le vêtement matériel de la forme humaine dans le milieu atmosphérique du monde naturel.

D'où nous pouvons conclure que la substance éthérée organique diffère de la matière radiante inorganique, dans le monde invisible comme l'air et l'eau diffèrent de la matière animale ou végétale dans le monde visible.

L'âme physiologique d'une plante n'a pas de sensibilité proprement dite, bien que la *mimosa sensitiva* ait une espèce d'*irritabilité* dans les feuilles. L'âme physiologique d'un animal ou de l'homme n'a pas de sensibilité normale pendant l'état somnambulique, ou anesthésique. (Voir ces mots.)

Amnésie. — Perte de la mémoire, obliviscence ; *amnésies périodiques :* perte de la mémoire toutes les nuits pendant le sommeil.

Amnésies somnambuliques : perte de la mémoire naturelle pendant l'état de somnambulisme, avec réminiscence dans les périodes suivantes du même état ; perte de la mémoire somnambulique pendant l'état naturel, avec réminiscence aux retours de l'état somnambulique.

Mnésis, mémoire ; *mnémonique*, réminiscent ; *amnésis*,

oubli, obliviscence. La perte de la mémoire naturelle peut être l'effet d'une maladie chronique du cerveau ; c'est en ce sens que le mot amnésie est généralement employé en pathologie.

Amphicosmique. — Ce qui comprend l'unité des mondes *naturels*, *surnaturels* et *intermédiaires* de la vie.

Analogie. — Voir Parallèles biotechniques.

Analyse. — On ne peut connaître les âmes et les corps que par leurs modes de mouvement dans les mondes.

Il y a quatre modes de mouvement des forces vitales dans tous les mondes possibles, et quatre modes de mouvement des forces physiques ; quatre états de la matière dans le monde naturel. (Et probablement quatre états de la substance éthérée dans le monde surnaturel ?)

Les *forces occultes* de la matière sont manifestées par le mouvement ; les *principes occultes* de la vie sont manifestés par la pensée et par la vie. Les *lois* invariables de l'ordre sont manifestes dans l'harmonie.

Les *conditions* de l'existence sont évidentes à l'expérience en ce monde.

Anesthésie. — Insensibilité physiologique temporaire. Cet état est le résultat *naturel* du *sommeil* pendant lequel on n'entend pas les bruits. Cet état anesthésique peut être produit par des moyens *artificiels*, tels que le bio-magnétisme et le chloroforme.

On vient tout récemment d'en découvrir la cause physiologique. Le Dr Brown-Séquard a trouvé qu'en baissant la tête d'un lapin sur la poitrine, l'animal devenait presque instantanément insensible ; en faisant une opération chirurgicale quelconque sur le corps, dans cet état d'insensibilité, on a vu que la circulation du sang continuait comme à l'ordinaire, mais que le sang rouge passait des artères dans les veines sans avoir subi aucun changement ; c'est-à-dire qu'il n'y a pas d'échanges entre le sang et les organes, pour la nutrition, pendant cet état d'insensibilité. Il en est de même pendant l'engourdissement des animaux qui passent des mois d'hiver sans manger. L'Âme sensitive est donc plus ou moins *isolée* des organes, pour ainsi dire dans le corps, pendant le sommeil naturel et pendant l'anesthésie artificielle.

L'état de rêve pendant le sommeil prouve cependant que les *sens magnétiques de l'âme* ne sont pas engourdis, car on voit subjectivement sans les organes de la vue, et on entend sans l'aide des nerfs de l'oreille. Les sens magnétiques de l'Âme ne sont pas seulement susceptibles d'impressions subjectives de l'Âme elle-même, pendant le rêve, mais aussi des impressions objectives de la part du magnétiseur dans les cas de somnambulisme artificiel.

ANIMALITÉ. — Ce qui est bestial dans la nature de l'homme en contraste avec ce qui est moral, noble et spirituel.

ARCHIONTOLOGIQUE. — L'Esprit omniscient, créateur des êtres et des mondes finis, éternellement supérieur à toutes les forces indestructibles, dans l'espace infini. L'Esprit créateur infini est donc supérieur à la création.

ARCHITECTONIQUE. — L'architecte fait son plan avant la construction de l'édifice; l'inventeur d'une machine automatique (horloge, moulin à vent, machine à vapeur), conçoit le plan de la machine avant de la construire. L'esprit humain, créateur d'une machine automatique, avec les forces et la matière indestructibles, est une puissance architectonique faite à l'image de Dieu, créateur des êtres et des mondes.

Nous concluons de là que l'homme est un dieu ; l'homme terrestre, créateur ; l'homme céleste, créateur et révélateur des idées inconnues à l'homme terrestre. La forme humaine est la forme de la raison créatrice, théorique et pratique.

ARTICULAIRE. — Ce qui est *connectif* de parties liées ensemble en unité partielle ou en unité intégrale.

Association des forces occultes dans toute la nature. — Atomes de matière radiante *associés* en éléments simples ; éléments simples *associés* en molécules physiques ; *molécules* physiques associées en molécules physiologiques (albumen, etc.) ; molécules physiologiques organisées en cellules organiques, âmes de cellules associées en organismes individuels, plantes ou animaux ; âmes d'organismes individuels associées en unions sexuelles reproductives de l'espèce ; âmes d'espèces associées en organismes collectifs sociologiques ; âmes collectives d'espèces différenciées en types de classes associées dans un règne général ; âmes de règnes liées en unité épicosmique ; unités épicosmiques associées avec l'âme cosmique planétaire ; planètes associées en unité collective de système solaire, monocosmique ; systèmes monocosmiques associés en systèmes polycosmiques ; systèmes polycosmiques associés en zones zodiacosmiques ; zones zodiacosmiques associées en univers galactocosmiques ; systèmes nébuleux associés en unité pancosmique ; mondes naturels conjugués avec mondes surnaturels.

Ces distinctions générales d'association de forces occultes dans les corps inorganiques et organiques sont faciles à reconnaître, mais d'autres exemples se présenteront plus difficiles à comprendre.

Les âmes humaines sont intimement associées dans la famille.

Les familles sont reliées en tribus ou en sociétés municipales.

Les individus sont enrôlés dans les corporations militaires, ecclésiastiques, judiciaires, professionnelles, industrielles, etc.

Les familles, les municipalités, les corporations professionnelles et les classes diverses, sont combinées dans les nations politiques.

Les États unis sont fédérés en Amérique et en Suisse.

Les fédérations internationales seront probablement réunies, un jour, en confédération fraternelle et universelle.

Les centres de force sans dimension ou « atomes de matière radiante » sont intimement associés en éléments simples, indécomposables par la chimie.

Les éléments simples sont intimement associés dans les molécules d'air, d'eau et de cristaux.

Les molécules d'air sont associées dans l'atmosphère ; les molécules d'eau dans l'Océan ; les molécules de roches dans la croûte solide du globe.

Les molécules physiques d'eau et les molécules physiologiques d'albumine sont intimement associées dans les *cellules organiques* des plantes et des animaux.

Les forces vitales indestructibles sont donc intimement alliées avec les forces physiques indestructibles des molécules de matière dans les corps mortels des plantes, des animaux et de l'homme ; cette association est un peu difficile à expliquer aux personnes peu habituées à ce genre d'étude. Le paysan bien musclé ne pourrait pas faire les tours de force du gymnaste ; l'homme intelligent, bien doué, ne peut pas, sans étude préalable, comprendre les questions de haute analyse mathématique, ni celles de haute analyse biotechnique. Il faut donc construire un petit escalier pour monter d'étage en étage dans l'édifice de la nature organique, et spécialement dans le corps humain.

On sait que les comètes (corps gazeux) peuvent circuler dans la matière impondérable de l'espace interplanétaire ; que les nuages peuvent flotter et circuler dans le milieu gazeux de l'atmosphère ; que les corps solides des poissons peuvent flotter et circuler dans les eaux de la mer. On sait aussi que la matière radiante peut pénétrer dans tous les corps solides, liquides gazeux ; que les gaz peuvent pénétrer dans les liquides et les solides, que les liquides peuvent pénétrer dans les solides. Ce sont là des associations physiques de molécules distinctes, qui sont elles-mêmes individuellement des associations chimiques d'éléments simples. On sait aussi que les gaz dissous dans l'eau peuvent en être séparés sans destruction chimique ; que les vapeurs d'eau peuvent se retirer des corps solides sans changements chimiques.

On sait que les forces vitales sont associées avec des forces physiques dans les plantes et dans les animaux sans parler de l'homme. Quels sont les degrés d'association des *forces occultes* dans la matière inorganique et la substance organique ?

1° *Association radicale* des atomes de la « matière radiante », dans les éléments simples, indécomposables par la chimie ;

2° *Association chimique* des éléments simples dans les molecules physiques des gaz, des liquides et des solides ;

3° *Association physiologique* des forces vitales avec les molécules physiques des cellules organiques, dans les plantes et dans les animaux ;

4° *Association psychologique* des forces vitales de la sensibilité instinctuelle avec les forces vitales physiologiques insensibles, dans les cellules organiques du corps matériel de l'homme.

Les phénomènes de l'anesthésie artificielle prouvent que l'*âme sensitive* de l'homme peut être partiellement séparée du corps matériel, pendant quelque temps, sans entraîner la mort ; tout comme les molécules de gaz peuvent être isolées d'un corps solide sans désorganiser le corps.

L'âme sensitive de l'homme enveloppée d'un corps éthéré (fluidique) peut donc s'associer avec le corps matériel physiologique, comme un volume de gaz peut occuper un corps, sans s'identifier absolument avec le corps. La difficulté de l'idée est de concevoir la nature de l'*éther fluidique* de l'espace interplanétaire ; du *fluide impondérable* des anciens physiciens ; du « *corps spirituel* » de saint-Paul; la pensée fait comprendre la nature de l'âme pensante, mais on ne peut pas analyser l'éther fluidique.

On sait que la lumière et la chaleur du soleil mettent *en vibration* l'éther fluidique impondérable de l'espace interplanétaire et de l'espace intra-moléculaire des corps sur notre globe, de manière à magnétiser, pour ainsi dire, les plantes et les animaux au printemps, et à les faire tomber en léthargie pendant l'hiver. Ce n'est que le mouvement vibratoire qui est transmis du soleil à l'éther fluidique intra-moléculaire, et non pas la substance fluidique elle-même. Il en est de même du magnétisme de l'homme par l'homme ou par la femme, au moyen de la volonté ou du regard.

Vibrations actives de l'éther ou repos de l'éther fluidique intra-moléculaire, voilà la cause de la lumière du jour ou de l'obscurité de la nuit; du sommeil chez l'homme ou de l'état de veille, repos relatif seulement.

ATTRACTION. — L'attraction préside à l'association spontanée des astres du système solaire; à l'association spontanée des éléments simples de la matière dans les combinaisons chimiques et physiques des règnes inorganiques de notre planète; à l'association *physiologique* des éléments simples dans les *plastides* microscopiques, et dans les organismes complexes des espèces supérieures de plantes et d'animaux des règnes organiques; à l'association *sociologique* spontanée des abeilles dans une ruche, et de l'espèce humaine dans une société quelconque : famille tribu, corporation professionnelle, municipalité, nationalité, ou confédération internationale. Le mot attraction est une définition générale de toute espèce d'*affinité* physique ou morale : sympathie et antipathie instinctuelles ; attractions et répulsions physiques ou chimiques, électrologiques ou magnétiques.

Quel est le but de l'Architecte de l'univers dans la formation et la distribution des forces occultes et spécifiques de la matière radiante dans les éléments simples? des forces physiologiques des cellules organiques dans les plantes et les animaux sur notre globe? des forces barologiques dans les planètes et les lunes, les comètes et les astéroïdes de notre système solaire?

Quel est le but d'un homme inventeur et constructeur d'une horloge, ou de l'architecte d'un édifice quelconque, temple ou théâtre, palais ou chaumière? Pourquoi l'architecte fait-il façonner d'avance les pierres de son édifice, de manière à avoir chacune une *forme* convenable pour une position spéciale, et la *force* nécessaire pour supporter un poids donné dans l'ensemble de l'édifice?

Le Créateur de l'univers avait un but en donnant des formes spécifiques, des forces automatiques et des mouvements spontanés, convenables à leurs fonctions respectives dans l'association universelle, aux éléments simples, aux cellules organiques; aux organismes complexes végétaux et animaux, des règnes organiques, dans l'unité épicosmique de notre planète; ainsi qu'aux astres de grandeurs et de formes diverses dans notre système solaire. Ce but de l'Architecte du monde est aussi facile à concevoir que le but de l'inventeur d'un mécanisme automatique quelconque sur notre globe. Le but du Créateur n'est pas aussi facile à discerner, dans le plan de la création et les lois invariables du mouvement et de la vie, que le but de l'homme dans le plan d'une machine à vapeur; mais l'*idée* architectonique du Créateur des règnes de la nature est aussi facile à découvrir dans les organismes, que le *plan* et le but de l'inventeur dans une locomotive ou un chronomètre. Les attractions et les affinités, les sympathies et les antipathies spécifiques, dans les organismes individuels et collectifs sont aussi nécessaires dans l'association des éléments divers de l'unité universelle, que les formes spécifiques des pierres et d'autres parties constituantes d'un édifice créé par l'homme. Les forces et les formes spécifiques des éléments et des organismes sont aussi bien définies que les lois invariables de leurs modes de mouvements respectifs, dans les milieux divers appropriés à leur existence. Tout est prévu d'avance dans la création des mondes, et coordonné à l'équilibre évolutif et organique des créatures.

Les affinités des éléments simples sont subordonnées aux forces *physiorganiques* de l'atmosphère et de l'Océan, de la croûte solide, et de l'ipnosphère-incandescente.

Les forces *physiorganiques* des gaz et des liquides sont soumises à la force *physiologique* des éléments protoplasmiques et des cellules organiques; les forces physiologiques des éléments protoplasmiques sont soumises aux forces *morphogéniques* des organismes phytomorphes et zoomorphes; les *modalités* des forces physiorganiques, physiologiques, instinctuelles, passionnelles et rationnelles sont hiérarchiquement coordonnées à l'unité morale et sociologique dans l'espèce humaine, dont la mission est de cultiver et d'améliorer les règnes de la nature sur notre planète.

L'omniscience archiontologique donnant des formes et des forces spécifiques aux éléments simples de la matière et aux organismes individuels des espèces phytologiques et zoologiques, est aussi facile à concevoir que la science architectonique de l'homme donnant des formes spécifiques à des leviers d'une machine, mis en mouvement par des forces indestructibles, adaptées aux mouvements automatiques de la machine. Les attractions et les répulsions électro-moléculaires et les affinités spécifiques des éléments chimiques sont aussi merveilleuses que les sympathies et les antipathies physiologiques des animaux et les impulsions sociologiques de l'espèce humaine.

Comment l'homme a-t-il conçu l'invention d'une horloge avec des matières et des forces indestructibles ? Comment Dieu a-t-il conçu la création d'un élément simple ;

d'un organisme végétal ou animal ; d'un homme et d'une femme ; d'un soleil et des planètes avec les matières et les forces indestructibles ? La raison humaine nous fait concevoir la nature et la puissance de la raison divine ; la science de l'homme implique l'omniscience de Dieu.

BIFRONTAL. — Face frontale et face dorsale du corps.

BILATÉRAL. — Côté droit et côté gauche du corps.

BIOLOGIE. — La connaissance de tout ce qui se trouve par l'anatomie, la physiologie et l'embryologie comparée dans les règnes organiques sur notre globe.

BIOMÉTRIE. — Mesure biotechnique *des forces* qui animent un organisme quelconque, animal ou végétal, rudimentaire ou pleinement développé : monade, dyade, triade, etc. ; une société humaine quelconque, à l'état *sauvage*, chasseur et pêcheur, *pastoral*, *cultural*, agricole ; à l'état *industriel* et *commercial*, rudimentaire ou développé ; à l'état *crédule* ou *incrédule*, *ignorant* ou instruit.

BIOTECHNIE. — Méthode d'analyse schématique des forces et des formes associées dans un organisme individuel quelconque, dans un règne collectif, dans une unité universelle quelconque, cosmique ou épicosmique.

BIPOLAIRE. — Moitié supérieure et moitié inférieure du corps.

BISEXUEL. — Sexe mâle et sexe femelle, unis chez certaines plantes et chez quelques espèces animales ; séparés dans l'espèce humaine.

CAPACITÉ. — La capacité intellectuelle d'un homme a des limites de compréhension, selon la vocation dominante de l'âme ; vocation industrielle chez les uns, artistique chez les autres, scientifique chez quelques-uns, politique ou administrative chez d'autres. Dans chacune de ces catégories, il y a des différences de capacité, selon le développement de tel ou tel groupe de facultés.

Chez l'autruche, le volume du corps est très développé, tandis que les ailes sont rudimentaires, incapables d'élever l'oiseau en l'air ; chez l'hirondelle, le corps est peu volumineux, mais les ailes sont relativement très développées.

Les facultés de la raison sont aussi diversement développées dans l'espèce humaine que les organes du corps chez les oiseaux.

Ceux qui naissent dans les familles pauvres, et restent journaliers ou simples ouvriers pendant toute la vie, sont faiblement doués de capacité sociologique, tandis que d'autres, aussi peu favorisés par la naissance, sont mieux doués par la nature et parviennent à des positions sociales supérieures, selon les degrés de leurs capacités vocationnelles. Ils peuvent s'élever à des grades élevés dans l'industrie ou le commerce ; dans l'armée ou la magistrature ; dans les professions libérales et dans les sciences ; dans la finance ou dans la politique.

Ceux qui sont à la fois bien doués par la nature et favorisés par la naissance, ont double chance de succès. Cependant chacun trouve moyen d'être content de soi, quel que soit le rang de sa capacité, en se persuadant que si la fortune l'avait favorisé, il aurait pu être plus heureux qu'il ne l'est.

Celui qui, étant libre, n'est pas heureux, n'a qu'à chercher activement les conditions convenables à l'exercice de ses facultés, dans la mesure de sa capacité ; mais pour cela il faut le courage moral nécessaire pour réussir par la patience et la persévérance.

CARACTÈRE. — Pour comprendre l'idée de *caractère* sociologique, il faut remonter à l'idée du Créateur et de son but dans la création d'un monde, ou des règnes organiques sur un monde.

Chaque système solaire dans l'univers galactocosmique représente une idée architectonique du Créateur omniscient. C'est un mécanisme automatique, doué de la spontanéité nécessaire pour une fonction spéciale dans la création.

Chaque planète, dans un système solaire, est une partie constituante du système. Chaque règne organique sur une planète représente une idée architectonique du Créateur. Quelles sont les fonctions spéciales des règnes organiques sur notre planète? Quel est le rang hiérarchique et la mission spéciale de l'humanité terrestre à la tête des règnes organiques sur le globe? Quels sont les caractères dominants de chaque race humaine? Elles ont chacune une mission et une destinée préordonnées dans l'idée architectonique du Créateur. Seulement il faut ici faire observer que, dans la création d'une machine à vapeur, une chaudière seule ne donne pas l'idée complète de l'inventeur; une chenille seule ne représente pas l'idée complète du créateur d'une espèce de papillon; le fœtus d'un mois ne représente pas l'idée complète d'une forme humaine; le fœtus collectif de l'humanité terrestre ne donne pas l'idée d'un organisme sociologique complet.

Les caractères sociologiques des individus dans une société organisée sont représentés par leurs vocations prédominantes, même pendant l'évolution du fœtus collectif; surtout pour les fonctions principales de la société.

Ainsi, *prophètes*, prêtres, juges et rois; *philosophes*, professeurs, censeurs, proviseurs; *poètes* et artistes; acteurs et décorateurs; critiques et présidents d'Académies; *inventeurs*, constructeurs, inspecteurs et chefs d'usines.

Ces caractères sociologique sont de plus en plus développés dans l'histoire de l'évolution sociale. Sans énumérer tous les noms connus dans l'histoire de l'antiquité, de Rome et de la Grèce, du moyen âge et de l'âge moderne, on peut indiquer d'une manière sommaire quelques-uns des plus notables dans la série évolutive des prophètes, des philosophes, des poètes et des inventeurs, savoir : la série évolutive des *prophètes*, tels que Moïse, Jésus, Mahomet; la série évolutive des *philosophes* et *hommes de science*, tels que Thalès, Pythagore, Platon, Aristote,

Archimède, Apolonius de Cnide; Bacon, Descartes, Kepler, Galilée, Newton dans l'âge moderne; dans la série évolutive des *poètes* et *artistes*, Homère, Virgile, Dante, Shakespeare, Molière; Phidias, Apelles et d'autres dans la Grèce; Léonard de Vinci, Michel-Ange, Raphaël, et beaucoup d'autres à la fin du moyen âge, et beaucoup d'artistes de premier ordre dans l'âge moderne; dans la série historique des *inventeurs* d'instruments utiles dans l'antiquité et l'âge moderne : les inventeurs inconnus des instruments de chasse et de pêche, ainsi que des machines de guerre, des bateaux à rames et à voiles, des machines à tisser, des instruments de la mécanique, des horloges, des moulins à vent, des moulins à eau; des caractères d'imprimerie, des machines à vapeur et des locomotives de chemins de fer, des bateaux à vapeur, des télégraphies électriques et des téléphonies, sans parler des instruments de la photophonie et de la photographie.

Ces hommes de génie, d'un caractère différent, avec des missions différentes, ont été envoyés à des races différentes et d'un caractère différent en Orient et en Occident.

Au-dessous des grands caractères sociologiques des prophètes, des philosophes, des poètes et des inventeurs; on peut noter les caractères d'humeur personnelle chez les hommes comme chez les animaux.

Les caractères sont aussi divers chez les hommes que chez les animaux : *féroce* comme le tigre, *indocile* comme le loup, *docile* comme le chien, *doux* comme le mouton, *timide* comme le lièvre, *butor* comme le taureau, *obstiné* comme l'âne, *lascif* comme le bouc, *glouton* comme le cochon, *vindicatif* comme l'éléphant, adonné à la *promiscuité* comme le chien, *espiègle* comme le singe, *rusé* comme le renard, *supercilieux* comme le lama, *superbe* comme la girafe, *grognard* comme le chameau, *curieux* comme le cerf, *jaloux* comme le coq, *bavard* comme la pie, *insouciant* comme le coucou, *vaniteux* comme le paon, *brave* comme un lion, *poltron* comme un lapin, *dévoué* comme une mère, *égoïste* comme un enfant, *indépendant* comme le peuplier, *rampant* comme la vigne.

Certains individus de l'espèce humaine ont dans le caractère un mélange de plusieurs de ces instincts de l'animalité. Seulement, tel ou tel instinct domine plus que les autres, à telle période de la vie ou toujours.

Centres, périphères et milieux. — Recteurs et contrôleurs de centres nerveux, cerveau et moelle épinière, ganglions de nerfs partout.

Centre vasculaire, le *cœur; périphères* vasculaires, les *vaisseaux capillaires; milieu interne* de la nutrition, le *sang;* milieu externe, l'atmosphère et les aliments du corps; sans parler des aliments de l'âme.

Certitude. — Qu'est-ce que la *matière?* on ne le sait? qu'est-ce que la force? on ne sait pas; qu'est-ce que la *volonté?* personne ne le sait; mais *tout le monde* sait que la *volonté* dirige la *force* de la main qui *place* une pierre au bord d'un précipice pour la faire tomber; et que l'*attraction* de la planète pour la matière de la pierre, la fait tomber au fond du précipice. De tout cela, l'homme a la *certitude* par l'expérience. La théorie de la gravitation donne la certitude théorique de la science des lois invariables de la nature cosmique. Il nomme la *volonté* qu'il ne connaît pas, ame ; la *force* qu'il ne connaît pas, attraction (pesanteur, gravitation); la *matière* qu'il ne connaît pas, pierre ou corps. Ces noms sont des définitions, des expériences de l'homme devant les phénomènes du mouvement de la matière et de l'esprit. La *certitude?* c'est de la métaphysique mentale, voilà tout. L'infaillibilité du pape est une certitude pour les uns, pas pour les autres.

Cinématique. — Lois des mouvements mécaniques dans un mécanisme quelconque; mouvement de va-et-vient, de rotation en spirale, etc.

Classification. — Les classifications zoologiques et botaniques sont, ou *artificielles* comme celle de *Linné*, ou *naturelles* comme celle de *Laurent de Jussieu;* ou *techniques* et schématiques comme les nôtres. Chaque auteur a sa méthode de classification artificielle qu'il suppose être plus ou moins naturelle. L'*ordre simultané* de la gamme des organes du corps, et l'*ordre consécutif* de la gamme des notes de la musique nous donnent la clef de la méthode biotechnique.

Conditions. — Conditions de l'existence dans les milieux du monde naturel; dans les milieux du monde fœtal; dans les milieux du monde résurrectionnel, et dans les milieux du monde surnaturel. Les milieux de la vie et du mouvement sont connus dans deux de ces mondes, inconnus dans les deux autres.

Controler. — Le même mot implique parfois plusieurs sens très distincts; par exemple, l'*absolu* domine et contrôle le *relatif;* l'*infini* comprend, domine et contrôle le fini et l'indéfini; l'espace éthéré contrôle ou limite en quelque sorte les mouvements des systèmes cosmiques; le surnaturel domine et contrôle le naturel; dans l'univers; l'eau contrôle les mouvements des poissons, dans l'Océan; la liberté est ainsi contrôlée par la nécessité. Le soleil *conduit* les planètes de son système dans l'orbite solaire, et *contrôle* leurs mouvements de rotation et de révolution, dans les *limites* du système. Sa force physique *détermine* leurs places dans les orbites planétaires, et *détermine* les mouvements des vents et des marées sur chaque planète. Le soleil est contrôlé par les conditions du milieu sidéral dans lequel il conduit son système.

Self-control : se contenir dans les moments d'irritations physiques ou morales; se maîtriser dans les moments de provocation et d'insulte.

Les conditions de la vie et du mouvement dans un milieu quelconque sont des nécessités de l'existence, et les limites de la liberté dans ce milieu.

Contrôler un mouvement : tenir les brides en dirigeant la course d'un animal, limiter l'orbite dans lequel se meut une planète, ou un système solaire.

COORDINATION. — Tout le monde voit que les parties constituantes d'un mécanisme automatique, tel qu'une horloge, une locomotive, un moulin à vent, sont coordonnées de manière à coopérer ensemble dans le fonctionnement qui est le but de l'inventeur ; mais tous les philosophes ne voient pas le même principe créateur dans la coordination des parties constituantes d'un organisme vivant, plante ou animal. Cependant une coordination quelconque implique un principe coordinateur, semblable à la raison de l'homme inventeur de mécanismes et coordinateur de forces indestructibles.

Le principe de la vie physiologique dans une plante est ordonné sur un *plan* défini pour chaque type d'espèce ; et le fonctionnement de l'organisme est adapté à un *climat* donné, dans un milieu donné. Une plante ne peut prospérer que dans un climat qui lui soit convenable, tempéré, ou tropical, froid ou variable ; dans un milieu convenable, aquatique ou atmosphérique, marécageux ou sablonneux. Tout cela a dû être préordonné par le Créateur, et coordonné dans la création. Les matières de construction existent pour l'homme créateur, mais la construction d'une maison dépend de l'architecte ; le plan d'une machine vient de la raison.

COSMOS. — L'univers, le monde naturel.

CRÉATION. — L'horloge et le moulin à vent sont des créations de l'homme. Tous les arts et toutes les sciences sont des inventions humaines. La musique, les langues, l'architecture, sont des inventions ; les mathématiques sont des méthodes artificielles découvertes par le génie de l'homme.

Newton a inventé une méthode mathématique par laquelle il a pu découvrir les lois de la gravitation universelle, vérifiables dans notre système solaire. La *biotechnie* est une méthode par laquelle on peut découvrir les lois de l'organisation universelle, vérifiables dans les règnes de la nature sur notre globe.

L'âme humaine individuelle revêtue d'un corps spirituel (créée par Dieu, dans le monde potentiel) est douée de la puissance de se créer elle-même un *corps physiologique*, pendant la gestation fœtale ; l'âme collective de l'humanité est douée de la puissance de se créer un *corps sociologique* pendant l'évolution sociale dans le monde naturel. La création des arts et des sciences, des familles et des nations organisées par l'humanité elle-même est une preuve de sa puissance collective, sous l'influence spirituelle de l'humanité céleste.

CRÉATIONS DIVINES. — *Animaux féroces*, utiles à l'équilibre vital des espèces ; *animaux dociles*, utiles à l'homme. **Créations humaines :** instruments de meurtre, utiles pour la guerre ; instruments de travail, utiles à l'industrie ; instruments d'analyse, utiles à la science.

L'âme humaine individuelle forme des annexes du fœtus qui seront abandonnées à l'époque de la naissance de l'enfant.

L'humanité collective construit des instruments de guerre, qui seront abandonnés à la fin de l'évolution sociale métamorphique ; à l'époque de la naissance de la fraternité universelle.

La nature aurait-elle tout créé, *sans le savoir ?* Les nébuleuses donné origine aux systèmes sidéraux, sans le savoir ? la terre donné origine aux plantes et aux animaux, sans le savoir ? les atomes du cerveau de l'homme donné origine à la raison humaine, sans le savoir ? un concours fortuit des atomes fait tout dans l'univers *sans le savoir ?*

Telle est l'hypothèse des matérialistes.

DIVERSITÉ DANS L'UNITÉ. — Il y a de la diversité hiérarchique dans l'unité de la divinité, comme il y en a dans l'unité de l'univers ; dans l'unité des règnes de la nature sur notre planète ; dans l'unité sociologique de l'espèce humaine ; dans l'unité psychologique de l'âme humaine ; dans l'unité anatomique et physiologique du corps humain.

DIVINITÉ. — La perfection dans la nature spirituelle de l'homme et de Dieu. La perfection relative des anges et des esprits est une perfection divine. La perfection morale de la nature humaine du Christ est ce qu'on entend par la divinité de Jésus, le Fils de Dieu. Tous les hommes sont frères de Jésus-Christ, comme le fœtus, au sein de la mère, est le frère des enfants déjà nés dans la même famille.

DURÉE. — Durée éternelle, durée temporaire. L'éternel en mouvement créa le temps, qui est une durée limitée comme la révolution d'un astre, dans son orbite, ou le cycle de la vie d'un individu, ou d'une espèce, ou d'un globe.

DYNAMIQUE. — Force d'attraction, de répulsion, de tension ou d'impulsion dans un mécanisme ou dans un organisme quelconque.

ÉDUCATION. — Développement des facultés de l'âme et du corps. Éducation industrielle et professionnelle, littéraire et artistique ; philosophique et scientifique ; morale et religieuse.

La culture doit améliorer la nature humaine, comme elle améliore la nature animale et la nature végétale.

L'éducation industrielle est extrêmement restreinte chez la masse ; l'éducation littéraire et artistique est encore plus restreinte ; l'éducation scientifique peu développée ; l'éducation morale et religieuse est plus ou moins faussée par le dogmatisme théologique et la superstition mystique, chez tous les peuples en Orient et en Occident, dans l'hémisphère boréal et dans l'hémisphère austral.

Brahmanisme, boudhisme, islamisme, mosaïsme et christianisme se partagent la direction des croyances et des mœurs des familles polygames ou monogames, et des communautés agames (monastères et couvents).

Le christianisme se subdivise par les dogmatismes grec et romain, luthérien et calviniste, intolérants et antifraternels, hideux à voir comme parties constituantes du fœtus collectif de l'humanité.

Les nations civilisées les plus progressives sont celles qui s'occupent le plus activement de l'éducation élémentaire et industrielle des masses du peuple, et de l'enseignement des sciences naturelles (physiques et biologiques) dans les écoles supérieures.

EMBRYOSOCIAL. — L'embryon collectif de l'humanité sociologique pendant l'évolution métamorphique de la société est un *embryon social,* analogue à l'embryon individuel ; les races humaines sont encore à l'état sociologique rudimentaire sur notre planète.

EPICOSMIQUE. — Tous les règnes de la nature sur un globe, sont épicosmiques. (*Epi,* sur ; *cosmos,* globe.)

ETERNEL. — Tout ce qui est indestructible en essence est éternel. Tout ce qui est limité en durée phénoménale est temporaire.

ÉVOLUTION. — *Evolution embryologique* et métamorphique dans la formation d'un organisme ; *évolution développementale* dans la carrière de la vie d'un homme, depuis la naissance jusqu'à la mort.

EXPÉRIENTIEL. — L'âme expérientielle dans le corps mortel diffère de l'âme immortelle dans le corps éthéré, comme la *mémoire* des idées acquises dans ce monde diffère de la mémoire des expériences de l'âme dans le monde surnaturel. Il y a deux sortes de mémoire, qui alternent en activité et en passivité relatives, comme *obliviscences* relatives et alternatives.

On peut concevoir cette espèce de dédoublement de la mémoire en étudiant les phénomènes du somnambulisme, où la mémoire hypnotique se perd quand on éveille le somnambule, et se retrouve toutes les fois qu'il est mis de nouveau dans l'état somnambulique.

Le corps expérientiel est formé par l'âme pendant la vie embryonnaire, et rejeté à l'époque de la mort ; la mémoire expérientielle, formée par l'esprit pendant la vie temporaire en ce monde, est obscurcie par obliviscence après la résurrection du corps spirituel. L'association d'atomes fugitifs forme le corps temporaire ; l'association d'idées fugitives forme la mémoire temporaire de l'esprit ; ce serait assez triste pour un avocat de croire qu'il aurait la mémoire bourrée d'idées du code civil pendant l'éternité, dans un monde où ce code n'a aucune autorité.

Extase. — *Extase spirituelle* (V. l'Apocalypse de saint Jean, chap II, v. 10) : « Je fus ravi en esprit le jour du Seigneur et j'entendis derrière moi une voix éclatante comme une trompette. » (V. Actes des apôtres, chap. IX v. 3.) « Comme il était en chemin et qu'il approchait de Damas, tout à coup une lumière du ciel brilla autour de lui. Et tombant à terre, il entendit une voix qui lui disait : Saul, Saul, pourquoi me persécutes-tu ? »

Extase hypnotique. — L'extase hypnotique est un état de somnambulisme extatique, pendant lequel l'âme de l'homme ou de la femme en état d'exaltation croit voir et entendre des esprits ou des anges du monde surnaturel. (Voir Rêve. Hallucination, Ethérisation.)

Fanatisme. — Exaltation de l'esprit ignorant, intolérant ; le fanatisme clérical et politique provoque le fanatisme anticlérical des libres penseurs.

Fœtus. — L'embryon d'un mammifère placentaire devient fœtus aussitôt que le cordon ombilical l'attache au placenta dans l'utérus. C'est en sortant de l'utérus pour entrer dans la poche ventrale externe de la mère, que l'embryon des marsupiaux s'attache au mamelon lactifère pour achever son évolution métamorphique. L'embryon d'un oiseau ne devient jamais fœtus.

L'humanité collective préhistorique n'est qu'un embryon sociologique, et ne devient fœtus d'organisme collectif, qu'en s'attachant à l'humanité céleste par l'intermédiaire de l'inspiration religieuse, qui fournit les idées organiques de l'évolution sociale, morale, et rationnelle.

GÉNÉALOGIQUE. — Origine procréative d'un organisme quelconque, homme, animal ou plante.

GÉNIE CRÉATEUR. — Le génie créateur diffère du talent constructeur. Le génie libre et indépendant, créateur d'une philosophie nouvelle, est autre chose que le talent oratoire d'un professeur officiel d'une philosophie ancienne.

GÉOSPHÉRIQUE. — La croûte solide du globe, *au-dessous* de l'océan thalattosphérique et de l'océan atmosphérique ; *au-dessus* de la fournaise ipnosphérique et volcanique.

GÉOLOGIQUE. — Ce qui se rapporte aux roches de la croûte solide du globe, et de la nature minérale et stratigraphique de ces roches. Les fossiles de plantes et d'animaux enterrés dans les couches stratigraphiques de la terre sont l'objet d'une science paléontologique en rapport intime avec la géologie.

HALLUCINATION. — Voir Rêve.

HÉMIALITÉ. — Moitié de l'unité ; côté gauche ou côté droit du corps de l'homme ou d'un animal ; moitié supérieure seulement ou moitié inférieure du corps.

HÉTÉROCLITE. — Ce qui est étrange dans les phénomènes de la nature organique et physiologique. Six doigts à chaque main et à chaque pied est un phénomène étrange chez l'homme. Les *chauves-souris* sont des mammifères organisés pour le vol autrement que l'oiseau ; les *baleines* sont des mammifères organisés pour vivre dans l'Océan, aussi bien que les poissons. Ce sont là des organisations étranges, mais naturelles. Dans l'espèce humaine il y a des idiosyncrasies plus ou moins hétéroclites, telles que celles des *somnambules* qui voient la nuit sans lumière ; les *voyants*, qui sont en rapport avec des esprits invisibles. Tout cela est étrange, mais utile à étudier pour le philosophe, sinon pour tout le monde.

Ce qui est hétéroclite forme un lien connectif entre des choses différentes, ou des états physiologiques différents ; ainsi :

Somnambulisme : lien entre l'état de veille et le sommeil.

Clairvoyance : lien entre le visible et l'invisible.

Engourdissement léthargique : état étrange entre la vie et la mort.

Chauve-souris : lien entre le singe et l'oiseau.

L'organisme hétéroclite de la chauve-souris est aussi naturel que l'organisme du singe ; le sommeil aussi naturel que la veille ; le somnanbulisme aussi naturel que le sommeil.

Les phénomènes de la clairvoyance des somnambules, dont on peut lire la description dans les ouvrages sur le magnétisme animal, sont des choses étranges pour ceux qui ne les ont pas vues, et qui refusent de croire. L'homme qui a fait trois fois le tour du monde, et dessiné dans son album les formes de beaucoup de plantes et d'animaux étranges, comme les cactus, l'ornithorhynque, n'a pas tort de montrer son album à ceux qui n'ont jamais rien vu de semblable dans leur pays natal, mais il ne doit pas s'étonner de l'incrédulité qu'il rencontre chez l'homme qui n'a pas fait le tour du monde géographique et biologique.

On ne peut pas dire que l'exceptionnel est contre nature; que le somnambulisme n'est pas naturel; que l'extase n'a jamais existé; que la chauve-souris, la baleine, le phoque et l'autruche ne sont pas dans la nature. On peut ajouter sans doute que les charlatans sont aussi dans la nature.

Mais que veulent dire six doigts à la main d'un homme sur notre planète (ce qui n'est pas très rare), si ce n'est que ce phénomène soit l'état normal du corps humain sur d'autres planètes?

HÉTÉROMORPHES. — Les types d'organismes hétéromorphes, cryptogames, phanérogames, rayonnés, mollusques, articulés, vertébrés, sont hétérogènes, et ne peuvent pas se croiser les uns avec les autres, ni se transformer les uns dans les autres.

HISTOLOGIE. — (*Histos*, tissu.) Science des tissus divers associés dans les organes du corps, tissu osseux, tissu nerveux, tissu musculaire, tissu connectif, etc. On y comprend l'étude des cellules organiques qui forment les tissus.

HOMŒOGÉNÉTIQUE. — Type de même *espèce procréative*; ces types sont homogènes en espèce pendant l'évolution métamorphique, tels que larve, chenille, chrysalide et imago parfait d'un papillon, ou d'un insecte quelconque, ou d'un animal.

HOMOLOGIQUE. — Voir Parallèles biotechniques.

HUMANITÉ. — L'homme individuel n'est qu'un élément particulier de l'homme collectif.

Le fœtus de l'homme individuel n'est que l'ébauche organique de l'homme développé après la naissance; le fœtus sociologique de l'humanité collective n'est que l'ébauche organique de l'humanité pleinement développée de l'avenir, telle que le parallèle organique entre le type individuel et le type collectif peut nous le faire entrevoir. Il faut dix mois de gestation métamorphique pour le fœtus individuel ; dix mille ans (?) pour l'évolution sociologique du fœtus collectif.

Le fœtus individuel est hideux à voir avant le sixième mois de l'évolution métamorphique ; le fœtus collectif n'est pas moins hideux dans l'état actuel de l'animalité des races sur la terre. Voyez les nationalités politiques en conflit, les religions en conflit, les philosophes en conflit, les opinions et les passions politiques en conflit, les préjugés de toutes sortes en conflit, dans les classes et les sectes d'une même nation politique.

Les individus et les familles en souffrance.

La santé physiologique en souffrance.

La santé psychologique en souffrance.

L'imperfection est inévitable pendant la formation de l'organisme collectif unitaire comme pendant l'évolution métamorphique de l'organisme individuel.

Le fœtus individuel se forme et se transforme dans les ténèbres physiques ; le fœtus collectif s'organise dans les ténèbres intellectuels au milieu d'illusions naturelles et artificielles.

Illusions naturelles. — L'homme sur la terre en rotation voit le soleil se coucher et se lever ; sur un bateau en mouvement sur l'eau, il voit les arbres sur la rive se déplacer en file ; dans les conditions spéciales de mirage, il voit des spectres de vaisseaux en l'air ; chez le prestidigitateur il voit des œufs tirés d'un sac vide.

Illusions artificielles. — Dans l'état surexcité du cerveau et de l'imagination il voit des apparances d'objets qui n'existent pas en réalité. Le *magnétisé* croit voir tout ce que le magnétiseur suggère à son imagination : un incendie là où il n'y a rien ; un lapin là où il n'y a qu'un rouleau de papier.

HYBRIDE. — Produit d'un croisement d'espèces différentes dans le même *genre* de type morphologique, tel que le mulet. Les hybrides peuvent être quelquefois féconds en union avec l'une ou l'autre des espèces d'origine, mais il ne sont pas capables de reproduire la race hybride.

HYPNOTISME. — (*Hypnos*, sommeil). Somnambulisme naturel et artificiel, *mesmérisme*, *magnétisme* animal ; l'état hypnotique est un état anormal très semblable à l'état de rêve, pendant lequel l'*hallucination* des sens et de la raison est plus ou moins complète, quoique la santé du corps soit excellente. Ce n'est donc pas une maladie, un état pathologique.

IDÉES. — *Subjectives*, dans le rêve ; *objectives*, dans l'état de veille ; *conceptives*, dans l'invention de mécanismes nouveaux.

IDIOSYNCRASIE. — « Disposition qui fait que chaque
« individu a une susceptibilité particulière, propre à être
« influencée par les divers agents capables d'impressionner
« d'une façon quelconque nos organes. » Cette définition du dictionnaire de médecine est par trop vague. Nous la définissons comme une prédisposition physiologique à devenir obèse, ou à rester maigre ; à être héréditairement très prolifique, ou peu prolifique ; hirsute ou peu velu, hystérique ou non, somnambulique ou non ; susceptible de sommeil léthargique comme les animaux et les plantes qui passent une partie de l'hiver en léthargie, ou non susceptible de cet état.

La disposition somnambulique ou hypnotique est une idiosyncrasie exceptionnelle chez l'homme, comme dans le règne animal où certaines espèces peuvent tomber en léthargie comme la marmotte, tandis que d'autres ne le peuvent pas.

Toutes les races humaines peuvent rêver pendant le sommeil, mais tous les individus n'ont pas une idiosyncrasie somnambulique ou hypnotique.

Le *tempérament vasculaire* dit « nerveux », accompagne généralement l'idiosyncrasie hypnotique.

La *diathèse nutritionnelle* est aussi exceptionnelle chez les hypnotiques, qui peuvent, en certains cas, passer des mois entiers sans manger et même sans boire.

Les voyants et les « médiums » ont généralement le tempérament nerveux et l'idiosyncrasie hypnotique ou hystérique. Tous les hytériques sont « nerveux », mais non tous somnambuliques.

ILLUMINATION SPIRITUELLE. — Voir Extase.

ILLUSION. — Illusion hynoptique pendant le sommeil; illusion des sens par le mouvement apparent du soleil levant par la réalité de la terre en rotation ; *mystification* des sens par l'art du prestidigitateur ; *illusion* de l'esprit par des substitutions d'idées partiellement vraies pour des idées totalement vraies.

IMPERFECTIONS ORGANIQUES. — Phases successives d'évolution métamorphique nécessaires à la formation des organismes.

INCONNAISSABLE. — Ce mot créé par la philosophie sceptique n'a pas de sens logique. Car tout ce qui est inconnu dans la nature une et universelle a des rapports avec ce qui est connu. Ces rapports sont des fils conducteurs dans l'étude de la nature.

On sait que toutes les forces connues sont indestructibles, d'où on est en droit de conclure que les forces inconnues sont indestructibles. On sait que toutes les lois de la nature connues sont des lois invariables, d'où on peut conclure que les lois inconnues sont invariables.

Les forces indestructibles sont éternelles en durée comme les principes de la vie. Ces principes et ces forces indestructibles sont *ontologiques* en essence, *causes premières* de tout ce qui est transitoire en évolution phénoménale. Ces causes ontologiques connues sont éternelles comme les causes premières inconnues.

Le chimiste peut former des combinaisons de forces indestructibles et puis dissoudre ces combinaisons. Le mécanicien peut combiner des forces indestructibles en mécanismes automatiques et décomposer ces mécanismes, tels qu'horloges, moulins, machines à vapeur, locomotives, etc. Dans ces combinaisons de forces indestructibles, la *raison humaine* est un principe vital créateur architectonique, supérieur aux forces indestructibles de la matière.

La *raison divine* inconnue est un principe créateur architectonique supérieur aux forces indestructibles de la matière. La raison humaine créatrice est en rapport logique et nécessaire avec la raison divine créatrice ; par conséquent l'Esprit créateur infini n'est pas inconnaissable par l'esprit fini de l'homme créateur. L'inconnu n'est pas inconnaissable. La création révèle l'esprit du Créateur.

INCONNU. — Ce qui est inconnu nous mène à poser des problèmes de philosophie évolutive et organique, ainsi : — Quelle est la nature de la « matière radiante » dans le vide, ou le plein de l'espace interplanétaire ? Quelles sont les combinaisons des forces indestructibles dans le monde *potentiel* avant l'évolution des règnes *végétal*, *animal* et *hominal* dans le monde *naturel*? Quelles sont les conditions des forces vitales dans le monde surnaturel ? Quelle est l'utilité ? Quelles sont les vocations utiles des âmes humaines dans le monde invisible ?

On ne peut pas répondre à ces questions par le mot *inconnaissable* qui n'explique rien. Les âmes des espèces paléontologiques, qui n'existent plus dans le monde visible, sont indestructibles comme forces vitales dans le monde potentiel invisible, qui existe avant l'évolution des espèces, ici-bas, et après la mort des corps matériels dans chaque génération.

L'Omniscience absolue sait tout cela, la science humaine ne le sait pas encore, mais tient à le savoir plus tard, s'il est possible.

Le culte des morts chez les sceptiques mêmes est la preuve de cette aspiration naturelle de l'âme humaine. Voici une question fondamentale :

L'Esprit omniscient, archiontologique, peut-il, en accord avec des lois invariables de l'harmonie universelle combiner les forces ontologiques indestructibles en divers types d'organismes végétal, animal et hominal, dans le monde potentiel comme l'esprit humain architectonique peut combiner les forces physiques indestructibles, en divers types de mécanismes automatiques ici-bas? Puis les transformer à volonté?

INDUCTION. — On connaît la période naturelle de la gestation du fœtus humain et les variantes dans les limites de six mois à dix mois pour l'époque de la parturition quand l'enfant peut naître viable. On connaît la limite de la vie naturelle depuis la naissance jusqu'à la mort, et les variantes entre les extrêmes qui donnent la moyenne de cette période. On ne sait pas quelles sont les limites extrêmes de la vie *évolutive* dans le monde surnaturel. Dès lors, il faut entrer dans le champ de l'hypothèse et de l'induction, si l'on veut poser le problème et en chercher une solution probable.

Nous supposons que la *révolution* de la vie de l'homme en quatre mondes de *conditions coordonnées* à l'existence, est *réglée* par des lois invariables de périodicité, entre des limites extrêmes de variabilité. Ces limites sont déjà connues dans la période moyenne, et les périodes extrêmes de l'évolution métamorphique du fœtus et de l'évolution développementale, depuis la naissance jusqu'à la mort. Quels sont les rapports de proportion entre les périodes de l'évolution vitale dans le monde naturel et de l'évolution de la vie de l'homme dans le monde surnaturel?

Prenons neuf mois comme moyenne générale de la période utérine de la vie du fœtus, et cent fois neuf mois pour la moyenne naturelle depuis la naissance jusqu'à la mort. Quelles seraient les moyennes correspondantes pour la période de la transition résurrectionnelle de l'âme, et pour la période de l'existence évolutive dans le monde surnaturel? On peut supposer la vie ultramondaine deux fois plus longue que la vie ici-bas ; c'est-à-dire deux fois neuf mois en moyenne pour la période résurrectionnelle où l'âme doit se purger des vices et des défauts contractés dans la vie animale, et deux fois soixante et quinze ans pour la période de perfectibilité relative de l'évolution ultramondaine.

Cette induction est suggérée par les rapports du sommeil à l'état de veille : huit heures de nuit, seize heures de jour. Un tiers de cycle révolutif pour la vie naturelle, deux tiers pour la vie surnaturelle. Les variantes entre les extrêmes peuvent être aussi nombreuses dans l'autre monde que dans celui-ci.

La période de la *vie utérine* est celle de la *formation* du corps mortel de nature animale; la période de la *vie résurrectionnelle* peut être celle de la *purgation* des vices de l'âme, contractés pendant la vie naturelle. La vie en ce monde est perfectible par l'éducation, la vie dans le monde surnaturel doit être perfectible par l'éducation. La mort spirituelle ne peut être que la perte plus ou moins absolue de la mémoire personnelle. L'enfer ne peut être qu'un hôpital pour la purgation des vices de l'âme. Voilà notre manière de poser la question. Les esprits timides se laissent interdire par le mot inconnaissable.

INNÉ. — Aptitudes innées d'un caractère quelconque, comme l'instinct d'un jeune canard qui va à l'eau dès la sortie de l'œuf; l'instinct de l'enfant qui tette à la mamelle dès la naissance; l'instinct du poète, de l'artiste, du mécanicien, de l'inventeur; génie caractéristique de l'homme individuel, quelle que soit la nature de l'aptitude innée; l'instinct et l'aptitude innés *pour le vol* chez l'hirondelle; pour *la course* chez l'autruche; pour *la nage* chez le canard ; ce qui ne peut pas être acquis par la seule expérience.

Inspiration. — Idées suggérées à l'esprit humain dans ce monde, par un esprit du monde invisible, telles que celles qui sont révélées aux prophètes, aux poètes et aux inventeurs de nouvelles méthodes de science ou de machines automatiques.

Instrument. — Le corps est l'instrument de l'âme comme le piano est l'instrument du pianiste. Quand l'instrument est détraqué, le meilleur pianiste ne peut en tirer de la musique. Quand le corps est dérangé ou en partie assoupi par le sommeil, l'âme ne peut que rêver en hallucination. Les sons du piano dans un cas ne donnent que des bruits en désaccord, des cacaphonies du pianiste; les idées, dans l'autre cas, ne sont que des associations incohérentes, des hallucinations de l'esprit qui rêve. Il en est ainsi de la folie des aliénés qui dépend des maladies du cerveau comme instrument de l'âme. Les idées sont produites dans le cerveau comme les sons dans un piano, par un principe moteur.

Un son n'est pas une substance ; une idée n'est pas une substance. Ce sont des mouvements moléculaires produits par des forces.

Certains physiologistes supposent que l'esprit dérive de la matière du cerveau, par évolution, comme la vapeur dérive de l'eau, ou comme un gaz dérive de la combustion du charbon ; mais cette notion vient de l'apparence illusoire des phénomènes physiologiques, en rapport intime avec les idées psychologiques, comme les apparences du soleil tournant autour de la terre en vingt-quatre heures. Il faut que la raison rectifie l'illusion des sens dans l'un et l'autre cas.

Le pianiste peut être maladroit en musique avec un bon piano ; l'esprit de l'homme peut être ignorant et vaniteux dans un corps sain et robuste, mais ce sont là des faits qui diffèrent des cas de corps malade ou d'instrument détraqué. Il fallait un Copernic pour voir que la terre tournait sur son axe et autour du soleil ; il faut de l'intelligence développée pour voir que le corps n'est que l'instrument de l'âme.

INTUITION. — Idées suggérées par la vue des merveilles de la création et l'étude des phénomènes de la vie et du mouvement dans l'univers. *L'intuition* diffère de l'instinct comme l'*aptitude innée* pour la *sélection du milieu* naturel de la vie diffère de l'aptitude innée pour la sélection de la nourriture convenable à la santé ; l'instinct carnivore diffère de l'instinct herbivore chez les animaux qui habitent le même milieu, comme les poissons dans l'eau et les oiseaux dans l'air. Les oiseaux aquatiques ont l'intuition de la *convenance* du milieu aquatique pour eux ; le pigeon a le sentiment intuitif de l'*inconvenance* du milieu aquatique pour lui.

Il en est de même pour les aptitudes intuitives de l'espèce humaine. Tel individu est attiré à l'étude des phénomènes psychologiques et ontologiques pour y chercher la nourriture de l'esprit ; tel autre répugne à ces études comme désagréables ou même incompréhensibles pour lui. Les phénomènes physiques et mécaniques ont le plus d'attrait pour les uns ; les phénomènes physiologiques et psychologiques, pour les autres. De là, les sectes philosophiques du matérialisme et du spiritualisme, également utiles à la culture intégrale des sciences de la nature physique et mécanique, ontologique et archiontologique.

L'Intuition, chez l'homme et chez les animaux, ressemble à une ressouvenance, dans l'âme, de quelques impressions d'une expérience oubliée, rappelée à la mémoire inconsciente par un phénomène revu de nouveau. Cette idée est semblable à celle de Platon sur la mémoire réveillée dans l'âme par l'étude de la science.

Invisible. — La *force* vitale, la *force* physique, la *substance* éthérée, interplanétaire, l'atmosphère sans brouillards sont invisibles.

Limite. — La doctrine des limites est très importante en mathématique. Il en est de même en logique et en biologie. Faute d'une théorie de limites pour les types de formes organiques, les transformistes n'ont pas d'idées nettes sur la forme définitive d'une évolution métamorphique quelconque. On suppose que la transformation d'une espèce peut continuer après les phases de l'évolution métamorphique.

On sait qu'une chenille de papillon change de forme pour arriver au type de son espèce; et de là on suppose que le type de l'espèce peut être transformé après le terme de la métamorphose. On nie la fixité des espèces, faute d'une théorie de limites.

Logistique. — Manière de raisonner dans les computations arithmétiques et algébriques, employée par Viéta et d'autres mathématiciens, et surtout dans les computations sexagésimales. Nous employons ce mot pour indiquer les *méthodes de raisonner* en mathématique et en biotechnique. $K + 7 + 8 = 0$ (c'est-à-dire différence 0) est une formule d'équation logistique, qui implique la valeur négative de $K = -15$, qui fait équilibre aux deux chiffres positifs $7 + 8 = 15$, formule inventée par Thomas Harriot. (1631.)

Dans les équations biologiques, l'organisme femelle égale l'organisme mâle de même espèce; une fleur femelle égale la fleur mâle de la même espèce de plante; l'échelle schématique, comme formule logistique d'un organisme complexe individuel, égale celle d'un organisme collectif du même type. La forme d'une dent, ou d'un os quelconque du squelette indique à la fois le type de l'animal et les formes spécifiques des parties absentes de l'organisme, aussi nettement qu'une fraction quelconque de l'unité indique la valeur de la somme, en arithmétique 1/2, 1/4, 1/8, etc.; 5/40 = 1/8 de 40.

Lois de la nature. — Les lois invariables *régissent* les mouvements de la matière *déterminés* par les forces physiques, et les mouvements de la pensée déterminés par les forces vitales de la raison.

La loi *régit* la société; le gouvernement *dirige*; l'opinion publique *contrôle* la direction; ou ne la contrôle pas, là où le *despotisme* règne et gouverne. Le roi constitutionnel personnifie la loi. Les ministres gouvernent au nom de la loi, selon les nécessités pratiques de l'État.

Matérialisme et Spiritualisme. — Les matérialistes supposent que la matière donne origine à la *force* dans les minéraux, les végétaux et les animaux. Les molécules de matière en mouvement donnent origine aux systèmes solaires et aux planètes dans ces systèmes, sans le savoir.

La matière donne la force d'une locomotive, mais non la forme de ce mécanisme automatique; l'homme a *créé* la machine.

Toutes les forces sont indestructibles dans le chaos de l'univers; Dieu a créé les organismes vivants.

Les spiritualistes supposent que l'homme est créateur chimiologique, minéralogique, mécanologique, sociologique; Dieu est créateur cosmogonique et psychogonique. Il combine les forces physiques indestructibles en systèmes cosmologiques; les forces vitales et physiques en organismes phytomorphiques, zoomorphiques et anthropomorphiques.

Mesure. — L'esprit humain veut apprécier les phénomènes et les lois de la nature; pour cela il lui faut des unités de mesure. La nature humaine contient des énergies vitales et des forces physiques organisées en unité organique, plus complexe que tout ce qui est connu dans l'univers cosmique.

Forces vitales physiologiques, instinctuelles, mentales et morales en alliance avec des forces physiques de la chaleur, de l'électricité et de la gravitation. Ces distinctions de forces répondent à tout ce qu'il y a dans les règnes de la nature sur notre planète, et peuvent servir de point de comparaison dans l'analyse de ces règnes. L'homme est donc le mesureur des forces et des lois de la nature; il contient en lui-même la mesure de l'unité organique de tous les organismes connus; que ces organismes unitaires soient individuels ou collectifs. C'est ce qui est vérifié par l'analyse des règnes dans ce volume.

Métamorphique. — Ce qui change de forme dans l'évolution d'un oiseau dans l'œuf pendant l'incubation; d'un animal dans l'utérus, pendant la gestation; d'une société en progrès de formation et de perfectionnement sociologique pendant l'évolution historique.

Les œufs et les graines donnent origine à l'évolution métamorphique des embryons de plantes et d'animaux. L'œuf du papillon donne origine à la chenille qui se transforme en papillon.

Miracle. — Le mot miracle ne veut pas dire *contre nature* ou opposé aux lois naturelles, mais insolite dans l'expérience des individus.

Tout est merveilleux dans la création; on peut même dire miraculeux. Quel miracle que la *formation* d'un oiseau dans la substance d'un œuf! l'*apparition* d'un esprit dans la forme humaine! le mouvement d'une planète dans son orbite! la position de la lune soutenue par «*rien*» de visible dans l'éther interplanétaire! la perte de la raison pendant le sommeil! l'état léthargique de la marmotte pendant les mois d'hiver, sans que mort s'ensuive! l'état du somnambulisme chez l'homme, en contraste avec l'état normal! la création d'une simple mouche si délicatement organisée est un miracle de la nature, en comparaison de la construction d'une horloge ou d'un mécanisme automatique créé par l'homme. Ce qu'on appelle « miracles » dans l'histoire sacrée ne sont que des phénomènes insolites de rapports magnétiques entre les esprits du monde surnaturel et les hommes du monde naturel, en rien comparables au merveilleux de la nature dans la création des organismes les plus infimes, doués de vie et de mouvements spontanés dans un milieu moléculaire tel que l'Océan ou l'atmosphère.

MÉTHODE. — Pour étudier la nature il faut une méthode adéquate. Quelle est cette méthode ? et par où commencer l'étude ?

On voit que tout ce qui vit autour de nous commence la vie à un moment donné, pour fournir une carrière assez courte et finir par mourir ; que ce soit un homme, un animal, ou une plante; un organisme individuel, ou une espèce collective, telles que celles qui ont disparu pendant l'évolution paléontologique des espèces sur le globe. Les individus viennent et s'en vont, les espèces paraissent et disparaissent.

D'où vient la vie des espèces? Que deviennent les forces vitales après la mort du corps? Questions philosophiques qu'on peut traiter après avoir étudié la question scientifique de la nature des forces organiques dans les corps, et l'évolution de ces forces pendant la vie.

Pour étudier la question scientifique, il faut d'abord analyser un organisme individuel pleinement développé, afin de connaître la nature des forces qui l'animent, et les modes de mouvement de ces forces ; puis les phases successives de l'évolution de la vie, dans l'organisme depuis l'origine jusqu'à la fin.

Voilà le but de la méthode d'analyse organique et évolutive, qu'on trouvera développée dans ce volume sous les noms de *échelle organique* et de *série évolutive*, méthodes également applicables à l'étude des phénomènes transitoires de la nature individuelle, et de la nature universelle.

Modalité. — Modes de mouvement des forces occultes de la vie et de la spontanéité.

Dans la matière. — Vibrations dans les molécules de la matière pondérable et de l'éther inpondérable.

Modalités des forces physiques. { 1. Chaleur. 2. Lumière. 3. Electricité. 4. Gravitation.

Modalités des forces vitales. { 1. Physiologique. 2. Instinctuelle. 3. Rationnelle. 4. Morale et sociale.

Les modes de mouvement des forces physiques diffèrent par leurs effets et par leurs degrés de vélocité dans le monde cosmique.

Les modes de mouvement des forces vitales diffèrent par leurs modes de manifestation dans les plantes, les insectes, les animaux supérieurs, et dans l'homme, c'est-à-dire dans les règnes organiques de la nature sur notre globe.

Chacune des modalités de la force physique donne origine à une branche de science distincte, savoir : photologique, thermologique, électrologique, barologique ; sans parler des mathématiques applicables à toutes. Chaque distinction des forces vitales donne origine à des branches distinctes de la science biologique, sans parler de la biotechnique applicable à toutes, savoir : la physiologie, la psychologie, la logique, et la sociologie.

Les connaissances descriptives de l'anatomie sont impliquées dans cette analyse des forces physiques et vitales et des lois du mouvement dans le monde physique et le monde vital.

Nombres sacrés. — Tous les nombres possibles se retrouvent *objectivement* dans la nature et *subjectivement* dans l'esprit humain, mais on appelle *nombres sacrés* les *unités organiques* et les *fractions architectoniques* qu'on trouve dans les œuvres du Créateur ; ainsi :

Unité de l'âme humaine ; œuvre du Créateur ;

Quatre modalités dans cette unité ;

Hémialités dans l'unité du corps humain ;

Trois sections naturelles du mécanisme de la vie *organique*, de la vie *de relation*, et de la *vie unitaire* ;

Sept systèmes et *cinq sous-systèmes* des sens, dans l'unité du corps. Ce dernier nombre forme la *gamme schématique* de l'unité organique (œuvre du Créateur) dans tous les règnes de la nature. Ce nombre a toujours été regardé comme un *nombre sacré* dans l'unité architectonique de la création (œuvre du Créateur omniscient), sans qu'on ait eu l'analyse biotechnique pour le justifier ; mais aujourd'hui l'intuition primitive, plus ou moins conçue *a priori* ou par inspiration, est pleinement confirmée par l'analyse expérimentale *a posteriori*.

ONTOLOGIQUE. — Tout ce qui est *indestructible* dans les forces vitales et les forces physiques. Tout ce qui est *invariable* dans les lois de la nature est éternel et ontologique.

ONTOSCOPIQUE. — La raison, qui pénètre dans la nature des forces occultes de la vie, et des lois invariables de la nature, est ontoscopique.

ORIGINE DIVINE. — Les instincts de *cruauté* et les instincts de docilité ont une même origine divine, dans la création des animaux.

PALÉONTOLOGIQUE. — Ce qui se rapporte à l'histoire évolutive de la vie animale et végétale sur notre planète, d'après le registre des fossiles contenus dans les couches successives de la croûte du globe.

PARALLÈLES ORGANIQUES. — Le corps humain est un type d'organisme unitaire pour tous les degrés d'intégralité dans la nature ; pour les unités inférieures comme pour les unités supérieures.

L'unité universelle de tous les règnes à la surface du globe est soumise au même plan d'unité schématique.

C'est ainsi que l'homme est la mesure architectonique idéomorphique de tous les organismes de la nature.

PARALLÈLES BIOTECHNIQUES. — La théorie des parallèles et des similitudes est très utile en mathématiques, et plus encore en études biotechniques. En géographie les parallèles de longitude sont *convergents* depuis l'équateur jusqu'aux pôles ; les parallèles de latitude sont *équidistants*. Les parallèles de hauteur dans l'atmosphère sont *concentriques*, depuis le haut jusqu'en bas. On a dû voir dans ce volume qu'il y a quatre ordres de parallèles organiques.

Ainsi : Parallèles concentriques et analogiques ;
Parallèles bilatéraux et homologiques ;
Parallèles systématiques et synalogiques ;
Parallèles articulaires et arthrologiques.

Ce qui est homologique dans les côtés droits et gauches d'un même organisme individuel est homologique entre les mêmes moitiés d'une unité quelconque, telles que celles des ailes d'un oiseau et des bras d'un homme.

POTENTIEL. — Tout ce qu'il y a de forces occultes, physiques et vitales, indestructibles dans le monde invisible.

Phénoméno-potentiel. — Tout ce qu'il y a de forces occultes, physiques et vitales dans les phénomènes du monde naturel, savoir :

Forces physiopotentielles morphogéniques.	Atomo-potentielles. Elemento-potentielles. Moléculo-potentielles.
Forces vita-potentielles morphogéniques.	Phyto-génésiques. Zoophyto-génésiques. Mollusco-formatives. Insecto-formatives. Vertébro-formatives.
Forces archipotentielles morphogéniques.	Forces concepto-potentielles. Du poëte. De l'inventeur.

Il n'y a rien de mécano-potentiel dans la matière d'une locomotive, avant la construction de la machine par l'homme. Il n'y a que de la force physique dans la substance de l'œuf, avant l'incubation et l'incarnation de l'âme de l'oiseau dans la substance transformée.

PRINCIPE. — Force indestructible; loi invariable; Esprit créateur.

Principe vital. — Le principe vital qui organise la matière et la force physique dans un organisme vivant est un principe éternel et indestructible, comme la raison elle-même qui en est l'une des caractéristiques dans l'âme humaine. Ce principe s'associe avec la matière dans la formation du corps, et se sépare de la substance élémento-moléculaire du corps à l'époque de la mort, sans perdre la matière éthérée impondérable du corps spirituel à la résurrection de l'âme. On voit bien comment l'association du principe potentiel de l'âme se fait avec la matière élémento-moléculaire du corps pendant l'évolution métamorphique du fœtus, mais on ne sait pas comment la dissociation de l'âme avec le corps mortel est faite à l'époque de la mort. Swedenborg et d'autres voyants ont décrit le phénomène qui n'est pas vérifiable par l'expérience normale. Les expériences du savant chimiste M. Crookes, sur la « matière radiante » et les « phénomènes spirites » ont attiré l'attention de quelques savants, mais la science officielle refuse obstinément de s'occuper de la question. Elle a peur des miracles.

Principe-force. — Toute espèce de force occulte indestructible donnant origine à un mouvement quelconque.

Principe-loi. — Toute espèce de loi invariable régissant fatalement un mode de mouvement quelconque.

Principe créateur. — Toute conception capable de créer un organisme vivant, tel qu'un animal ou une plante, un astre ou un univers, un mécanisme automatique, tel qu'un moulin à vent, une horloge ou une machine à vapeur.

Principe moral. — Conscience humaine de la fraternité, de la justice, de la charité, du devoir et de la responsabilité individuelle et collective, dans l'ordre social.

Physionomie. — Les caricaturistes représentent les physionomies humaines sous les formes de singes, ou de boucs, ou d'oiseaux de proie, etc.; c'est-à-dire, selon l'expression physionomique d'une espèce d'animalité quelconque qui domine chez les individus. Ces diversités de physionomies observées de tout temps ont donné origine à la doctrine de la transmigration des âmes et de la métempsycose, chez les Egyptiens, et même chez les pythagoriciens et les platoniciens.

Nous avons constaté que l'animalité domine dans la nature humaine pendant les premières périodes de l'évolution sociale, comme dans les formes du fœtus individuel, pendant l'évolution métamorphique.

On sait que la larve d'un papillon devient chenille d'abord, puis chrysalide, avant de se transformer en imago; mais on se demande si l'homme animal pourrait jamais devenir un être intelligent et moral? une race inculte et barbare devenir, avec le temps, et sous l'influence d'autres conditions, une race civilisée avec des sentiments de justice et de fraternité? Voyons comment les idées des anciens philosophes et les mœurs des nations sont modifiées aujourd'hui par une transformation progressive, tout en restant fondamentalement les mêmes.

Dans une parabole, l'Évangile dit que « l'arbre reste là où il tombe »; c'est-à-dire plus ou moins développé, comme avant la chute. Swedenborg croit avoir vu les âmes des trépassés dans l'enfer et le purgatoire (les hôpitaux et les bagnes de l'autre monde), et dit qu'elles ont exactement les physionomies de l'animalité qui domine chez chacune d'elles. C'est la doctrine grossière de la métempsycose des anciens, transformée par les progrès des idées dans l'humanité, depuis l'avènement du christianisme.

L'âme d'un homme qui a vécu comme un animal, au lieu d'aller vivre dans le corps d'un cochon ou d'un singe, conservera la physionomie animale qu'elle avait dans ce monde. L'âme humaine reste la même, mais l'évolution sociale transformera, à la longue, l'*animalité* des individus et des races, en *humanité* angélique et fraternelle.

Les Italiens disent :

« *La physionomia e lo specchio de l'anima.* » (La physionomie est le miroir de l'âme.)

Prophétiser. — Un savant peut prophétiser le retour d'une éclipse du soleil par la lune, parce qu'il le sait d'avance par la loi des périodes astronomiques. Une femme de la campagne peut prédire que l'incubation des œufs de cane, couvés par une poule, produira des petits canards, parce qu'elle a eu l'expérience de ce genre de phénomènes bien des fois. Un esprit du monde céleste peut prophétiser les résultats futurs de l'évolution sociale de l'humanité terrestre sur notre globe, parce que les humanités célestes sur tous les globes de l'univers ont eu l'expérience de cet ordre de phénomènes depuis l'éternité. C'est aussi facile à l'esprit céleste de suggérer ces idées aux prophètes par l'inspiration, qu'à la fermière de dire à sa voisine qu'elle aura tel jour une couvée de jeunes canards sortant des œufs en incubation sous une poule.

Rêve. — Pendant le sommeil, un homme en parfaite santé peut avoir des songes les plus étranges. La raison est temporairement suspendue et les sens sont hallucinés. Les idées subjectives prennent les semblances d'idées objectives. On croit voir des personnes et les entendre parler, sentir des odeurs et goûter des saveurs, avoir même des sensations de volupté.

Les préoccupations de l'esprit avant le sommeil sont généralement la cause des idées incohérentes dans le rêve. Cependant il y a des rêves qui ne sont pas incohérents, d'une part, et d'autre part, il y a des cas d'hypnotisme où les idées du patient ont été suggérées par le magnétiseur. Dans ces cas, la source des idées chez l'hypnotisé est objective ou extérieure. L'hallucination est complète dans les deux cas, mais peut avoir une origine subjective seulement ou objective en réalité.

Si un homme éveillé peut suggérer des idées raisonnables ou illusoires à une personne hypnotisée, un esprit peut suggérer des idées raisonnables ou fantastiques à une personne qui rêve pendant le sommeil. C'est comme cela que les mystiques expliquent les rêves qui sont à la fois rationnels et descriptifs, lucides et suggestifs.

Le sommeil est un phénomène physiologique assez mystérieux, et le rêve est un phénomène psychologique encore plus mystérieux.

On peut néanmoins se faire une idée de la chose : ainsi, la vue réelle d'un animal ou d'une chose quelconque se peint dans la mémoire; on peut se rappeler l'image mnémonique par l'imagination; une personne peut suggérer à l'imagination l'image d'un animal ou d'une chose quelconque, sans la présence réelle de cette chose.

L'âme elle-même pendant le rêve imagine des idées de formes ou de goûts, ou de sons, ou de sensations quelconques, et ces idées sont des hallucinations de l'esprit en rêve.

RÉVÉLATION. — Révélation naturelle des lois invariables de la création, accessibles à la science par l'étude des phénomènes de la vie et du mouvement en ce monde. Révélation surnaturelle, mystique et prophétique des livres sacrés de la religion, peu intelligible par l'étude des textes de l'Écriture, à moins qu'on ne compare le sens terrifiant du verbe divin à l'instinct féroce des animaux d'origine divine; le principe créateur qui donne origine aux animaux féroces et à l'homme ne peut pas être moins intelligent que l'homme.

RUDIMENTAIRE. — Ce qui est imparfait dans la forme d'un organisme en état de transformation, comme une chenille de papillon ou l'embryon d'un oiseau dans l'œuf, pendant l'incubation. Une forme peu développée d'un type organique, telle que celle de l'*amphioxus* du type vertébré ; les *protozoa* du type rayonné ; les *polyzoa* du type mollusque ; les *entomostraca* et les *acarides* du type articulé. Les ailes de l'autruche restent pendant toute la vie à l'état peu développé ; celles de l'aptéryx à l'état rudimentaire.

SCEPTICISME. — Incrédulité systématique de tout ce qui se rapporte aux « miracles » de la Bible, et aux phénomènes dits « surnaturels ». Le doute est naturel sur les choses qu'on ne connaît pas, et sur les histoires de prodiges qu'on n'a aucun moyen de vérifier par expérience. Les phénomènes de l'extase, du somnambulisme naturel et du somnambulisme provoqué, sont vérifiables par l'expérience pour ceux qui veulent se donner la peine de rechercher les occasions exceptionnelles, plus ou moins rares dans tous les pays.

L'inspiration des poètes et des inventeurs est de source céleste comme celle des prophètes et des philosophes.

Il y a beaucoup de variétés dans les phénomènes de l'inspiration comme dans les phénomènes de l'extase qu'on observe aujourd'hui et qu'on raconte dans l'histoire de l'antiquité. Dans le somnambulisme provoqué, les individus qui tombent en extase peuvent, sans l'aide de la vue naturelle, voir l'état intérieur de leurs propres corps, et de celui du magnétiseur, ou des personnes mises en rapport avec le somnambule par le magnétiseur. Dans cet état de *clairvoyance*, le somnambule prédit souvent la guérison d'une maladie à une époque future, et les moyens par lesquels la guérison peut s'accomplir. Il prédit aussi l'heure exacte à laquelle le sommeil extatique reviendra chez lui-même. On a souvent vérifié l'exactitude de ces prédictions ; mais on ne connaît pas la *nature* de cette faculté de révélation somnambulique.

Science. — Ce qu'on appelle la *science descriptive* des phénomènes n'est que la connaissance des faits, tels que ceux de l'anatomie, de la physiologie et de l'embryogénie comparées, dont on ignore les lois et les limites évolutives. La *connaissance* des phénomènes variables de la nature n'est pas la *science* des lois invariables.

Sociologie. — Science de l'évolution et de l'organisation sociale dans le monde naturel.

La science de l'évolution métamorphique de l'organisme collectif de l'humanité ne peut être bien établie que par une idée complète d'un tel organisme, en parallèle avec un type connu d'unité organique, comme nous l'avons indiqué dans ce volume.

Surnaturel. — Ce qui est potentiel est invisible dans le monde spirituel, au-dessus du monde naturel ; ce qui est hypercosmique par rapport aux mondes cosmiques. Le surnaturel est soumis aux lois invariables de la vie et du mouvement autant que le naturel. Ce qui est potentiel dans la nature est en harmonie avec ce qui est phénoménal. Il n'y a rien de miraculeux dans les phénomènes qu'on appelle miracles : c'est-à-dire rien d'antinaturel, ou contre-nature.

Superficiel. — Une philosophie superficielle dite *positive*, dont Hume est le plus grand oracle avant ceux de notre siècle, affirme « qu'il n'y a rien dans l'univers accessible à l'esprit humain, que des phénomènes, avec leurs antécédents et leurs séquences ». Or, les ânes et les cochons, avec tous les autres animaux, sont des phénomènes de la nature, ayant des progéniteurs pour antécédents, et des progénitures pour séquences. La description de ces phénomènes, avec les conditions de leur existence passagère en ce monde, est ce qu'on appelle la science biologique aujourd'hui. Cette connaissance des phénomènes ne donne aucune science des forces indestructibles et des lois invariables de la vie, ne répond pas aux questions des esprits curieux de savoir quels sont les forces fondamentales de l'existence, et les principes architectoniques de la création.

La nature des forces indestructibles est révélée à l'homme par leurs modes de mouvement dans les règnes inorganiques et organiques de notre planète ; les principes architectoniques sont révélés dans tous les organismes de la création. Or, la biologie officielle n'a jamais fait une analyse complète des modes de mouvement des forces vitales connues, ni découvert une loi invariable d'évolution et d'organisation. Pour avoir une idée nette des lois de la vie, il faut lire ce volume sur la philosophie évolutive et organique.

On pourra chicaner sur les mots forces vitales, mais il faut admettre que les principes de la vie dominent les forces physiques dans tous les règnes organiques.

SYMBOLES. — Les symboles de notation biotechnique sont aussi utiles que les symboles de notation mathématique. C'est bien plus commode de noter la valeur d'une somme chiffrée, 10,357 que d'écrire les mots dix mille trois cent cinquante-sept. C'est bien plus facile d'écrire les termes du binome de Newton que de construire un triangle arithmétique de même ordre.

Les principes de l'unité organique dans un tableau synoptique sont à la fois plus simples et plus généraux que les définitions de ces principes. Ainsi, pour les symboles des éléments connectifs d'une échelle organique :

Z dénote les forces qui animent un organisme quelconque, sauf à analyser et définir la nature de ces forces.

Y dénote les conditions de la vie de l'organisme, dans un milieu donné.

X dénote les sécrétions ou les créations d'un organisme quelconque, sauf à définir la nature de ces productions.

W dénote les liens connectifs de l'unité organique, sauf à définir la nature de ces éléments connectifs.

L'échelle des symboles de notation biotechnique est souvent répétée dans ce volume.

TÉRATOLOGIE. — Ce qui se rapporte à la monstruosité des nouveau-nés, tels qu'enfants à deux têtes ; à quatre bras, etc. ; ou des animaux à deux têtes ou sans tête ; tous les genres de monstruosités qui résultent des arrêts de développement dans la vie utérine, ou à des confusions d'organes entre des jumeaux pendant la vie utérine. Une branche de connaissances très intéressante dans l'étude du problème de l'union des âmes et des corps jumeaux pendant la gestation utérine. (Voir le grand ouvrage de M. Isidore Geoffroy de Saint-Hilaire sur « l'*Histoire des anomalies de l'organisation* ». J.-B. Baillière, Paris; trois gros volumes in-8°.)

TYPE ARCHITECTONIQUE. — Structural et vocationnel. Forme générale d'un organisme quelconque, cosmique (astro), épicosmique (animal ou plante). Le type d'un organisme caractérise son rang hiérarchique dans la création, et la vocation de cet organisme dans le monde.

Le *type général* des vertébrés est diversifié dans les classes, selon le milieu ambiant de leur existence dans l'eau, dans l'atmosphère, et leurs modes de mouvement dans ces milieux.

Le *type spécial* d'une espèce de vertébrés est adapté à sa constitution alimentaire ; à sa vocation spéciale de carnivore, frugivore, herbivore, insectivore, etc.

TYPES ORGANIQUES. — Formes architectoniques distinctes d'autres formes organiques complètement développées. Ainsi, types organiques de règnes *vertébrés, articulés, mollusques, rayonnés;* types organiques de règnes phanérogamiques et cryptogamiques.

Types moléculo-structuraux des sphères inorganiques; c'est-à-dire atmosphérique, thalattosphérique, géosphérique, ipnosphérique. Toutes les couches concentriques de l'atmosphère sont du même type moléculaire; toutes les classes des vertébrés sont du même type organique.

Les espèces rudimentaires appartiennent à un type qui est pleinement développé dans le même règne. Tous les embryons appartiennent à des espèces pleinement développées, comme la chenille d'une espèce de papillon, et ainsi des autres embryons d'espèces quelconques.

Unité. — Ce mot comprend bien des degrés de complexité entre les deux extrêmes du fini et de l'infini. Nous définissons l'unité de l'âme humaine comme une hiérarchie de forces vitales, physiologiques, instinctuelles, rationnelles et morales; la dernière à la tête, et la première à la base de l'unité biologique.

L'unité de l'Esprit infini se divise de même en omnivolence, omniscience, omnificence et omniprésence; l'omnivolence au sommet, et l'omniprésence à la base de l'existence absolue.

Le panthéisme confond l'unité hiérarchique de la création avec l'« *unica substantia* » de l'analyse métaphysique; l'athéisme confond l'unité universelle de la nature avec l'ignorance et l'impuissance analytique de l'esprit humain; le polythéisme confond l'unité hiérarchique des principes de la vie avec la diversité des phénomènes astronomiques et sociologiques dans la création; le monothéisme substitue l'unité absolue à l'ordre hiérarchique des centres de puissance dans les modes naturels et surnaturels. La réalité n'est pas affectée par ces diversités d'idées spéculatives de l'esprit humain peu développé.

L'analyse de l'unité individuelle de l'âme humaine est

nécessaire à la science; une définition analytique de l'unité absolue est nécessaire à la raison, qui voit la Providence à la fois universelle et spéciale.

Il y a probablement des centres de chaleur et de lumière spirituelles dans le monde surnaturel, comme il y a des centres de chaleur et de lumière physiques dans le monde naturel.

Unité organique. — L'homme individuel est une unité organique très complexe, formée peu à peu, par évolution métamorphique, avant de naître à la lumière en ce monde; l'humanité sociologique est une unité complexe en voie de formation par évolution sociale, mais non encore arrivée au terme de l'évolution métamorphique. Dans la société imparfaite, on n'est pas d'accord sur le sens des mots *régner, gouverner, contrôler*. Quelle est l'origine des mots autorité et souveraineté ? et quelles sont les fonctions de l'autorité et de la souveraineté ? Les quatre sources de l'autorité sont la *paternité*, l'*hérédité*, le *génie* conquérant organisateur, l'*élection* populaire. Les fonctions de l'autorité sociale sont résumées dans les mots *prophète, prêtre, juge, roi*. Le père de famille est prophète, prêtre, juge et roi chez lui. Il en est de même du patriarche d'une race de même souche. On peut prendre pour exemples dans l'histoire *Abraham*, père d'Isaac et d'Ismaël ; le premier, préféré comme héritier légitime, souche de la tribu d'Israël, le second, déshérité, souche des Arabes du désert ; *Jacob*, héritier légitime, souche des douze tribus d'Israël ; Esaü, déshérité, souche des Edomites. Après cette évolution, l'autorité passe des patriarches héréditaires au *génie* organisateur de *Moïse* pour la conquête de la Terre promise et l'extermination, ou la sujétion des Chananéens qui occupent cette terre. Après la mort de Moïse l'autorité passe par voie d'*élection* à *Josué*, puis à une série de juges d'Israël, avant de passer par élection aux rois Saül et David, puis par hérédité à Salomon et à ses descendants. Les quatre sources naturelles et légitimes de l'autorité sociale sont donc la paternité, l'hérédité, le génie organisateur et l'élection populaire.

L'humanité céleste est souveraine de l'humanité terrestre pour l'inspirer et la contrôler. Le génie inspiré est l'intermédiaire entre l'humanité céleste et l'humanité terrestre; le peuple souverain sur la terre contrôle les autorités sociales dans la famille, dans les tribus et dans les nations, quelle que soit la source de l'autorité, paternelle, héréditaire, génie conquérant ou chef élu par les concitoyens.

Les fonctions de régner, gouverner et contrôler peuvent être résumées dans une seule personne, ou divisées entre plusieurs. Dans les nations modernes, où l'État est constitutionnel, le roi règne, les ministres gouvernent et l'opinion publique contrôle. La souveraineté est une trinité en unité, tant que la paix existe, sans révolution dans l'État.

L'unité absolue de l'Esprit omniscient au-dessus de la nature finie est une unité *idéomorphique* dans l'esprit humain, représentée en fractions par une diversité infinie d'unités organiques *physiomorphiques* dans la création.

L'unité de la nature humaine est le type *microcosmique* de l'unité organique de tous les organismes les plus divers, épicosmiques, cosmiques, hypercosmiques et amphicosmiques ; sans quoi l'homme ne pourrait pas comprendre les lois de la nature universelle. Il ne pourra jamais trouver dans l'univers des forces et des lois organiques plus complexes que celles qu'il trouve en lui-même et si, par impossible, il en existe dans la nature pancosmique d'une autre essence que celle de la nature humaine, l'homme ne pourrait ni les analyser ni les comprendre... Au point de vue technique, l'unité organique peut être naturelle ou artificielle :

Animal : *organisme automatique*.

Principes.
{ 1. Matière et force indestructibles.
2. Lois invariables éternelles.
3. Créateur archiontologique. (Dieu.) }

Locomotive : *mécanisme automatique*.

Principes.
{ 1. Matière et forces indestructibles.
2. Lois invariables de mécanique.
3. Créateur architectonique. (L'homme.) }

1° Toutes les forces connues sont des propriétés de la matière.

2° La matière existe à l'état visible ou invisible, pondérable ou impondérable.

3° Il n'y a pas de matière connue sans forces ou sans âme.

4° { a. Corps simples et âmes simples.
b. Corps complexes et âmes complexes. }

5° { a. Corps inorganiques et âmes inorganiques.
b. Corps organiques et âmes organiques. }

6° { a. Séparations de corps et âmes simples par la chimie.
b. Combinaisons de corps et âmes simples par la chimie. }

7° { a. Séparations de corps et âmes vivants par la mort.
b. Combinaisons de corps et âmes vivants par la vie. }

« L'âme est une propriété de la matière dit-on. » Oui, mais de quelle espèce de matière, visible ou invisible? pondérable ou impondérable?

On sait que les substances solides peuvent être combinées avec des substances liquides et gazeuses ; soit en mode purement physique, soit en mode chimique.

La substance gazeuse visible ou invisible peut se dégager de la matière visible sans perdre ses propriétés physiques, ses forces ou son âme. Le corps et l'âme du gaz hydrogène peuvent se dégager du corps et de l'âme du gaz oxygène par un courant électrique qui décompose l'eau, dans laquelle ces deux corps simples étaient combinés en corps et âme, composé inorganique.

La substance éthérée invisible du corps et de l'âme spirituelle de l'homme peut se dégager du corps matériel visible et pondérable sans perdre les propriétés animiques et sans que la matière du cadavre délaissée perde ses propriétés de matière après la séparation. L'expérience du spiritisme fournit les preuves que les propriétés de l'âme humaine existent avec le corps éthéré spirituel après la séparation du corps matériel et pondérable.

PROPRIÉTÉS DE LA MATIÈRE DES CORPS PONDÉRABLES.

1° Affinités chimiques
2° Cohésivité physique   } Dans le monde naturel visible.
3° Gravitation cosmique

PROPRIÉTÉS DES ORGANISMES ÉTHÉRÉS IMPONDÉRABLES.

1° Attractions végétales, physiologiques
2° Attractions animales, instinctuelles   } Dans les deux mondes visible et invisible.
3° Attractions humaines, sociologiques

PROBLÈMES D'ORGANISATION SOCIOLOGIQUE.

Une question bien posée, dit-on, est à moitié résolue.

Pouvons-nous poser la question de l'unité sociologique universelle? C'est peut-être difficile dans l'état actuel des sciences peu développées. Le tableau suivant pourra servir à faire étudier la question par des esprits instruits et capables de traiter une question aussi compliquée que celle de l'unité sociologique universelle.

On verra, page 387, un tableau de l'unité sociologique de l'humanité collective divisée en *classes*, *sociétés* et *autorités* : voici une autre manière de poser le problème, en formules technologiques, qui, sans être identique avec la formule page 387, est également complète et explicite; ce qui fait voir que les mêmes questions peuvent être posées de plusieurs manières assez différentes.

L'organisation politique, municipale et domestique, partiellement développée partout à présent, demandera sans doute des siècles de progrès continu pour arriver à l'unité fédérale universelle. On peut, néanmoins, poser le problème de la croissance évolutive du fœtus actuel de l'humanité collective, encore peu développé.

Quand l'enfant vient de naître tout formé, il lui faut vingt ans pour se développer complètement à la stature d'un adulte; quand le fœtus collectif aura atteint l'unité complète politique et sociale sur le globe, il lui faudra vingt siècles peut-être pour occuper et cultiver le globe entier; puis encore nombre de siècles pour compléter la carrière de son évolution terrestre complète sur la planète.

Il y a plus ou moins d'utilité théorique à poser des questions difficiles avant d'avoir trouvé les moyens de les résoudre complètement, quand on a déjà des aperçus qui font entrevoir la possibilité de faire avancer la science.

L'unité sociologique de l'humanité sur notre globe est sans doute une question purement spéculative pour le moment, mais c'est le but de l'évolution métamorphique du fœtus collectif, comme organisme rudimentaire qui doit être développé en rapport avec le type définitif de l'unité organique.

TABLEAU SYNOPTIQUE DE L'UNITÉ SOCIOLOGIQUE.

SECTION CONNECTIVE.

Z. Principes de la vie amphicosmique.
- H. Physiologiques.
- U. Instinctuels.
- N. Religieux.
- O. Rationnels.

Y. Conditions de la vie amphicosmique.
- H. Céleste.
- U. Terrestre.
- N. Incarnatives.
- O. Décarnatives.

X. Créations artificielles sur le globe.
- H. Instruments.
- U. Arts.
- N. Sciences.
- O. Religions.

W. Créateurs humains.
- H. Inventeurs.
- U. Poètes et artistes.
- N. Savants et philosophes.
- O. Prophètes.

GLOSSAIRE. 461

SECTION ORGANIQUE.

VII. Organisation politique.
- H. *Fédération universelle.*
- U. Nationalités indépendantes.
- O. Fédérations continentales.
- N. Colonies dépendantes.

7. Economie politique.
- H. *Commerce, finances.*
- U. Immigrations, émigrations.
- O. Circulation universelle.
- N. Statistiques, assurances.

VI. Organisation municipale.
- H. *Eglises, hôpitaux, théâtres, etc.*
- U. Villes ordinaires.
- O. Villes métropolitaines.
- N. Villages et bourgs.

6. Ecoles d'instruction.
- H. *Religion et philosophie.*
- U. Beaux-arts.
- O. Sciences.
- N. Ecoles pratiques, expérimentation.

V. Organisation domestique.
- H. *Hôtels et hôtelleries.*
- U. Couvents, monastères.
- O. Familles domestiques, familistères.
- N. Pensionnats, restaurants, etc.

5. Ateliers de travail.
- H. *Champs, forêts, marchés, etc.*
- U. Scieries, agriculture, etc.
- O. Alimentation, cuisine, etc.
- N. Drainage voirie, etc.

SECTION RELATIONNELLE.

IV. Système postal.
- H. *Bureaux de poste.*
- U. Télégraphie, téléphonie.
- N. Lettres et imprimés.
- O. Facteurs de poste.

III. Système minéralogique.
- H. *Instruments d'analyse.*
- U. Métallurgie.
- N. Cristallographie.
- O. Exploitation de mines.

2. Sous-système vibrato-sensoriel.
- H. *Instruments dramatiques.*
- U. Instruments de musique.
- N. Instruments gymnastiques.
- O. Instruments chorégraphiques.

II. Système motorial.
- H. *Instruments de guerre; explosifs, etc.*
- U. Moulins à vent; ballons.
- N. Moulins à eau; bateaux à vapeur.
- O. Locomotives, animaux, etc.

1. Sous-système sensoriel.
- H. *Médication (bains, propreté), etc.* [etc.]
- U. Instruments d'éclairage, optique, peinture.
- N. Instruments maniables, jardinage, etc.
- O. Instruments de chauffage, etc.

I. Système potectif.
- H. *Sanitation protective.*
- U. Abritement (architecture, etc.)
- N. Ameublement.
- O. Habillement.

L'AME HUMAINE ET LE CORPS DU FŒTUS.

L'âme humaine possède la forme humaine avant de s'incarner dans le fœtus ; mais elle ne donne aux organes rudimentaires de l'embryon que des formes de rudiments imparfaits pendant toute la période métamorphique du fœtus, avant le sixième mois de la gestation incarnative.

La loi de Moïse et l'Évangile de Jésus, sans parler du Koran de Mahomet, contiennent la vérité religieuse et morale dictée par inspiration du ciel, avant d'être réalisées sur la terre ; mais ces vérités ne peuvent être réalisées en pratique avant de passer par des phases successives d'imperfection métamorphique plus ou moins hideuses à voir, avant la fin de l'évolution du fœtus collectif de l'humanité.

Ceci doit nous faire comprendre les imperfections des Églises et Institutions religieuses de toutes les sectes, pendant les phases successives de l'évolution métamorphique de l'humanité sociologique. Les institutions du fœtus collectif seront transformées à la fin, tout comme les organes rudimentaires du fœtus individuel.

AVIS IMPORTANT à ceux qui voudront étudier à fond l'homme et la nature ; à trois points de vue différents :

1° *Point de vue microscopique* montrant les *diversités homogéniques* des œufs et des graines ; bases physiques de la vie dans tous les types d'organisme animal ou végétal ;

2° *Point de vue médioscopique* montrant les *diversités homologiques* de structure organique dans tous les types d'organisme. Dans cette partie des sciences naturelles, les idées préconçues de transformisme ont mis beaucoup de confusion dans les descriptions des formes inférieures de la vie ;

3° *Point de vue ontoscopique* montrant les *diversités analogiques* dans l'association des forces vitales des organismes de types différents, dans les règnes de la nature sur notre globe.

Ce volume est écrit au point de vue *ontoscopique* qui fait voir que les forces vitales invisibles forment les organes visibles dans tous les organismes : dans l'œuf d'un oiseau, d'un reptile, d'un mammifère; et que ces forces vitales invisibles ont nécessairement les formes distinctes qu'elles donnent aux organes. La substance homogène des œufs ne peut pas se transformer en organes, sans la force vitale qui la met en mouvement d'une manière si diverse dans les types différents des règnes organiques de la nature.

Les ouvrages de M. Huxley, traduits en français, sont fort bien faits aux points de vue *microscopique* et *medioscopique*. Un vol. in-12, sur les « *Sciences naturelles* ». Baillière et fils, Paris, 1877. Un vol. in-12, chez Baillère et fils sur « *l'Anatomie comparée des animaux vertébrés*, 1875. » Un vol. in-12 sur « *les Éléments d'anatomie comparée des animaux invertébrés* », chez Adrien Delahaye. Paris, 1877.

Milne Edwards a écrit sur les mêmes questions ; mais l'ouvrage le plus complet sur la classification naturelle du règne animal, est celui de Louis Agassis, publié à Londres en 1859.

En dehors de l'étude des sciences naturelles, il y a un excellent livre sur l'évolution sociale de l'humanité collective ; c'est intitulé « *The Divine Drama of History and Civilisation* », par le rev. James Smith, M. A. Un vol. in-8, 640 pages ; Chapman et Hall, Londres, 1854.

MATÉRIALISME ET SUPERSTITION.

Comment expliquer les deux états de l'esprit humain si différents que la crédulité et l'incrédulité ? l'ignorance et le savoir ? toutes les imperfections de l'homme sont sans doute naturelles, et même plus ou moins nécessaires au progrès social pendant les périodes successives de l'évolution fœtale de l'humanité collective sur la terre et même dans le monde invisible.

De quelle utilité peut être le matérialisme comme négation du « spiritualisme » ? pour limiter les recherches aux phénomènes positifs du monde visible, que les spiritualistes n'ont que trop l'habitude de négliger. De quelle utilité peut être la superstition chez les individus ignorants et crédules ? pour entretenir l'espérance d'une vie heureuse dans l'autre monde, après une vie malheureuse dans le monde naturel.

L'Évangile explique les principes de la religion d'une manière très simple pour ceux qui ont assez d'intelligence pour les comprendre, mais accompagnée de paroles très sévères pour les méchants : ce qui alarme les esprits ignorants faibles et craintifs. C'est là ce qui a entraîné les églises à substituer les mots de « *grâce* » et de « *miséricorde* » aux principes de la religion, pour répondre à l'espérance chez les ignorants qui ne peuvent pas comprendre ni la vérité de la révélation céleste et spirituelle dans la Bible, ni de la révélation terrestre et naturelle dans les animaux féroces ou nuisibles dans la création des règnes organiques sur le globe.

Les Églises de toutes les sectes, dans tous les pays ont trouvé par expérience qu'il était plus facile d'inventer des superstitions pour répondre à l'espérance craintive, que d'étudier les mystères de la création naturelle et de la révélation spirituelle, afin de pouvoir les comprendre et de les expliquer d'une manière rationnelle et scientifique, assez simple et assez claire pour satisfaire tous les esprits sincères et honnêtes, capables de distinguer des phénomènes variables et temporaires des lois invariables de la justice éternelle qui dominent tous les phénomènes variables dans l'un et l'autre monde, de la vie et de l'évolution sociale de l'humanité terrestre et céleste.

Les matérialistes ignorants et incrédules ne comprennent pas mieux ce qu'ils appellent les *désordres* de la création, que les prêtres superstitieux et crédules ne comprennent ce qu'ils appellent les mystères de la révélation spirituelle. Tout cela se comprend facilement quand on a une fois acquis une connaissance suffisante de la vie métamorphique du fœtus individuel de l'homme et de la vie métamorphique sociologique du fœtus collectif de l'humanité entière sur notre globe; en rapport avec l'équilibre amphicosmique de la vie humaine dans les deux mondes visible et invisible; avec les transitions naturelles de la vie incarnative dans ce monde et de la résurrection de l'âme dans l'autre monde. Ce que nous avons voulu expliquer dans ce volume de la philosophie organique, résultat de l'étude approfondie de l'homme et de la nature.

Le matérialiste dira qu'il n'accepte pas nos explications, et le superstitieux dira que nous ne sommes pas assez clairs pour ceux qui ne connaissent pas les sciences naturelles, ni assez d'accord avec l'autorité de l'Église dans aucun pays, catholique, protestant, juif ou mahométan. Soit, mais le progrès social de l'humanité finira par développer les sciences et les intelligences assez pour rendre nos idées intelligibles aux générations futures, assez éclairées par l'éducation générale pour comprendre à la fois les mystères de la création naturelle sur le globe et les mystères de la révélation spirituelle dans ce monde.

TABLE DES MATIÈRES

Avant-propos... v-viii
 Principes. — Naturel et artificiel, 11. — L'homme créateur et procréateur, 13. — Biologie humaine, 13.......... 2
 Livre Ier. — Biologie analytique, 17. — Unité organique, 18. — Echelle schématique, 19. — Tableau synoptique développé, 22. — Notation, 26. — Analyse de l'instinct, 44. — Instinct animal, 48. — Facultés intellectuelles, 50. — Instincts et goûts, 51. — Phrénologie et cranioscopie, 63. — L'âme rationnelle, 74. — Facultés de l'entendement, 76. — L'âme passionnelle et morale, 90. — Sentiments de l'âme, 95. — Caractéristiques de la vie, 102. — Tempéraments, etc., 104. — Vocations spéciales; l'autruche et l'hirondelle, 108. — Association latente de forces physiques et vitales, 109. — Union du corps et de l'âme, par l'intermédiaire de l'oxygène, 116. — Hallucination, 121. — Union de la matière et de la force, 127. — Diathèses nutritionnelles et climatériques, 129. — Biomagnétisme artificiel, 131. — Modalités de la conscience, 134. — Idiosyncrasie du corps et de l'âme, 136. — Intégrité de l'organisme, 140. — *Caractéristiques* de l'âme et du corps, 142. — Tableau du cycle évolutif, 143. — Périodes embryonnaires et fœtales métamorphiques, 147. — Révolution de la vie, 148. — Alternance de la vie en quatre mondes, 155. — Identité de l'âme dans les alternances de la vie, 155... 17
 Livre II. — *L'humanité*. — Sociologie analytique, 161. — Distinction du corps et de l'âme, 166. — Caractères sociaux, 185. — Sanctuaires, prophètes, etc., 187. — Unité universelle de sciences, 190. — Echelle générale d'instruments utiles, 197. — Caractéristiques de l'humanité, 204. — Progrès évolutifs de l'humanité, 206. — Sociologie amphicosmique, 209. — Conclusion politique, 213......................... 116
 Livre III. — Discussion des problèmes des sciences naturelles, 217. — Unité épicomisque, 224. — Les douzes règnes, 227 —

Tableau synoptique des douzes règnes, 228. — Règnes organiques, 230. — Tableau synoptique du règnes des vertébrés, 233. Règne des articulés, 235. — Règne des mollusques, 236. — Règne des rayonnés, 237. — Plantes phanérogames, 239. — Plantes cryptogames, 239. — Règnes inorganiques, 240. — Règne atmosphérique, 242. — Règne ipnosphérique, 243. — Tableau synoptique des éléments simples, métaux et métalloïdes, 246.— Sous-règne pluvial, 251. — Sous-règne reliquial, 253. — *Deuxième partie*. — Caractéristiques des règnes, 257. — Caractéristiques électro-moléculaires, tableau synoptique, 260. — Universalité de la force, 261. — Bases physiques de la vie, et la sensibilité dans le règne animal et dans le règne végétal, 262. — La sensibilité animale consciente, inconsciente, insensible, 266. — Matière radiante, 268. — Forces vitales, 273. — Constitutions alimentaires, tempéraments vasculaires, mœurs connubiales, 273. — *Troisième partie*. — Evolution des règnes, 276. — Périodes évolutives des mondes cosmiques et épicosmiques, 277. — Règnes inorganiques, 279. — Evolution des règnes organiques, 285. — Origine de la vie, 287. — Existence potentielle, 293. — Hétérogenèse embryologique, 295. — Colonies animales, 296. — Les écoles d'évolutionnistes, 305.................... 216

Livre IV. — Ontologie, 317. — Les croyances, 321. — Philosophie transcendante, 322. — Le fini et l'infini, 325. — Principes architectoniques de la raison, 326. — Création et évolution, 328. — Potentialité, 330. — Lois de la vie, 335. — Unité universelle, 336. — Science et force, 341. — Idéalisme anthropomorphique, 343. — Analyse ontologique, 344. — Liberté, nécessité, responsabilité, 347. — Systèmes d'idées, 349. — Esprits forts, 350..................................... 317

Livre V. — Méthode, 354. — Analyse mathématique, 359. — Analyse biotechnique, 360. — Analyse philosophique, 360. — Formules d'analyse, 361. — Analyse progressive, 362. — Architectonique, 363. — Analyse progressive de l'humanité collective, 370. — Echelle de l'organisme collectif, 372. — Définitions et axiomes, 376. — Evolution, 384. — Unité amphicosmique, 393. — Spéculations théoriques, 397. — Rectifications, 402. — Résumé général, 406............................... 354

Glossaire biotechnique........................ 408

WORKS BY HUGH DOHERTY. M. D.

(Trubner and Co., London.)

PHILOSOPHY OF RELIGION;
THE EVOLUTIVE PERFECTIBILITY OF HUMANITY.
8vo., 48 pages. Price One Shilling.

PHILOSOPHY OF HISTORY AND SOCIAL EVOLUTION.
8vo., 200 pages. Price Three Shillings.

PRINCIPLES OF GRAMMAR.
8vo. Price Six Shillings.

ORGANIC PHILOSOPHY
Or, MAN'S TRUE PLACE IN NATURE.
5 vols. 8vo. Price Ten Shillings each volume.

Vol. I.—EPICOSMOLOGY; or, THE REALMS OF NATURE ON OUR GLOBE.

CONTENTS.— Distinction between *cosmos* and *epicosmos*.— The globe and that which is on the globe.

EPICOSMIC UNITY; Biology; Organic principles and method; Man's zoological place in nature; Man's sociological place in nature.

OUTLINES of Vertebrate organic unity and complexity; Vertebrate types of organism; Articulate types of organism;

Molluscan types of organism; Radiate types of organism; Phanerogamic Plants and types of organism; Cryptogamic Plants and types of organism; Atmospheric Realm; Pluvial Realm; Oceanic Realm; Reliquial Realm; Geological Realm; Elemental Realm.

SYSTEMATIC CLASSIFICATION of animals and plants.

CONCLUSION. — Individual and collective organisms are constructed on one and the same principle of organic diversity in unity. — Man claims affiliation with God, and with all the creatures of the universe. — Physical and spiritual nature are coordinate, and ruled by the same invariable laws. — The plan of the human body is a key to the laws of unity, in body, soul, mind, and spirit. — Philosophy need deeper science; science needs more comprehensive philosophy, in harmony with religion.

VOL. II. — OUTLINES OF ONTOLOGY.

(ETERNAL FORCES, LAWS, AND PRINCIPLES.) — All forces are immaterial and indestructible; all laws of order in the natural and the spiritual universe are invariable and eternal, while phenomenal evolutions and mutations are endless in variety.

PART I. — INVESTIGATION OF PRINCIPLES. — Unity of science; Methodological sciences; Mathematics, Physics, and Mechanics; Biological and Sociological sciences and methods. — Astronomical sciences; Ontological sciences. — Transcendental philosophy; Perfective philosophy; Evolutive philosophy; Organic philosophy. — Unitary principles; Organic complexity; Dynamic depths of being. — Perfection and imperfection. — Religions revelations; Religion and irreligion. — Uses of disease and suffering in the body politic. — Evolutive theories of the origin of species. — Darwinism not a solution of evolutive problems. — Supernatural not contrary to natural. — Authenticity of revelation; Interpretations of Scripture.

PART II. — DISCUSSION OF PRINCIPLES. — Evolutive facts and theories. — Physical philosophy; Spiritual philosophy; Bacon's Inductive philosophy. — Theosophics and theologies. Boehmen, Swedenborg, Coleridge.

Vol. III. — OUTLINES OF BIOLOGY.

CONTENTS. — General Introduction. — Experiential biology distinct from immortality. — The natural body fused with the "spiritual body" during earth-life (as an alloy of copper with pure gold), and separable at death, without detriment to the spirit. — Heat, light, magnetism, and weight belong to indestructible physical force and substance; Body, soul, mind, and spirit belong to one vital unit in immortal beings.

BOOK I. — OUTLINES OF PHYSICAL BIOLOGY. — Systematic anatomy, physiology, embryology, and genealogy. — Biological characteristics of relational and organic systems and series of organs in the body. — Organic impress of the body; Hereditary idiosyncrasies.

BOOK II. — OUTLINES OF INSTINCTUAL BIOLOGY. — Animal instincts and intelligence; Human instincts and intellect. — Psychological characteristic. — Industrial instincts and vocations; Strategical cunning and modes of action; Alimentary appetancies and procurative instincts; Psychological health and diathesis.

BOOK III. — THE MIND AND MENTAL FACULTIES. — Mathematical faculties; Systematic reason; Evolutive reason; Science and religion; Positive philosophy and organic philosophy. — Idealism and realism. — Analytical and synthetic reason; Inductive and deductive reason; Co-ordinative and subordinative reason; Ontological reason and understanding; Analogical reason and understanding. — Generalizing faculties. — Natural and spiritual revelations and conditions of reason and understanding.

BOOK IV. — THE WILL. — Emotions and volitions, passions and desires; Free-will and necessity; Moral sanity and insanity; excitement and depression; Soul and body; Spiritual genealogy; Variable states of consciousness, in dreams, hallucinations, somnambulism, trance, and hibernation; Biological unity and universality. — Inspiration and spiritual revelation. — Individual and collective perfectibility of mankind.

Vol. IV. — OUTLINES OF COLLECTIVE BIOLOGY.

Book I.— Philosophy of History and Social Evolution.
Book II. — Outlines of Systematic Sociology.
Book III. — Outlines of Evolutive Sociology.
Book IV. — Spiritual Genealogy.

Part I. — Problems of Origin and Destiny. — Darwin's theory of the "origin of species"; Spiritualists and materialists; Christ came down from heaven; All souls came down from above into this natural world. — Open questions of origin and destiny.

Part II.— Celestial and Terrestrial Humanities. — Prophecy predicts the future of mankind as accurately as we predict the sort of chick that will be hatched in the egg of a given species of bird. — Why did God create wolves and lambs? and human wolves and lambs? — Nature-worship and spirit-worship. — The Messianic mission of the Bible. — Adam, Noah, Abraham, Moses, and the prophets; Jesus the Messiah; Traditions and revelations; Traditional evidence and rational evidence; The letter and the spirit. — Degrees of instinctual intellect and of human knowledge; Degrees of natural understanding and of spiritual understanding. Divinity of Christ; Humanity of Christ; Human divinity and divine humanity. — Love and wisdom one in Father, Son, and Holy Ghost. — Bible periods and Gospel periods of social evolution. — New Heavens and New Earth. — Corruptible and incorruptible humanity. — God's Providence and man's ignorance. — Lazarus and Dives; Hell is a prison, a hospital for the cure of souls or the treatment of incurables.

Conclusion. — Invariable laws govern all natural and spiritual world, within evolutive conditions of existence. — Ends foreseen from beginnings. — Progressive evolution from organic imperfection to relative perfection. — Can evil accelerate its own destruction? — Creative and Providential love and wisdom.

Vol. V. — OUTLINES OF METHOD.

GENERAL INTRODUCTION. — Experimental method. — Statistical method.

BIOTECHNICAL METHODS. — Introduction. Organon of method. Connective principles. Methods and theories. Controling centres. Vital modes of motion. Genealogy and embryology. Evolution du fœtus humain. Symbols of evolutive cycles. Analytical biometry. Reason and science. Conscience and religion. Actual and potential equilibrium. Orders and degrees. Evolutional equations. Theories and doctrines. Doctrine of organic scales. Doctrine of evolutive cycles. Names and terminologies. Prolific energy. Diversity in unity. Analogical and universal language. Individual epicosmon: Universal epicosmon. Biotechnical modulations. Absolute unity and relative unities. Rectifications. Table of mental faculties. Table of metals and metalloids.

PHILOSOPHICAL METHOD. — Man the measure of all things. Ignorance, prejudice and incapacity.

ORGANIC PHILOSOPHY. — Architectonic principles of vital organism. Union of souls and bodies. Monstrous twins. Causes of abnormality.

EVOLUTIVE PHILOSOPHY. — Palæontological evolution. Origine of souls. Visible and invisible existence. History and sociology. Churchmen and Freethinkers. Hypnotism and spiritism. Seeing and believing. Problems of life, memory and immortality.

TRANSCENDENTAL PHILOSOPHY. — The scheme of nature. Universal unity. Human creations and divine.

BOOK II. — Dialegmatics. Linguistics. Philology. Logic. Common sense. Poetics. Dramatics. Gravure de jumelles monstres.

Paris. — Typographie A. PARENT, A. DAVY, successeur, 52, rue Madame et rue M.-le-Prince, 14.

www.ingramcontent.com/pod-product-compliance
Lightning Source LLC
Chambersburg PA
CBHW050242230426
43664CB00012B/1801